建築材料を学ぶ
―その選択から施工まで―

谷川恭雄　青木孝義　河辺伸二　黒川善幸　鈴木清孝
寺西浩司　畑中重光　平岩　陸　丸山一平　三島直生
山田和夫　山本貴正　渡辺健治　　　　　　　共著

理工図書

材料の種

写真-3·3·1 施釉タイル
タイルの表面に釉薬(うわぐすり)を施したタイル

写真-3·3·2 無釉タイル
素地がそのままタイルの表面となるタイル

写真-3·3·3 フラット面
タイルの表面が平滑なタイル

写真-3·3·4 ラフ面
湿式製法時に素地の表面を剥いだタイル

写真-3·3·5 スクラッチ面
素地の表面を釘で引っ掻いたタイル

類と区別

写真-3·3·6 ブラスト面
焼成後，鋼球や砂を吹付け，表面を荒らしたタイル

写真-3·3·7 磨き面
焼成後，表面を研磨して鏡面状にしたタイル

写真-3·3·8 透明釉
無色透明の釉薬を施したタイル

写真-3·3·9 マット釉
つや消しの釉薬を施したタイル

写真-3·3·10 貫入釉
釉薬にひび割れを入れたタイル

写真-3·3·11 ラスター釉
虹彩の釉薬を施したタイル

材料の種類と区別

写真-3·8·1 建築塗材表面仕上げの例

(吹放し仕上げ／小粒仕上げ／凸部処理仕上げ／ゆず肌状ローラ仕上げ)

写真-3·9·1 木質系ボード
上から，インシュレーションボード，MDF，ハードボード，パーティクルボード

写真-3·9·2 木質系セメント板
上が木片セメント板，下が木毛セメント板

写真-3·9·3 石こうボード
上から，石こうボード，シージング石こうボード，強化石こうボード，石こうラスボード，化粧石こうボード

写真-3·9·4 ロックウール化粧吸音板
いずれもロックウール化粧吸音板

写真-3·9·5 ビニル床タイル
上から，コンポジション半硬質ビニル床タイル，コンポジション軟質ビニル床タイル，ホモジニアスビニル床タイル，ゴム床タイル

写真-3·9·6 ビニル床シート
上から，発泡層のあるもの，ないもの，単一層のもの

序

　いま自分の身の回りを見渡してみるだけでも，木材，鉄鋼，アルミニウム，プラスチック，ガラス，紙，繊維，ゴム，石など，各種の材料でつくられたさまざまな物品を見つけることができる。それらのほとんどすべての材料は，構造材料や内・外装材料として建築物にも使用されている。つまり一つの建築物をつくるためには，現在さまざまな分野で使用されている多種多様な材料に関する広範囲な情報が必要となる。また，昨今ニューセラミックス，複合材料などの新材料が次々と開発されているが，これらの材料も建築と無関係ではない。建築には多岐にわたる性能が要求されるため，それらの要求に応じた性能を持つ材料は，多数の部材・部品で構成されている建築物のどこかの箇所には有効に適用できるからである。そのため，建築材料について学ぶべき事項は多く，新材料の開発にも常に目を向けておく必要がある。

　各種材料の性質を十分に理解し，要求性能に合った材料を適切に選択し使用することが優れた建築物をつくるための出発点であり，建築を学ぶ学生にとって「建築材料学」は，きわめて重要な基礎的習得科目である。

　本書は，建築学科学生のための建築材料に関する入門書として作成したものであり，建築物に使用される材料を，安全性を支える「構造材料」と機能性や意匠性を持たせる「非構造材料」に大別して，それぞれの基礎的事項についてわかりやすく説明するとともに，木造住宅と鉄筋コンクリート造事務所ビルにおける「材料の選択と施工の実例」を記載して，建築設計製図や建築士試験に際しても十分活用できるように配慮した。また，建築材料に関するトピックスを「テクニカルワンポイント」として随所に挿入するとともに，専門用語を各頁の右側に解説し理解の一助とした。

　本書は，1989年に出版された「建築材料－その選択から施工まで－」の内容を基本的に踏襲しつつも，全面的に見直しを行ったものである。上記書籍の著者である下記の方々に謝意を表する次第である。
　大関一美氏（竹中工務店），太田福男氏（大同工業大学特任教授），小野博宣氏（中部大学教授），角徹三氏（豊橋技術科学大学名誉教授），金子林爾氏（名城大学名誉教授），小池狹千朗氏（愛知工業大学教授），塩田準二氏（鹿島建設），馬場研治氏（内田橋住宅代表取締役），森博嗣氏（元名古屋大学助教授）
　また，本書の出版にあたってお世話になった理工図書株式会社編集部の方々に謝意を表する。

2009年1月　　　　　　　　　　　　　　　　　　　　　　　　　　　　　　　　　著者

| 執筆分担 |

谷川恭雄	全体調整　序
青木孝義	第2章　2.4節
河辺伸二	第3章　3.3節
黒川善幸	第3章　3.8節
鈴木清孝	第4章
寺西浩司	第2章　2.5節
畑中重光	第2章　2.2節
平岩　陸	第3章　3.7節, 3.9節
丸山一平	第1章
三島直生	第2章　2.2節
山田和夫	第2章　2.3節
山本貴正	第3章　3.2節, 3.6節
渡辺健治	第3章　3.4節, 3.5節

Contents

口絵

序

第1章　建築材料概論

- 1.1　概説 …………………………………………………………………… *1*
- 1.2　建築材料を学ぶ目的 ………………………………………………… *1*
- 1.3　建築材料の分類 ……………………………………………………… *2*
    - 1.3.1　素材別分類 ……………………………………………… *3*
    - 1.3.2　建築部位別分類および工事区分別分類 ………………… *3*
    - 1.3.3　性能および機能別分類 ………………………………… *4*
    - 1.3.4　生産分野別分類 ………………………………………… *4*
- 1.4　建築材料の性能と性質 ……………………………………………… *5*
    - 1.4.1　建築材料の性能 ………………………………………… *5*
    - 1.4.2　材料の一般的性質 ……………………………………… *7*
- 1.5　建築材料の選択 ……………………………………………………… *12*
    - 1.5.1　材料選択の現状 ………………………………………… *12*
    - 1.5.2　設計行為と材料選択 …………………………………… *12*
- 1.6　建築材料の生産と開発 ……………………………………………… *13*
    - 1.6.1　建築生産方式の変化 …………………………………… *13*
    - 1.6.2　建築材料の生産と流通 ………………………………… *13*
    - 1.6.3　建築材料の規格と基準 ………………………………… *14*
- 演習問題 ……………………………………………………………………… *15*

第2章　構造材料

- 2.1　概説 …………………………………………………………………… *17*
- 2.2　コンクリート ………………………………………………………… *17*
    - 2.2.1　コンクリートとは ……………………………………… *17*
    - 2.2.2　コンクリートの種類 …………………………………… *19*
    - 2.2.3　コンクリートの構成材料 ……………………………… *19*
    - 2.2.4　コンクリートの製造および調合 ……………………… *44*
    - 2.2.5　フレッシュコンクリート ……………………………… *51*
    - 2.2.6　硬化コンクリート ……………………………………… *58*

Contents

- 2.3　構造用コンクリート製品　……………………………… 84
  - 2.3.1　プレキャストコンクリート製品　…………………… 84
  - 2.3.2　建築用コンクリートブロック　……………………… 89
- 2.4　鉄鋼　……………………………………………………… 92
  - 2.4.1　製法と基本的性質　…………………………………… 92
  - 2.4.2　鉄骨構造用鋼材　……………………………………… 99
  - 2.4.3　鉄筋・PC鋼材　……………………………………… 105
- 2.5　木材および木質材料　…………………………………… 111
  - 2.5.1　木材　…………………………………………………… 111
  - 2.5.2　木質材料　……………………………………………… 121
- 演習問題 ─────────────────────── 130

第3章　非構造材料

- 3.1　概説　……………………………………………………… 133
- 3.2　金属系材料　……………………………………………… 133
  - 3.2.1　ステンレス鋼　………………………………………… 134
  - 3.2.2　耐候性鋼　……………………………………………… 135
  - 3.2.3　アルミニウム合金　…………………………………… 135
  - 3.2.4　銅・銅合金　…………………………………………… 137
  - 3.2.5　チタン合金　…………………………………………… 137
  - 3.2.6　亜鉛・すず・鉛　……………………………………… 138
  - 3.2.7　金属の腐食・防食　…………………………………… 138
- 3.3　セラミック系材料　……………………………………… 140
  - 3.3.1　ガラス　………………………………………………… 140
  - 3.3.2　陶磁器　………………………………………………… 148
- 3.4　高分子系材料・塗料・接着剤　………………………… 152
  - 3.4.1　高分子材料の分類　…………………………………… 152
  - 3.4.2　プラスチック　………………………………………… 153
  - 3.4.3　アスファルト　………………………………………… 154
  - 3.4.4　ゴム　…………………………………………………… 155
  - 3.4.5　塗料　…………………………………………………… 157
  - 3.4.6　接着剤　………………………………………………… 162
  - 3.4.7　シーリング材　………………………………………… 163

- 3.5　断熱・防火材料 ……………………………………………………… 165
  - 3.5.1　断熱材料 ……………………………………………………… 165
  - 3.5.2　防火材料 ……………………………………………………… 169
- 3.6　吸音・遮音材料 ……………………………………………………… 173
  - 3.6.1　音の速さ ……………………………………………………… 173
  - 3.6.2　音の反射・吸収・透過 ……………………………………… 173
  - 3.6.3　吸音材料 ……………………………………………………… 174
  - 3.6.4　遮音材料 ……………………………………………………… 175
  - 3.6.5　床衝撃音 ……………………………………………………… 176
- 3.7　屋根・防水材料 ……………………………………………………… 177
  - 3.7.1　屋根葺（ふき）材料 ………………………………………… 177
  - 3.7.2　メンブレン防水 ……………………………………………… 179
  - 3.7.3　ステンレスシート防水・チタンシート防水 ……………… 182
- 3.8　外装材料 ……………………………………………………………… 183
  - 3.8.1　タイル類 ……………………………………………………… 183
  - 3.8.2　石材 …………………………………………………………… 186
  - 3.8.3　軽量気泡コンクリートパネル（ALCパネル） …………… 188
  - 3.8.4　仕上塗材 ……………………………………………………… 189
  - 3.8.5　金属板 ………………………………………………………… 190
  - 3.8.6　カーテンウォール …………………………………………… 193
  - 3.8.7　ガラスブロック ……………………………………………… 194
- 3.9　内装材料 ……………………………………………………………… 196
  - 3.9.1　内装材料に要求される性能 ………………………………… 196
  - 3.9.2　内装材の下地材料 …………………………………………… 199
  - 3.9.3　左官材料 ……………………………………………………… 199
  - 3.9.4　タイル・石材 ………………………………………………… 203
  - 3.9.5　ボード類 ……………………………………………………… 203
  - 3.9.6　壁装材 ………………………………………………………… 208
  - 3.9.7　ビニル系床材 ………………………………………………… 208
  - 3.9.8　合成樹脂塗り床材 …………………………………………… 209
  - 3.9.9　敷物（カーペット） ………………………………………… 210
  - 3.9.10　たたみ ……………………………………………………… 211

演習問題 ─────────────────────────────── 211

第4章 材料の選択と施工の実例

- 4.1 概説 215
- 4.2 木造住宅 215
  - 4.2.1 一般事項 215
  - 4.2.2 土工事・基礎工事 219
  - 4.2.3 躯体工事 219
  - 4.2.4 屋根工事 222
  - 4.2.5 断熱工事 226
  - 4.2.6 造作工事 227
  - 4.2.7 左官工事およびタイル工事 229
  - 4.2.8 その他の内外装工事 231
  - 4.2.9 建具工事 233
- 4.3 鉄筋コンクリート造事務所ビル 234
  - 4.3.1 一般事項 234
  - 4.3.2 基礎地業工事 238
  - 4.3.3 躯体工事 240
  - 4.3.4 外部仕上工事 244
  - 4.3.5 内部仕上工事 248

参考図書・文献資料リスト ──────────────────── 259

索引 ────────────────────────────── 261

第1章 建築材料概論

1.1 概説

　建築物は材料の組合せから成り立っており，建築物は「建築材料」なしには成り立たない。建築を設計したり，施工したり，運用したりするには，建築に使用される材料の性質をよく理解し，適切な材料の選択によって建築物がどのように成立するかを理解することが重要である。

　かつて，建築に利用される材料は，その地域で生産し供給される素材と品種に限られており，その限られた中から試行錯誤が繰り返されて，十分な性能を発揮できる知恵が蓄えられた。

　しかし，現在では建材であっても，産地，加工地，使用場所がいずれも異なる国であることは特別なことではなくなってきている。今日，"建築とその構成材料との関係"を見直し，新材料を含むすべての材料に対し，合理的に使用できるよう材料選択の基礎を学ぶことの重要性は非常に高くなっている。このことは，建築材料学が今や知恵・知識を覚えることだけでなく，物理化学的な背景を元に，論理的に建築と材料の関係を理解することを要求していることを意味しており，材料の本質を見抜く洞察力は設計者，施工者の他，建築に関わる人々に求められているということを表している。

　本章では，建築材料についての一般的性質，多角的視点からの材料の評価などについて記述する。

1.2 建築材料を学ぶ目的

　建築材料を学ぶことは，無限ともいえる世界中のさまざまな材料を縦横無尽に駆使し，新しい建築への扉を開くことにつながる。新しいというのは意匠であり，計画であり，構造であり，さまざまな形で示すことができるが，いずれも構成するのは建築材料である。また，これからの建築物は，従来にないさまざまな事項が要求されつつある。例えば，**環境負荷**の問題が挙げられ，個人の住宅であっても，それを建設するときに排出されるCO_2の量は相当に大きくなる。そのため，長く使える住宅を設計するということは，**地球環境問題**にとって非常に重要になってきているが，これは計画の問題（家族の人数が変化してもずっと住める），設備の問題（長期間利用していても，給排水設備が利用できる，あるいは容易にメンテナンスできる），構造の問題（長い期間に遭遇する地震に耐えられる），そして

― メモの欄 ―

もちろん材料の問題（美観を保持する，**構造躯体**の耐久性を確保する）が含まれる。

こうした社会のニーズによって，建築の形は変化するが，いずれの場合も材料の問題は密接に関わることになる。建築材料学は，基本的な材料の性質を覚えるだけの学問ではない。材料本来の物性，性能，品質が実際の建物として利用されたときに，それがどのような影響を持ち，建築物の性能にどのように反映され，どれだけの期間それが維持され得るのかといったことを体系的に学び，それを基に材料選定を行うための学問であり，次のようなことを扱う。

(a) **材料の基礎的性質**
 1) 材料の物理的，化学的，力学的な基本性質
 2) 所定の環境下における材料性能の変化，耐用性の評価
(b) **材料の適確な選択と利用**
 1) 材料の種別，用途別分類の把握
 2) 建築への要求性能の把握
 3) 要求性能に対応した構成部材のもつ性能，建築空間性能の評価

このほか，建築学における構造，環境，計画学など異なった分野との関連性（図-1·2·1 参照）を考えること，学会規準，関係法律，法令，規格などに照らして材料の特性を知ることも大切になる。

1.3 建築材料の分類

建築材料をどのように分類するかは，多種多様な材料を学ぶうえで大切であるばかりでなく，建築設計，施工管理の立場からも，さらに新しい材料を生産し供給する立場からも重要な基本事項になる。今日までに採用さ

用語の解説

構造躯体

構造耐力上主要な部分で基礎，基礎ぐい，壁，柱，斜材，床版など（建築基準法施行令第1条3号に規定）

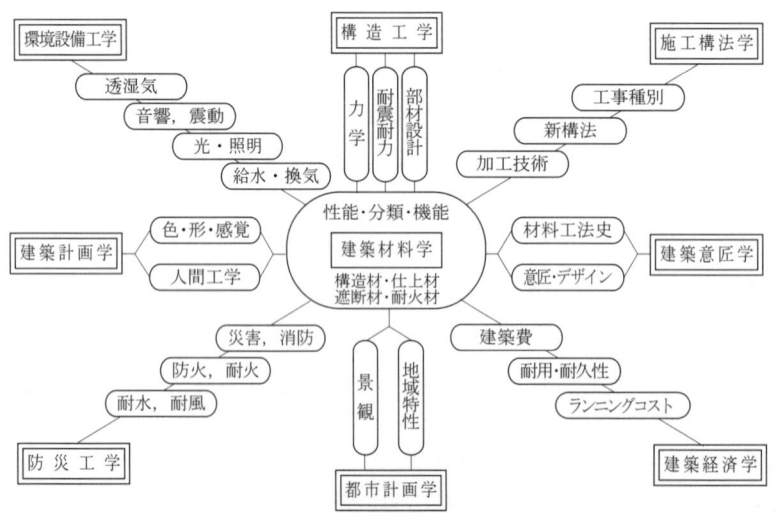

図-1·2·1 建築材料学とその他の建築に関する領域

1.3 建築材料の分類

れている建築材料学の分類法としては**素材別分類法**が多かったが，その理由として，これまでは原材料の品質と性能を知り，その有効な利用法を重要視してきたこと，また原材料をあまり加工・処理せずに用いることが多かったことなどが挙げられる。また，**工事区分別分類法**や，**使用部位別分類法**もみられるが，どの部位にどのような材料が使用されているかを知る際にはこれらは有効な分類法になる。

ここでは，従来から採用されている分類法について述べる。

1.3.1 素材別分類

素材の種別で分類すると以下に示すとおり，無機質系と有機質系に大別することができる。しかし，両系統が混在複合化した材料（例えば，紙と石こうによる石こうボード）なども存在する。

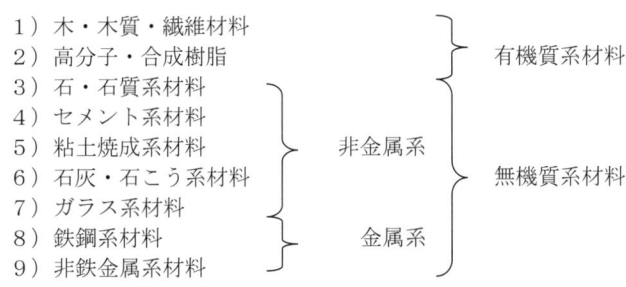

図-1・3・1 素材別分類

1.3.2 建築部位別分類および工事区分別分類

工法を理解するうえでは，部位別分類法が有効になる。しかし，部位別分類と工事区分別分類とでは，建物の躯体構造により使用材料の種別は大きく異なる。その他に，耐震補強工事，リニューアル工事などがあるが，いずれも多種多様な材料が用いられている。

＜建物部位別＞　　　　　　　　　　　　　　　＜工事区分別＞
1）基礎・地業（杭，矢板，擁壁，礎石，地盤改良）……………………基礎・地業工事
2）構造躯体（鋼，鉄筋コンクリート，木，ブロック，れんが，組石）…躯体工事
3）外装（塗装，吹付け，金属，タイル，れんが，石，PCa，ALC，セメント系押出成形板，外装用複合パネル，各種外装下地および支持材）…外装工事
4）内装（床・壁・天井の表面材，各種内装下地および支持材，インテリア）………内装工事
5）建具（枠・力骨として金属・木材・樹脂，はめ込み材としてガラス・金属板・樹脂系透光材・シート・紙類）………………………………建具工事
7）屋根（本瓦，スレート瓦，金属板，各種屋根用防水材，天然植物素材）………屋根工事
8）外構（石，木材，コンクリート，ステンレス鋼，ガラス）……………外構工事
9）仮設（鋼材，足場板，養生シート・ネット類，フェンス類，土砂，コンクリート，ベントナイト置換材）……………………………………仮設工事

1.3.3 性能および機能別分類

建築材料は，それぞれ用途に応じた性能を発揮することによって使用目的を達成する。安全で快適な居住環境の創造に有効な機能とは何かを知るうえで，この分類法は非常に役に立つ。また，材料は必ずしも性能に対して一対一に対応するものではなく，部材や材料の性能も同時に多くのことが要求される。天井一つをとっても，意匠性のほかに，耐久性，地震時における構造安全性などが要求される。

1) 構造材料……… （鉄鋼，木材，コンクリート，コンクリート製品）
2) 仕上材料 ……… （タイル，れんが，石，金属板，敷物，インテリア材，たたみ，ボード類，木材・合板類）
3) 遮断材料
　（防水・防湿 …………………………… アスファルト，シーリング）
　（遮音・防音・吸音………………………… ガラス，ボード，金属パネル）
　（断熱・保温 …………………………… ガラスウール，繊維板）
　（防放射線材料……………………………………コンクリート，鉛）
4) 採光材料………………………………… （ガラス，アクリル樹脂）
5) 防火・耐火材料………………… （ロックウール，けい酸カルシウム）

1.3.4 生産分野別分類

建築材料に用いられる素材とその加工技術により，需要（使途）に対する供給（生産）方法の改善や資源の有効利用が促進される。新しい建築材料の開発を考える点からも生産分野別分類法は大切である。

1) 自然（天然）材料
　①木材
　②竹材
　③石材
2) 鉱工業生産材料
　①鉄鋼系材料（構造用鋼材，接合材，**鋳鋼品**，亜鉛鉄板，普通形鋼，軽量形鋼）
　②非鉄金属系材料（アルミニウム，銅）
　③セラミック系材料（セメント，石こう，タイル，ガラス）
　④高分子系材料（合成ゴム，プラスチックス，塗料，**シーリング材**，防水材）
　⑤複合系材料（FRP，合板，**集成材**，セメント材）
　⑥リサイクル材料，産業副産物起源材料（**高炉スラグ微粉末**，再生骨材）

用語の解説

鋳鋼品
鋳物として用いるために溶かした鋼を所定の形に鋳込み（いこみ），適当な熱処理をした製品

シーリング材
接合部・建築物の目地回りを充てんする物質で，形状があらかじめ定まっているガスケットと呼ばれるものと，形状があらかじめ定まっていないゴム状物質，合成樹脂のものがあり，一般的には後者をシーリング材と呼ぶ。

FRP
Fiber Reinforced Plasticsの略称で，ガラス繊維などの繊維をプラスチックの中に入れて強度を向上させた複合材料

集成材
断面寸法の小さい木材（板材）を接着剤で再構成して作られる木質材料

高炉スラグ微粉末
製鉄所の高炉より副生される高炉水砕スラグを微粉砕した水硬性の混和材

1.4 建築材料の性能と性質
1.4.1 建築材料の性能

建築材料に求められる性能とは，一般に建築物内外から材料に作用する因子：

1) 荷重（地震荷重，風荷重，自重，積雪荷重，積載荷重）
2) 水や湿気
3) 熱
4) 光（日射・人工照明）
5) 音や振動
6) 空気や放射線

などに対して，ⅰ）遮断，ⅱ）吸収，ⅲ）反射，ⅳ）透過，ⅴ）排出，ⅵ）抵抗など，作用因子を制御するために材料が発揮する能力を意味する。表-1·4·1に建築材料の主たる性能を項目別に示す。

材料はそれぞれ固有の特性（Characteristic）や性質（Property, Attribute）を有している。これをある条件で加工した場合に，機能に対応した性能を持つようになる。機能に対する性能は，一概に大きい方がよい小さい方がよいといった形で単純に評価されるものではない。例えば，施工性能を考えた場合のコンクリートの流動するという機能は，勾配のある場所で施工する場合は，流動性は流れやす過ぎても，流れにく過ぎてもいけない。このように材料の性能は要求性能との間で決定するもので，性能とその評価値はさまざまに存在する。これを視覚的に表したものが図-1·4·1になる。また，ここに利用した性能設計を行うための基本的な用語について表-1·4·2にまとめた。

建築材料を建物に使用する際には，建物の部位により要求される性能が異なるが，その一例を図-1·4·2に示す。このように，建築物の場所，部位，外部環境，作用因子によってさまざまな要求があるとともに，各部位や材

表-1·4·1　建築材料に要求される性能

性　　能	具　体　例
力学的特性	圧縮強度，引張強度，曲げ強度，せん断強度，疲労強度，弾性係数，硬度，靱性，クリープなど
耐久性	耐候性，耐腐食性，耐薬品性，耐凍結・融解性など
耐水・防水・防湿性	吸水率，透水率，吸湿率，透湿率など
防火・耐火性	引火点，軟化点，燃焼性，高温時の力学特性など
熱的特性	比熱，熱伝導率，熱貫流率，熱膨張率など
光学的特性・色彩	光線反射率，光線透過率，光沢度，色彩の自由度など
音響的特性	吸音率，音の透過率，反射率など
感覚的性能（テクスチャー）	触感，視覚的感覚，肌合など
その他の性能	加工性，施工性，寸法・重量などの均質性，経済性など

表-1·4·2 性能に関わる用語の意味

性　　能：定量的に表現した材料を使用したときの挙動
要求性能：要求機能の定量的表現
作用評価：材料や部材の性能を要求性能と比較し，評価すること
機　　能：ある目的を達するための働きや役割

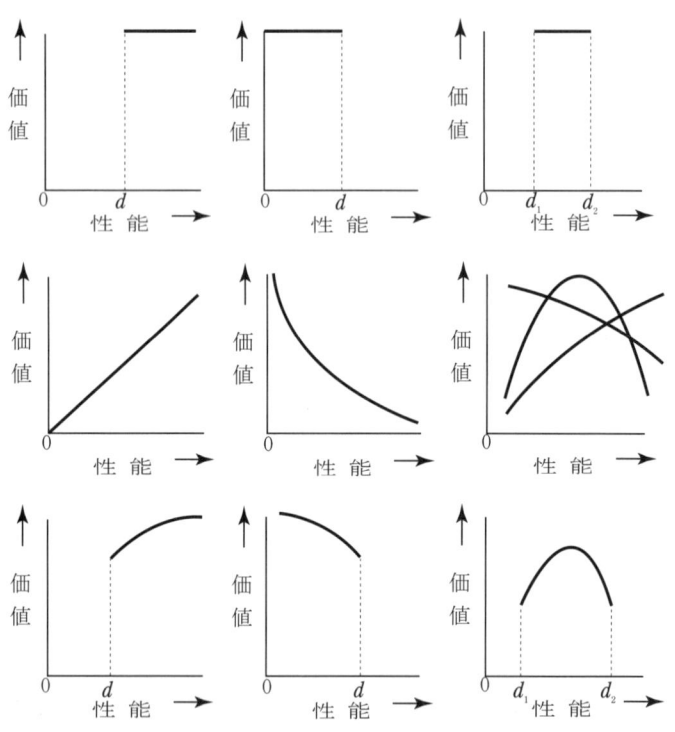

図-1·4·1　性能値と価値の関係　（建築材料設計研究会）

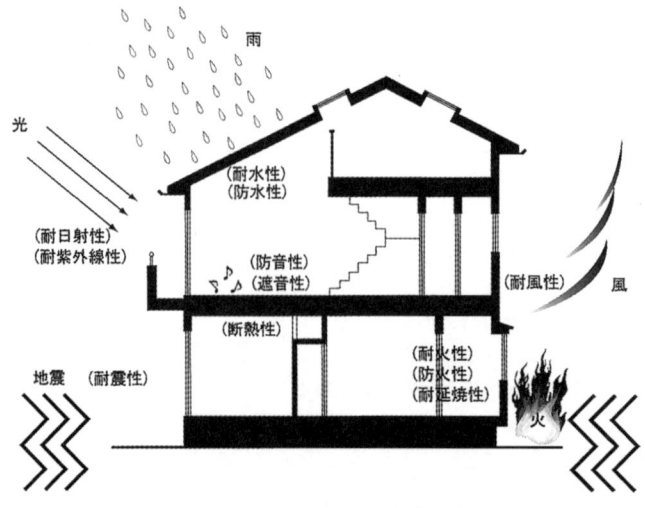

図-1·4·2　家に求められるさまざまな性能

料は同時にいくつかの性能を保有する必要がある。

また，近年は住宅が保有する性能を表示することが「**住宅の品質確保の促進等に関する法律**」によって可能になった。これは施主が自分の購入しようとしている住宅の性能を，立地や近隣環境，意匠性以外にも評価を行い，費用対効果を見定めることが可能になることを意図したものである。住宅の性能表示が共通ルールの上で行われると，住宅の相互比較が容易になったり，性能に関する紛争においても争点が明確になったり，また**瑕疵担保責任**も明確になったりする。住宅供給者においても，競争のインセンティブが働いたり，創意工夫の結果を性能値として消費者にアピールできるなどの利点がある。こうした性能に従った設計を評価する市場が整った現在，性能設計に従った材料選定は非常に重要な役割を果たすようになっている。

材料に求められる性能のうち，力学的特性，耐久性，熱的特性，音響的特性などは，測定した数値から比較的容易にその特性値が求められるが，これらに対し人間の感覚や人間の物に対する作用によって得られる感覚的性能，快適性などは評価することが困難である。

1.4.2 材料の一般的性質

(1) 力学的性質

(a) 応力・ひずみ

材料に外力が作用すると，その材料の内部に応力が発生し変形する。このとき単位断面積あたりの応力を**応力度**といい，単位長さあたりの変形を**ひずみ度**という。応力度とひずみ度は材料学の分野では，それぞれ応力お

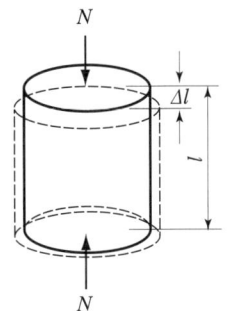
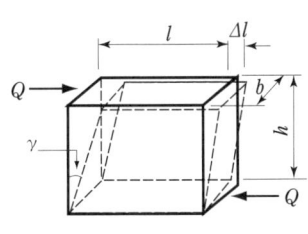

N：軸方向力
A：断面積（mm²）
$\sigma_1 = \dfrac{N}{A}$：軸方向応力（N/mm²）
$\varepsilon_1 = \dfrac{\Delta l}{l}$：軸方向ひずみ（－）
$E = \dfrac{\sigma_1}{\varepsilon_1}$：ヤング係数（N/mm²）

Q：せん断力
$A = bl$：断面積（mm²）
$\tau = \dfrac{Q}{A}$：せん断応力（N/mm²）
$\gamma = \dfrac{\Delta l}{h}$：せん断ひずみ（－）
$G = \dfrac{\tau}{\gamma}$：せん断弾性係数（N/mm²）

図-1・4・3　応力とひずみ

― 用語の解説 ―

瑕疵（かし）担保責任
売買契約のとき，すでに隠れた瑕疵（欠陥やキズなどのこと）があった場合，売主は買主に対して責任を負うという決まり

応力とひずみの正負
材料力学では一般に引張方向を正，圧縮方向を負とする。ただし，コンクリートを扱う場合は圧縮方向を正で表す場合もある。なお，マトリックス力学解析法のようにグローバルな座標系を利用する場合は，力・変位の方向とも引張・圧縮の状態によらず座標系の方向に一致させて表す。

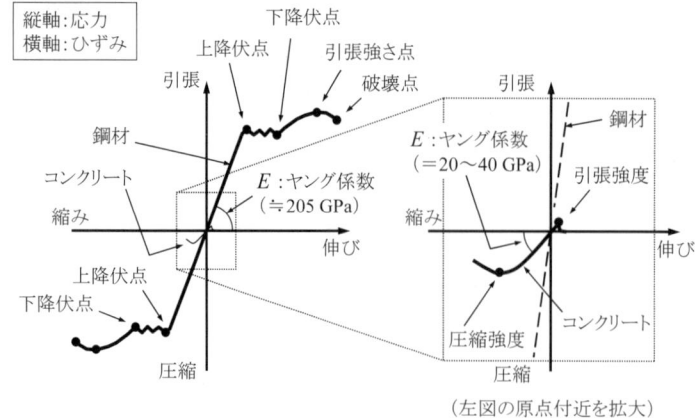

図1・4・4 鋼とコンクリートの応力-ひずみ曲線

よびひずみと呼ばれることも多い。

応力は基本的には**垂直応力**と**せん断応力**の2種類に分けられる。これに対応するひずみは，それぞれ**垂直ひずみ・せん断ひずみ**と呼ばれる。図-1・4・3（a）は垂直応力と垂直ひずみの関係を，図-1・4・3（b）はせん断応力とせん断ひずみの関係を示したものである。単に応力といえば垂直応力のことをいう場合が多い。

（b）応力-ひずみ曲線

応力とひずみの関係をプロットしたものを応力-ひずみ曲線という。応力-ひずみ曲線によってその材料の基本力学性質（弾性係数，強度など）や破壊性状（**靭性**，伸び率など）がわかる。例えば，図-1・4・4は，鋼とコンクリートの応力-ひずみ曲線の概要を示したものであるが，この図から**鋼**が**延性材料**，コンクリートが**脆性材料**と呼ばれる理由を容易に知ることができよう。

（c）弾性諸定数

変形した材料から外力を取り除くと元の形に戻る性質を**弾性**といい，元の形に戻らない性質を**塑性**という。建築材料の多くは，応力が小さい段階では，ひずみは応力にほぼ比例し弾性を示す。この比例定数は**弾性係数**または**ヤング係数**と呼ばれ，応力-ひずみ曲線の勾配Eとして次式のように求められる。

$$E = \sigma_1 / \varepsilon_1 \tag{1.4.1}$$

ここに，σ_1：荷重方向の応力，ε_1：荷重方向のひずみ

材料に荷重が加わると，図-1・4・3に示したように応力と直角方向にもひずみを生じる。この直角2方向のひずみの比は**ポアソン比**と呼ばれ，次式によって表される。

$$\nu = \varepsilon_2 / \varepsilon_1 \tag{1.4.2}$$

ここに，ν：ポアソン比，ε_1：荷重方向のひずみ，ε_2：荷重と直角方向のひずみ

―― 用語の解説 ――

延性材料
破壊または断裂することなく変形する能力を有する材料

脆性材料
破壊に要するエネルギーが小さく，急激な破壊を示す材料

1.4 建築材料の性能と性質

表-1·4·3 各種材料の1軸載荷時の強度および変形性質

種類	材料	圧縮強度 (N/mm²)	降伏点 (N/mm²)	引張強度 (N/mm²)	ヤング係数 (kN/mm²)	ポアソン比
金属	RC用棒鋼（鉄筋）注					
	SR 235	390～530	240以上	390～530	210	0.28～0.30
	SD 345	500以上	350～450	500以上	210	0.28～0.30
	PC鋼棒					
	1種	800以上	650以上	800以上	200	0.28～0.30
	2種	950以上	800以上	950以上	200	0.28～0.30
	構造用鋼材注					
	SS 400	410～520	230以上	410～520	210	0.28～0.30
	SS 490	500～620	230以上	500～620	210	0.28～0.30
	鋳鋼	350～700	160～380	350～700	210	0.27～0.30
	鋳鉄	100～400	—	100～400	85～140	0.20～0.29
	アルミニウム	50～100	—	50～100	72	0.34
普通コンクリート	呼び強度					
	21	21以上	—	1.8～2.5	22	0.16～0.20
	27	27以上	—	2.2～3.0	26	0.16～0.20
	40	40以上	—	3.0～3.8	29	0.16～0.20
木材	すぎ（繊維方向）	25～45		50～85	5.5～10	
	ひのき（〃）	35～50		90～160	6.0～12	
	あかまつ（〃）	35～55		90～200	8.5～14	
石材	石灰岩	30～200	—	2～20	10～80	0.1～0.3
	砂岩	20～150	—	2～20	5～90	0.1～0.3
	花こう岩	100～250	—	4～20	20～70	0.1～0.3

注：日本建築学会：鉄筋コンクリート構造計算規準・同解説

（d）強度

材料内部に発生する応力の最大値を強度（または強さ）という。強度は応力の種類によって，**圧縮強度**，**引張強度**，**曲げ強度**，**せん断強度**，**付着強度**などに，また荷重の加え方によって**疲労強度**，**衝撃強度**などに分けられる。これらの強度は，一般の等方性材料ではその材料の値として求めることができるが，木材のように**異方性**を示す材料では，同一材料でも荷重を加える方向によって強度が異なるものもある。

各種の材料の1軸載荷時の強度および弾性諸定数の一覧を表-1·4·3に，また，単位質量（単位体積あたりの質量），強度，**比強度**の概略値を表-1·4·4に示す。

表-1·4·4 コンクリート，鉄鋼および木材の比強度の概略値

項目	コンクリート	鉄鋼	木材
単位質量 (t/m³)	2.3～2.4	7.85	0.5～0.9
強度 (N/mm²)	18～60	240～500	50～120
比強度の概略値	10	40	100

（注）各材料の強度は，コンクリートが圧縮，鉄鋼が引張，木材が曲げ引張の強度。

用語の解説

疲労強度
所定の回数の繰返し載荷を行った場合に，材料もしくは部材が破壊する時の変動応力の大きさのこと

比強度
強度／単位質量，強度質量比ともいう。

> **─ トピック ─**
>
> ［μ］コンクリートや鋼材のひずみは，良く［μ］という記号がついて表記されることが多い。ひずみは長さに対する長さ変化量の比であるため，無次元量である。実は，［μ］は10^{-6}という意味であって，数字の桁数を表す記号である。ひずみの単位を明確にする場合には，μm/mという記載を行う場合もある。

(2) 物理的性質

(a) 密度・単位容積質量

密度とは物質の粗密の度合を表す量であり，単位体積あたりの質量として表される。単位はg/cm^3，またはkg/m^3がよく利用される。

単位容積質量とは単位容積のなかに詰まる粉体または粒体の質量であり，骨材やコンクリートにあってはkg/m^3などの単位で表される。単位容積質量は同じ材料でも材料の形状・大きさ，試料の詰め方などによって異なる。また，材料の形状にかかわらず単位体積あたりの質量を表す用語として，単位体積質量（略して，単位質量）がある。

(b) 比熱・熱容量

比熱とは，単位質量の物質の温度を1℃（1K）上昇させるのに必要な熱量でJ/(kg·K)で表す。水の比熱は4.2×10^3 J/(kg·K)である。主な材料の比熱を表-1·4·5に示す。

表-1·4·5 主な建築材料の熱伝導率と比熱（常温）

材料 \ 項目	密度 (kg/l)	熱伝導率 W/(m·K)	比熱 kJ/(kg·K)
すぎ（繊維方向）	0.33	0.11	2.1
普通コンクリート	2.3	1.6	0.84
軽量コンクリート	1.6	0.58	1.1
気泡コンクリート	0.5	0.13	1.3
花こう岩	2.7	3.5	0.84
鉄鋼	7.8	45	0.46
アルミニウム	2.7	220	0.92
ガラス	2.5	0.79	0.84
水	1.0	0.60	4.2
空気	—	0.025	—

これに対し，ある物体の温度を1℃上昇させるのに必要な熱量を**熱容量**という。物体が均一であれば，その熱容量は比熱と質量の積で表される。したがって，単位はJ/Kとなる。コンクリートは一般に大きな質量で用いられるため熱容量が大きい。

(c) 熱伝導率

熱伝導率は，単位厚さの材料の相対する2面に1℃の温度差を与えたとき，単位時間に伝わる熱量を表し，単位はW/(m·K)である。主な材料の熱

1.4 建築材料の性能と性質

伝導率を表-1·4·5に示す。熱伝導率は、材料の保温性・遮断性などの性能を評価するうえでの重要な値である。

(d) 熱膨張率

温度上昇によって材料が膨張する現象を熱膨張といい、このとき、材料の温度変化に対するその体積の増加の割合を**熱膨張率**という。2点間の距離の変化に対する膨張率を**線膨張率**、材料の体積の変化に対する膨張率を**体積膨張率**によって表す。コンクリートと鋼の熱膨張率はほぼ等しく（およそ1×10^{-5}/℃）、このことが鋼とコンクリートを組み合わせたRC構造の安全性と耐久性に寄与している。

(e) 引火点・発火点

材料に口火を近づけると発火する最低温度を**引火点**といい、材料を加熱して口火なしで着火する温度を**発火点**という。木材の引火点・発火点は、それぞれ約260℃・450℃である。引火点・発火点は、発熱量や発煙量と並んで材料の防火性能を評価するうえで重要となる。

(3) 化学的性質

材料の化学的性質としては、①酸、アルカリ、塩類など化学薬品による**腐食性**、**溶解性**、②材料の化学成分が経時的に反応を生じる**水和反応**、**中和反応**、**分解**、**溶脱**などがある。これらの化学的性質は、いずれも後述する建築材料の耐久性と深い関わり合いがある。また、これ以外にも、近年では、建設時に使用する材料からの健康阻害有機物質の放出、燃焼する建築材料からの有毒ガスの発生、地盤改良材から環境への**六価クロム**の放出、建築材料に用いられる微量放射性物質による化学的影響等々、③建築材料が外部環境に及ぼす化学的影響についても大きな問題となる場合が少なくない。

なお、個々の材料に関する化学的特性については、おのおのの項で触れることとする。

(4) 耐久性

材料の耐久性を損なう要因を表-1·4·6に示す。これらの要因による材料の損傷や劣化の程度は、その材料の組成、構造、組織ばかりでなく、環境条件によっても異なるため、それを考慮した設計、材料選定が必要になる。個々の材料に関する耐久性については、おのおのの項で述べることとする。

表-1·4·6 材料とその耐久性を損なう要因

材料の種類	耐久性を損なう主な要因
金属材料	酸化による**腐食**、**電食**、繰返し荷重による**疲労**
セラミック材料	**凍結融解**、熱応力、**乾湿作用**、疲労
有機材料	腐朽、虫害、溶出、紫外線による劣化、化学的作用
セメント系無機材料	**酸化**、**溶出・溶脱**、凍結融解、**熱応力**、乾湿作用、疲労、アルカリ骨材反応

― 用語の解説 ―

溶脱
材料の一部もしくは全部が隣接する水に溶け出すこと

六価クロム
六価クロムは不安定な物質で、有機物と接触するとその有機物を酸化して自身は三価クロムに変わる性質をもつ。この強い酸化を促す力が毒性となる。自然界には通常存在しない。

電食
異種金属が接触した時に、低電位な金属が貴、高電位な金属が卑となり、局部電池を構成して貴側の金属がイオン化し錆びること

アルカリ骨材反応
コンクリート中のナトリウム・カリウム等のアルカリ金属イオンが骨材中の特定の鉱物と反応し、膨張性の反応生成物ができる現象。結果としてコンクリートにひび割れが生じ、部材の強度低下、鉄筋の破断、ひび割れによる鉄筋腐食などをもたらす。

1.5 建築材料の選択

1.5.1 材料選択の現状

近代の工業化が進展する以前は，建築に用いられる材料は供給される地域や生産方式が限られており，用いられる材料は比較的限定されていた。そのため材料の特性，使用方法も経験的に理解され，熟練技術者のみが材料を選定する能力を身につけており，それが一種の伝統として受け継がれてきた経緯がある。しかし，現代では，建築材料の種別が増加し，かつ多種多様化し，その性能も広い範囲に渡っている。また，建築物の種類や立地条件も多様になっており，完成後の建物は常に社会的要求（居住の安全性，隣地・地域の景観からの要求をはじめとする各種商業上，工業上，教育上などの条件）を満たさなければならない。こういった条件の中で，現行の日本における材料選定は，以下のようなものになっている。

- 実際の建築設計・施工における材料の選定は，建築計画の初期の段階から，設計各分野（意匠，構造，設備）および積算部門の連携により開始され，施主の要求（美観，計画，経済性等）を満足するように議論を重ねて決定される。

- 各種建築材料のうち，建物の構造形式に関わる主要構造材料，あるいは外観を決定づけることが多い外装材料や屋根材料については比較的早い段階で選択される。内装などは，施主などの要求を踏まえつつ決定され，施工当初に定まっていることは少ない。

- 材料選択の結果は，個々の設計図，**特記仕様書**，見積書などを含めた「設計図書」によって表現される。

1.5.2 設計行為と材料選択

設計行為における材料選定は，先述した構造，意匠，計画，設備，耐久性，安全性，経済性，環境負荷などを考慮して行われる。その中で，材料の使われ方は，部材や部位の一部分として成り立つので，必ずしも物性そのもののみで評価されるものではなく，部材としてできあがったときにどうであるかということが重要であり，そういった面では**構法**，**工法**の知識も非常に重要になる。材料性能の足し算がかならずしも部材の性能につながるわけではないので，施工の精度，施工性を設計者が考慮することも重要になる。施工は図面通りに部材を建設することを意図しているが，鉄筋コンクリートの部材であっても，型枠の精度，配筋の精度，打込み作業の善し悪し，コンクリートの善し悪しなどさまざまな要因があり，例えば，配筋の組合せが困難であるために意図したとおりに鉄筋の定着がとれなくなるとか，配筋が過密になった部分で打込み時にコンクリートが閉塞するなど，施工を考慮していないために問題が生じることがありえる。**性能設計**とは，本来は施工手続きも含めてどのように建築物を建設するかという仔細を考

用語の解説

特記仕様書
設計業務の実施に関する明細又は特別な事項を定める図書

構法
建物の組み上げ方（架構の仕方）

工法
工事の方法，仕方

慮し，施工図を描くところまでが含まれる。

　また，設計の要求性能をどのように解釈するか，ということも重要である。例えば，天井材に吸水によって強度が低下するような材料を用いる場合に，小屋裏を換気して結露を生じさせないようにする空調制御をするだけでなく，万一結露が生じた場合であっても天井材に水分が接触しないような工夫をするとか，強度低下に対して十分な取付け強度を確保をするなど安全性担保の仕組みが必要になる。要求性能をよく精査し，適切な要求性能を建築に課してそれに応えることで，建築物の持つ性能をより伸ばすことは設計者の大事な役割といえる。

1.6　建築材料の生産と開発

1.6.1　建築生産方式の変化

　建築物の生産効率を高め，品質を向上させ，さらに生産コストを低くするために種々の創意，工夫，改善が行われてきた。例えば，その1つが住宅建築の**工場生産化**（**壁式プレキャスト板組立方式**，**軽量鉄骨系プレハブ住宅**など）である。これらの生産方式では生産効率を高める一方，規格化されたために個性に欠ける点も見られた。しかし最近では，間取りの自由さ，ユニット化にも多様性が取り入れられ，敷地の形状，高級志向型内装など居住者の好みに対応できる生産方式が検討されている。

　RC構造外壁の**プレキャストパネル化**，**繊維補強セメント板**パネル外装材（**GRC**，鋼繊維補強モルタル）の生産など，この方面における金属系（スチール，ステンレス，アルミニウム），セラミック系（**ALC**，けい酸カルシウム板）外装材の生産は増加する傾向にある。

　最近では建築生産の向上，工期の短縮，コストの削減などの目的から，建築現場のヤードで柱や梁部材を，時には両者を組み合わせた部材を丸ごと製作し，クレーンで吊り上げて組み立てる工法もみられる。これらの工場製品となる部材は，材料に応じた適切な品質管理が行われるため，非常にすぐれた部材として利用することが可能になる。

1.6.2　建築材料の生産と流通

　建築材料の流通は，近年までは経済的理由，社会的理由によってさまざまに異なってきた。例えば，木材は1960年から90年代まで，国産材の利用が減少してきたが，近年の環境問題への関心の高まりと新興国による輸入量の増加に伴ない，輸入材の価格と国産木材の値段が均衡し始め，除々にではあるが国産材の利用量が増えつつある。

　また，セメントについても，国内需要がバブル時代以降低下しつつあるなかで新興国の利用が増加したため，**クリンカ**の形で輸出を開始する企業も出始めている。このように，世界中の経済活動の枠組みでは，より費用

――用語の解説――

壁式プレキャスト板
壁部材の形に成型したプレキャスト板のこと

繊維補強セメント板
セメント，石灰質原料，スラグ，せっこうなどを主原料とし，繊維などで補強した材料を用いて成形した板の総称

GRC
セメントまたはセメントモルタルを耐アルカリガラス繊維で補強したガラス繊維補強セメントのこと

ALC
Autoclaved Light-weight Concreteの略称，高温高圧多湿養生を意味するオートクレーブ状態で製造管理された軽量気泡コンクリートのこと

クリンカ
セメントの原料をキルン等で焼成して得られた固まりのこと

対効果がよい場所で材料は生産され，加工され，輸送され，消費されるという形が形成されている．建築材料に関しては国境のない生産・流通の時代になっている．

こういった流れの中に，今後は**低炭素型社会**の構築という観点から，輸送時に排出される二酸化炭素の問題がクローズアップされる可能性もある．重量物の輸送は，それだけで多くの二酸化炭素排出を生じるので，今後は近隣諸国による材料と国産材料への偏り，**リサイクル材**の活用，部材単位での有効利用などが深く検討されることになるだろう．

1.6.3 建築材料の規格と基準

建築生産の場においては，経費よりもデザインを優先して材料が選択される場合もあるが，一般には個性的なデザインを損なわない範囲で，工場で生産された安価な製品を効率よく使用するほうが高品質の建物をつくることができる．このような建築生産の異なる場において要求されるさまざまな水準の性能，品質，寸法などを満たす工場製品を安価に，かつ必要に応じて常に準備しておくためには，工場における材料の製造過程においてあらかじめ製品の素材，製品条件，品質，形状，寸法などの規格が全国的に統一され，さらに使用条件，試験方法なども統一されていることが必要になる．わが国でもこのような目的から鉱工業製品に対して明治時代以降，各種の工業規格が定められたが，昭和24年に公布された「工業標準化法」に従って日本工業標準調査会が設立され，学協会，業者などから提出された規格原案を検討し，「**日本工業規格**」（Japanese Industrial Standard，略称JIS）としてまとめられた．建築材料に関するわが国の規格には，JISのほかに農林水産省が管轄する「**日本農林規格**」（Japanese Agricultural Standard,略称JAS）がある．木材および木質製品などはこの規格に従っている．また，建築工事の仕様の標準化のために，「**建築工事標準仕様書**」（Japanese Architectural Standard Specification，略称JASS，日本建築学会）も作成されている．

諸外国には，古くから著名な権威ある規格類が整備されており，わが国で規格化されていないものについては準用されることも多い．以下に著名な外国の材料規格や標準仕様書を示す．

　　ASTM Standards（American Society for Testing and Materials）
　　ANSI（American National Standards Institute）
　　BS（British Standards）
　　DIN（Deutsche Industrie Normen）
　　NF（Norme Francaise）
　　ACI Standards（American Concrete Institute）
　　fib（federation internationale du beton）
　　RILEM（Reunion Internationale des Laboratoires d'Essais et de

---

用語の解説

リサイクル材
産業副産物や，廃棄・回収された材料を処理し利用した材料のこと

Recherches sur les Materiaux)

近年ではこれらの基準類を包括することを目指して，ISO基準（ISO：International Organization for Standardization，**国際標準化機構**）が活発に議論されており，日本でも多くの関連団体がこの規格立案のために活動を行っている。とくに先にも述べたように，材料は開発，生産，加工，利用が世界のさまざまな国で行われるようになっている。こういった共通基準の存在は，その経済性に多く貢献する。ISO基準を理解していることを前提とすれば，どこの国の工場であっても利用することができるからである。実際には，それ以外にも各国独特の習慣や規格，ルールが存在することで，完全な互換にはいたっていないが，今後の経済効率性を求める動きの中ではその重要性はより高まっていくだろう。

第1章　演習問題

1. 建築部位別分類に基づいて，次の部位に使用される材料の名称を列記せよ。
　　1）床材　　2）天井材　　3）屋根材
2. 自室（居室）の床，壁，天井，窓などに使用されている材料の名称を記せ。
3. 密度，比重，単位質量の相違を説明せよ。
4. 比熱，熱容量，熱伝導率，熱膨張率の単位を示せ。
5. 荷重，応力，強度，変形，ひずみ，ヤング係数はそれぞれいかなる関係にあるか単位を用いて説明せよ。
6. 建築材料の分類法について，その種別と特色を記せ。
7. 外装タイルに求められる性能とは何か説明せよ。
8. 建築材料の選択には建築物に求められる条件が必要であるが，その項目を示せ。
9. 建築材料の生産または供給のうえでの問題点を考えよ。

第2章　構造材料

2.1　概説

　建築物に作用する自重，積載荷重，地震荷重，風荷重，積雪荷重などの荷重・外力は，柱，梁，壁，床，基礎，基礎杭などの構造部材によって，安全に地盤に伝えられなければならない。したがって，構造材料に要求されるもっとも重要な機能は，耐荷重性能と変形追従性能である。すなわち，変形を許容される範囲にとどめながら，作用する荷重を安全に地盤に伝える構造の選択と，この構造に適した材料を選択することが要求される。また，構造材料には変質，劣化，老化，腐朽などの自然環境に対する耐久性と，火災などに対する耐火性・耐熱性が要求される。さらにその材料の資源が豊富かどうか，生産・運搬・施工コストが低いかどうかといった経済性や，安全・確実に所定の施工期間内に完成できるかどうかという施工性，地球環境への負荷の大小なども材料選択の際に考慮する必要がある。

　本章では，構造部材を構成する材料であるコンクリート，**プレキャストコンクリート製品**，鉄筋，**PC鋼材**，鉄骨構造用鋼材，木材および木質材料などの製法と基本的な性質について記述する。

　とくにコンクリートについては，使用材料の選択，調合設計，コンクリートの混練，運搬，打込みなどの製造工程において，とかくミスが発生しやすい材料であること，一旦ミスが発生すると硬化したコンクリートを撤去しなければならないことなど，その製造・施工にはとくに注意を払う必要がある。コンクリートは現在，主要構造材料として多用されているため，本章では，これらの点を考慮して，コンクリートに関する記述を多くした。

2.2　コンクリート

2.2.1　コンクリートとは

　セメントと水と骨材を主な構成材料とする複合材料のことを**コンクリート**という。これらの構成材料のうち，骨材はその粒径から細骨材（概ね直径5mm未満のもの）と粗骨材（概ね直径5mm以上のもの）に分けることができる（p.32参照）。コンクリートに対して粗骨材を含まないものを**モルタル**といい，骨材をまったく含まないものを**セメントペースト**という。写真-2.2.1にコンクリートの切断面を，図-2.2.1にコンクリートの構成材料とその割合の一例を示す。

　コンクリートは鋼や木などの他の構造材料と比較して，表-2.2.1に示

― 用語の解説 ―

プレキャストコンクリート製品
工場製作したコンクリート製品

PC鋼材
プレストレストコンクリート用の補強鋼材。通常の鉄筋の3倍程度の強度を有する。

第2章　構造材料

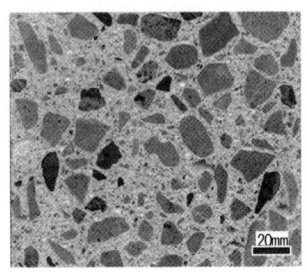

写真-2·2·1　コンクリートの断面

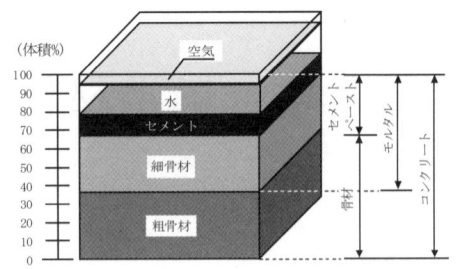

図-2·2·1　コンクリートの構成材料とその割合

表-2·2·1　コンクリートの特徴

長　　所	短　　所
・型枠の形状どおりに自由に成型できる。 ・柱や梁などの各部材を一体成型できるので，接合部の剛性の確保が容易。 ・**耐久性**が高く維持管理が容易。 ・単位質量あたりの価格が安い。 ・材料の調達が容易で，ほとんどの地域で生コンクリートの入手が可能。 ・各材料の構成比（調合）を調節することにより強度などの性能の変更が容易。 ・**耐火性**に優れる。	・所要の強度性能を得るのに所定の養生期間が必要で，工期が長くなる。 ・圧縮強度と比較して引張強度が小さいために，構造部材とする場合には鉄筋などによる引張補強が不可欠。 ・ひび割れが発生しやすい。 ・化学的な安定性がやや低く，とくに酸に弱い。 ・一旦構造物を作ると解体および材料のリサイクルが困難。 ・比強度（強度／質量）が他の構造材料と比べて小さい。

― 表中の用語の解説 ―

耐久性
コンクリートの材料としての耐久性は，ひび割れの発生およびすり減り・摩耗などによって所要の性能（強度や遮蔽（しゃへい）性，形状など）を失うことに対する抵抗性を指す。ひび割れの主な原因としては，地震などの外力によるもの以外に，乾燥収縮，アルカリ骨材反応，凍害，および水和熱によるものがある。また，鉄筋コンクリート構造物とした場合には，鉄筋の発錆により，かぶりコンクリートがひび割れることがあり，この場合には，コンクリートの中性化および塩害などもコンクリートの耐久性を決定する要因と考えることができる。

耐火性
コンクリートは不燃性でかつ熱伝導率が小さいため，一般にRC構造ではかぶりコンクリートにより高熱が鉄筋および内部のコンクリートに達しない。この点で他の構造形式（鋼構造，木構造）と比較してRC構造は耐火性に優れているといえる。ただし，近年適用例が増えてきた高強度コンクリートは，火災時の爆裂により急激な体積減少の恐れがあるため，耐火性を向上させる対策が必要となる。

すような多くの特徴を持つが，他の構造材料ともっとも大きく異なる点は，一部の工場製品を除き，現場に鉄筋と型枠を配置して，そこへ硬化前の状態のコンクリート（**フレッシュコンクリート**または**レディーミクストコンクリート**という）を流し込み，その場で硬化させて作られる点である。す

― 用語の解説 ―

レディーミクストコンクリート
生コンクリートともいい，工場から製品として出荷されるフレッシュコンクリート

剛性
外力に対する変形のしにくさ。同じ外力を受けた場合は，剛性が大きいほうが変形量は小さい。

施工管理
建設工事において，各種の作業が滞りなく順調に進行するようマネジメントを行う。建設現場では，個々の職人が行うものではなく，現場監督が行う。

なわち，構造材料自体を建設現場で作るのである。このことは，部材間の接合部が一体化され**剛性**の高い構造物が得られるというメリットがある反面，建設現場における**施工管理**の重要度が他の構造材料と比べて高く，コンクリートの**材料分離**や未充てん部の発生による構造性能の低下，不適切な**養生**による耐久性の低下など，コンクリートに特有な問題が発生する可能性があることを意味する。

しかし一方で，コンクリートのもつ耐久性や剛性，コストパフォーマンスなどの長所は，コンクリートを建築・土木材料としてなくてはならないものとしており，構造形式を問わず（例えば，基礎などにおいて）必ず使用する材料であるため，建設業に従事する者にとって基礎的な知識は不可欠なものとなる。

2.2.2 コンクリートの種類

コンクリートは一般に，密度，骨材の種類，**混和材料**の混入の有無，製造場所などによって分類することができる。表-2·2·2にコンクリートの分類の例を示す。表中の[*]で示すコンクリートは，各コンクリートの要求性能・条件に適合させるために，JASS 5 で調合条件などが規定されているものを示す。

2.2.3 コンクリートの構成材料

前述したように，コンクリートは基本的に，セメント，水，骨材，空気，および混和材料からなる。これらを混ぜ合わせて製造されるコンクリートの品質には，各構成材料の品質が大きく影響する。

(1) セメント

セメントは，水和反応することにより，コンクリート中の他の構成材料どうしを結合するつなぎの役割を果たす。また，セメントは建設現場のコンクリート以外にも，地盤改良材，産業廃棄物固化処理材，外装仕上材（窯業系**サイディング材**，**スレート瓦**など），建築工事用充てん材（グラウト類）など，多くの用途・原材料としても利用されている。

現在では，ピーク時よりは減少したものの，年間約7千万tが生産（2007年度）され，日本は世界有数のセメント生産国となっている。

(a) セメントの種類

建築・土木工事に用いられるセメントには，主として表-2·2·3に示すようなものがある。

1) ポルトランドセメント

ポルトランドセメントは，1824年にイギリスのれんが職人 Joseph Aspdin が，石灰石と粘土の混合物を高温焼成したものを粉砕してセメントを得たのが始まりとされる。ポルトランドの語源は，このセメント硬化体の色合いが，イギリスの Portland 島で産出される石灰岩（Portland

---

― 用語の解説 ―

材料分離
フレッシュコンクリートの状態で，構成材料が密度差により沈降または浮上することにより，コンクリートの均質性が損なわれること。水分が他の材料から分離して上昇する場合（ブリーディング現象）と骨材が沈降する場合に分けられる。

養生
コンクリートが所要の強度に達するまで，セメントの水和反応を継続させるために，温度および湿度を管理して，初期材齢のコンクリートを保護すること。

混和材料
コンクリート中に用いられる材料のうち，セメント，水，骨材以外のもの。品質の改善や新たな性能の付与などさまざまな目的で用いられる。少量のみ用いるものを混和剤，多量に用いるものを混和材と呼ぶ。

JASS 5
日本建築学会により制定されている建築工事標準仕様書（Japanese Architectural Standard Specification）の第5分冊で，鉄筋コンクリート工事に関する仕様書

サイディング材
乾式で施工される外壁材の総称。とくにセメントと繊維質材料を原料として板状に成型されたものを窯業系（セメント系）サイディング材という。

スレート瓦
セメント，石綿，繊維および混和材料を混合し加圧成形した板材。最近では有害な石綿を使用しない無石綿スレートが一般的。不燃性，高耐久，軽量などが特長

第2章 構造材料

表-2·2·2 コンクリートの種類とその概要

区分		種類	概要
標準的なコンクリート		普通コンクリート（プレーンコンクリート）	品質，使用材料，施工状況などが標準的なコンクリート
気乾単位容積質量による		**軽量コンクリート***	骨材の一部または全部に人工軽量骨材を用い，単位容積質量を普通コンクリートよりも小さくしたもの。〔気乾単位容積質量の範囲：1.4～1.7t/m³（2種），1.7～2.1 t/m³（1種）〕
		重量コンクリート	骨材の一部または全部に重量骨材を用い，単位容積質量を普通コンクリートよりも大きくしたもの。気乾単位容積質量は 2.5 t/m³ 以上
使用材料による	骨材による	砂利コンクリート	骨材として砂利と砂または砕砂を用いたコンクリート
		砕石コンクリート	骨材として砕石と砂または砕砂を用いたコンクリート
		軽量骨材コンクリート	骨材として軽量骨材を一部または全部に用いたコンクリート
		再生骨材コンクリート*	骨材として再生骨材を一部または全部に用いたコンクリート
	セメントによる	エコセメントを用いるコンクリート*	結合材として JIS R 5214（エコセメント）に規定する普通エコセメントを用いるコンクリート
		混合セメントを用いるコンクリート	高炉セメントやフライアッシュセメント等を用いるコンクリート
	混和材料の有無による	AE コンクリート	AE 剤を用いて空気を連行させたコンクリート
		膨張コンクリート	**膨張材**を添加したコンクリート。収縮補償用コンクリートと，膨張力が大きい**ケミカルプレストレストコンクリート**がある。
		各種混和材を使用したコンクリート	代表的なものに，**高炉スラグ微粉末**を使用するコンクリート，**フライアッシュ**を使用するコンクリート，**シリカフューム**を用いたコンクリートがある。
	補強材料による	**繊維補強コンクリート**	**鋼繊維**や**ガラス繊維**などをコンクリートの練混ぜ時に混入したコンクリート
		プレストレストコンクリート*	緊張材によって部材の引張側にあらかじめ圧縮応力を生じさせ，曲げひび割れ耐力を向上させた構造に用いるコンクリートおよびそのコンクリート構造
		無筋コンクリート*	鉄筋で補強されていないコンクリート。ただし，ひび割れ防止用として**鉄筋格子**などで補強されたコンクリートは含む。
工場練り・現場練りによる		レディーミクストコンクリート	JIS A 5308 による工場練りコンクリート
		現場練りコンクリート	工事現場で練り混ぜるコンクリート
施工環境による		**寒中コンクリート***	コンクリートの打込み後の養生期間に，コンクリートが凍結する恐れのある時期に施工されるコンクリート
		暑中コンクリート*	気温が高く，コンクリートの**スランプ**の低下や水分の急激な蒸発などの恐れのある時期に施工されるコンクリート
		マスコンクリート*	部材断面の最小寸法が大きく，かつセメントの水和熱による温度上昇で有害なひび割れが入る恐れがある部分のコンクリート
		水中コンクリート*	場所打ち杭および連続地中壁など，**トレミー管**などを用いて安定液または静水中に打ち込むコンクリート
		鋼管充てんコンクリート*	コンクリート充てん鋼管構造（CFT構造）で鋼管内に充てんするために用いるコンクリート
要求性能による		流動化コンクリート*	あらかじめ練り混ぜられたコンクリートに流動化剤を添加し，これを撹拌して流動性を増大させたコンクリート
		高流動コンクリート*	フレッシュ時の材料分離抵抗性を損なうことなく，流動性を著しく高めたコンクリート
		高強度コンクリート*	設計基準強度が 36N/mm² を超えるコンクリート
		プレキャスト複合コンクリート*	構造体または部材の断面の一部にプレキャスト鉄筋コンクリート半製品を用い，これと現場打ちコンクリートを一体化して構造体または部材として形成されたコンクリート
		遮蔽（しゃへい）用コンクリート*	主として生体防護のためにγ線，X線および中性子線を遮蔽（しゃへい）する目的で用いられるコンクリート
		水密コンクリート*	特に水密性の高いコンクリート
		海水の作用を受けるコンクリート*	海水または海水滴の劣化作用を受ける恐れがある部分のコンクリート
		凍結融解作用を受けるコンクリート*	凍結融解作用により凍害を生じる恐れがある部分のコンクリート
		住宅基礎用コンクリート*	木造建築物の基礎などに使用する簡易なコンクリート
		ポーラスコンクリート	内部に多量の連続空隙を有するコンクリートで，透水性舗装や植生基盤などとして用いられる。

［注］*：JASS 5に**特殊コンクリート**として規定されているコンクリート

2.2 コンクリート

表中の用語の解説

気乾単位容積質量
気中で乾燥させたコンクリート供試体の質量を，同供試体の体積で除して求めた値。構造計算において，コンクリートの自重を計算する際に必要となる。

膨張材
セメントおよび水とともに練り混ぜた際に生成する結晶により，コンクリートを膨張させる作用を有する混和材

収縮補償用コンクリート
膨張材と鉄筋の拘束により初期に導入されたプレストレス（圧縮応力）が，乾燥収縮による引張応力を相殺，もしくは低減させる程度の膨張力を有する膨張コンクリート（右図参照）

ケミカルプレストレストコンクリート
膨張材と鉄筋の拘束により初期に導入されたプレストレス（圧縮応力）が，コンクリートの乾燥収縮後にも残存する程度の大きな膨張力を有する膨張コンクリート（右図参照）。部材断面内の引張応力を低減する効果があり，部材断面寸法を小さくしたり，ひび割れの防止に効果がある。

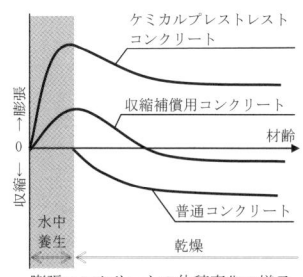

膨張コンクリートの体積変化の様子

高炉スラグ微粉末
銑鉄を製造する高炉から排出される高炉スラグを微粉砕したもの。長期材齢において潜在水硬性（アルカリ刺激により水和物を生成する反応）を発揮し，コンクリートの長期強度の増加，水密性・化学抵抗性の向上などに効果がある。

フライアッシュ
石炭火力発電所から排出される石炭灰のうち，排気中に含まれる微粒子を集塵機で捕集したもの。長期材齢においてポゾラン反応（水酸化カルシウムと反応して化合物を生成する反応）が起こり組織が緻密化する。また，流動性の改善，水和熱の減少なども期待できる。

シリカフューム
各種シリコン合金の製造過程で得られる副産物で，超微粒の球形粒子。ポゾラン反応（水酸化カルシウムと反応して化合物を生成する反応）やマイクロフィラー効果（超微粒子がセメント粒子の間を充てんして緻密化する効果）が期待でき，超高強度コンクリートなどに用いられる。

鋼繊維
細い鋼製の繊維（右図参照）で，コンクリートのひび割れ防止や靭性改善などの効果がある。

ガラス繊維
耐アルカリ性ガラスの繊維で，コンクリートのひび割れ防止やじん性改善などの効果がある。

鉄筋格子
鉄筋を格子状に溶接した工場製品。溶接金網ともいう。

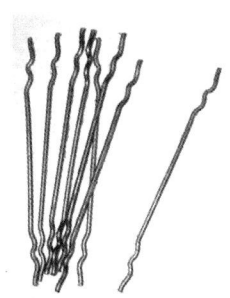

鋼繊維の例（φ1×45mm）

スランプ
フレッシュコンクリートのコンシステンシー（変形抵抗性）を示す指標値で，スランプ試験の結果として得られる。高さ30cmの円錐台形のフレッシュコンクリートが自重により変形したときの中央部の沈下量

トレミー管
水中でのコンクリートの打設に用いられる水密な管で，周囲の水分をコンクリート中に巻き込まないように，管の先端部が先に打設されたコンクリート中に埋まった状態で後のコンクリートを打ち込むのが一般的

表-2·2·3 各種セメントの特徴および用途

セメントの種類		特徴	物理・化学的性質[*1]	用途
ポルトランドセメント (JIS R 5210)	普通ポルトランドセメント	最も一般的なセメント		一般のコンクリート工事
	早強ポルトランドセメント	強度発現が早く,工期の短縮が可能。水和による発熱量が大きい。低温下でも強度を発現	普通ポルトランドセメントより**粉末度**が大きく,C_3Sを多く,C_2Sを少なくしたもの。普通ポルトランドセメントの7日強さを3日で発現	緊急工事,コンクリート2次製品,冬期工事
	超早強ポルトランドセメント	早強ポルトランドセメントよりも,さらに短期間で強度を発現する。低温下でも強度を発現	早強ポルトランドセメントよりさらに粉末度が大きく,C_3Sを多く,C_2Sを少なくしたもの。普通ポルトランドセメントの7日強さを1日で発現	緊急工事,冬期工事,グラウト
	中庸熱ポルトランドセメント	水和熱が低く,乾燥収縮も小さい。初期強度は小さいが,長期強度は大きい。	普通ポルトランドセメントよりC_3S,C_3Aを少なく,C_2Sを多くしたもの	マスコンクリート,水密コンクリート,遮蔽用コンクリート
	低熱ポルトランドセメント	中庸熱セメントよりもさらに水和熱が低い。初期強度は小さいが,長期強度は大きい。流動性が高い。	中庸熱セメントよりもさらに,C_2Sを多くし,含有率を40%以上としたもの	マスコンクリート,高流動・高強度コンクリート
	耐硫酸塩ポルトランドセメント	硫酸塩を含有する海水,土壌,地下水,下水などに対する抵抗性が大きい。	普通ポルトランドセメントよりC_3Aを少なくし,含有量を4%以下としたもの	護岸工事,温泉地付近の工事,化学工場の工事(最近では海外工事への輸出用が多い)
	低アルカリ形ポルトランドセメント	**アルカリ骨材反応**によるひび割れの発生を抑制する。上記6種にそれぞれ低アルカリ形が規定されている。	セメント成分中の全アルカリ量を0.6%以下としたもの(低アルカリ形以外は0.75%以下)	アルカリ骨材反応が起きる可能性がある場合
混合セメント	高炉セメント (JIS R 5211)	**高炉スラグ微粉末**を混合したセメントで,長期強度の増進が大きく,耐海水性や化学抵抗性に優れる。	高炉スラグの混合量により,A種(5~30%),B種(30~60%),C種(60~70%)がある。	普通セメントと同様,ダムや港湾などの大型土木工事
	シリカセメント (JIS R 5212)	天然の**ポゾラン**を混合したセメントで,耐薬品性に優れるが,初期強度が低い。	シリカ質混合材の混合量により,A種(5~10%),B種(10~20%),C種(20~30%)がある。	(最近ではほとんど用いられていない)
	フライアッシュセメント (JIS R 5213)	ポゾランの中でも,特に**フライアッシュ**を混合したセメントのことで,長期材齢における緻密化が期待できる。	フライアッシュの混合量により,A種(5~10%),B種(10~20%),C種(20~30%)がある。	ダムや港湾などの大型土木工事や水密性を要求される構造物
エコセメント (JIS R 5214)		都市ごみ焼却灰や下水汚泥を主原料としたセメント	C_3AおよびC_4AFが多く,塩化物イオン量も多い傾向がある。	無筋コンクリート,一般のコンクリート構造物
その他のセメント	シリカフューム混合セメント	シリカフュームを混合したセメント。コンクリートの高強度化および高流動化が可能	用途に応じて,普通,中庸熱,低熱,高ビーライトなどさまざまなセメントをベースに製造される。	超高強度コンクリート,鋼管充填コンクリート
	高ビーライト系セメント	**水和熱**が低く,初期強度は小さいが,長期強度は大きい。流動性が高い。	C_3Aをできるだけ少なくし,C_2Sを主成分としたもの	マスコンクリート,高流動・高強度コンクリート
	超速硬セメント	強度発現が極めて早い。移動が可能な車載型生コン製造設備とセットで供給される。	2~3時間の短期間で10N/mm²以上の圧縮強度を発揮する。	緊急工事
	白色ポルトランドセメント	セメントおよびその硬化体の色が白い。	鉄分の含有量を抑えたもの	表面仕上げ用モルタル,装飾材料
	アルミナセメント	**ボーキサイト**と石灰石からつくられたセメント。強度発現が極めて早い。	6~12時間で普通ポルトランドセメントの28日強さを発現。化学組成および水和機構はポルトランドセメントと大きく異なる。	緊急工事,耐火工事(長期材齢において強度低下を起こす場合がある)

[注]%:質量%を示す,*1:化学成分の記号については後述の「(c)セメントの化学的・物理的性質」参照

2.2 コンクリート

---表中の用語の解説---

粉末度
粒子の細かさの程度。粉末度が大きいほど細かく，比表面積（単位質量あたりの表面積）が大きい。

アルカリ骨材反応
ある種の骨材がコンクリート中のアルカリと反応して膨張し，コンクリートがひび割れる現象

高炉スラグ微粉末
銑鉄を製造する高炉から排出される高炉スラグを微粉砕したもの

ポゾラン
ポゾラン反応性（水酸化カルシウムと反応して化合物を生成する反応）を有するシリカ質材料の総称。シリカ質材料とは二酸化ケイ素 SiO_2 を多量に含む材料のこと

フライアッシュ
石炭火力発電所から排出される石炭灰のうち，排気中に含まれる微粒子を集塵機で捕集したもの

水和熱
セメントが水と反応して水和物を生成する際に発する熱

ボーキサイト
アルミニウムの原料となる鉱石。アルミナとはボーキサイト中に多く含まれる酸化アルミニウム（Al_2O_3）の別称

---

stone）によく似ていることから名づけられたといわれている。日本では1875年（明治8年）にポルトランドセメントの製造が開始された。

今日において，建設材料として単に「セメント」といえば，このポルトランドセメントと考えてよい。現在，JIS R 5210として定められているポルトランドセメントには，表-2・2・3に示すように，それぞれ成分調整などにより品質を変化させたものがある。その中でもセメントの全生産量の大部分を占めているのが**普通ポルトランドセメント**であり，わが国で生産されるセメント全体の約70％を占める。

普通ポルトランドセメントと比べて，強度発現を早めたものが早強および超早強ポルトランドセメントであり，**水和熱**が大きいという特性も併せ持つ。早強性のあるセメントを用いることにより，工期の短縮などのメリットが得られるが，部材断面の大きな土木構造物などでは，水和熱が大きいと**温度ひび割れ**などが問題となり，健全な構造物を作ることが困難となる。

これに対して，水和熱を低減する目的で作られたのが中庸熱および低熱ポルトランドセメントである。ただし，これらのセメントでは強度発現が普通ポルトランドセメントと比べて遅くなる。

2） 混合セメント

混合セメントは，各種の反応性の混合材をポルトランドセメントに混合したもので，混合材としての産業副産物の有効利用およびコンクリートの品質改善を目的としたものである。混合材の混合率によりA～C種に分類される（混合材ごとの具体的な混合率は表-2・2・3参照）が，実際に使用されているのはいずれの混合セメントにおいてもB種が多い。

① 高炉セメント

混合セメントで最も使用されているものが**高炉セメント**で，わが国

---用語の解説---

水和熱
セメントが水と反応して水和物を生成する際に発する熱

温度ひび割れ
セメントの水和熱により発生したコンクリート内部の温度分布や温度変化などが原因で発生するひび割れ。コンクリートが高温で膨張し，温度の低下とともに収縮する特性に起因する。水和熱の冷却が困難なマスコンクリートで発生しやすい。

で生産されるセメント全体の約20%を占める。高炉スラグの持つ**潜在水硬性**により長期的な組織の緻密化，および化学抵抗性の改善などが期待できる。また最近ではセメントを用いた地盤改良工事において，環境への**六価クロム**の放出を抑制できる環境配慮形地盤改良材としての用途も増えつつある。

② フライアッシュセメント

フライアッシュを混合した**フライアッシュセメント**も，水和熱の低減や，長期材齢における**ポゾラン反応**による緻密化が期待できるため，**マスコンクリート**などへ適用されている。ただし，フライアッシュの品質変動が大きいこと，混合率が大きいと初期強度が低下すること，またポゾラン反応により水酸化カルシウム（$Ca(OH)_2$）が消費されるために**炭酸化**が早まる場合があることなどにより生産量は少なく，生産されるセメント全体の0.3%程度である。

③ シリカフューム混合セメント

JIS化はされていないものの，フライアッシュセメントにつぐ代表的なポゾラン混合セメントとして，シリカフューム混合セメントがある。建築分野では，**CFT**（鋼管充てんコンクリート構造）の充てんコンクリートに用いられる超高強度・高流動コンクリートなどに適用されている。

3) エコセメント

エコセメントは，都市ごみ焼却灰や下水汚泥を主原料（製品1tにつき乾燥ベースで廃棄物を500kg以上使用）とした資源リサイクル型のセメントであり，2002年にJIS化された。原料の都市ごみ焼却灰に由来する塩化物量の多い速硬エコセメントと，そこから塩化物イオン量をセメント質量の0.1%以下まで減少させた普通エコセメントがあるが，現在では普通エコセメントのみが生産されている。普通エコセメントは普通ポルトランドセメントとほぼ同様な物理的性質を示し，幅広い用途拡大が期待されている。

(b) ポルトランドセメントの製造方法

セメントの製造工程は，「原料工程」「焼成工程」「仕上げ工程」と大きく3つの工程に分けることができる。セメントの製造工程の概要を図-2・2・2に示す。

原料工程では，セメントの主な原料である石灰石，粘土，けい石，酸化鉄原料などを乾燥させた後，所要の構成成分になるように調合し，粉砕・混合して粉末原料を作る。

焼成工程では，粉末原料はプレヒータおよび仮焼炉と呼ばれる原料予熱設備に投入され，予熱昇温された後，ロータリー**キルン**という**回転窯**の中に入り，1,450℃以上という高温で**クリンカ**という塊に焼成される。赤熱したクリンカは，クリンカクーラと呼ばれる装置で，空気と熱交換するこ

用語の解説

潜在水硬性
高炉スラグ微粉末などが，コンクリート中の水酸化カルシウム（$Ca(OH)_2$）を刺激剤として水和反応を起こし，コンクリートを緻密化する性質

六価クロム
発がん性のある毒物。セメント中にも存在（無害な三価クロムがセメント製造時に強熱されることにより六価クロムとなる）し，セメント系地盤改良材などを用いた場合に，環境への溶出が問題となる場合がある。

ポゾラン反応
フライアッシュなどのシリカ（SiO_2）質を多く含んだ材料がコンクリート中の水酸化カルシウム（$Ca(OH)_2$）と反応して，コンクリートを緻密化する反応。フライアッシュを用いた圧縮強度試験の結果によれば，一般に，長期材齢（材齢28日目以降）において顕在化するとされている。

マスコンクリート
断面寸法の大きなコンクリートのこと。土木構造物や遮蔽用コンクリート，大型の基礎などに用いられる。水和熱により部材内部が高温となり，温度ひび割れが発生する恐れがあるため，水和熱の管理が重要となる。

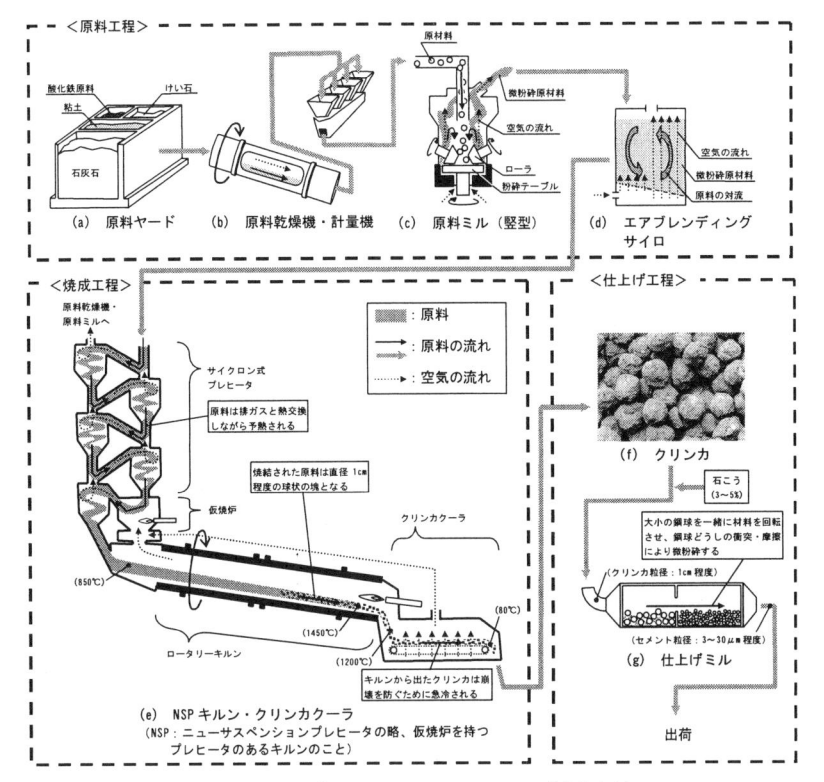

図-2·2·2 ポルトランドセメントの製造方法

とによって冷却される。

　仕上げ工程では，塊状のクリンカに**凝結**調整のための石こうを加えて粉砕し，ポルトランドセメントができ上がる。この仕上げ工程において，高炉スラグやフライアッシュを加えることにより，混合セメントが得られる。

　現在のセメント工場では，キルンにおいて発生する膨大な熱を，原材料の乾燥や予熱の工程で再利用することにより，エネルギー効率を飛躍的に向上させている。また，燃料である石炭（1970年代のオイルショック以降ほとんどのセメント工場では燃料を重油から石炭に切り替えた）の灰はセメント原料としてそのまま使用し，セメント製造時に発生する粉塵も各種の集塵機により回収され，セメント原料へ戻されているため，二酸化炭素（テクニカルワンポイント p.26 参照）以外の廃棄物はほとんど発生しない。

(c)　セメントの化学的・物理的性質

1)　化学成分

　図-2·2·3 に，普通ポルトランドセメントを例に，セメントを1tを作る場合の材料の必要量とその化学組成を簡単に示す。セメントの大部分は，石灰石に含まれていた炭酸カルシウム（$CaCO_3$）が熱分解により炭酸ガス（CO_2）を放出して得られる酸化カルシウム（CaO）で，この他に，酸化けい素（SiO_2），アルミナ（Al_2O_3），酸化鉄（Fe_2O_3）などが成分として含まれてい

用語の解説

炭酸化

中性化ともいう。コンクリートがアルカリ性を示す原因である水酸化カルシウム（$Ca(OH)_2$）が，空気中の二酸化炭素（CO_2）と反応して炭酸カルシウム（$CaCO_3$）と水（H_2O）を生成し，中性を示すようになる現象。コンクリート表面から徐々に進行するが，鉄筋の位置より深くまで中性化が進むと，鉄筋が錆びて体積膨張し，かぶりコンクリートが剥離するなど，鉄筋コンクリート部材が寿命を迎えることになる。

凝結

練混ぜ後のコンクリート，モルタルおよびセメントペーストが，セメントの水和の進行に伴い流動性を失い固化していく現象。セメントペーストおよびコンクリートでそれぞれ凝結試験が JIS で規定されており，いずれも貫入針の貫入抵抗値から凝結の始発および終結の時刻を判定している。

セメントを取り巻く環境問題

世界規模で地球温暖化問題が深刻化する中,その原因と目されるCO_2の排出量の削減は社会的な要求となっている。セメント産業から排出されるCO_2は,日本の総排出量の約4％を占めている(2005年度現在)。その内訳は,右図に示すように,セメント製造に要する熱エネルギー起源のCO_2が約30％であるのに対し,原料起源のCO_2(主原料である石灰石の熱分解により発生するもの:$CaCO_3 \rightarrow CaO + CO_2$)の排出が約60％を占める。

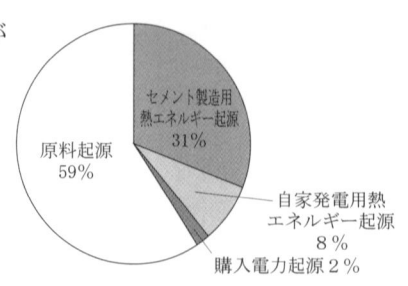

セメント産業における起源別CO_2排出割合(2006年度、セメント協会による)

原料起源のCO_2の排出については,避けられない部分が多く,現実的な対策は熱エネルギー起源のCO_2の削減となる。

地球温暖化問題が指摘される以前から,セメントの生産段階においては多くの熱エネルギーを必要とし,その生産コストに占めるエネルギー費の割合が高いために,廃熱の有効利用など製造工程の随所に省エネルギー対策が施されてきた。現時点で既に,日本のセメント産業のエネルギー効率は国際的にもトップクラスとなっている(下図参照)。最近では,上記のような省エネ対策以外にも,セメントの主要成分であるCaO, SiO_2, Fe_2O_3, Al_2O_3を含むものは,セメント原料としてリサイクルが期待できることから,火力発電所の石炭灰,ゴミの焼却灰および下水汚泥などの廃棄物を原料として用いたり,セメント製造に必要な熱エネルギー源の一部として,廃プラスチックや廃タイヤなどを活用するなど,廃棄物の有効利用も積極的に進められている。

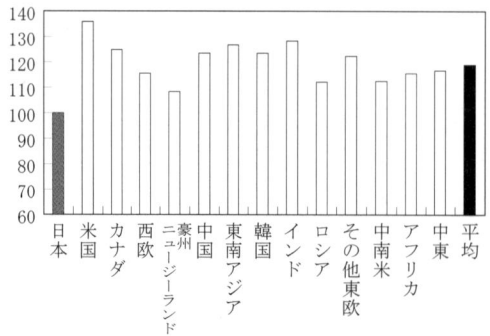

セメント1tあたりCO_2排出量の国際比較(2000年 セメント協会)(日本を100として示す)

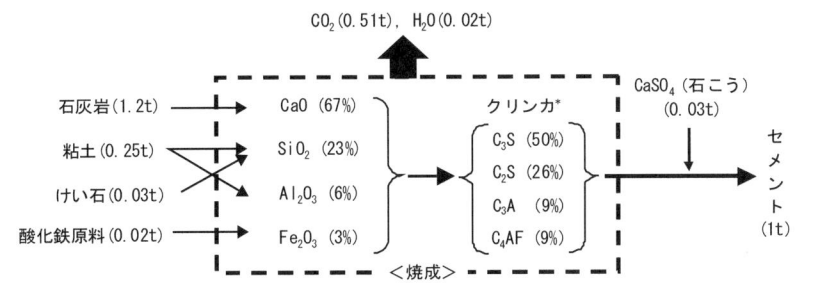

図-2·2·3 普通ポルトランドセメント1tを作るのに必要な材料とその化学組成（＊：クリンカ鉱物の略号は表-2·2·4参照）

表-2·2·4 セメント中の水硬性化合物

名称	記号	特性		
		強度特性	水和熱量	化学抵抗性
けい酸三カルシウム（エーライト）	C_3S	早期強度に寄与する	中	中
けい酸二カルシウム（ビーライト）	C_2S	長期強度に寄与する	小	やや大
アルミン酸三カルシウム（アルミネート相）	C_3A	極早期強度に寄与する	大	小
鉄アルミン酸四カルシウム（フェライト相）	C_4AF	強度にほとんど寄与しない	小	大

[注]C: CaO, S: SiO_2, A: Al_2O_3, F: Fe_2O_3

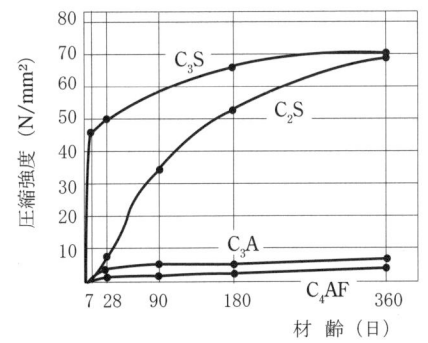

図-2·2·4 クリンカ鉱物の強度発現

る。これらの成分は，セメント中ではそのままの状態では存在せず，セメントの製造過程の中の焼成工程において互いに結合し，表-2·2·4に示すような多種類の水硬性化合物（クリンカ鉱物）を形成する。これらの化合物は，同表中および図-2·2·4に示すように強度発現などの特性が異なるため，目的によって含有率を変えて調合される。

2) 水和反応

セメントは水と接すると水和物を生成し，徐々に硬化していく。この凝結・硬化の反応を称して**水和反応**と呼ぶ。セメントの水和反応は非常に複雑で，化学組成はもちろん粒子サイズ，温度など多くの要因の影響を受ける。表-2·2·4で示した4種の水硬性化合物のうち，セメントの大部分を占める**エーライト**（C_3S）と**ビーライト**（C_2S）は，水和過程は若干異なるものの，最終的には**カルシウムシリケートゲル**（$C_3S_2H_3$，または，C-S-Hゲル）となり，多量の**水酸化カルシウム**（$Ca(OH)_2$）を生成する。コンクリートがアルカリ性を示すのはこの$Ca(OH)_2$のためである。

— テクニカルワンポイント —

セメントの水和とセメントゲル？

右図に，セメントの水和過程のイメージを示す。図(a)は接水直後の様子を示す。セメント粒子のサイズは20〜30μm（1μmは10^{-6}m）程度で，粉砕された結果の角張った形状をしている。図(b)は接水後数分の状態で，1〜10nm（1nmは10^{-9}m）程度の微小な水和物ゲルがセメント表面をおおい始めている。図(c)は数時間後の状態で，水和物ゲルの層は厚みを増し，隣接するゲル層と接合して凝結に向かう。

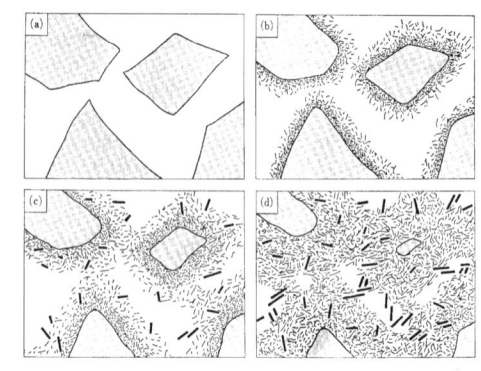

このときすでに，1μm程度の$Ca(OH)_2$柱状結晶（図中には黒い棒状で示す）の析出が見られる。図(d)は数日後の状態で，セメント粒子の消耗とともにゲル組織はさらに発達し，水和物間の隙間を埋めつつ緻密化していく。

ポルトランドセメントの水和過程（H.F.W.Taylor）

このように，セメントの水和や硬化のメカニズムを説明する場合には，頻繁に「**ゲル**」という言葉が用いられる。一方で，「水和物結晶の析出」などのように結晶という言葉も用いられるため，セメント水和物が何なのか混乱することが少なくない。

セメント水和物には主要なもので数種類存在するが，その中でも最も生成量の多いC-S-Hの結晶は非常に微細な**コロイド粒子**レベルの微結晶であり，セメント硬化体はこの微細な水和物結晶の集合体となっている。すなわち，金属や岩石のような単一の大きな結晶が生成している訳ではない。これがセメント水和物がゲルと称される理由である。

では，この微細なセメント水和物結晶どうしはどのように結合しているのかというと，これには諸説あり，まだ明確な結論が得られるには至っていない。しかし，最新の研究では，ファンデルワールス力，水素結合，イオン結合などさまざまな形態が考えられており，強度発現のメカニズムに関しても定量的に解明されつつある。

［注］
ゲル：コロイド粒子などを分散させた溶液のうち，流動性を失ったもの。これに対して流動性のあるものをゾルという。
コロイド粒子：500nm以下程度の微小な粒子。溶媒中では溶媒の分子と衝突して不規則な動きをしたり（ブラウン運動），重力場においても沈殿しないなど，他の分散系では見られない特異な動きをする。

［参考文献］
1) H.F.W.Taylor: The Chemistry of Cements, Vol.1, p.21, Academic Press, 1972
2) 荒井康夫：セメントの材料化学，大日本図書，pp.162-172, 1998
3) 内川浩，他：コンクリート技術者のためのセメント化学雑論，セメント協会，pp.51-56, 1999

2.2 コンクリート

エーライトの水和反応：$2C_3S + 6H_2O \rightarrow C_3S_2H_3 + 3Ca(OH)_2$

ビーライトの水和反応：$2C_2S + 4H_2O \rightarrow C_3S_2H_3 + Ca(OH)_2$

（注：カルシウムシリケートゲル中のHはH_2Oを示す）

セメントの凝結・硬化は，C-S-Hゲルを主体とするセメントゲルの生成によるものである。セメントゲルは水和反応によって水分子を取り込み，セメントの約2倍の体積にふくれあがって水の占めていた空間を埋め，密度の高い硬化体を作る。このセメントの水和反応に伴う組織の緻密化とともに，コンクリートの硬さは変化する。普通ポルトランドセメントの場合，通常，コンクリートの練上がり後2～4時間で**フレッシュコンクリート**は流動性を失う。これを**凝結**という。しかし，この段階では強度はほとんど発現していない。その後，徐々に強度が増大していく段階を硬化という。

セメントの水和反応は発熱反応であり，ここで発生する水和熱はセメントの種類，粉末度，**水セメント比**などによって相違する。セメント中の化合物では，エーライト（C_3S）の発熱量がもっとも大きく，ビーライト（C_2S）の発熱量がもっとも小さい。また一般に，粒子の細かいセメントの方が反応する表面積が大きくなるために水和熱が大きくなる。**マスコンクリート**では，内部で発生した水和熱によって，表面付近との間に大きな温度差が生じ，**温度ひび割れ**が発生する場合があるので，発熱量の少ない中庸熱セメントや低熱セメントを用いる必要がある。

セメントの保存期間中に，セメントが空気中の水分および二酸化炭素と反応することを**風化**といい，この風化が進むとセメントは塊状に固化し始める。風化したセメントを用いると凝結が遅れ，硬化後の強度も低下する。

用語の解説

フレッシュコンクリート
硬化前のコンクリート

水セメント比
コンクリート中の水とセメントの質量比。圧縮強度や耐久性など，コンクリートの基本的な性質に非常に大きな影響を及ぼす。

温度ひび割れ
断面寸法の大きなマスコンクリートでは，内部が水和熱で高温となり，表面は外気により冷却されることにより大きな温度差が発生する場合がある。このとき，コンクリートの体積は，温度の低下とともに収縮する特性があるため，表面の相対的に低温となった部分が収縮してひび割れることがある。

温度ひび割れのイメージ

表-2·2·5　各種セメントの品質基準

品質		普通ポルトランドセメント	早強ポルトランドセメント	中庸熱ポルトランドセメント	低熱ポルトランドセメント	高炉セメントB種	フライアッシュセメントB種	普通エコセメント
比表面積（cm^2/g）		2500以上	3300以上	2500以上	2500以上	3000以上	2500以上	2500以上
凝結	始発（min）	60以上	45以上	60以上	60以上	60以上	60以上	60以上
	終結（h）	10以下	10以下	10以下	10以下	10以下	10以下	10以下
圧縮強さ（N/mm^2）	1d	—	10.0以上	—	—	—	—	—
	3d	12.5以上	20.0以上	7.5以上	—	10.0以上	10.0以上	12.5以上
	7d	22.5以上	32.5以上	15.0以上	7.5以上	17.5以上	17.5以上	22.5以上
	28d	42.5以上	47.5以上	32.5以上	22.5以上	42.5以上	37.5以上	42.5以上
	91d	—	—	—	42.5以上	—	—	—
水和熱（J/g）	7d	—	—	290以下	250以下	—	—	—
	28d	—	—	340以下	290以下	—	—	—
化学成分（%）	全アルカリ	0.75以下	0.75以下	0.75以下	0.75以下	—	—	0.75以下
	塩化物イオン	0.035以下	0.02以下	0.02以下	0.02以下	—	—	0.1以下
鉱物組成（%）	けい酸三カルシウム C_3S	—	—	50以下	—	—	—	—
	けい酸二カルシウム C_2S	—	—	—	40以上	—	—	—
	アルミン酸三カルシウム C_3A	—	—	8以下	6以下	—	—	—

注）太字：普通ポルトランドセメントと比較して特徴的な部分

第 2 章　構造材料

表 -2・2・6　各種セメントの品質試験

試験項目（単位）〔JIS 規格番号〕	試験方法の概要	セメントおよびコンクリートの性質への影響
密度 (g/cm³) 〔JIS R 5201〕	ルシャテリエフラスコ[*1]に灯油または軽油を入れ、そこに 100g のセメントを加えたときの容積の変化量からセメントの容積を求め、セメントの質量をセメントの容積で除することにより密度を求める。	調合設計時に使用。普通ポルトランドセメントの密度は 3.15～3.17g/cm³ 程度。セメント化合物では Al_2O_3 が最も軽く、早強性のセメントは密度が小さい。
比表面積 (cm²/g) 〔JIS R 5201〕	**ブレーン空気透過装置**[*2]を用い、一定圧力の空気を試料セメント中に通過させて、その透過速度から比表面積を推定する。比表面積とは、1g あたりの全粒子の表面積の総和のこと	セメント粒子の細かさの指標。一般に、比表面積が大きいほど粒子が細かく、強度発現が早く、水和熱が大きい。普通ポルトランドセメントでは 3500 cm²/g 程度
凝結　始発 (h, min)　　　終結 (h, min) 〔JIS R 5201〕	**ビカー針装置**[*3]を用いて、セメントペースト試料に対する所定の標準針の貫入量から、標準軟度となる時の水量、凝結の始発および終結の時間を得る。	初期のセメントの水和反応速度の指標。特に凝結の始発はコンクリート工事における施工可能な時間の目安となる。通常、始発が 2～3 時間、終結が 3～5 時間程度
強度　曲げ強さ (N/mm²)　　　圧縮強さ (N/mm²) 〔JIS R 5201〕	試料はモルタルとして調合。セメント以外の使用材料（細骨材として**標準砂**を使用）、供試体形状（40×40×160mm の角柱体）、打込みおよび締固め方法（テーブルバイブレータを使用）、養生方法（**標準養生**）は固定して供試体を作成する。調合は、W/C=0.50、セメント：標準砂=1:3（質量比）とする。試験は、曲げ試験および圧縮試験とし、測定材齢は通常 3, 7, 28 日とする。試験装置は油圧の圧縮試験装置と専用の治具[*4]を用いるのが一般的である。	セメントの強度発現特性の指標となる。本試験で測定された圧縮強さは、調合設計時に W/C の推定式などで用いる場合がある。JIS A 1108 のコンクリートの圧縮強度試験（一般に φ100×200mm の円柱供試体を使用）とは供試体形状が異なるため、本来同程度の強度性能を有する材料であっても、本試験で得られる圧縮強さとは直接比較できない点に注意を要する。
水和熱 (J/g) 〔JIS R 5203〕	溶解熱法による水和熱測定方法は、未水和セメントを完全に酸液に溶解したときの溶解熱と、水和セメントを同様に溶液に溶解したときの溶解熱の差分から水和熱を求める方法である。これは、「ある系の化学反応によって生ずる総熱量はその反応経路によらず同じである」とする総熱量不変の法則の考え方による。測定には専用の熱量計を用いる。	コンクリート硬化時の発熱量の指標となる。特に、マスコンクリートなどを製造するときには、温度ひび割れ対策が重要となるため、水和熱の把握は不可欠となる。
アルカリ量 (%) 〔JIS R 5202〕	セメント中のアルカリ (Na_2O, K_2O) は、主として原料の粘土に由来している。定量方法には、原子吸光分析装置を用いる方法がある。	セメントに含まれるアルカリ量は、アルカリ骨材反応の抑制対策のための、コンクリート中の総アルカリ量を求める際に必要となる。
塩素量 (%) 〔JIS R 5202〕	セメント中の塩素は、主として原燃料に由来するものであるが、近年の廃棄物を原材料に用いたセメント（エコセメントなど）では、原料自体に含まれている場合もある。定量方法には、チオシアン酸水銀(II)法、電位差滴定法がある。	コンクリート中の塩化物量を推定する際に必要となる。ただし、フレッシュコンクリートの状態で塩化物イオン量の測定も行われる。

[注] *1：図-2・2・5(a)　　*2：図-2・2・5(b) 参照、*3：図-2・2・5(c) 参照、*4：図-2・2・5(d) 参照

表中の用語の解説

標準砂
天然けい砂を粒度調整したセメントの強さ試験用の細骨材。セメント強さ試験用の供試体 3 本分に必要な量が袋詰めされて市販されている。湿分は 0.2% 未満と規定されているため、表乾状態とせず、絶乾のまま用いる。

標準養生
温度 20℃±3℃の、水中または湿潤な雰囲気中（相対湿度 95% 以上）で養生すること。セメントの水和反応は温度および湿度の影響を受けるため、養生条件の影響をなくすために標準の養生方法が規定されている。

---

3)　物理・化学的性質と品質試験

　セメントの物理的な性質としては、密度および粉末度といったセメント粒子そのものの特性だけでなく、コンクリートとして練り混ぜられたあとの水和反応に関連する凝結や強度発現などの性質も非常に重要となる。また、化学的性質としては、各種成分の含有率や水和反応時の水和熱などが挙げられる。このような**セメントの品質**は、セメントの種類ごとに JIS 規

2.2 コンクリート

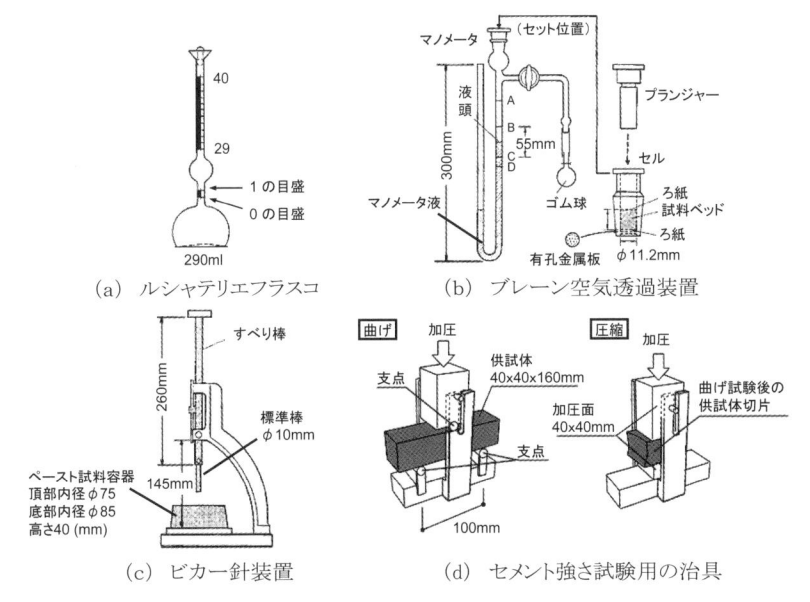

(a) ルシャテリエフラスコ
(b) ブレーン空気透過装置
(c) ビカー針装置
(d) セメント強さ試験用の治具

図-2·2·5 セメントの品質試験に用いる試験装置の例

格として規定されている。セメントの主な品質基準を表-2·2·5に示す。これらの品質の判定は，表-2·2·6および図-2·2·5に示すような各種の品質試験によって行われる。

ここで，表-2·2·6中に示す品質試験はセメント自体の品質を評価するためのものであり，後述する各種の調合で練り混ぜられたコンクリートの状態の品質評価（p.54）とは異なる点を理解しておく必要がある。すなわ

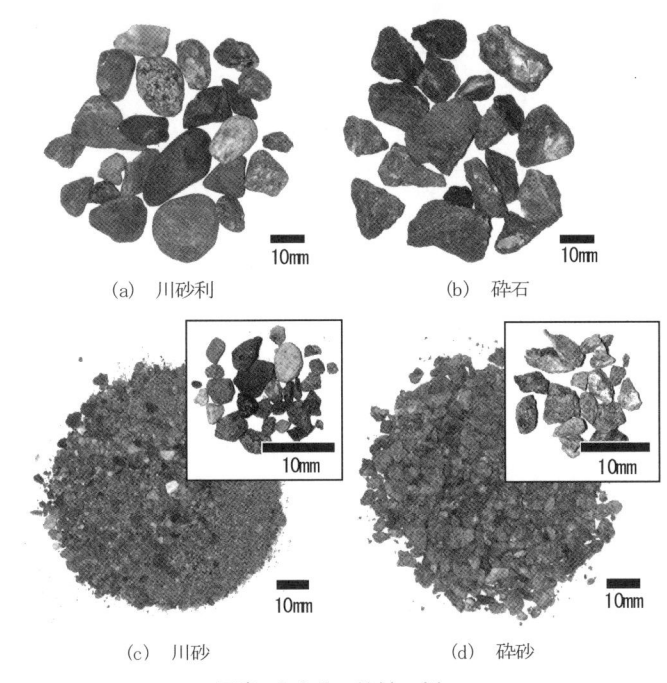

(a) 川砂利
(b) 砕石
(c) 川砂
(d) 砕砂

写真-2·2·2 骨材の例

ち，水和熱や凝結時間，強度発現などは調合条件によって大きく異なるため，実際に用いるコンクリートの性質は，後述するコンクリートに対する試験方法により評価を行う必要がある。

(2) 骨材

骨材とは，コンクリートを作るときの充てん材で，砂・砂利，砕砂・砕石と，これに類似する岩石などを用いて人工的に作った粒子の総称である。写真-2·2·2に骨材の例を示す。これらの骨材は，コンクリートの体積の約70%を占めている（図-2·2·1参照）ため，骨材の品質の優劣によってコンクリートの力学的性質や耐久性が大きく相違する。

コンクリートが骨材を大量に使用する理由は，セメントペースト単体では凝結硬化に伴う水和熱および収縮が大きいこと，ひび割れが分散せずに集中してひび割れ幅が大きくなること，価格的に不経済なことなどが挙げられる。

コンクリート用骨材の消費は，1990年代前半のピーク時には年間約6億t程度であったものが，その後の建設関連投資の減少とともに，最近（2005年度現在）では約4億t程度まで減少してきている。

(a) 骨材の分類

コンクリートに使用する骨材は，最大で数10mmから最小で百分の数mmまでの大小の粒子が混在し，表-2·2·7に示すようないくつかの分類方法により分類することができる。

1) 粒径による分類

骨材は粒の大きさにより，細骨材と粗骨材に区分される。**細骨材**とは，5mm網ふるいを質量で85%以上通る骨材をいい，**粗骨材**とは85%以上とどまる骨材をいう。粗骨材は鉄筋相互の間隔や鉄筋と型枠の間を容易に通る大きさでなければならないので，**JASS 5**では，表-2·2·8に示すように，使用箇所および骨材の種類に応じて**最大寸法**を定めている。

2) 密度による分類

密度の小さいものから順に，軽量骨材，普通骨材，重量骨材に分類される。

軽量骨材としては，JIS規格には人工，天然，副産の3種類の軽量骨材が規定されているが，JIS A 5308（レディーミクストコンクリート）においては，軽量骨材としては人工軽量骨材のみが認められている。JASS 5においても，**軽量コンクリート**としては人工軽量骨材を用いたもののみに限定しており，粗骨材のみに人工軽量骨材を用いたものを軽量コンクリート1種（コンクリートの気乾単位容積質量1.7〜2.1t/m^3），細骨材および粗骨材に人工軽量骨材を用いたものを軽量コンクリート2種（コンクリートの気乾単位容積質量1.4〜1.7t/m^3）としている。ただし，普通骨材と比べて骨材自体の強度が小さいため，設計基準強度の最大値はそれぞれ36N/mm^2，27N/mm^{2}と制限されている。写真-2·2·3に**人工軽量骨材**（粗骨材）の粒形および断面の例を示す

── 用語の解説 ──

JASS 5
日本建築学会により制定されている建築工事標準仕様書（Japanese Architectural Standard Specification）の第5分冊で，鉄筋コンクリート工事に関する仕様書

粗骨材最大寸法
骨材粒の中で粒径のもっとも大きいものを指すのではなく，網ふるいにかけて質量で90%以上通るもののうち，ふるい目の開きが最小のものの呼び寸法で表される。

2.2　コンクリート

表-2·2·7　骨材の分類方法

分類方法	骨材名称		内容	
粒径による分類	細骨材		5mm網フルイを質量で85%以上通る骨材	
	粗骨材		5mm網フルイに質量で85%以上とどまる骨材	
密度による分類	軽量骨材 （JIS A 5002）	**人工軽量骨材**	膨張性けつ岩，フライアッシュなどを高温で焼成して製造。主に構造用，自重の軽減，断熱性にも優れる。	絶乾密度，実積率などにより分類される（細骨材で絶乾密度 2.3 g/cm³ 未満，粗骨材で2.0 g/cm³未満）
		天然軽量骨材	火山れきおよびその加工品。主に非構造用	
		副産軽量骨材	膨張スラグ等およびその加工品	
	普通骨材		密度 2.5～2.6g/cm³ 程度の骨材	
	重量骨材		砂鉄，鉄鉱石，晶石，鉄鋼スラグ系骨材 遮蔽（しゃへい）用コンクリート，重量コンクリートに用いられる。	
産出方法による分類	**砂，砂利**		天然に産出するもの（河川，陸，山，海）	
	砕砂，砕石(JIS A 5005)		岩盤を砕くことにより人工的に製造するもの。岩種が単一で，砂・砂利に比べると形状が角張っている。	
	スラグ骨材	**高炉スラグ骨材** （JIS A 5011-1）	鉄鉱石から溶鉱炉で銑鉄（鉄鋼の原料）を作る際に排出されるスラグを除冷または急冷することで砕き，粒度調整したもの（細・粗骨材）	
		フェロニッケルスラグ骨材 （JIS A 5011-2）	ニッケル鉱石等からフェロニッケル（ステンレスや特殊鋼の原料）を精錬採取する際に副産されるフェロニッケルスラグを除冷または急冷することで砕き，粒度調整したもの（細骨材のみ）	
		銅スラグ骨材 （JIS A 5011-3）	銅鉱石から銅を精錬採取する際に副産される溶融スラグを水によって急冷することで砕き，粒度調整したもの（細骨材のみ）	
		電気炉酸化スラグ骨材 （JIS A 5011-4）	鉄スクラップを電気炉で溶解精錬して鋼を製造する際に副産される電気炉酸化スラグを除冷または急冷することで砕き，粒度調整したもの（細・粗骨材）	
	一般廃棄物，下水汚泥又はそれらの焼却灰を溶融固化したコンクリート用溶融スラグ骨材（JIS A 5031）		一般廃棄物，下水汚泥又はそれらの焼却灰を1200℃以上の高温で溶融し冷却固化して製造される。冷却方法は水冷・空冷・除冷がある。設計基準強度 35N/mm² 以下のプレキャストコンクリート製品などに用いられている。	
	再生骨材	再生骨材H （JIS A 5021）	コンクリート塊に対して，破砕，摩砕，分級等の高度な処理を行って製造したコンクリート用再生骨材。絶乾密度が2.5g/cm³以上，吸水率が3.0%以下とされているほか，不純物量の上限値の規定や，原骨材（もとのコンクリートが使用した骨材）の種類を特定する必要があるなど，厳しい条件がある。	
		再生骨材M （JIS A 5022 附属書A）	上記Hほどの高度な処理を必要とせず，用途を限定すれば構造用コンクリートに適用可能なもの。乾燥収縮および凍結融解の影響を受けにくい部分（杭，基礎梁，鋼管充填コンクリートおよび表面が保護された部材）への適用が想定されている。絶乾密度は2.3g/cm³以上，吸水率は5.0%以下とされている。	
		再生骨材L （JIS A 5023 附属書1）	コンクリート塊に破砕処理のみを行ったもの。コンクリートに高い品質を要求されない構造物又は部位に適用が限定される。絶乾密度は規定がなく，吸水率は7.0%以下とされている。	

[注]太字：JIS A 5308:2009 レディーミクストコンクリートにおいて使用が認められている骨材種を示す（詳細な品質基準等は JIS A 5308 附属書A 参照）。

表-2·2·8　使用箇所による粗骨材の最大寸法（mm）

使用箇所	砂　利	砕石・高炉スラグ粗骨材
柱・梁・スラブ・壁	20，25	20
基　礎	20，25，40	20，25，40

写真-2·2·3　人工軽量骨材（膨張性けつ岩を焼成したもの）
(a)　粒子形状
(b)　断面（拡大）

メモの欄

(a) 粗骨材　　　　　　　　(b) 細骨材

写真-2·2·4　高炉スラグ骨材

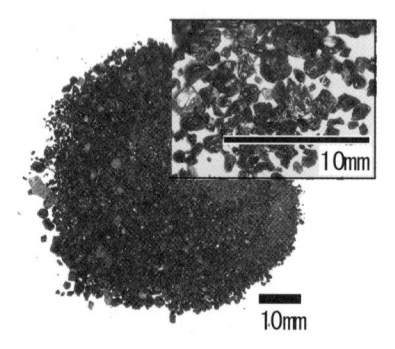

写真-2·2·5　溶融スラグ細骨材

(a) 再生骨材L　　　　　　(b) 再生骨材M

写真-2·2·6　再生粗骨材（田村）

が，構造としては内部に気泡を多量に含んだものとなっている。コンクリートと練り混ぜられた際には，この気泡部分に吸水し，流動性が低下する恐れがあるため，事前に充分に吸水（**プレソーキング**）させて使用する必要がある。

重量骨材は，X線やγ線などの放射線から人体を保護するための，遮蔽（しゃへい）効果の高い高密度なコンクリート（遮蔽用コンクリート）や，消波ブロック・重力式擁壁などの重量を要するコンクリート（**重量コンクリート**）をつくるときに用いられ，砂鉄や鉄鉱石のほか，最近では鉄鋼ス

2.2 コンクリート

ラグ系骨材が多く用いられるようになってきている。

普通骨材とは上記の軽量および重量骨材以外の，砂・砂利，砕砂・砕石，スラグ細・粗骨材などの総称である。

3) 産出方法による分類

砂・砂利は，自然作用によって岩石からできた細粒および粗粒のもので，産出場所は河川，陸，山および海である。この中でも，河川産（川砂・川砂利）が粒形も球形に近く，フレッシュ時の流動性および充てん性に関してもっとも品質がよいとされてきた。しかし，コンクリート用骨材の需要の拡大により，河川産骨材の採取による河川環境の破壊が問題となり，現在では厳しい規制の下，他の砂・砂利と比較して供給量はもっとも少なくなっている。海産の骨材とは，主に海底から採取される海砂を指す。海水に由来する塩分が含まれることや，粒度が細かい部分が多く粒度調整が必要となる場合があるなど，必ずしもコンクリートに最適な骨材とはいえないが，骨材事情のよくない中国・四国地方では多く用いられてきた。しかし，この海砂に関しても瀬戸内海を中心に採取規制が強化されたため，最近では供給量が減少してきている。

天然の砂・砂利の供給量が減少する中，使用量が増大しているのが**砕砂・砕石**である。硬質砂岩，石灰岩，玄武岩，安山岩などの岩石を破砕して粒度調整したものであるが，粒形はいびつで角ばりがあり，これをコンクリートに用いた場合，流動性，充てん性には問題があるものの，セメントペーストとの付着性はよいなどの特徴もある。砕砂・砕石の供給量は，1980年代半ば以降では常に砂・砂利の供給量を上回っている。

一方で，近年の環境保全に対する意識の高まりから，産業廃棄物などをコンクリート用骨材として再利用しようとする試みが盛んに行われている。現時点ではまだその使用量は少ないものの，JIS規格として規定されているものとしては，表-2·2·7中に示すような，各種の**スラグ骨材**がある。また，鉄筋コンクリート造建築物などを解体した際に排出されるコンクリート塊を有効活用することを目的として，2008年までに3種類の**再生骨材**に関するJIS規格が制定された。品質は主に骨材に付着するセメントペーストの量に依存し，品質の高い（付着セメントペーストの少ない）順にH，M，Lの3種類に分けられる。また，それぞれ粒度によって再生粗骨材，再生細骨材に区分される。もっとも品質の高い再生骨材Hのみ普通および舗装コンクリートに使用できるとされており，再生骨材Mおよび再生骨材Lは，普通骨材と比べて品質の低下が無視できないために，現状では用途を限定したコンクリートにのみ使用できる規定となっている。再生骨材Hは，加熱および**機械すりもみ**などの高度な処理により，密度や吸水率といった物理特性に関して，普通骨材とほぼ同様の基準をクリアしている（表-2·2·9参照）が，再生粗骨材Hを製造する際に消費されるエネルギーおよび排出される微粉分の処理方法に関する問題が課題として残されてい

用語の解説

機械すりもみ
粗砕したコンクリートがらに，機械的な圧縮力やがらどうしの衝突・摩耗作用を強制的に与えることにより，骨材に付着したセメントペースト分を除去する技術

第 2 章　構造材料

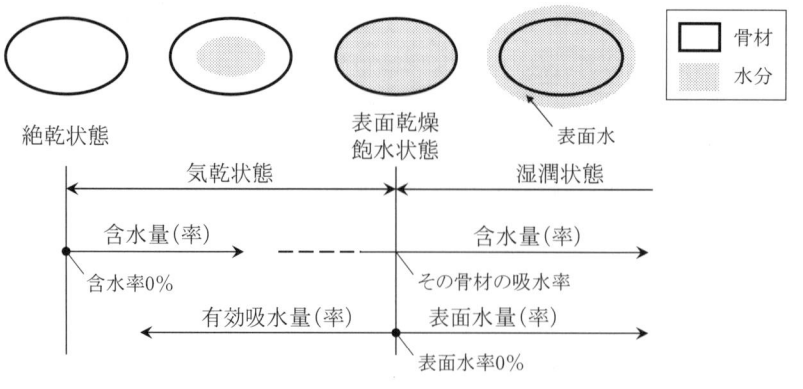

図 -2·2·6　骨材の含水状態のイメージ

(b)　骨材の含水状態

骨材の含水状態は，図 -2·2·6 に示すように完全に乾燥した**絶乾状態**，空気中に放置した**気乾状態**，骨材表面は乾燥しているが内部は水で満たされた**表面乾燥飽水状態**（**表乾状態**），および骨材内部から表面まで濡れた**湿潤状態**の 4 段階に区別される。このように骨材の水分状態が細かく区別されているのは，コンクリートの製造においては，骨材の水分管理が非常に重要となるためである。すなわち，コンクリートの調合水が，練混ぜ後に骨材に吸水されたり，また骨材の表面水により追加されたりすると，設計通りの品質のコンクリートができなくなってしまうためである。このため，調合設計においては表乾状態を想定して計算し，また実際の製造現場においては乾燥を防ぐために湿潤状態で管理し，骨材の表面水の分を調合水から差し引くなどして水量を管理している。

(c)　骨材の品質基準

コンクリート用骨材に要求される一般的な性質は，堅硬で強固なこと，清浄で有害物を含んでいないこと，粒度が適切であること，粒径がよくセメントとの付着が良好であること，物理的・化学的に安定なこと，コンクリート構造物として要求される耐火性および耐久性を有することなどが挙げられる。主な品質基準を表 -2·2·9 に示す。

1)　密度および吸水率

一般に骨材の品質の良否は，骨材の密度や**吸水率**によってほぼ決まり，良質なものは密度が大きく堅硬緻密で吸水率が小さい。JIS などの品質基準では，**骨材の密度**として絶乾密度が用いられているが，ここでいう絶乾密度とは固体部分のみの密度（真密度）ではなく，内部の空隙も含めた見掛けの密度である。一方で吸水率は，絶乾状態の骨材の質量に対する吸水量の質量百分率で計算される。骨材に関する水量と密度の計算式を以下に示す。

2.2 コンクリート

表-2・2・9 骨材の主な品質基準

品質項目		JIS規格	内容	各骨材の品質基準					
				JASS 5		JIS A 5005		JIS A 5021	
				砂利	砂	砕石	砕砂	再生粗骨材H	再生細骨材H
物理的性質	絶乾密度(g/cm³)	JIS A 1109 JIS A 1110	骨材の緻密さの指標。骨材内部の空隙も骨材の一部として計算する。調合計算や計量においても不可欠な物性値	2.5以上	2.5以上	2.5以上	2.5以上	2.5以上	2.5以上
	吸水率(%)		骨材の緻密さの指標。表乾状態の含水量から計算する。	3.0以下	3.5以下	3.0以下	3.0以下	3.0以下	3.5以下
	単位容積質量(kg/L)	JIS A 1104	一定容器中の骨材の質量。充てん性の指標となる。調合計算にも用いる。						
	実積率(%)		単位容積質量から骨材の充てん率を計算したもの						
粒度分布	粒度	JIS A 1102	大小の粒が混在している程度。粒度分布曲線で示す。	*1	*1	*2	*2	*2	*2
	粗粒率		粒度を簡易的に単一の数値で表したもの。粗粒率が大きい方が粒度が粗い						
	微粒分量(%)	JIS A 1103	骨材中に含まれる0.074mm以下の微粒分の量。骨材とペーストの付着力の低下、単位水量の増大などの悪影響がある。	1.0以下	3.0以下	1.0以下	7.0以下	1.0以下	7.0以下
粒子形状	粒径判定実積率(%)	JIS A 5005	骨材粒子の形状の指標となる。一定の粒度分布にそろえた骨材の実積率として求まる。フレッシュコンクリートの流動性に影響する。			55以上	53以上	55以上	53以上
耐久性	安定性(%)	JIS A 1122	骨材の凍結融解抵抗性の指標			12以下	10以下		
	すりへり減量(%)	JIS A 1121	粗骨材のすりへり抵抗性の指標			40以下	—	35以下	—
	アルカリシリカ反応性	JIS A 1145 JIS A 1146	コンクリート中のアルカリに対する骨材の反応性の指標	*4	*4	*4	*4	*4	*4
有害物	粘土塊量(%)	JIS A 1137	骨材中に含まれる塊状の粘土量。微粒分量と相関が高い。凍害などを受けた際に、ひび割れや剥離の原因となる。	0.2以下	1.0以下				
	有機不純物	JIS A 1105	植物に由来するフミン酸、タンニン酸の含有量。セメントの水和を阻害する（規定は細骨材のみ）。	—	*3				
	塩化物(NaCl)(%)	JASS 5 T-202	海砂などに含まれる塩分量。鉄筋腐食の原因となる（規定は細骨材のみ）。	—	0.04以下			0.04以下	0.04以下

[注] *1：図-2・2・8参照，*2：各JISにおいて標準粒度範囲が指定されている，*3：標準色より濃くない，*4：アルカリシリカ反応性試験の結果が無害でないと判定されたものを使用する場合はアルカリシリカ反応抑制対策（JIS A 5308附属書2など）を講じる必要がある。

$$絶乾密度(\text{g/cm}^3) = \frac{絶乾状態の質量}{表乾状態の容積} \quad (2.2.1)$$

$$表乾密度(\text{g/cm}^3) = \frac{表乾状態の質量}{表乾状態の容積} \quad (2.2.2)$$

$$吸水率(\%) = \frac{吸水量}{絶乾状態の質量} \times 100 \quad (2.2.3)$$

$$含水率(\%) = \frac{含水量}{絶乾状態の質量} \times 100 \quad (2.2.4)$$

$$表面水率(\%) = \frac{表面水量}{表乾状態の質量} \times 100 \quad (2.2.5)$$

2) 単位容積質量および実積率

単位容積質量は，容器に満たした骨材の絶乾質量を容器の単位容積あたりに換算したものであり，**実積率**は，容器に満たした骨材の実容積のその容器に対する百分率を指す。いずれも，骨材の充てん性（詰まり具合）を示す指標値となる。骨材の粒度分布が適当であるほど，粒形に角張りがなく球形に近いほど，充てん性は良好となり，単位容積質量および実積率は

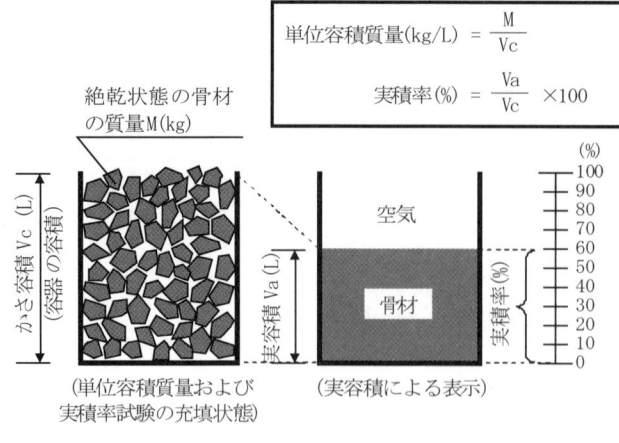

$$\text{単位容積質量(kg/L)} = \frac{M}{V_c}$$

$$\text{実積率(\%)} = \frac{V_a}{V_c} \times 100$$

図-2·2·7 単位容積質量および実積率の概要

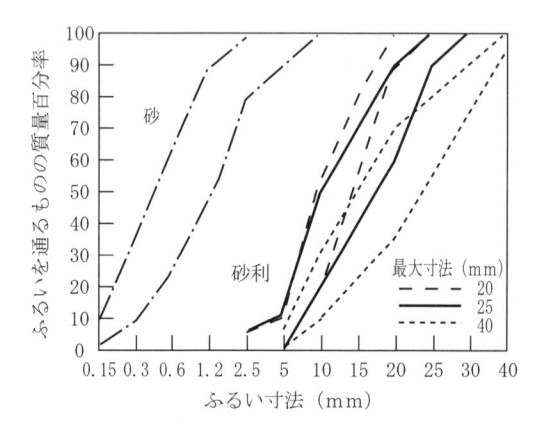

図-2·2·8 砂利および砂の標準粒度範囲（JASS 5）

大きくなる。図-2·2·7に，単位容積質量および実積率の概要を示す。これらの充てん性を評価する試験では，細骨材の場合には**バルキング現象**の影響を除去する必要があるため絶乾状態の試料を用いる。

3) 粒度分布および粒子形状

骨材の**粒度**とは，骨材粒子の大きさ（粒径）またはその分布の状態を指し，骨材の粒度分布が適当であれば，コンクリートは均質で**材料分離**を起こさず，作業性（**ワーカビリティー**）のよいものができる。また，充てん性が高く，単位水量および単位セメント量を減少させることができるため，**乾燥収縮**は小さくなり耐久性が向上する。図-2·2·8に砂利および砂の**標準粒度範囲**を示す。

粒度の測定にはふるい分け試験を行い，粒度分布曲線として示されるが，**粗粒率**（Fineness Modulus 略してF.M.）として簡易的に単一の数値で示す方法もある。粗粒率は式（2.2.6）により定義され，粗粒率が大きいほど粒度分布は大きい側に偏る。ただし，粗粒率が同一となる粒度分布は無数にあることは理解しておく必要がある。

用語の解説

バルキング現象
砂の表面水の凝集力や毛細管作用により砂粒どうしの粘着力が発生し，かさが増した状態になる現象

材料分離
フレッシュコンクリートの状態で，構成材料が密度差により沈降または浮上することにより，コンクリートの均質性が損なわれる。

ワーカビリティー
フレッシュコンクリートの流動性と施工条件（型枠，配筋，打設方法など）を総合的に判断した施工のしやすさ（施工軟度）

乾燥収縮
硬化コンクリートが，内部の水分の乾燥に伴い収縮する現象。セメントペースト硬化体が多孔質なために発生する現象で，緻密な普通骨材単体の収縮は非常に小さい。

$$\text{粗粒率 (F.M.)} = \frac{\begin{bmatrix} 40, 20, 10, 5, 2.5, 1.2, 0.6, 0.3, 0.15\text{mmの} \\ \text{各ふるいにとどまる試料の質量百分率の和} \end{bmatrix}}{100} \quad (2.2.6)$$

骨材粒子の形状は，充てん性だけでなくフレッシュコンクリートの流動性などにも大きく影響するが，この評価方法として，JIS A 5005「コンクリート用砕砂および砕石」の中で**粒形判定実積率**による方法が示されている。これは角張りなどがあり，粒形の悪い骨材の実積率が低下する特性を利用したもので，通常の実積率との違いは，粒度分布を規定されたものに調整して（粒度分布の影響を排除して）行うという点である。粒形の悪い砕砂および砕石，スラグ骨材，再生骨材などが，JISにおいて粒形判定実積率の下限値を規定している（表-2·2·9参照）。

4) 有害物

骨材に含まれる有害物としては，粘土塊，有機不純物，塩化物などがある。

粘土塊がコンクリート中に存在すると，強度的な欠陥となるだけでなく，凍結融解や乾湿の繰返し作用によりひび割れや**ポップアウト**を引き起こす。また，塊状ではなくてもシルトや粘土などの微粒分を多く含む骨材を用いると，乾燥収縮が増大するなど悪影響を及ぼす場合がある。

有機不純物としては，陸砂や山砂などを用いる際に植物起源の**フミン酸**やタンニン酸が含まれることがある。これらの有機不純物は，セメントの水和反応を阻害するため強度発現が妨げられる。

塩化物は，コンクリート中の鉄筋の腐食の原因となる。骨材由来の塩化物でもっとも問題となるのは海砂を使用した場合で，JASS 5 ではコンクリート中の**塩化物の総量**を 0.30kg/m^3 以下となるように規制しているが，骨材中の塩化物（NaCl）が 0.04% 以下であればこの規制値は満足される。

(3) 練混ぜ水

コンクリートに使用する練混ぜ水は，コンクリートの**凝結**，硬化後のコンクリートの諸性質，混和剤の性能，鉄筋の発錆などに影響するため，その水質は極めて重要である。したがって，練混ぜ水には，油・酸・塩類・有機不純物など，コンクリートおよび鋼材の品質に悪影響を及ぼす有害物質を含んではならない。一般に上水道水，河川水，湖沼水，地下水，および回収水が用いられるが，上水道水以外の水質は JIS A 5308（レディーミクストコンクリート）の附属書Cに，表-2·2·10 に示すように規定されている。

ここで**回収水**とは，レディーミクストコンクリート工場で発生するコンクリートの洗浄排水を処理して得られるスラッジ水および上澄み水のことで，上澄み水には水酸化カルシウムが含まれ，スラッジ水には加えてセメントの水和生成物および骨材微粒分などからなるスラッジ固形分が含まれ，いずれも強アルカリ性を呈する。回収水は表-2·2·10 の品質を満たせば高強度コンクリート以外には用いることができるが，スラッジ水を用いて上水道水と同様の品質を得るためには，スラッジ固形分量に応じて水セ

― 用語の解説 ―

ポップアウト

コンクリートの表面付近で骨材や空隙内の物質が体積膨張した際に，コンクリート表面がはがれる現象。凍害などによる以外に，火災で高温にさらされたコンクリートでもみられる。

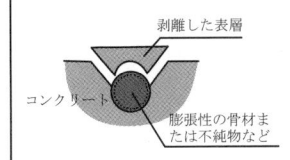

ポップアウトのメカニズム

凝結

練混ぜ後のコンクリート，モルタルおよびセメントペーストが，セメントの水和の進行に伴い流動性を失い固化していく現象。セメントペーストおよびコンクリートでそれぞれ凝結試験がJISで規定されており，いずれも貫入針の貫入抵抗値から凝結の始発および終結の時刻を判定している。

表-2.2.10　練混ぜ水の品質（JIS A 5308 附属書 C）

	項目	品質
上水道水以外の水	懸濁物質の量	2g/L 以下
	溶解性蒸発残留物の量	1g/L 以下
	塩化物イオン(Cl^-)量	200ppm 以下
	セメント凝結時間の差[*1]	始発は 30 分以内，終結は 60 分以内
	モルタルの圧縮強さの比[*1]	材齢 7 日および材齢 28 日で 90％以上
回収水	塩化物イオン(Cl^-)量	200ppm 以下
	セメント凝結時間の差[*1]	始発は 30 分以内，終結は 60 分以内
	モルタルの圧縮強さの比[*1]	材齢 7 日および材齢 28 日で 90％以上
	スラッジの固形分率	3％を超えてはならない

［注］*1：上水道水または蒸留水を用いた場合との比較

―― 用語の解説 ――

メント比，単位水量，細骨材率などの補正が必要となる。

(4) 混和材料

コンクリート用の**混和材料**とは，セメント・水・骨材以外の材料で，コンクリートの各種品質の改善，あるいは新たな性質の付与を目的として，練混ぜの際に計画的にコンクリートの 1 成分として加えるものをいう。

混和材料のうち，薬剤的に少量用いられ，それ自体がコンクリートの容積に算入されないものを**混和剤**，使用量が比較的多く，それ自体がコンクリートの容積に算入されるものを**混和材**として両者を区別することが多い。ただし，混和剤のうち水溶液の形で用いられるものは，一般に調合水の一部として算入される。

(a) 混和剤

混和剤の種類は極めて多く，その性能は多岐にわたる。JIS A 6204（コンクリート用化学混和剤）では，表-2.2.11 のように空気連行作用および減水作用を持つものを中心に 7 種類に分類されている。

表-2.2.11　化学混和剤の分類（JIS A 6204）

種類	機能	凝結時間の違いによる区分
AE 剤	コンクリート中に独立した微細な空気泡を連行することにより，ワーカビリティーおよび耐凍害性を向上させるもの	—
高性能減水剤	セメントを分散させる作用により，フレッシュコンクリートの流動性を改善，あるいは流動性を一定としたまま使用水量を低減して硬化コンクリートの強度を増大させるもの	—
硬化促進剤	セメントの水和を早め，初期材齢における強度を大きくするもの	—
減水剤	高性能減水剤と同様な機能を持ち，減水率[*1]が劣るもの	標準型，遅延型，促進型
AE 減水剤	空気連行性能と減水効果を併せ持つもの	標準型，遅延型，促進型
高性能 AE 減水剤	AE 減水剤よりも高い減水性能および良好なスランプ保持性能[*2]を持つもの	標準型，遅延型
流動化剤	あらかじめ練り混ぜられたコンクリートに添加し，これを撹拌[*3]することによってその流動性を増大させるもの	標準型，遅延型

［注］*1：練上り時のスランプを一定とした場合の混和剤使用の有無による単位水量の変化率，*2：練上り後の時間経過に伴うスランプの低下（経時変化）を抑制する性能，*3：流動化剤は現場で添加することを想定しているのでミキサによる練混ぜでなく，トラックアジテータなどによる撹拌という言葉を用いている。

1) AE剤

AE剤（Air Entraining agent：空気連行剤）は，コンクリート中に直径数10μm程度の微細な空気泡（**連行空気：エントレインドエア**）を一様に連行し，**ワーカビリティー**および耐凍害性を向上させるために用いる界面活性剤の一種である。AE剤を用いない場合のコンクリートの空気量は1～2%程度であるが，AE剤の使用により，3～6%程度になる。

これに対して，AE剤を用いないコンクリートに含まれる気泡（**混入空気**または潜在空気：**エントラップトエア**）は，一般に大径で偏在しており，コンクリートにとっては有害である。

コンクリート中の気泡は，強度を低下させるが，通常の3～5%程度の空気量の範囲では，AE剤の使用によって得られるメリットの方が大きい。

2) 減水剤・AE減水剤

セメントが水と接するとセメント粒子は互いに**凝集**し，内部に自由水を取り込んで塊状の凝集体を形成する。これに**減水剤**を添加すると，その分子がセメント粒子の表面に吸着し，静電気的な反発作用によりセメント粒子は分散されセメントペーストの流動性が増大する（図-2·2·9参照）。このような作用により，コンクリートのワーカビリティーを改善し，所要の**コンシステンシー**および強度を得るのに必要な単位水量および単位セメント量を減少させることができる。

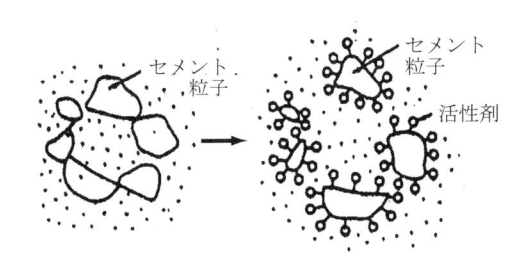

図-2·2·9 減水剤によるセメントの分散作用

AE減水剤は，セメントの分散作用と空気連行作用を併せ持つ混和剤で，一般にもっとも多用されている。

3) 高性能減水剤

高性能減水剤は，使用量を増加しても過剰な空気連行性や異常な凝結の遅延性が少ないため，単位水量を大幅に減少することができ，その結果，高強度コンクリートの製造が比較的容易となる。**スランプ保持性能**が低いという欠点があるが，それが問題とならないコンクリート二次製品などで多用されている。

4) 高性能AE減水剤

現状の化学混和剤の中で，もっとも高い減水性能とスランプ保持性能を有する混和剤で，一般のコンクリートから高強度コンクリートや高流動コンクリートまで幅広く使用されている。主成分はポリカルボン酸系のもの

用語の解説

ワーカビリティー
フレッシュコンクリートの流動性と施工条件（型枠，配筋，打設方法など）を総合的に判断した施工のしやすさ

凝集
液体中の微粒子が集まり，網目状または塊状の構造を形成する。

コンシステンシー
ここではフレッシュコンクリート自体の変形に対する抵抗性を示す。

スランプ保持性能
フレッシュコンクリートのコンシステンシーの経時変化を防ぐ性能。一般にコンシステンシーの経時変化の評価にスランプ試験が用いられるため，スランプを長時間にわたって保持するという意味で用いられる。

が多く，製品全体の約8割を占める。ポリカルボン酸系高性能AE減水剤の特徴として，セメント粒子の分散機構が静電気的な反発力だけでなく，吸着した分子による**立体障害作用**がある点が挙げられる。

5) 流動化剤

練り上がったコンクリートを現場まで運搬し，打設直前に分散剤を添加してかくはん（撹拌）することにより，流動性を回復する混和剤である。図-2・2・10に流動化剤の使用方法の概要を示す。高性能AE減水剤が開発される以前の1980年代後半までは盛んに使用されたが，現場で流動化剤を添加する作業の繁雑さと流動化後の品質管理責任の所在が不明確なことなどの理由により敬遠され，現在では使用量は減少している。

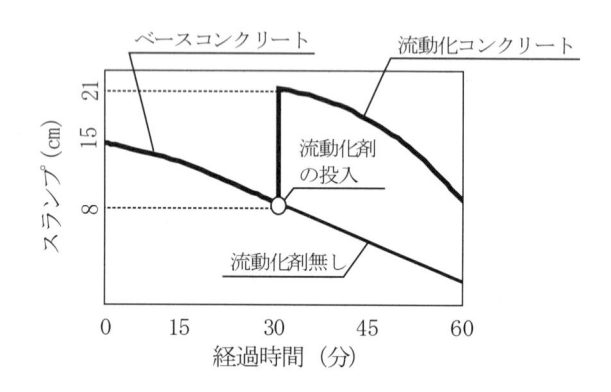

図-2・2・10 流動化剤の使用方法とその効果

6) 凝結促進剤・遅延剤

現在，国内では凝結・硬化時間を調節する凝結遅延剤・促進剤などは，減水剤，AE減水剤，高性能AE減水剤，流動化剤の成分の一部として加えて，遅延型・促進型の混和剤として使用される場合が多い（表-2・2・11参照）。

凝結遅延剤は，暑中コンクリートにおける**コールドジョイント**の防止や水槽，サイロなどの連続打込みを必要とするコンクリートなどの打継部の一体性確保のために用いられている。成分がセメント粒子表面に吸着し，セメントと水との接触を遮断することにより初期の水和反応を遅らせる効果がある。

凝結促進剤は，コンクリートの初期強度発現の促進や**型枠存置期間**の短縮，寒冷時の**初期凍害**防止などを目的として用いられる。過去には塩化カルシウムが多く用いられていたが，鉄筋の発錆，長期の強度性状，硫酸塩に対する抵抗性などに問題があり，現在では非塩化物系の促進剤がほとんどである。

7) その他の混和剤

上記以外にも，表-2・2・12に示すような，現状では規準などに規定されていない混和剤も含めて多様な混和剤が使用されている。

用語の解説

立体障害作用
混和剤の成分である高分子がセメント表面に吸着し，立体的な厚さを持った吸着層を形成することにより，セメントの水和生成物に覆われることなく粒子の分散性を持続させる作用

コールドジョイント
コンクリートの打継ぎ目のうち，一体化されていない部分のことで，水密性や耐久性に問題がある。先に打ち込まれたコンクリートの硬化後，または固まり始めた後に，レイタンスおよびぜい弱部を除去せずに後のコンクリートをそのまま打ち込むと発生しやすい。

型枠存置期間
コンクリート打設後から型枠を解体するまでの期間。各部材に加わる荷重に対して安全が確認されてから型枠を外すのが基本となる。JASS 5ではスラブ下および梁下は，設計基準強度またはその部材に加わる荷重を安全に支持できるコンクリート強度が得られるまで，その他はコンクリート強度が$5N/mm^2$以上に達するまでとしている。

初期凍害
コンクリートの凝結硬化の初期（圧縮強度が$5N/mm^2$以下）に受ける凍害。この時期にコンクリートが凍結すると，その後の気温の上昇があってもコンクリートが所定の強度となる保証がなくなるため，保温養生などを施すことにより，絶対に凍結させないようにする必要がある。

2.2 コンクリート

表-2.2.12 その他の混和剤

種類	性能
発泡剤（膨張剤）・起泡剤	コンクリート中に大量の気泡を形成し、軽量化および体積膨張による充てん性の改善を目的として用いられる。発泡剤は、コンクリート中のアルカリなどとの化学反応によりガスを発生するもので、アルミニウム粉末などが用いられる。このうち、打継部などの一体性を保つことを目的とした膨張コンクリートに用いられるものを膨張剤という。起泡剤は、その界面活性効果により、練混ぜ時に泡立てを行う。
収縮低減剤	水の表面張力を低下させることで、**乾燥収縮**および**自己収縮**を抑制する混和剤。AE 減水剤の助剤としても用いられるようになってきている。
分離低減剤	コンクリートの材料分離を低減するために、セメントペースト分の粘性を増加させるか、セメント分の凝集性を高める混和剤。水中においてセメント分が溶け出さずに打設することのできる**水中不分離性コンクリート**や、振動締固めが不要な**高流動コンクリート**などに用いられる。
防錆剤 (JIS A 6205)	鉄筋表面に物理的または化学的に吸着し、**不動態皮膜**を形成するなどして鉄筋の発錆を防ぐ。海砂などを用いて塩化物イオン量が 0.3～0.6kg/m³ の範囲となるコンクリートなどに用いられる。

― 表中の用語の解説 ―

乾燥収縮および自己収縮

いずれもコンクリート中の自由水（水和していない水）の散逸による収縮であるが、乾燥収縮は、大気中（コンクリート硬化体の外）への水分の散逸によるものを指し、自己収縮（または自己乾燥収縮）は、コンクリート中のセメントの水和反応により水分が消費されることによる自由水の減少によるものを指す。乾燥収縮は比較的使用水量の多い通常強度のコンクリートで大きくなり、自己収縮は使用水量の少ない高強度コンクリートなどで顕著となる。

不動態皮膜

コンクリート中の強アルカリ環境下で、鉄筋の表面にできる薄い耐食性の膜。中性化していないコンクリート中では、この不動態皮膜により鉄筋の腐食（さび）は発生しないが、コンクリート中に塩化物イオン（Cl⁻）が一定量以上存在すると、この不動態皮膜が破壊され鉄筋が腐食しやすくなる。これに対して、亜硝酸塩を用いた防錆剤を使用すると、亜硝酸イオン（NO_2^-）により、塩化物イオン（Cl⁻）の存在下でも不動態皮膜を形成し鉄筋の腐食を防ぐことができる。

(b) 混和材

1) 膨張材 (JIS A 6202)

膨張材は、セメントおよび水とともに練り混ぜた場合、水和反応によって**エトリンガイト**あるいは水酸化カルシウムの結晶を生成して、その結晶成長あるいは生成量の増大によりコンクリートを膨張させる作用を有する混和材である。膨張材を用いたコンクリートを**膨張コンクリート**と呼び、コンクリートの乾燥収縮分を補償し、ひび割れの低減を目的としたもの（収縮補償コンクリート）と、さらに膨張量を増し、鉄筋で拘束されたコンクリートに圧縮力を導入し、曲げひび割れ荷重を増大させたもの（**ケミカルプレストレストコンクリート**）がある。

2) 高炉スラグ微粉末 (JIS A 6206)

高炉スラグ微粉末は、銑鉄を製造する高炉から排出された溶融状態のスラグを、加圧水の噴射などにより急冷して微粒とし、これを微粉砕して石こうを加えて調整したものである。JIS 規格には、**粉末度**の違いにより 4,000、6,000、8,000 cm²/g の 3 種類に区分されているが、現在ではセメントとプレミックスされた高炉セメントとしての使い方が主流となってい

― 用語の解説 ―

エトリンガイト

セメント鉱物中のアルミネート相（C_3A）と石こう（$CaSO_4$）が反応して生成する膨張性の水和物結晶で、セメントの主要な生成物の1つである。セメントの凝結調整のために添加される石こうは、C_3A 表面にエトリンガイトを生成し、C_3A の反応を抑制することで急激な硬化を防いでいる。成分調整によりこのエトリンガイトの生成量を増大させたものが膨張セメントである。反応速度は速く、超速硬セメントにも用いられている。

(a) セメント　　　　(b) フライアッシュ
写真-2·2·7 電子顕微鏡写真による粒子形状の比較

る。高炉スラグをコンクリートに用いると，高炉スラグ自体には水硬性はないが，長期材齢において**潜在水硬性**を発揮し組織が緻密化する。これにより，コンクリートの長期強度が増加し，水密性，化学抵抗性が向上する。また，**アルカリ骨材反応**の抑制対策にも用いられる。

3) フライアッシュ（JIS A 6201）

フライアッシュは，石炭火力発電所で微粉炭を燃焼させる際に排出される溶融した灰で，空気中に浮遊している微粒子を電気集塵機で捕集したものである。溶融したフライアッシュは表面張力により球形となり，そのまま冷却されるため，一般に球形粒子（写真-2·2·7参照）となる。コンクリートにフライアッシュを用いることにより，長期材齢において**ポゾラン反応**が起こり組織が緻密化する。また，セメントの一部と置換した場合には，流動性の改善，水和熱の減少などのメリットがあり，**マスコンクリート**などに多く用いられている。JIS規格では，粉末度および**強熱減量**によりⅠ～Ⅳ種に分類されるが，一般にはⅡ種がもっとも多く流通している。

4) シリカフューム（JIS A 6207）

シリカフュームは，各種シリコン合金の製造過程で得られる副産物で，SiO_2を主成分とする球形の超微粒子粉末（平均粒径 $0.1\mu m$，比表面積 $200,000cm^2/g$ 程度）である。シリカフュームはフライアッシュと同様に**ポゾラン活性**を持つが，とくに低水セメント比の調合において**マイクロフィラー効果**を発揮し，流動性および強度の大幅な改善が期待できる。このため，一般に，シリカフュームを混和したコンクリートは，高性能AE減水剤などと併用され超高強度コンクリートに用いられることが多い。

2.2.4 コンクリートの製造および調合

(1) 調合

コンクリートまたはモルタルを製造する時のセメント，水，骨材，空気，混和材料の各材料の混合割合および使用量を調合（または配合）という。一般的なコンクリート中に材料が占める割合を単位容積（$1m^3$）あたりの絶対容積および質量で示すと図-2·2·11のようになる。図に示すように，

用語の解説

粉末度
粒子の細かさの程度。一般に比表面積（単位質量あたりの表面積）で表される。

潜在水硬性
コンクリート中の水酸化カルシウム（$Ca(OH)_2$）によるアルカリ刺激により徐々に水硬性を発揮する性質。長期的にコンクリートが緻密化する。

アルカリ骨材反応
ある種の骨材がコンクリート中のアルカリと反応して膨張し，コンクリートがひび割れる現象

ポゾラン反応
セメントの水和過程で生じる水酸化カルシウム（$Ca(OH)_2$）と結合して安定した化合物を生成する反応

マスコンクリート
断面寸法の大きなコンクリート。土木構造物や遮蔽用コンクリート，大型の基礎などに用いられる。水和熱により部材内部が高温となり，温度ひび割れが発生する恐れがあるため水和熱の管理が重要となる。

強熱減量
試料を約1,000℃に強熱したときの質量減少量で，フライアッシュの場合には未燃炭素量の指標値となる。

ポゾラン活性
ポゾラン反応を生じる性質。ポゾラン反応性ともいう。

2.2 コンクリート

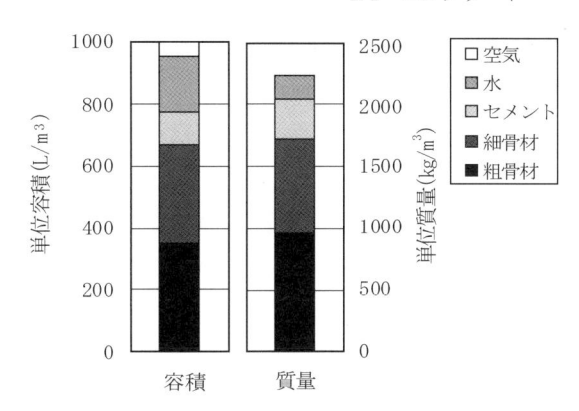

図-2·2·11 普通コンクリート1m³あたりの各材料の絶対容積および質量の例

コンクリートは密度の異なる材料を混ぜ合わせたものであるため，材料の構成比は容積と質量では異なる。

コンクリートの調合を定める場合は，構造物の種類や規模，建設場所や時期に応じて所要の**ワーカビリティー**，強度，耐久性が得られるようにしなければならない。通常のコンクリートの場合，所要のワーカビリティーはスランプで，所要の強度およびヤング係数は圧縮強度で，そして所要の耐久性は圧縮強度，**単位水量**，単位セメント量などによって示される。一般にコンクリートの調合設計では，可能な範囲で単位水量を少なくし，**単位粗骨材量**を多くし，**スランプ**を小さくすると良質なコンクリートが得られるとされている。

JASS 5 では，建築構造用コンクリートの品質を確保することを目的として，各調合要因に対して表-2·2·13に示すような基準（ここでは設計基準強度が $30N/mm^2$ 以下の普通コンクリートの場合を示す）を設けている。

調合設計の方法には決まったものはなく，要求性能を確実に満たすことのできる調合が得られればよい。ここでは，JASS 5 に示されている調合設計方法を中心にその概要を示す。

表-2·2·13 普通コンクリートの調合に対する主な規定値（JASS 5）

調合項目	規定値	関連の深いコンクリートの品質
単位水量	$185kg/m^3$以下	乾燥収縮，流動性，材料分離抵抗性
単位セメント量	$270kg/m^3$以上	ワーカビリティー，耐久性
水セメント比	65%以下	圧縮強度，耐久性
空気量	4.5%	耐久性（耐凍害性），ワーカビリティー
スランプ	18cm以下	流動性，材料分離抵抗性
圧縮強度	耐久設計基準強度以上[*1]	耐久性（主に中性化）
気乾単位容積質量	$2.1t/m^3$を超え$2.5t/m^3$以下	質量
塩化物イオン量	$0.30kg/m^3$以下	耐久性（鉄筋発錆）

[注]*1：設計基準強度は構造設計上の要求性能により決まるものであるため，ここでは除外

用語の解説

マイクロフィラー効果
セメント粒子の間にシリカフュームなどの超微粒子が充てんされることにより，圧縮強度が増大する現象。材齢初期から効果が現れる。

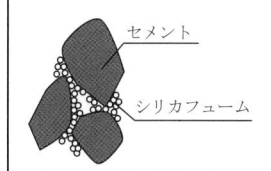

マイクロフィラー効果のイメージ

ワーカビリティー
フレッシュコンクリートの流動性と施工条件（型枠，配筋，打設方法など）を総合的に判断した施工のしやすさ（施工軟度）

単位水量
コンクリート1m³を作るときに用いる水量。コンクリートの耐久性を考えると，ワーカビリティーが得られる範囲で単位水量はなるべく少なくすることが望ましい。

単位粗骨材量
コンクリート1m³を作るときに用いる粗骨材量

スランプ
フレッシュコンクリートのコンシステンシーを示す指標値で，スランプ試験の結果として得られる。高さ30cmの円錐台形のフレッシュコンクリートが自重により変形したときの中央部の沈下量

表-2·2·14 コンクリートの計画供用期間と耐久設計基準強度 F_d

計画供用期間の級	計画供用期間	耐久設計基準強度(N/mm²)
短　期	およそ30年	18
標　準	およそ65年	24
長　期	およそ100年	30
超長期	およそ200年	36*

[注]＊：計画供用期間の級が超長期で，かぶり厚さを10mm増した場合は30N/mm²とすることができる。

(a) 品質基準強度

構造体および部材の要求性能を得るために必要とされるコンクリートの圧縮強度を**品質基準強度** F_q といい，設計基準強度 F_c および耐久設計基準強度 F_d のうち大きい方の値として求められる。

ここで**設計基準強度** F_c とは，構造計算上で必要となるコンクリートの圧縮強度のことであり，JASS 5においては，普通コンクリートの設計基準強度は18，21，24，27，30，33および36N/mm²を標準としている。また，**耐久設計基準強度** F_d とは，構造物および部材の供用期間に応じた耐久性の確保に必要なコンクリートの圧縮強度で，主にコンクリートの中性化に対して必要な抵抗性を圧縮強度に換算して求められる。JASS 5では表-2·2·14のように設定されている。

(b) 調合強度および調合管理強度

コンクリートの調合を定める場合に目標とする圧縮強度を**調合強度** F といい，上記の品質基準強度 F_q から調合強度 F を決定するためには，以下に示すような補正を行う必要がある。ここで調合強度 F は**標準養生**された円柱供試体の材齢28日における圧縮強度を想定しており，品質基準強度 F_q は構造体の**材齢91日**における圧縮強度を想定している点を理解しておく必要がある。

① 材齢28日における円柱供試体（φ100×200mm）の圧縮強度と材齢91日における構造体の圧縮強度の差
② 養生期間中のコンクリート温度の影響
③ コンクリート強度のばらつきの影響

これらの補正方法について，JASS 5には以下のような計算方法が示されている。

1) 調合管理強度の決定（①および②に関する補正）

調合管理強度 F_m とは，標準養生された**強度管理用供試体**が，材齢28日において満たすべき圧縮強度で，品質基準強度 F_q に強度補正値 $_{28}S_{91}$ を加えた値を採用している〔式(2.2.7)参照〕。

$$F_m = F_q + {}_{28}S_{91} \tag{2.2.7}$$

ここに，F_m：コンクリートの調合管理強度(N/mm²)
　　　　F_q：コンクリートの品質基準強度(N/mm²)
　　　　$_{28}S_{91}$：強度補正値(N/mm²)

用語の解説

標準養生

温度20℃±3℃の，水中または湿潤な雰囲気中（相対湿度95%以上）で養生すること。セメントの水和反応は温度および湿度の影響を受けるため，養生条件の影響をなくすために標準の養生方法が規定されている。

材齢91日

冬期などの気温が低い時期（すなわち強度発現の遅い時期）に，材齢28日までに目標の圧縮強度を得ようとすると大幅な強度の補正を行う必要がある。このため，過剰設計を避け，構造体として必要な時期に設計基準強度を満足するようにすればよいという判断で，構造体の強度管理材齢は91日とされている。

強度管理用供試体

構造体コンクリートに用いられたコンクリートと同じコンクリートで，構造体コンクリートと同時に作られた強度試験用供試体。標準養生以外に，構造体コンクリートと同様な温度で養生される場合があり，後者は型枠存置期間の判定などに用いられる。通常のコンクリートであれば，φ100×200mmの円柱体が用いられることが多い。

2.2 コンクリート

表-2・2・15 強度補正値 $_{28}S_{91}$ の標準値

セメントの種類	コンクリートの打込みから材齢28日までの予想平均気温 θ の範囲(℃)	
早強ポルトランドセメント	$5 \leqq \theta$	$0 \leqq \theta < 5$
普通ポルトランドセメント	$8 \leqq \theta$	$0 \leqq \theta < 8$
中庸熱ポルトランドセメント	$11 \leqq \theta$	$0 \leqq \theta < 11$
低熱ポルトランドセメント	$14 \leqq \theta$	$0 \leqq \theta < 14$
フライアッシュセメントB種	$9 \leqq \theta$	$0 \leqq \theta < 9$
高炉セメントB種	$13 \leqq \theta$	$0 \leqq \theta < 13$
強度補正値 $_{28}S_{91}$ (N/mm^2)	3（一般） 6（暑中コンクリートの適用期間*）	6

［注］*：日平均気温が25℃を超える期間

強度補正値 $_{28}S_{91}$ とは，強度管理用供試体が標準養生で材齢28日まで養生された場合の圧縮強度と，構造体コンクリートが外気温で材齢91日まで養生された場合の圧縮強度の差を補正する値で，養生温度の影響，**構造体と円柱供試体の強度差および材齢の影響**を合計した値として算定される。各種セメントを用いた場合の構造体強度補正値 $_{28}S_{91}$ の標準値を表-2・2・15に示す。

2) 調合強度の決定（③に関する補正）

調合強度 F は，調合管理強度 F_m にコンクリートのばらつきの影響を考慮し，ばらつきを含めて考えても構造体コンクリートの圧縮強度が設計基準強度 F_c および耐久設計基準強度 F_d をおおむね上回るように設定する。

以下に示す算定式のうち，大きいほうを調合強度 F とする。

$$F = F_m + 1.73\,\sigma \qquad (2.2.8)$$

$$F = 0.85\,F_m + 3\,\sigma \qquad (2.2.9)$$

ここに，F：コンクリートの調合強度 (N/mm^2)

F_m：コンクリートの調合管理強度 (N/mm^2)

σ：使用するコンクリートの圧縮強度の**標準偏差** (N/mm^2)

式 (2.2.8) 中の "$+1.73\,\sigma$" は，コンクリート強度のばらつきを考慮し

―― 用語の解説 ――

構造体と円柱供試体の強度差および材齢の影響
過去の実験結果より，補正値は約3 N/mm^2 とされている。

標準偏差
ばらつきを表す指標値。個々の測定値とそれらの平均値の差分（偏差）を2乗して平均した値のルートとして計算される。

図-2・2・12 調合管理強度 F_m と調合強度 F の関係

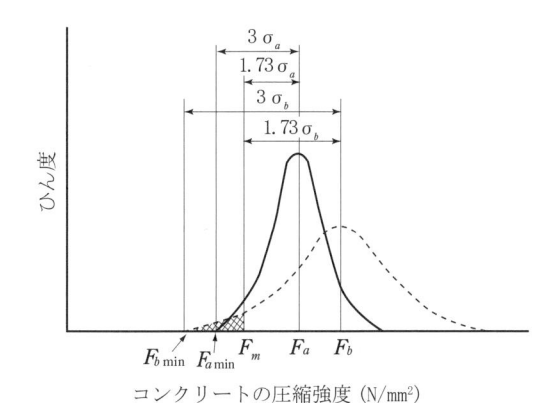

F_m：調合管理強度
F_a：ばらつきが小さい場合の調合強度
F_b：ばらつきが大きい場合の調合強度
σ_a：ばらつきが小さい場合の標準偏差
σ_b：ばらつきが大きい場合の標準偏差
$F_{a\min}$：ばらつきが小さい場合のコンクリート強度の最小値
$F_{b\min}$：ばらつきが大きい場合のコンクリート強度の最小値
（$F_{a\min}$, $F_{b\min}$ が $0.85F_m$ を下回らないように F_a, F_b を決定する）

た強度の割増し分で**不良率**を 4% 以下とする条件を示す。また，式 (2.2.9) 中の "$+3\sigma$" は，コンクリートの圧縮強度がある最小限界値（ここでは，$0.85F_m$）以下となる確率がほとんどゼロ（不良率は 0.13%）になるようにするための条件を示す。

使用するコンクリートの強度の標準偏差 σ は，実績により定めるが，実績のない場合には 2.5N/mm^2 または $0.1F_c$ および $0.1F_d$ の大きい方の値とする。

(c) スランプ

コンクリートの品質・耐久性の向上を図るためには，コンクリートの運搬，打込み，締固めなどの作業に適する範囲で，**スランプ**はできるだけ小さくすることが望ましい。これは主に**材料分離**を防止し，均質なコンクリートを得るためであり，JASS 5 では設計基準強度 F_c が 30N/mm^2 以下の場合には 18cm 以下と規定されている。ただし，高強度・高流動コンクリートなどのような材料分離抵抗性の大きなコンクリートにおいてはこの限りではない。

(d) 水セメント比

フレッシュコンクリート中のセメント量 C に対する水量 W の質量百分率を水セメント比 x という。

$$x = \frac{W}{C} \times 100 \tag{2.2.10}$$

ここに，x：水セメント比 (%)
　　　　W：単位水量 (kg/m^3)
　　　　C：単位セメント量 (kg/m^3)

コンクリートの圧縮強度と水セメント比との間には一定の関係があり，通常，水セメント比を要因とした**試し練り**，もしくは，発注先のレディーミクストコンクリート工場のデータなどを参考に水セメント比を決定する。参考として，式 (2.2.11) に普通ポルトランドセメントを用いた普通コンクリートの水セメント比の算定式の例を示す。

$$x = \frac{51}{F/K + 0.31} \tag{2.2.11}$$

ここに，x：水セメント比 (%)
　　　　F：調合強度 (N/mm^2)
　　　　K：セメント強さ (N/mm^2)
　　　　水セメント比 x の適用範囲：40 ～ 65 (%)

(e) 単位水量

単位水量 W とは，コンクリート 1m^3 を作るときに用いる水量をいい，コンクリートの作業性が良好な範囲内でできるだけ少なくなるようにする。これは単位水量が多いと，コンクリートが乾燥するに伴い，**自由水**の

用語の解説

不良率
要求性能を満たさない製品の比率のこと。ここでは，調合管理強度以下となるものの比率になる。

スランプ
フレッシュコンクリートのコンシステンシーを示す指標値で，スランプ試験の結果として得られる。高さ 30cm の円錐台形のフレッシュコンクリートが自重により変形したときの中央部の沈下量

材料分離
フレッシュコンクリートの状態で，構成材料が密度差により沈降または浮上することにより，コンクリートの均質性が損なわれること

セメント強さ
JIS R 5201 の方法で測定されたモルタルの圧縮強度のこと。調合や供試体形状，セメント以外の使用材料が固定されており，セメントの種類のみを代えることでセメントの強度特性を比較することができる。

自由水
コンクリート中に存在する水のうち，セメントと水和している水（結合水）以外の水

一部が逸散することによってコンクリートが収縮（乾燥収縮）してひび割れを発生する恐れがあるためである。JASS 5 では 185kg/m³ 以下と規定されている。

（f）　単位セメント量

単位セメント量 C とは，コンクリート 1m³ を作るときに用いるセメント量をいい，コンクリートの充てん性を確保するために，JASS 5 では 270kg/m³ 以上と規定されている。

（g）　単位粗骨材かさ容積

建築用コンクリートは，土木用コンクリートと比べて一般に軟練りのコンクリートが多い。これは建築構造物のほうが断面寸法が小さく，また配筋も過密な場合が多いためであるが，このために，**単位粗骨材量** G が小さくなりがちとなる。これに対して，JASS 5 では基準を設けるには至っていないが，**単位粗骨材かさ容積**の標準値を示すことにより，単位粗骨材量 G が減り過ぎないようにしている。

（h）　空気量

AE 効果のある混和剤を用いたコンクリートの空気量は，標準で 4.5% 程度として用いられることが多い。ここで対象とされるのは，直径が数 10μm 程度の**エントレインドエア**のみであり，凍結融解抵抗性の改善効果が高い。また，エントレインドエアは，流動性の改善や**ブリーディング**の低減などにも効果がある。

（i）　単位細骨材量および細骨材率

単位細骨材量 S は 1m³ のコンクリートを作るときに用いる細骨材量をいう。

細骨材率 s/a は，細骨材と粗骨材の絶対容積の和（$V_s + V_g$）に対する細骨材の絶対容積（V_s）の百分率で表される。細骨材率が小さくなると，がさがさのコンクリートとなり，細骨材率が大きくなるとコンクリートの流動性が悪くなるなど，所要のワーカビリティーのコンクリートを得るために極めて重要な要素となる。

$$\frac{s}{a} = \frac{V_s}{V_s + V_g} \times 100 \ (\%) \qquad (2.2.12)$$

（j）　調合表

コンクリートの**計画調合**は，表 -2·2·16 のように 1m³ のコンクリートを作るのに必要な各材料の絶対容積または質量で示す。骨材の質量は，普通骨材では通常は表乾状態で示し，軽量骨材では絶乾状態で示す。

（2）　製造

コンクリートは一般に工事現場ごとにその品質および使用量などが異なるので，一部の大規模工事や特殊工事を除いて，現場でコンクリートを製造することはほとんどなくなった。現在では図 -2·2·13 に示すようなコンクリートの製造設備を持つ工場（レディーミクストコンクリート工場）で

用語の解説

単位粗骨材かさ容積

コンクリート 1m³ を作るときに用いる粗骨材の，間隙部分の体積を含んだ見かけの容積であり，この単位粗骨材かさ容積に粗骨材の実積率（図 -2·2·7 参照）を乗じて 100 で除することにより，粗骨材の実容積が得られ，さらに粗骨材の密度を乗ずることにより単位粗骨材量 G が得られる。

AE 効果

空気連行作用のある混和剤（AE 剤，Air Entraining agent）の界面活性作用により，コンクリート練混ぜ時に微細な独立気泡（エントレインドエア）を連行する作用

エントレインドエア

AE 剤により連行される数 10μm～100μm 程度の微細な独立気泡

ブリーディング

コンクリート打設直後から 2～3 時間の間にコンクリート表面に水が上昇する現象。硬化に不必要な余剰水が，コンクリートの自重による圧密現象により上昇する。これによりコンクリート上層部の W/C は増大して弱くなり，逆に下層部は強くなる。粗骨材および鉄筋の下部にブリーディング水が滞留すると付着力が低下する。

第2章　構造材料

表-2・2・16　計画調合表の表し方の一例

調合強度 (N/mm²)	スランプ (cm)	空気量 (%)	水セメント比 (%)	最大粗骨材寸法の (mm)	細骨材率 (%)	単位水量 (kg/m³)	絶対容積 (l/m³)				質量 (kg/m³)				化学混和剤の使用量 (ml/m³ または (C×%)	計画調合上の最大塩化物イオン量 (kg/m³)
							セメント	細骨材	粗骨材	混和材	セメント	*細骨材	*粗骨材	混和材		
30	15.0	4.0	52	25	39.6	157	96	280	427	—	303	表乾 716	表乾 1,118	—	303	

［注］　＊絶対乾燥状態か、表面乾燥飽水状態かを明記する。ただし、軽量骨材は絶対乾燥状態で表す。混合骨材を用いる場合、必要に応じ混合前の各々の骨材の種類および混合割合を記す。

つくられ，トラックアジテータ（生コン車）によって現場まで運搬されるレディーミクストコンクリート（生コン）が主流である。

レディーミクストコンクリートは，原則的には JIS A 5308（レディーミクストコンクリート）の規定に適合した製品を使用する。レディーミクストコンクリートの発注に際しては，構造物に要求されている品質・性能を把握して，所定のコンクリートが得られるように，十分に検討して明確に指示する必要がある。発注するコンクリートの強度区分は呼び強度で示

―― メモの欄 ――

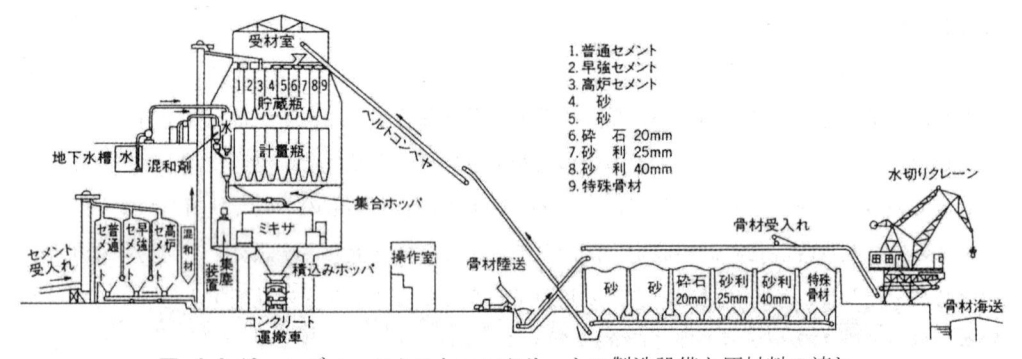

図-2・2・13　レディーミクストコンクリートの製造設備と原材料の流れ

表-2・2・17　レディーミクストコンクリートの種類（JIS A 5308）

コンクリートの種類	粗骨材の最大寸法 (mm)	スランプ又はスランプフロー(1) (cm)	呼び強度 (N/mm²)												
			18	21	24	27	30	33	36	40	42	45	50	55	60
普通コンクリート	20,25	8,10,12,15,18	○	○	○	○	○	○	○	○	—	—	—	—	—
		21(2)	—	○	○	○	○	○	○	○	—	—	—	—	—
	40	5,8,10,12,15	○	○	○	○	—	—	—	—	—	—	—	—	—
軽量コンクリート	15	8,10,12,15,18,21	○	○	○	○	○	—	—	—	—	—	—	—	—
高強度コンクリート	20,25	10,15,18	—	—	—	—	—	—	—	—	—	○	○	—	—
		50,60	—	—	—	—	—	—	—	—	—	—	○	○	○

［注］（1）荷卸し地点の値であり，50cmおよび60cmがスランプフローの値である。
　　　（2）JASS 5では調合管理強度が33N/mm²を超える場合のみ可

す。**呼び強度**は，調合管理強度 F_m に相当するもので，JIS A 5308 では表-2·2·17 に示す規格の範囲で指定されている。

通常のコンクリートは，レディーミクストコンクリート工場から現場まで**トラックアジテータ**により運搬されるが，コンクリートの経時変化などの影響を考慮して運搬時間は 1.5 時間以内としている。

2.2.5 フレッシュコンクリート

フレッシュコンクリート（**まだ固まらないコンクリート**）は，練混ぜ，運搬，打設，仕上げなどの一連の作業が円滑に行えるような性質（ワーカビリティー）を有し，その作業が行われる数時間の間これを維持していなければならない。すなわち，型枠のすみずみまで，また鉄筋の周囲に十分ゆきわたる程度の軟らかさを持ち，しかも運搬，締固め，仕上げなどの作業時に材料分離を起こさないような適切な材料分離抵抗性を持っていることが要求される。

すでに実務的にはこれらの品質の確保は可能となっているが，その手法に関しては随所に人間の感覚および経験則に基づく部分があり，学問的には研究途上の分野であることもつけ加えておく。

(1) ワーカビリティーとコンシステンシー

フレッシュコンクリートの**ワーカビリティー**（施工軟度）とは，フレッシュコンクリートの施工のしやすさを総合的に評価したものと考えればよい。断面寸法や配筋の状況，コンクリートの打込み方法などによって，施工のしやすいコンクリートの性質は異なる。このため，コンクリートの性質と施工状況の相性までを含めて評価する指標として用いられている。ただし，ワーカビリティーに含まれる特性はきわめて広範囲かつ複雑であるため，定量的な評価は難しく，「良い」，「悪い」，「適する」など，定性的かつ相対的な評価となる。

一方，フレッシュコンクリート自体の物質としての固有の流動性を表す場合には，コンシステンシーという用語が用いられることが多い。**コンシステンシー**とは，もともと物理学用語で「堅さ，濃度，密度，粘度」を意味する単語であるが，コンクリートの分野においては主にフレッシュコンクリート自身が持つ流動および変形に対する抵抗性の意味で用いられている。

この他にも，フレッシュコンクリートの性質を表す用語としては，締固め性（**コンパクタビリティー**），仕上げ性（**フィニッシャビリティー**）など，数多くのものが提案されており，これらの特性が広義のコンシステンシーの一部として分類される場合もある。

図-2·2·14 に，ワーカビリティーおよびコンシステンシーの位置づけの一例を示すが，これらの言葉の定義および位置づけについてはさまざまな考え方があり統一されていない。これは，これらの言葉がもともと建設現

── 用語の解説 ──

トラックアジテータ
レディーミクストコンクリート（生コンクリート）を撹拌（かくはん）しながら運搬するトラック。運搬中の振動によるコンクリートの材料分離を防止することができる。コンクリートを練り混ぜて製造する性能をもつトラックミキサ（ミキサ車）とは別のものであり、国内ではほとんど全てがトラックアジテータである。最大積載量は 4.5m³ 程度のものが一般的

第2章　構造材料

```
ワーカビリティー
・施工のしやすさに関する総合的な評価

  施工条件          コンクリートの性質
  ・断面寸法        ・コンシステンシー
  ・配筋              （変形抵抗性）
  ・打設方法        ・材料分離抵抗性
  ・気候            ・ポンプ圧送性
  ・工期            ・経時変化特性
                    ・締固め性
                    ・仕上げ性
                    ・凝結特性
```

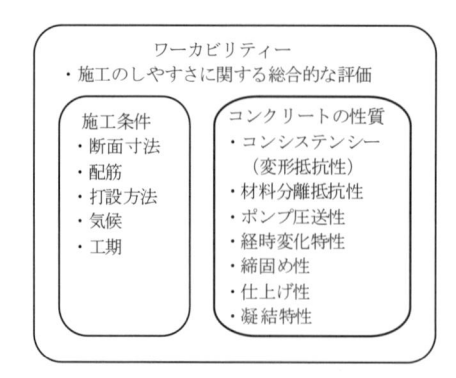

図-2·2·14　ワーカビリティーおよびコンシステンシーの位置づけ

場において用いられてきた感覚的な評価に基づくものであること，および後述するように，フレッシュコンクリートの性質自体に未解明な部分が多いことなどの理由による部分が大きい。

(2)　フレッシュコンクリートの品質評価試験
(a)　コンシステンシー試験

フレッシュコンクリートのコンシステンシー評価方法としてもっとも一般的なものは，**スランプ試験**（JIS A 1101）である。図-2·2·15に示すような形状のスランプコーンに試料を詰め，コーンを引き上げた後，自重によって変形した試料に対して，試料頂部の下がり量(スランプ)を測定する。通常の建築工事に用いられるコンクリートの標準スランプは15〜18cm程度の範囲である。スランプ試験は非常に簡便であり，コンシステンシー測定に広く実用されているが，スランプのみでフレッシュコンクリートのコンシステンシーをすべて表すことは不可能で，スランプが同一でも流動速度が異なるなど，コンシステンシーが異なる場合も多いので注意を要する。

また，高流動コンクリートなどの極端にコンシステンシーの小さいコンクリートの場合には，スランプの測定が困難となるため**スランプフロー試験**（JIS A 1150）が行われる。スランプフロー試験では，コーンの引上げ後のコンクリートの広がり（直径）を測定してスランプフローとしている

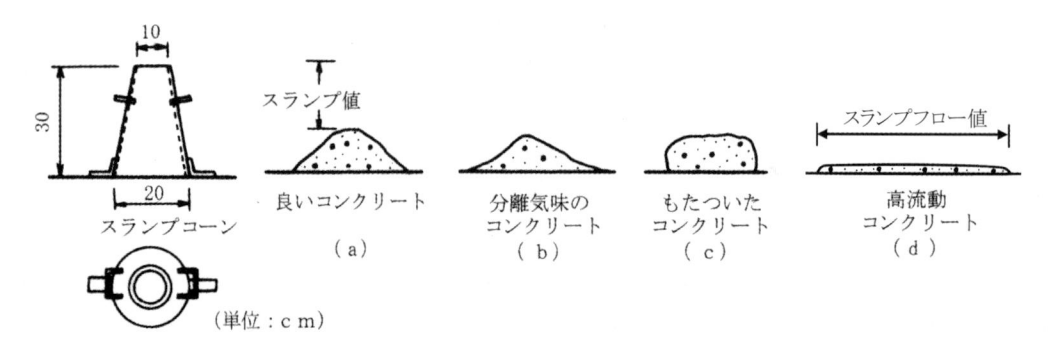

図-2·2·15　スランプ試験・スランプフロー試験

メモの欄

── テクニカルワンポイント ──

フレッシュコンクリートのレオロジー

　フレッシュコンクリートの流動・変形の基礎的な性質を，粘性体あるいは粘塑性体などの力学モデルを用いて，定量的に表現しようとする研究が進められている。これらは20世紀になって塗料や食品の分野で発展した**レオロジー**を，フレッシュコンクリートに適用したものである。

　レオロジーに関する研究で重要となるのはレオロジー性質のモデル化およびレオロジー試験方法の選定である。

　フレッシュコンクリートのレオロジーモデルとしてもっとも代表的なものは**ビンガムモデル**であるが，最新の研究結果からは，現実のフレッシュコンクリートのさまざまな挙動（例えば，間隙通過時の閉塞挙動や振動による流動化，経時変化など）を表現するには，さらに**チキソトロピー**および**ダイラタンシー**といった，高濃度な**サスペンション**に特有な性質の考慮が不可欠であることが明らかとなってきている。

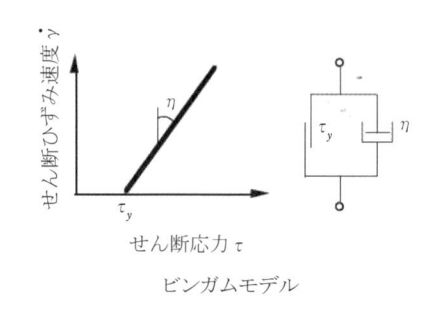

　また，コンクリートのレオロジー定数を測定するためのレオロジー試験としては，回転粘度計などが用いられているが，現状では正確なレオロジー試験を行うことが難しく，試験方法もまだ十分に確立されていない。

　コンクリートの施工において，使用材料であるフレッシュコンクリートの基本的な物性が定量化されないままで工事が行われている現状には問題があり，今後，さらにレオロジーに関する研究を進めることにより，コンシステンシーおよびワーカビリティーの定量的な評価が進むことが期待されている。

[注]
レオロジー：すでに存在する物質の時間に依存する物性をモデル化し，また，モデル化された物質の挙動を予測する学問
ビンガムモデル：基本的なレオロジーモデルの1つで，粘性と塑性の要素を並列につないだ形でモデル化される粘塑性体。物性は降伏値および塑性粘度の2つのレオロジー定数で決定される。
チキソトロピー：液体中に粉体を高濃度に分散させた懸濁液などが，静置時には固体状であるが，振動や撹拌などの外力を与えると液体状に変化し，その後しばらく静置しておくと，もとの固体状に戻るといった性質
ダイラタンシー：粉粒体がせん断変形をする際に体積変化を生じる性質で，個々の粒子のかみ合いによって発生する。高濃度なサスペンションでは，急激なせん断変形により瞬間的に硬化したり，振動により液状化するなど，非常に複雑な挙動を示す。
サスペンション：粉粒体（固体粒子の集まり）の間隙を液体で満たしたもの

（図-2·2·15 (d) 参照）。実用されているコンクリートのスランプフローの範囲は 50〜60cm 程度である。

コンクリートのコンシステンシーを調べるための試験方法としては，他にも数多くの試験方法が提案されているが，いずれも特定の試験条件下でのコンクリートの流動性を測定しているに過ぎず，これらの値の物理的な

― メモの欄 ―

表-2·2·18　その他のフレッシュコンクリートの品質管理試験方法

試験方法	試験内容
空気量試験	施工現場におけるフレッシュコンクリートの受入検査として必ず行われる試験であり，フレッシュコンクリート中に含まれるエントレインドエアの量を測定する。写真-2·2·8 に示すようなフレッシュコンクリート用エアメータを用いた空気室圧力方法（JIS A 1128）が多く用いられている。
塩化物量試験	フレッシュコンクリート中の塩化物イオン（Cl^-）量を測定するもので，JIS A 1144（フレッシュコンクリート中の水の塩化物イオン濃度試験方法）にも規定されているが，同方法は特殊な試験装置が必要なため，受入検査に適さない。このため，建設現場においては，JASS 5 T-502（フレッシュコンクリート中の塩化物量の簡易試験方法）に示される試験方法の 1 つのモール法などがよく用いられている。同方法は，ブリーディング水を毛細管力により試験紙（写真-2·2·9）に吸い上げさせ，色の変化した高さから塩化物イオン濃度を推定するものである。
単位水量試験	JIS 規格とはなっていないが，フレッシュコンクリート中の単位水量を現場において確認する試験方法である。日本建築学会からは，フレッシュコンクリートを乾燥させた時の質量減少量から単位水量を推定する乾燥法，単位容積質量などの測定効果から推定する容積法，フレッシュコンクリートの誘電率から推定する静電容量法，中性子線の減衰率から推定する中性子線法などが提案されている。
単位容積質量試験	JIS A 1116 に規定されており，容積が既知の水密な金属製円筒容器（容積 7〜10L 程度）にフレッシュコンクリートを充填し，質量の計測結果から単位容積質量を求める。軽量コンクリートや遮蔽コンクリートなどの品質管理や調合の確認などに用いられる。
凝結試験	JIS A 1147 に規定されており，ウエットスクリーニングモルタルに対して，貫入針（断面積が 100, 50, 25, 12.5 mm^2 のものが標準）を 25mm まで貫入させたときの貫入抵抗応力を測定し，3.5N/mm^2 の時点を始発，28.0N/mm^2 の時点を終結と定義している。写真-2·2·10 に示すようなプロクター貫入試験装置が用いられる。
ブリーディング試験	JIS A 1123 に規定されており，金属製の円筒容器（内のり寸法：$\phi 250 \times 285mm$）に，フレッシュコンクリートを 255mm の深さまで充填し，時間の経過とともに表面に浸み出してくる水（ブリーディング水）をスポイトで採取して計測する試験。ブリーディング量〔単位表面積あたりのブリーディング水の容積（cm^3/cm^2）〕，ブリーディング率〔試料中の水量に対するブリーディング水量の質量百分率（%）〕およびブリーディング曲線〔経過時間とブリーディング水量の関係〕などを測定する。

写真-2·2·8　コンクリート用エアメータ

写真-2·2·9　塩化物量試験に用いられる試験紙の例（左：使用前，右：使用後）

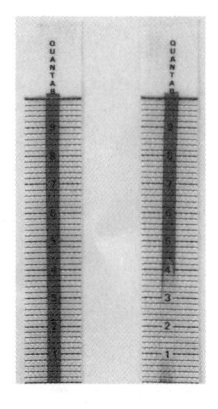

写真-2·2·10　プロクター貫入試験装置

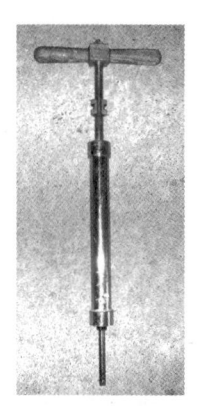

2.2 コンクリート

意味が明確でない。このような問題に対して，**レオロジー**の考え方を導入することにより，フレッシュコンクリートのコンシステンシーを定量的に表そうとする試みも行われている（テクニカルワンポイント p.53 参照）。

(b) その他の品質評価試験

フレッシュコンクリートの品質評価試験は，コンシステンシー試験以外にも数多くの種類がある。そのうちの代表的なものを表-2·2·18 に示す。建設現場におけるコンクリートの**受入検査**としては，スランプ試験，空気量試験，および塩化物量試験が一般的であり，最近では単位水量試験なども受入検査で行われる場合がある。凝結試験およびブリーディング試験は，主に調合選定のための試し練りの際などに行われる。

(3) フレッシュコンクリートの諸問題

フレッシュコンクリートは，密度や粒径の異なる固体粒子と水の混合物であり，練混ぜ，運搬，打設，締固めなどの作業中に，これらの材料の分離が起こることはある程度避けられない。また，打設後にも，空気や微粉末成分を含んだ余剰水の一部が上昇して，ブリーディングとなり，逆に固体粒子は沈降しコンクリート上面も沈下する（図-2·2·16 参照）。

(a) 分離

フレッシュコンクリートに材料分離が発生すると，骨材が沈降してコンクリートが不均質化し，部分的な乾燥収縮の増大や強度の低下などを引き

用語の解説

受入検査
工事に使用するコンクリートが発注（または計画）した品質のコンクリートであることを確認するための検査。レディーミクストコンクリートでは通常荷卸し時に行われ，頻度は同品質のコンクリートであれば，打込み工区ごと，打込み日ごと，かつ打込み量が 150m³ ごとが目安となっている。

テクニカルワンポイント

フレッシュコンクリートの流動シミュレーション

コンクリート工事の合理化・省力化を目的として，施工のロボット化および施工性予測の技術開発が期待されている。従来の経験と勘に頼っていた現場施工に対して，コンピュータによる制御および予測を基本とするこれらの新技術の一つに，フレッシュコンクリートの流動シミュレーションが挙げられる。この技術を確立するためには，前述（p.53 テクニカルワンポイント）したような，フレッシュコンクリートの構成則（レオロジー性質を数式で表したもの）の構築が前提となるが，それが実現すれば，どのような性質のコンクリートを用い，どこに，どの程度の振動を与えれば良いのか，などの情報をあらかじめ知ることができる。右図はスランプ試験のシミュレーション結果の一例である。

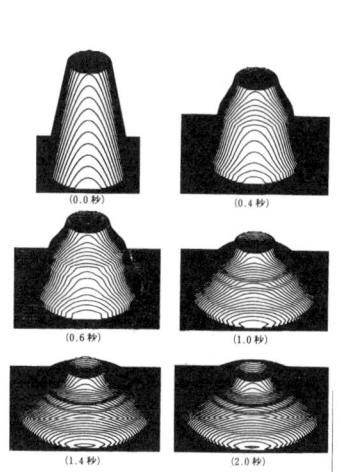

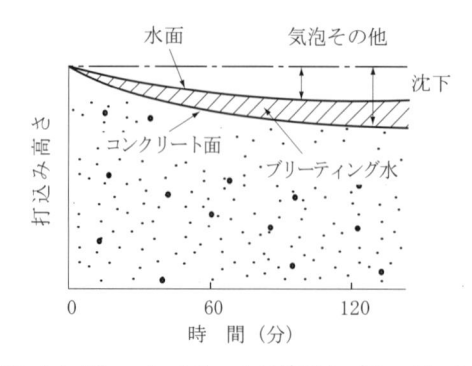

図-2·2·16 コンクリートの沈下とブリーディング

起こす。また,「**ジャンカ**」や「**豆板**」と呼ばれる充てん不良部分の原因にもなり,構造的な欠陥となるばかりか鉄筋の腐食を早めることもある。

一般に,水量が多く流動性が大きいフレッシュコンクリートほど材料分離が起こりやすくなる。またセメント量,粗骨材の寸法,細骨材の粒度,単位骨材量,混練時間などが分離に影響する。

(b) ブリーディング

ブリーディング量は,一般に単位水量や水セメント比が大きいほど多く,細骨材の粒度が粗い場合や気温が低いとき,過度の振動を与えたときにも多くなる。したがって,ブリーディングを少なくするためには,骨材の粒度の調整や水量の低減が必要であり,硬練りの調合やＡＥ剤の使用が有効である。

ブリーディングによって,コンクリート上部は多孔質になり耐久性・強度が損なわれる。また,骨材下部に水膜を生じさせるので,骨材とペーストの付着を低下させコンクリートの強度も小さくなる（図-2·2·17 参照）。同様に,水平鉄筋の下部にも水膜が生じ,鉄筋の付着強度が著しく低下する。しかし,こて仕上げを行う場合には,ある程度のブリーディングは必要でこの場合にはワーカビリティーに寄与することになる。

(c) レイタンス

ブリーディングによって上昇した微細な粒子が,コンクリート表面に形

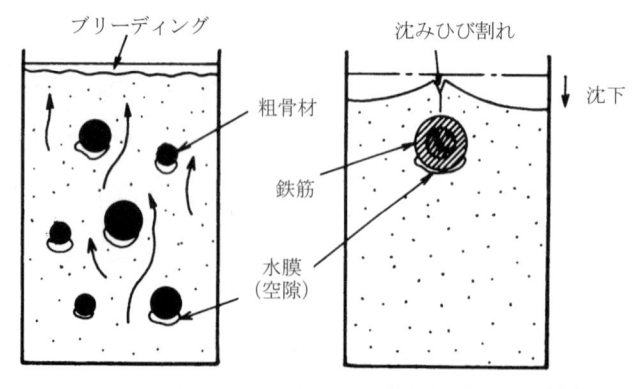

図-2·2·17 ブリーディングによる粗骨材および鉄筋の付着力低下

用語の解説

ジャンカ・豆板

打ち込まれたコンクリートの表層部または内部で,ペースト分やモルタル分が充てんされず,空隙が形成された状態のこと。一般に,骨材の形状が露出した状態になっている。締固め不足やコンクリートの材料分離,型枠からのセメント分の流出などによって発生する。巣,あばたなどとも呼ばれる。

成する薄い層のことを**レイタンス**という。レイタンスはすでに水和したセメントや砂の微粒子であり硬化・結合する能力はない。したがって，コンクリートの打継ぎ面のレイタンスは必ず除去し，新旧コンクリートの付着が損なわれるのを防ぐ必要がある。

(d) 沈みひび割れ

ブリーディングの上昇によって起こるコンクリートの沈下は，**沈みひび割れ**と呼ばれる鉄筋に沿ったひび割れの原因になる。ブリーディングは通常，約2〜3時間でほとんど停止するので，この時間からコンクリートが凝固し始めるまでの時間に，表面をこてなどで押さえることにより沈みひび割れを除くことができる。

(e) プラスチック収縮ひび割れ

コンクリート表面の急激な乾燥に，ブリーディングが追いつかず，コンクリートが固まる前に表面に細かいひび割れが発生することがある。これは**プラスチック収縮ひび割れ**と呼ばれ，暑中に打設されたコンクリートに発生しやすい。

テクニカルワンポイント

安価で大量使用されているコンクリート

下図は各種原材料・製品の単位質量あたりの価格を示したものである。この図から明らかなように，コンクリートは鋼材や木材などに比べて，1桁安い。また，一つの製品ともいえるRC建物の単位質量あたりの価格も他の工業製品に比べて断然安い。

ただし，コンクリートが現在大量に使用されている理由は，ただ安いためではなく，他の構造材料に比べて，耐火性や耐久性に優れており，剛性も大きいなどの利点があるためである。

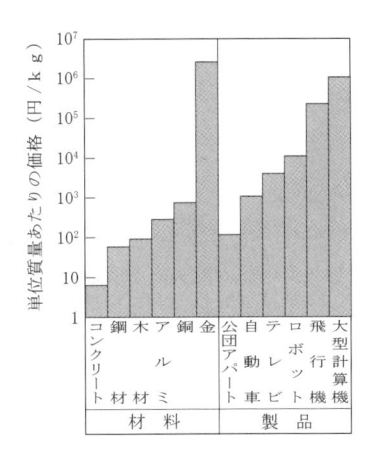

2.2.6 硬化コンクリート

(1) 硬化コンクリートの性質と種類

十分に硬化したコンクリートを一般に**硬化コンクリート**と呼ぶ。硬化コンクリートの性質は，使用材料，調合，製造，施工方法などのほか，材齢，温度，湿度などの養生条件，環境条件によって大きく異なる。

コンクリートは一般に，単位容積質量，骨材の種類，混和材料の混入の有無，製造場所などによって前掲の表-2·2·2のように分類できる。以下，

> **用語の解説**
>
> **硬化コンクリート**
> まだ固まらないコンクリートであるフレッシュコンクリートに対する用語で，十分に硬化したコンクリートの一般的な呼称。また凝結後の硬化過程にあるコンクリートは，一般に若材齢コンクリートと呼ばれる。

表-2·2·19　コンクリート強度に影響を及ぼす因子

内的因子	・セメントペーストの強度 ・骨材の量と品質（とくに，強度，粒径，形状） ・セメントペーストと骨材の付着性状 ・調合比（とくに，水セメント比） ・施工方法（とくに，締固め程度） ・養生方法（温度，湿度） ・材齢（水和初期の温度履歴，養生の履歴とも関連）
外的因子	・供試体の形状・寸法 ・載荷速度 ・加圧面の平面度 ・載荷応力状態（とくに，載荷面の摩擦）

テクニカルワンポイント

鋼材に匹敵するコンクリートの実現

現在，中低層のRC建築物に用いられるコンクリートの圧縮強度は，およそ20～30 N/mm² である。しかし，最近の技術の進展によって，右図に示すような，鋼材に匹敵する**超高強度コンクリート**が実現した。この例では，超高強度を得る主なポイントは，1) 高性能AE減水剤，2) シリカフューム，3) 硬質な骨材，を活用し，水セメント比を極限まで小さくすることであった。「学生によるコンクリート強度コンテスト」では，320N/mm² という，とてつもない強度のコンクリートが作られた実績もある。実験室レベルばかりでなく，最近では，圧縮強度がおよそ150 N/mm² のコンクリートまで現場施工が可能となり，高層RC建物（地上60階）の実現に寄与している。ちなみに，セメントペーストの最高強度としては，加圧成形した一辺の長さが1 cm の立方体を用いて，およそ700 N/mm² を得たとの報告があり（米国），コンクリートもまだまだ高強度化する可能性を秘めている。

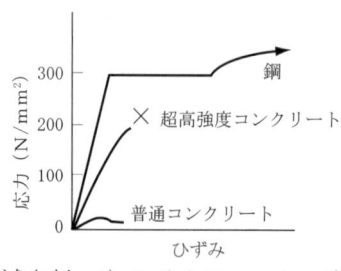

2.2 コンクリート

表 -2·2·20　コンクリート強度・耐久性に係わる主な JIS 試験方法

試験目的	試験項目	試験方法
強度特性に係わる性能の確認	圧縮強度	JIS A 1108（コンクリートの圧縮強度試験方法）
	引張強度	JIS A 1113（コンクリートの割裂引張強度試験方法）
	曲げ強度	JIS A 1106（コンクリートの曲げ試験方法）
	弾性係数	JIS A 1149（コンクリートの静弾性係数試験方法） JIS A 1127（共鳴振動によるコンクリートの動弾性係数、動せん断弾性係数および動ポアソン比試験方法）
耐久性に係わる性能の確認	長さ変化	JIS A 1129-1：2001（モルタルおよびコンクリートの長さ変化試験方法－第1部：コンパレータ方法） JIS A 1129-2：2001（同第2部：コンタクトゲージ方法） JIS A 1129-3：2001（同第3部：ダイヤルゲージ方法）
	収縮拘束応力・ひび割れ抵抗性	JIS A 1151（拘束されたコンクリートの乾燥収縮ひび割れ試験方法）
	中性化抵抗力	JIS A 1152（コンクリートの中性化深さの測定方法） JIS A 1113（コンクリートの促進中性化試験方法）
	凍結融解抵抗性	JIS A 1148（コンクリートの凍結融解試験方法）
	熱的特性	JIS A 1325（建築材料の線膨張率測定方法）

普通コンクリートを中心に硬化コンクリートの強度性質，変形性質，体積変化・ひび割れ，熱的性質，および耐久性について述べる。

(2) 強度性質

(a) 強度に影響を及ぼす因子

コンクリートの各種強度は，表 -2·2·19 のような内的および外的因子の影響を受ける。内的因子とは，**多孔質材料**であるコンクリートの内部組織の性状にかかわる因子である。一方，外的因子は試験方法に関する因子で，コンクリートの内部組織とは無関係であるが，試験方法の設定なしに強度を定量的に取り扱うことはできない。コンクリートの強度および耐久性に係わる試験方法のうち，JIS に規定されている主な試験方法を表 -2·2·20 に示す。

(b) 圧縮強度

コンクリートの強度には，圧縮強度，引張強度，曲げ強度，せん断強度，疲労強度，付着強度などがあるが，コンクリート強度といえば一般に圧縮強度のことを意味する。これは圧縮強度が他の強度と比較して著しく大きく，鉄筋コンクリート（RC）の構造設計では主として圧縮力に対するコンクリートの抵抗力を利用するからである。また，コンクリートの圧縮強度は，他の諸強度および変形性質とも密接な関係があり，これらの概略値は圧縮強度から推定することができる。

1) 圧縮下のコンクリートの**破壊過程**

圧縮強度に及ぼす各種要因の影響について述べる前に，圧縮下のコンク

――― 用語の解説 ―――
多孔質材料
コンクリートは基本的にセメントペースト，細骨材，および粗骨材からなる複合材料（多相材料）であり，それぞれの構成材料そのものの内部と界面に微細な空隙を有する多孔質材料である。

表 -2·2·21 コンクリートの強度理論

強度説	提唱者	概要と強度式（A, B は実験定数）
水セメント比説	D. A. Abrams (1919年)	プラスチックでワーカブルなコンクリートの圧縮強度はセメントペーストの水セメント比によって支配される。 $F'_c = A/B^x$ ……………(1) ここに，$x = W/C$：水セメント比
空隙比説	A. N. Talbot (1921年)	コンクリートの圧縮強度はセメントペーストの空隙に支配される。 $F'_c = \dfrac{A}{(1+v/c)^B}$ ………(2) ここに，c：セメントの絶対容積 　　　　v：単位水量の容積とコンクリート1 m³中の空気の容積との和
セメント水比説	I. Lyse (1925年)	コンクリートの圧縮強度はセメント水比（C/W）と直線関係にある。 $F'_c = A + B(C/W)$ ………(3)
ゲルスペース比説	T. C. Powers (1947年)	コンクリートの圧縮強度は材齢や調合に関係なく，ゲルスペース（ゲル/空間）比のほぼ3乗に比例する。

―― 用語の解説 ――

1軸圧縮試験と端面摩擦

わが国や米国では標準供試体として円柱体を用いるが，ヨーロッパでは立方体を用いることが多い。いずれの場合も1軸圧縮試験とはいえ，供試体と載荷板との間に摩擦（端面摩擦）が生じる。その結果，端部拘束の影響で供試体の破壊がせん断型になるなど，純粋な1軸圧縮応力状態にはなっていない（3軸応力状態にあるといえる）。標準試験法としての簡便性を優先した措置と考える必要がある。

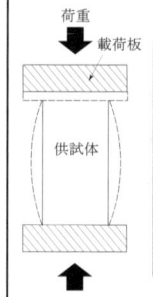

弾性，塑性，破壊

基本的に弾性とは元に戻る性質，塑性とは元に戻らない性質，また破壊とは応力の低下を生じる現象である。

ボンドクラック

粗骨材とモルタル（またはセメントペースト）との間の付着が損なわれて生じる微細なひび割れ

ヤング係数

応力 - ひずみ曲線の傾き。すなわち，応力をひずみで割った値で，単位は応力と同じ。弾性係数ともいう。

リートの破壊過程について触れておく。供試体と載荷板との摩擦を除去した純粋な**1軸圧縮試験**を行った場合，一般に，荷重の増大に伴うコンクリートの**破壊**過程は，およそ以下のようになる（図 -2·2·18 参照）。

① 最大応力（圧縮強度）のおよそ30％の応力になると，粗骨材とモルタルの境界層に**ボンドクラック**が局所的に生じ，剛性（**ヤング係数**）がわずかに低下する。

② 最大応力のおよそ50～70％の応力になると，粗骨材の周辺で生じた局所的なひび割れがモルタル中に進展する。

③ 最大応力のおよそ80～90％の応力になると，ひび割れが互いに連結して，大きなひび割れが形成され始める（この応力レベルを**臨界応力度**と呼ぶ）。

そして，ついには供試体の崩壊にいたる。供試体の最大耐力を断面積で除した値が圧縮強度 F'_c（記号として σ_B を用いることも多い）である。なお，応力下降域まで含めた応力 - ひずみ関係については，次項「(3) 変形性質」にて詳しく述べる。

2) セメントペースト強度の影響

2.2 コンクリート

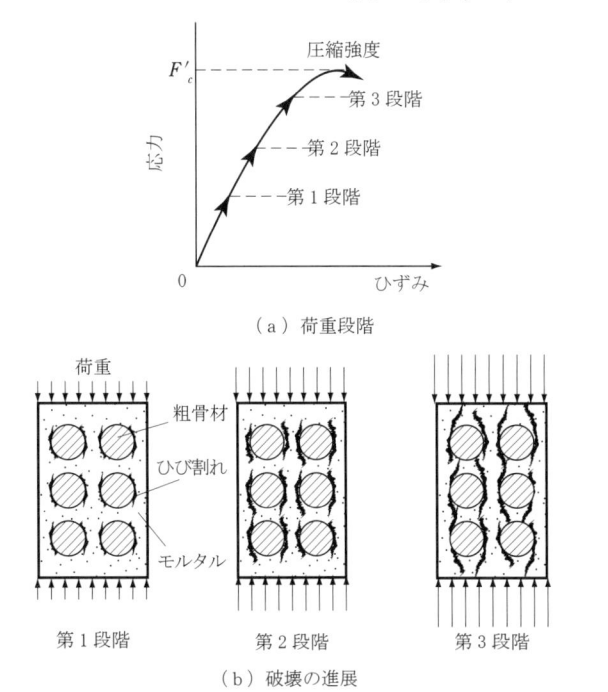

(a) 荷重段階

(b) 破壊の進展

図-2·2·18 荷重段階と破壊の進展（純粋な1軸圧縮下）

コンクリートの圧縮強度に対して表-2·2·21に示すような諸説が提唱されており，結合材であるセメントペーストの強度がコンクリート強度を大きく支配していることがわかる。これらのうち，セメント水比説に基づく表中の式(3)は，コンクリートの調合決定時の強度推定式として実用されている。例えば，JASS 5では，砂・砂利を用いた普通コンクリートの水セメント比（セメント水比の逆数）の算定式の一例として下式を示している。

$$x = \frac{51}{F'_c/K + 0.31} \; (\%) \tag{2.2.13}$$

ここに，x：水セメント比（%），F'_c：コンクリート強度（N/mm²），K：セメント強度（N/mm²）

この式によれば，コンクリート強度（F'_c）はセメント強度（K）に実用範囲でほぼ正比例することになる。なお，レディーミクストコンクリート工場では，通常，この式をそのまま使用するのではなく，自社の材料を使った試し練りによって，工場ごとに式中の係数を求めている。空隙比説は **AE コンクリート** の強度推定に有効である。

3) 骨材性質の影響

骨材の性質がコンクリートの圧縮強度に及ぼす影響は，常用される強度の範囲ではそれほど大きくない。しかし，以下のように条件によってはその影響を無視できない。図-2·2·19に示すように，モルタル強度に対して強度の小さい粗骨材を用いたコンクリートでは，モルタルの破壊より粗骨

用語の解説

臨界応力度
コンクリートの体積ひずみ（$\varepsilon_V = \varepsilon_x + \varepsilon_y + \varepsilon_z$）が減少（収縮）から増加（膨張）に転じる応力とも定義される。

AE コンクリート
AE剤によって微細な空気を連行させたコンクリート

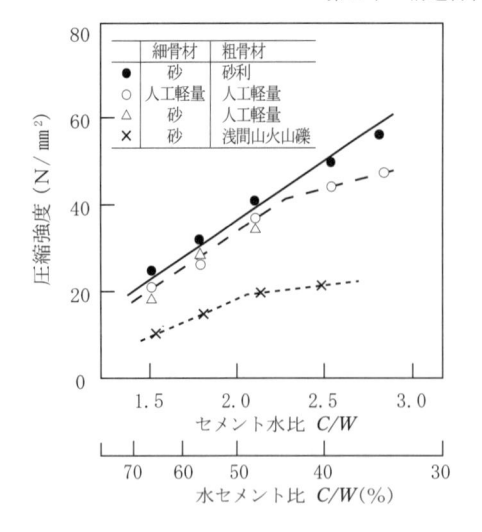

図-2・2・19　圧縮強度と水セメント比との関係に及ぼす骨材強度の影響（村田）

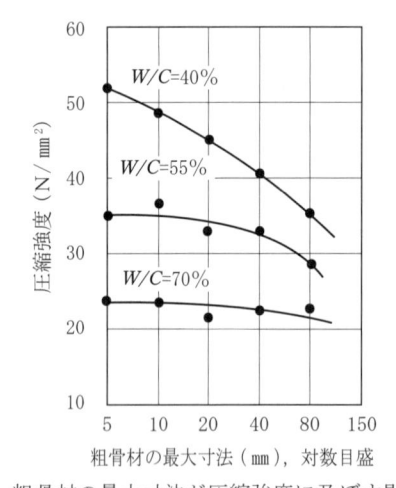

図-2・2・20　粗骨材の最大寸法が圧縮強度に及ぼす影響（D.L.Bloem）

材の破壊が先行するため，セメント水比を増加させてもコンクリート強度の伸びは期待できない。また，図-2・2・20に示すように，**富調合**で高強度のコンクリートでは**粗骨材の最大寸法**が大きいほどコンクリートの圧縮強度は低下するといえる。これは，**ブリーディング**によって生じる骨材下部の弱化層が増すこと，およびコンクリート内部の非均質度が増すことで局部への応力集中性が増大し，ひび割れが発生しやすくなるためである。したがって，同一水セメント比の場合，コンクリート強度はモルタル強度より小さい。

4）　**材齢**の影響

コンクリート強度の増進は，セメントの水和反応に依存する。湿潤養生を行った場合，一般的な水セメント比の領域では，材齢14日くらいまでの強度の増進がもっとも著しく，その後，材齢約1年まで強度の増進が続く。材齢28日の強度は，材齢1年の強度のおよそ80％である。

── 用語の解説 ──

富調合
通常より単位セメント量の多い（セメントリッチな）調合のこと。土木分野では，富配合という。

粗骨材の最大寸法
その粗骨材（群）が90％以上通る所定の網ふるいのうち，ふるい目の開きが最小のものの呼び寸法で表される。ある1個の最大の粗骨材の寸法ではない。

ブリーディング
打設後のコンクリートにおいて内部の自由水が上昇する現象。同時に，骨材やセメント粒子の沈降を伴っており，一種の材料分離である。

2.2 コンクリート

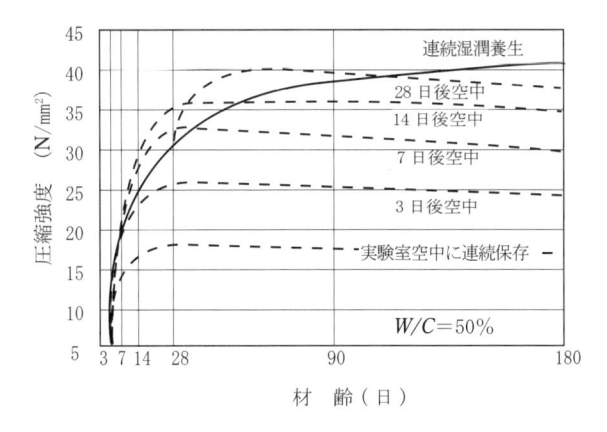

図-2・2・21 養生湿度が圧縮強度の発現に及ぼす影響（米国開拓局）

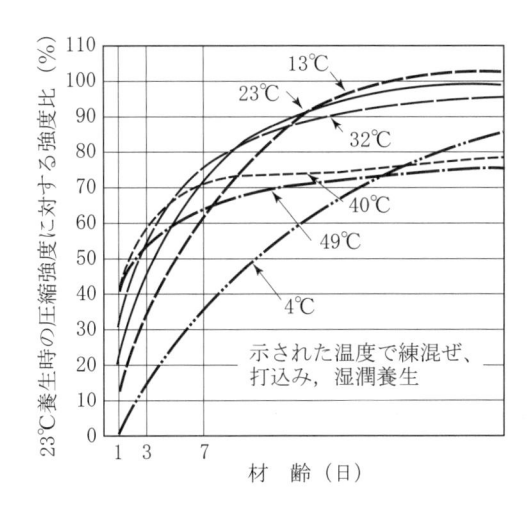

図-2・2・22 養生温度が圧縮強度の発現に及ぼす影響
（ポルトランドセメント協会）

5) **養生方法**の影響

養生方法は，セメントの水和反応と密接な関係があるため，コンクリート強度に及ぼす影響は極めて大きい。養生条件は養生湿度と養生温度に分けて考えることができる。養生湿度を変化させた場合の材齢に伴うコンクリート強度の発現状況を図-2・2・21に示す。図によれば，材齢約90日の時点で，打設後一貫して空中養生を行ったコンクリートの圧縮強度は，湿潤養生を行った場合の約1/2にしか達していない。一方，養生温度が強度発現に及ぼす影響は，とくに初期材齢において顕著である。図-2・2・22に示すように，初期材齢における強度は養生温度が高いほど大きいが，長期材齢ではこの関係が逆転する。

コンクリートの初期圧縮強度の推定には，**積算温度（マチュリティー，M）** を用いることができる。JASS 5 では，寒中コンクリートの調合設計に際し，次式によって得られる積算温度に基づいて水セメント比を決定してよいと

――― 用語の解説 ―――

積算温度
養生温度と時間の積のことで，熟成度またはマチュリティーとも呼ばれる。

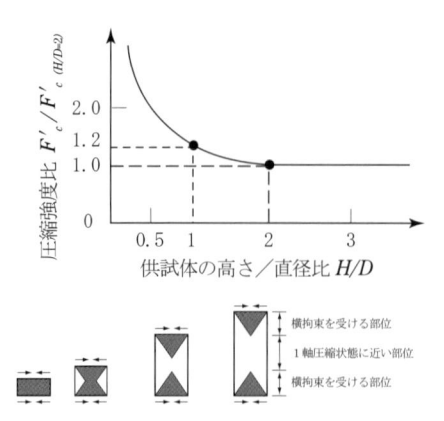

図-2・2・23 供試体の高さ／直径比（H/D）と圧縮強度との関係

している。

$$M = \sum_{z=1}^{n} (\theta + 10) \qquad (2.2.14)$$

ここに，z：材齢（日），n：構造体コンクリートの強度管理の材齢（日）
θ：材齢 z（日）におけるコンクリートの平均養生温度（℃）

6） **供試体形状**の影響

わが国では標準供試体として，高さと直径の比が2である$\phi 15 \times 30$cmまたは$\phi 10 \times 20$cm円柱体を用いているが，構造物からコアを切り取る場合など，しばしばこの比率の供試体が得られないことがある。図-2・2・23は円柱供試体の**高さ-直径比**（H/D）と H/D が2の供試体に対する圧縮強度比の関係を示したものである。図によれば，H/D が小さいほど圧縮強度は大きくなり，その程度は H/D が1以下の場合に著しい。これは**端面摩擦**によって，供試体が膨張したときに横拘束力が働くためである。JIS A 1107 では**コア試験**に対し，端面摩擦の効果に対する強度の補正係

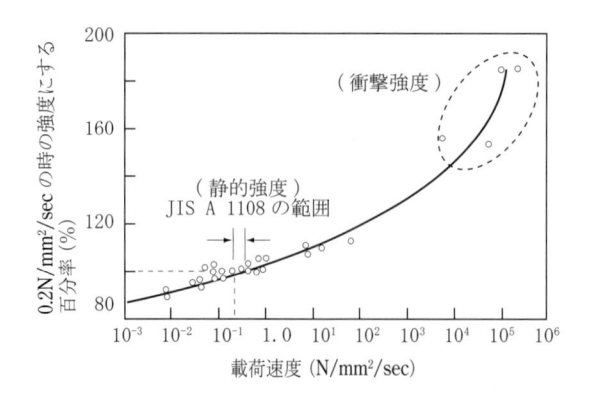

図-2・2・24　載荷速度が圧縮強度に及ぼす影響
（McHenry&Shideler　の図に加筆）

―― **用語の解説** ――

高さ－直径比（H/D）
円柱供試体の形状を表す指標で，細長比とも呼ばれる。直方供試体であれば，直径の代わりに断面の辺長が用いられ，高さ－辺長比が同様な指標となる。

端面摩擦
コンクリートの載荷試験において，供試体の端面（載荷面）と載荷板との間に生じる摩擦のこと

コア試験
コンクリート構造体から円柱形のコアを抜き取って行う強度試験。JIS A 1107 に，供試体の採取方法が規定されている。

2.2 コンクリート

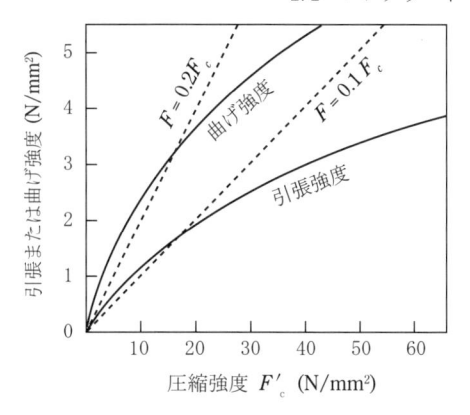

図-2・2・25 引張・曲げ強度と圧縮強度との関係

数を規定している。

7) **載荷速度の影響**

図-2・2・24に示すように，載荷速度が大きくなるほどコンクリート強度は高くなる。これは，載荷速度が供試体内部のひび割れの進展速度を上回るために生じる現象である。そのため，内部ひび割れがあまり発生していない載荷初期における載荷速度の変動は，コンクリート強度にそれほど影響を及ぼさない。

(c) **引張強度**

コンクリートの引張強度（F_t）は，図-2・2・25に示すように普通強度レベルでは圧縮強度の1/8-1/13で極めて小さい。また**脆（ぜい）度係数**の

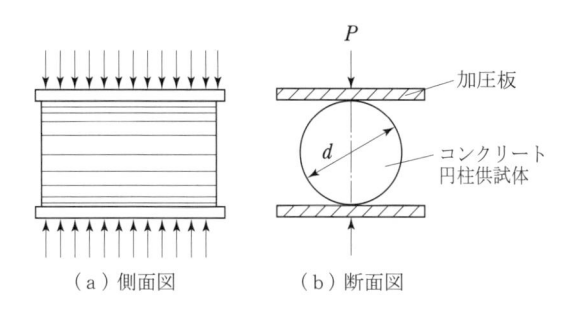

図-2・2・26 割裂引張試験法

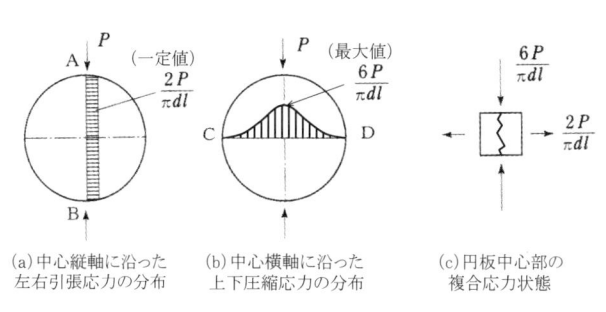

(a) 中心縦軸に沿った左右引張応力の分布
(b) 中心横軸に沿った上下圧縮応力の分布
(c) 円板中心部の複合応力状態

図-2・2・27 弾性円板の内部応力分布（**平面応力状態**）

―用語の解説―

脆度係数
引張強度に対する圧縮強度の比。コンクリートの脆さ（もろさ）を表す一つの指標

平面応力状態
ある特定の平面内にのみ応力が生じ，この平面に垂直な方向の応力は生じない（ひずみは生じる）状態

値は高強度のコンクリートほど大きい。

一般に、コンクリートの引張強度は、図-2·2·26 に示すように、圧縮強度用供試体を横にして、断面の直角方向に加圧する**割裂試験**で求める。この試験方法によって得られる強度を**割裂引張強度**という。図-2·2·27 は弾性円板に上下から線荷重を加えた場合の内部応力分布を示したものである。図から明らかなように、断面中心付近では、x 方向に引張力が、また y 方向にその 3 倍の圧縮力が働く。コンクリートの引張強度は前述のように圧縮強度のおよそ 1/10 であるため、この円板は引張破壊し、引張強度 F_t は次式によって求めることができる。

$$F_t = 2P/(\pi dl) \tag{2.2.15}$$

ここに、P:最大荷重（N）、d:円柱体の直径（mm）、l:円柱体の長さ（mm）

割裂試験による供試体の破壊面は、図-2·2·27 に示すように 1 軸引張応力状態にはないが、直接引張強度とほぼ等しい値が得られる。一方、直接引張試験は、試験が困難なこともあり、一般にあまり行われない。

(d) 曲げ強度

コンクリートの曲げ強度は図-2·2·25 に示すように、普通強度レベルでは圧縮強度の 1/5～1/8 程度で、引張強度のおよそ 1.5～1.8 倍である。曲げ強度は断面に生じた**引張縁応力**の最大値を表すため、材料が線形弾性体であれば原理的には引張強度と同じ値になるはずである。曲げ強度が引張強度より大きくなるのは、曲げ破壊時において断面内の引張側に塑性変形が生じるためである（図-2·2·28 参照）。

コンクリートの曲げ試験方法として、JIS A 1106 では図-2·2·29 に示すような 3 等分点載荷方法が、また、DIN（ドイツ規格）では中央集中載荷方法が、また ASTM（アメリカ規格）では両方法が採用されている。いずれの場合も曲げ強度（F_b）は次式によって求められている。

$$F_b = M/Z \tag{2.2.16}$$

ここに、M:最大曲げモーメント（N·m）、Z:断面係数（幅 b、高さ h の長方形断面の場合は $Z = bh^2/6 (m^3)$）

しかし、得られる**曲げ強度**は載荷方法によってかなり異なり、図-2·2·30 に示すように、3 等分点（2 点集中）載荷による場合よりも中央（1 点）集中載荷とした場合の方が曲げ強度が大きくなる（理由は右欄に記す）。

(e) せん断強度

コンクリートのせん断強度（F_s）は、図-2·2·31 に示すような直接せん断試験による場合、圧縮強度のおよそ 1/4～1/7 となる。

コンクリートのせん断試験方法として各種の方法が提案されているが、直接せん断試験は必ずしも容易ではないため、間接的にせん断強度を求める方法として**モールの応力円**が用いられる。すなわち、図-2·2·32 を参照して、せん断強度（F_s）は次式によって求められる。

用語の解説

割裂試験

わが国の標準引張試験方法として JIS A 1113 に規定されている。これは、赤沢常雄が考案し 1943 年に土木学会誌に発表したものであるが、海外では、同様な方法が Brazilian Test として知られている。

引張縁応力

曲げを受ける断面における引張側の縁応力で、弾性理論では、次式によって求められる。すなわち、引張縁応力＝（曲げモーメント）/（断面係数）。曲げモーメントが最大になる時のこの値が曲げ強度である。

曲げ強度と載荷方法

載荷方法によって曲げ強度が異なる理由は必ずしも明確ではないが、供試体全体の中での高い応力領域（高曲げモーメント領域）における強度の確率分布、ひび割れの進展経路の自由度などが考えられる。

モールの応力円

弾性体内の 1 点における任意方向の面に作用する垂直応力とせん断応力との関係を図示したときに得られる円。モール（C. O. Mohr, 1835-1918）は、ドイツの応用力学者

2.2 コンクリート

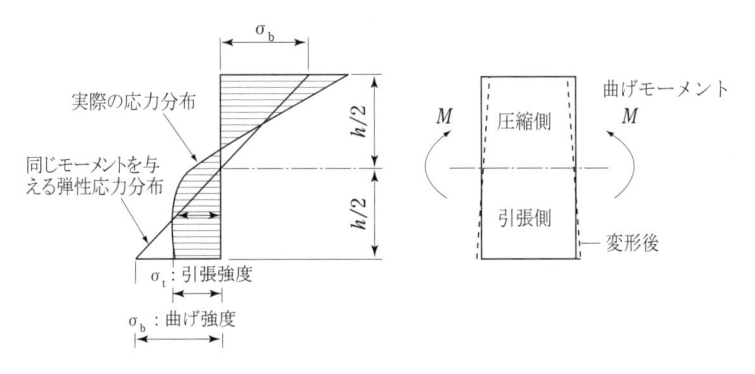

図-2.2.28 曲げを受ける供試体の断面内応力分布

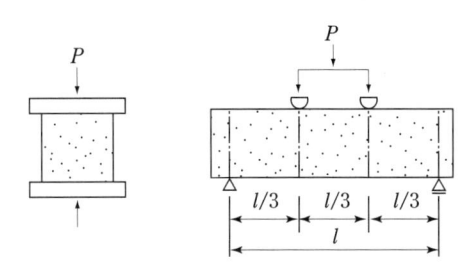

図-2.2.29 曲げ試験方法

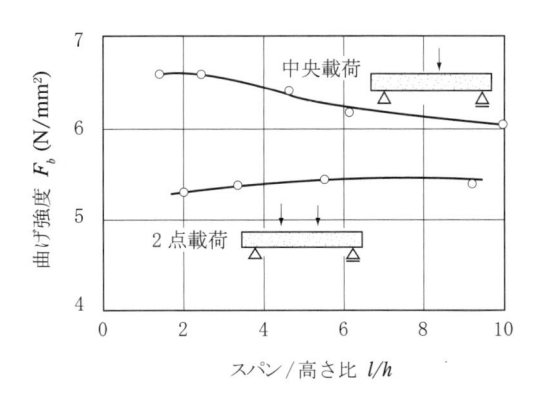

図-2.2.30 曲げ強度に及ぼす載荷方法と供試体形状の影響

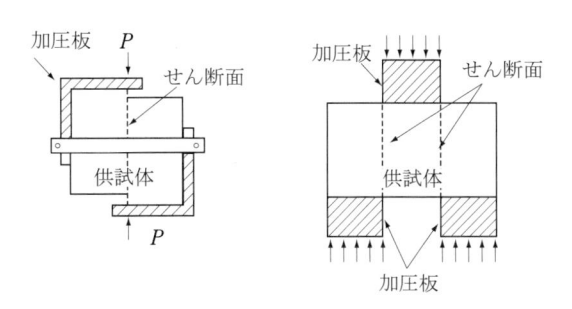

図-2.2.31 直接せん断試験方法

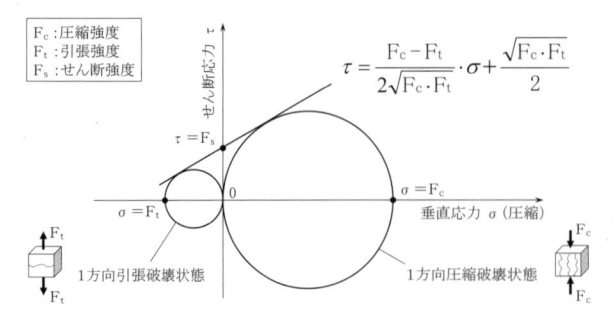

図-2·2·32 モールの応力円によるせん断強度の推定

$$F_s = \sqrt{F_c \cdot F_t}/2 \tag{2.2.17}$$

ここに，F_c：圧縮強度，F_t：引張強度

RC 梁，柱，耐震壁などに生じるせん断ひび割れは，斜め引張応力によるものであり，この場合のひび割れ強度は引張強度と同程度と見なすのが妥当である。

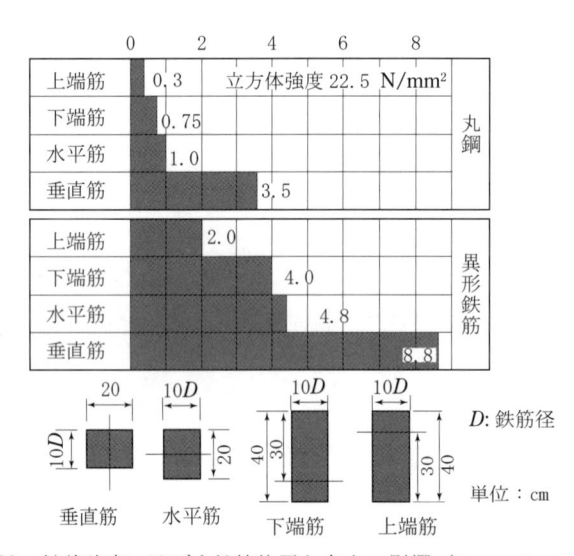

図-2·2·33 付着強度に及ぼす鉄筋位置と方向の影響（Isteg-Stahl 社）

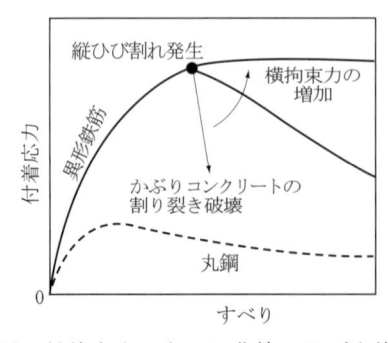

図-2·2·34 付着応力-すべり曲線に及ぼす横拘束の影響

2.2 コンクリート

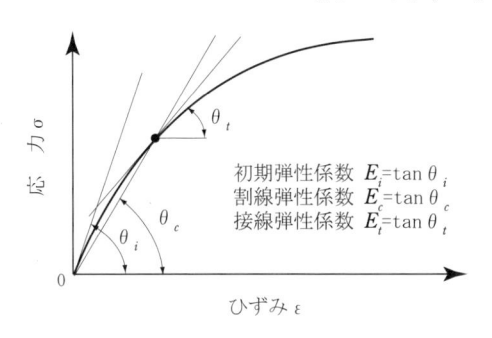

図-2·2·35 弾性係数の定義

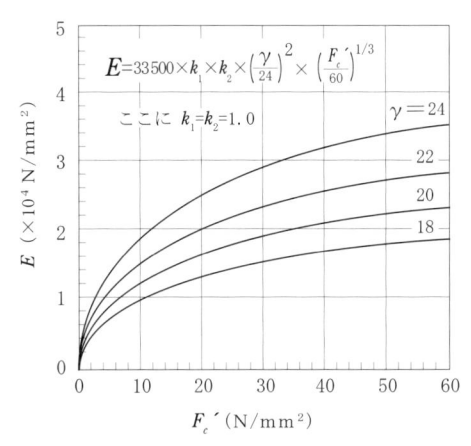

初期弾性係数 $E_i = \tan\theta_i$
割線弾性係数 $E_c = \tan\theta_c$
接線弾性係数 $E_t = \tan\theta_t$

$$E = 33500 \times k_1 \times k_2 \times \left(\frac{\gamma}{24}\right)^2 \times \left(\frac{F_c'}{60}\right)^{1/3}$$

ここに $k_1 = k_2 = 1.0$

図-2·2·36 ヤング係数と圧縮強度との関係（RC規準）

(f) 付着強度

コンクリートの付着強度は，タイル-モルタル・コンクリート間，鉄筋-コンクリート間などの力の伝達を健全に行ううえで重要である。とくにRC構造物では，鉄筋とコンクリートが一体となって相互に力を伝達し合いながら外力に抵抗することが構造上の基本条件である。

付着応力は鉄筋表面の単位面積あたりに生じる平均応力で表され，付着強度は一般に破壊時の付着応力の大きさとして表される。付着強度に影響を及ぼす要因としては，鉄筋の表面状態，コンクリートの強度，鉄筋の位置および方向（図-2·2·33），**かぶり厚さ**（図-2·2·34），鉄筋周囲の**横補強筋**（図-2·2·34参照），コンクリートの締固めなどがある。

(3) 変形性質

(a) 弾性諸定数

1) ヤング係数

コンクリートの応力-ひずみ曲線は，載荷初期の段階から非線形となるため，元来，**完全弾性材料**における応力とひずみの比である**ヤング係数**（または弾性係数，E_c）は一義的には定められない。そのため，図-2·2·35に示すように目的に応じて，種々の**弾性係数**が定義される。これらのうち，構造設計には通常，圧縮強度の1/3の応力点と原点を結ぶ直線の勾配で表

用語の解説

付着の劣化と構造性能

鉄筋とコンクリートの付着が損なわれる例として，短期的には地震時のせん断力による付着破壊，長期的には鉄筋の発錆による付着劣化などが挙げられる。鉄筋とコンクリートの一体性が損なわれることから，いずれも，構造部材のぜい性破壊に結びつく可能性が高い。

かぶり厚さ

RC構造物において，鉄筋の表面からこれを覆うコンクリート表面までの最短寸法をいう。その最小値は，RC構造物の耐火性や耐久性にも密接に関係する。

完全弾性材料

応力とひずみが完全に比例する理想的な弾性材料

ヤング係数，弾性係数

JIS A 1149（コンクリートの静弾性係数試験方法）に，静的な圧縮力を受けるコンクリート円柱供試体，および構造体から採取した円柱コア供試体の縦方向の弾性係数を求める試験方法が規定されている。ここでは，最大荷重の1/3に相当する応力点と縦ひずみ 50×10^{-6} の時の応力点とを結んだ割線弾性係数を採用している。

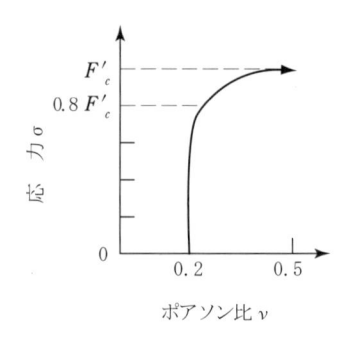

図-2·2·37 ポアソン比と応力レベルの関係

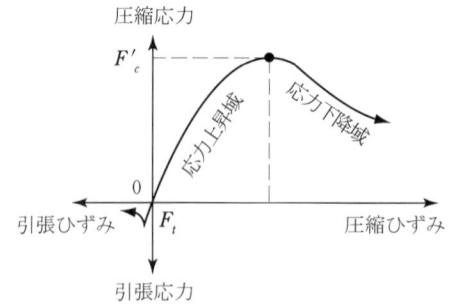

図-2·2·38 コンクリートの応力－ひずみ曲線の概要

される**割線弾性係数（セカントモデュラス，$E_{1/3}$）**が用いられる。

わが国の RC 規準ではコンクリートの**ヤング係数の表示式**として次式を用いている。この式を用いて求めたヤング係数の値を図―2·2·36 に示す。

$$E_{1/3} = 3.35 \times 10^4 \times (\gamma/24)^2 \times (F_c'/60)^{1/3} \qquad (2.2.18)$$

ここに，$E_{1/3}$：ヤング係数（N/mm²），γ：コンクリートの気乾単位容量質量（kN/m³），F_c'：圧縮強度（N/mm²）

2) ポアソン比

コンクリートの**ポアソン比（ν）**は載荷応力に応じて図－2·2·37 に示すように変化する。コンクリートの初期ポアソン比は一般に 1/5～1/7 程度であり，RC 規準では，コンクリートの種類にかかわらず，$\nu = 0.2$ を採用している。ポアソン比が急増する圧縮応力レベルは最大応力の約 80％程度であり，前述の臨界応力度にほぼ相当する。

3) せん断弾性係数

コンクリートの**せん断弾性係数（G）**は，弾性材料の場合に成立する次式を用いて，ヤング係数（E）とポアソン比（ν）とから求めることができる。

$$G = \frac{E}{2(1+\nu)} \qquad (2.2.19)$$

ここで，$\nu = 1/6$ とすると，$G ≒ 0.43E$ となる。

(b) 応力－ひずみ曲線

構造解析のためには，載荷の初期から終局にいたるまでの，全領域にわたる応力（σ）－ひずみ（ε）関係に関する詳細な情報が必要となる場合が多い。また，コンクリートは主に圧縮材として使用されるため，圧縮載荷時の $\sigma - \varepsilon$ 曲線（以下，単に $\sigma - \varepsilon$ 曲線と呼ぶ）が重要となる。コンクリートの $\sigma - \varepsilon$ 曲線の概要を引張時も含めて図-2·2·38 に示す。コンクリートの $\sigma - \varepsilon$ 曲線は厳密には載荷初期から非線形となる。これは，圧縮強度の項で述べたように，コンクリート内部の微小破壊が応力の増大に伴い徐々に進行するからである。さらにコンクリートは，最大耐力到達後に内部ひび割れの急激な進展によって耐荷力が低下するひずみ軟化材料であるため，$\sigma - \varepsilon$ 曲線の勾配は負となる。

― 用語の解説 ―

ヤング係数の表示式

図中には，種々の骨材および混和剤を用いたコンクリートのデータが一緒に掲載してある。一見するとばらつきが大きいが，骨材（係数 k_1）と混和剤（係数 k_2）の種類が決まれば，図中に示した表示式によっておおむね良い推定値が得られることが知られている（RC 規準）。

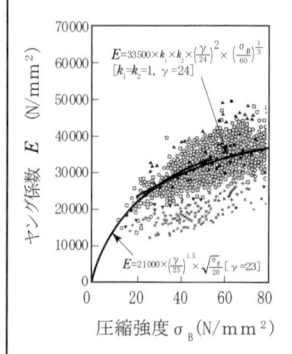

せん断弾性係数

材料のずれ変形に対する抵抗の大きさを表す弾性係数（一般に G で表記）。せん断応力 τ とせん断ひずみ γ との間の比例定数であり，$\tau = G\gamma$ の関係がある。

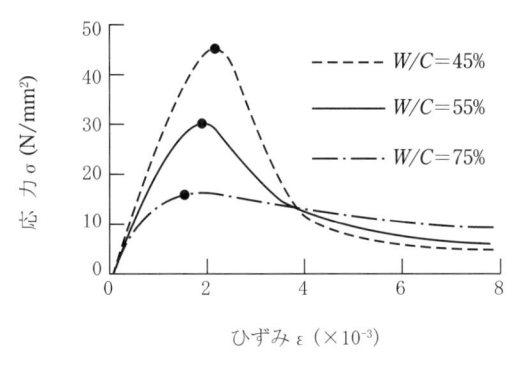

図-2·2·39　σ-ε曲線に及ぼす水セメント比（W/C）の影響

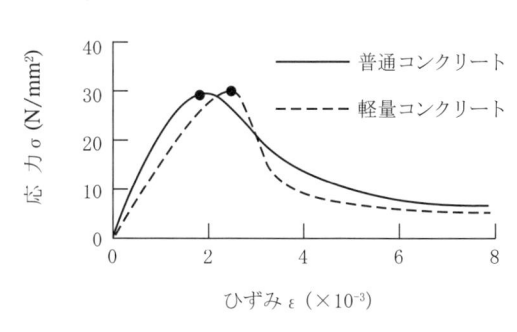

図-2·2·40　σ-ε曲線に及ぼす骨材種類の影響

コンクリートのσ-ε曲線は，圧縮強度の場合と同様に，コンクリートの品種・品質および試験方法によって異なる。以下，材料学的な視点に基づき，σ-ε曲線の形状とその力学的意味を考えながら主な要因の影響について考察する。

1) **水セメント比**の影響

図-2·2·39は，σ-ε曲線に及ぼす水セメント比，すなわちコンクリートの強度レベルの影響を示したものである。圧縮強度が大きいコンクリートほど応力上昇域の剛性および圧縮強度時のひずみは大きくなり，応力下降域の下り勾配が急になる。すなわち，コンクリート強度が大きいものほど，破壊が脆性的である。なお，応力下降域のσ-ε曲線は，ひずみが約$4×10^{-3}$を超えるような高ひずみの領域（収束領域と呼ぶ）では，コンクリート強度にかかわらずほぼ類似の形状を示す。これは，この領域では供試体内部のひび割れが著しく，荷重は主としてひび割れ面における摩擦や，粗骨材のかみ合わせ作用によって負担されるようになり，粗骨材やモルタル自身の強度はコンクリートの耐荷力にあまり関与しなくなるためである。

2) **粗骨材**の影響

図-2·2·40は，σ-ε曲線に及ぼす粗骨材の品質の影響を示したものである。水セメント比が等しい場合は，川砂利を使用した普通コンクリート

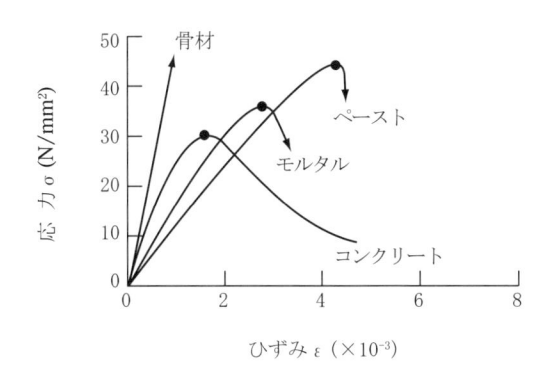

図-2·2·41　σ-ε曲線に及ぼす骨材混入量の影響

の方が軽量コンクリートに比べて，応力上昇域の剛性が大きい。また，応力下降域の勾配も緩やかで，破壊が若干延性的である。

図-2·2·41 は，$\sigma-\varepsilon$ 曲線に及ぼす骨材混入量の影響を示したものである。初期勾配，すなわちヤング係数に関しては，次のような複合則により説明される。

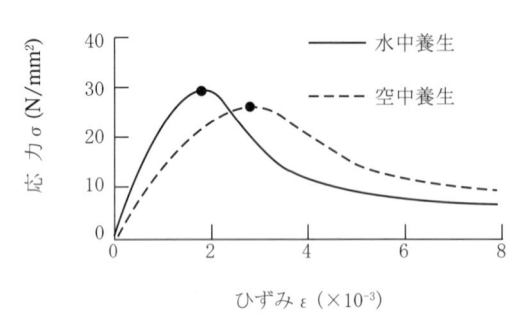

図-2·2·42　$\sigma-\varepsilon$ 曲線に及ぼす養生方法の影響

---用語の解説---

端面摩擦
コンクリートの載荷試験において，供試体の端面（載荷面）と載荷板との間に生じる摩擦のこと

---テクニカルワンポイント---

供試体が細長いほど破壊は脆性的

付図-1 および付図-2 はそれぞれ供試体－載荷板間に摩擦（**端面摩擦**）がある場合とない場合について，$\sigma-\varepsilon$ 曲線に及ぼす**供試体の高さ-直径比（H/D）**の影響を示したものである。付図-1 によれば，圧縮強度の場合と同様に，$\sigma-\varepsilon$ 曲線も端面摩擦による横拘束の影響を著しく受ける。一方，付図-2 によれば，たとえ端面摩擦を取り除いても，$\sigma-\varepsilon$ 曲線の応力下降域の形状は，H/D が小さいほど延性的となる。これは，コンクリートの破壊が供試体のある限られた領域で生じること（ひずみの局所化）に起因する現象である（付図-2(b)）。また，付図-1 と付図-2 を見比べると，$H/D=2$ および 3 の供試体から得られる $\sigma-\varepsilon$ 曲線は，端面摩擦の影響をほとんど受けないことがわかる。

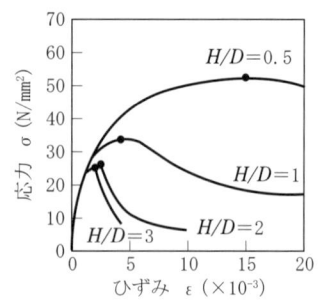

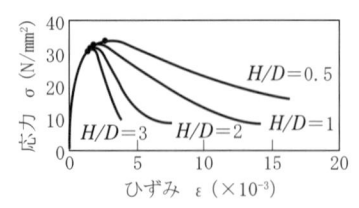

付図-1　$\sigma-\varepsilon$ 曲線に及ぼす供試体の高さ/直径比（H/D）の影響
（端面摩擦がある場合）

付図-2 (a)　$\sigma-\varepsilon$ 曲線に及ぼす供試体の高さ/直径比（H/D）の影響
（端面摩擦がない場合）

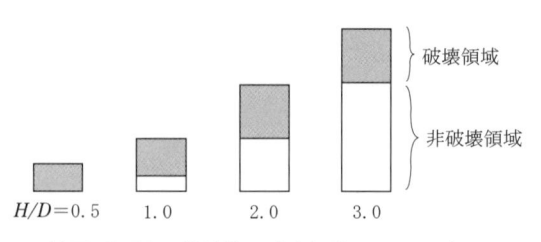

付図-2 (b)　供試体の破壊領域のイメージ
（破壊成分を破壊領域に集約）

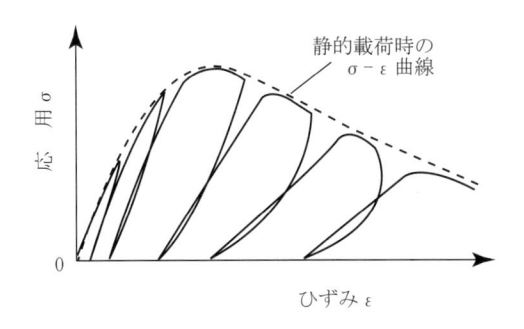

2.2 コンクリート

図-2·2·43 繰返し載荷時のσ-ε曲線

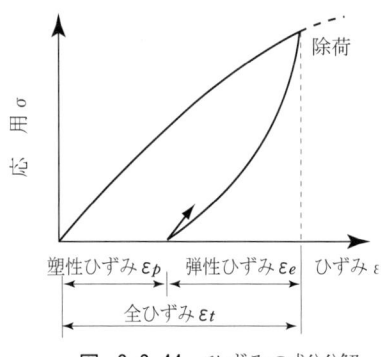

図-2·2·44 ひずみの成分分解

$$E_c = V_a E_a + (1-V_a) \cdot E_m \qquad (2.2.20)$$

ここに，E_c, E_a, E_m：それぞれ，コンクリート，粗骨材，モルタルのヤング係数，V_a：粗骨材の容積比

一方，圧縮強度に関しては**複合則**は成立せず，材料が非均質になるほど強度が低下する。逆に，材料が均質なほど強度は大きくなるが破壊は脆性的である。

3) 養生方法の影響

図-2·2·42 は，σ-ε曲線に及ぼす養生方法の影響を示したものである。空中養生を行ったコンクリートは，水中養生を行ったコンクリートに比べて応力上昇域の剛性および圧縮強度は小さいが，応力下降域の挙動が延性的となる。この理由として，空中養生を行ったコンクリートでは初期の乾燥過程で内部に初期応力が生じること，水和過程において水分の補給が十分に行われず，内部の組織が緻密化していないことなどが考えられる。

4) 繰返し応力の影響

図-2·2·43 は，繰返し荷重を受けるコンクリートのσ-ε曲線を示したもので，図中には静的載荷時のσ-ε曲線（破線）を併示してある。繰返し載荷時のσ-ε曲線の包絡線は，静的載荷時のσ-ε曲線とほぼ一致する。また，図-2·2·44 は，あるひずみレベルまで載荷した後，除荷・再載荷した場合のσ-ε曲線を模式的に示したものである。コンクリートには低ひずみの段階から非回復性の**塑性ひずみ**が存在し，図-2·2·43 からもわかるように，この塑性ひずみは全体のひずみの増加に伴い増大する。

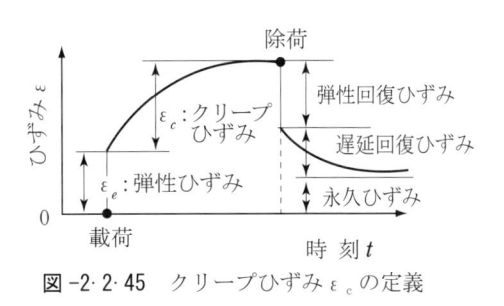

図-2·2·45 クリープひずみ ε_c の定義

用語の解説

複合則

複数の材料からなる複合材料の特性（強度，弾性係数など）が，使用した各材料の容積比率に応じてその複合材料の性質に寄与するという法則

塑性ひずみ

材料に加わっている荷重が解放された後でも元に戻らないひずみ。これに対し，元に戻るひずみを弾性ひずみという。

（c）クリープ

コンクリートに**クリープ**現象が生ずる原因としては，**セメントゲル**内の水の圧出，セメントペーストの粘性流動，結晶内部のすべり，微細ひび割れの進行などが考えられる。図-2·2·45は，低応力レベルの荷重をある一定時間加えた後，除荷した場合のコンクリートのひずみの進行状況を示したものである。このようにクリープひずみは載荷の初期に増加が著しく，徐々に増加率が減少し，載荷荷重が小さい場合は普通3～4年で一定値（終局クリープひずみ）に収束する。

クリープひずみ（ε_c）と載荷直後に生じる弾性ひずみ（ε_e）との比を**クリープ係数**（$\phi_t = \varepsilon_c / \varepsilon_e$）という。この係数は，とくに**プレストレストコンクリート**構造において，プレストレスの減少量を計算する際に重要となる。

コンクリートのクリープに関しては，次の二つの法則がほぼ成立することが知られている。

① **デービス・グランビルの法則**：載荷応力が圧縮強度の1/3程度以下の範囲では，終局クリープひずみは載荷応力にほぼ比例する。
② **ホイットニーの法則**：図-2·2·46に示すように，材齢t_1で載荷された場合のクリープの進行は，材齢t_0で載荷された場合の材齢t_1以後のクリープの進行状況に等しい。

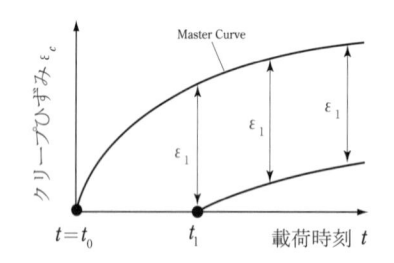

図-2·2·46 ホイットニーの法則

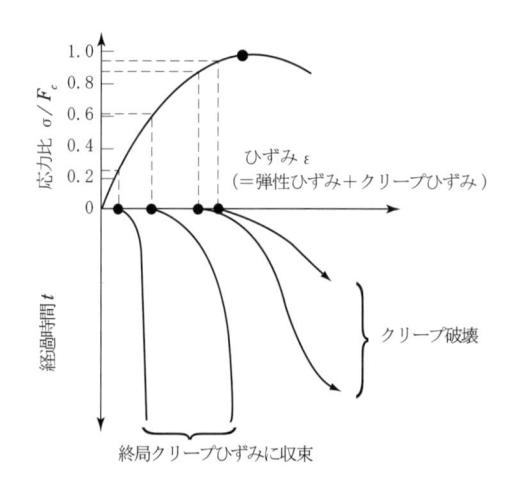

図-2·2·47 持続応力レベルとクリープの関係

用語の解説

クリープ
材料が持続荷重を受けるとき，時間とともにひずみ（変形）が増大する現象。RCの構造設計で用いるヤング係数比の設定，プレストレストコンクリートの設計，床スラブの長期たわみの予測などを行う際の重要な要因である。

セメントゲル
セメント水和物のこと。セメント水和物は，コロイド粒子の凝集物であるC-S-Hゲルが主体をなしていることからこのように呼ばれる。

プレストレストコンクリート
設計荷重によって生じる引張応力と相殺するように，PC鋼材によってあらかじめ圧縮力を与えたコンクリート

2.2 コンクリート

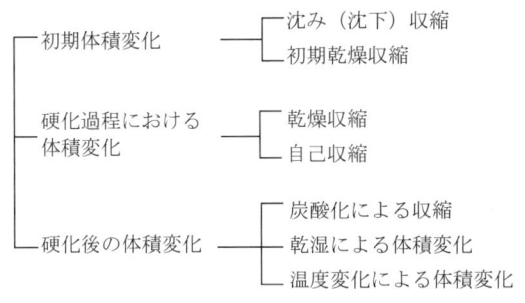

```
          ┌初期体積変化      ┬ 沈み（沈下）収縮
          │                 └ 初期乾燥収縮
          │硬化過程における  ┬ 乾燥収縮
          │体積変化         └ 自己収縮
          │                 ┌ 炭酸化による収縮
          └硬化後の体積変化 ┼ 乾湿による体積変化
                            └ 温度変化による体積変化
```

図-2・2・48　コンクリートの体積変化の分類

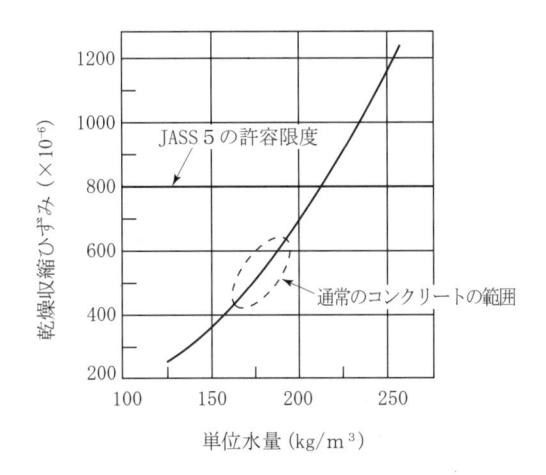

図-2・2・49　単位水量と乾燥収縮ひずみとの関係

これらの二つの法則によれば，コンクリートのクリープのひずみは，載荷応力が大きいほど，載荷時期が早いほど大きくなる。そのため，日本建築学会のプレストレスコンクリート設計規準では，終局クリープ係数の値を，**ポストテンション**の場合に対して2，**プレテンション**の場合に対して2.5と定めている。

一方，載荷荷重がある限度よりも大きくなると，図-2・2・47のようにクリープひずみの増加率は時間とともに増大し，**クリープ破壊**を生じる。クリープ破壊を起こさない限界の応力度をクリープ限度という。**クリープ限度は圧縮強度の70〜90%程度であり，前述の臨界応力度にほぼ相当する。

(4) 体積変化・ひび割れ

(a) 体積変化

コンクリートの体積変化は，およそ図-2・2・48のように分類できる。以下，とくに重要と考えられる乾燥収縮，自己収縮，および温度変化による体積変化について説明する。

コンクリートの**乾燥収縮**は，コンクリート中の水分の逸散によるもので，とくに骨材の吸水率および単位水量の影響を著しく受ける。例えば，単位水量180kg/m³で乾燥収縮ひずみは約 600×10^{-6} であり，コンクリートの**伸び能力**（約 150×10^{-6} と考えてよい）を上回るため，乾燥収縮が周

用語の解説

ポストテンション工法
コンクリートの硬化後にPC鋼材を緊張してプレストレスを加える工法。型枠内にあらかじめシース（さや）と呼ばれる管を設置しておき，コンクリートを打ち込む。

プレテンション工法
コンクリートの硬化前にPC鋼材を緊張してプレストレスを加える工法。一般に，型枠両端のアバットと呼ばれる固定アンカー台の間でPC鋼材を緊張し，その後，型枠内にコンクリートを打ち込む。

伸び能力
材料が引張破壊に至るまでに発揮できる引張変形またはひずみ量

第2章 構造材料

テクニカルワンポイント

収縮目地なら収縮目地らしく

コンクリート外壁の目地には，積極的に収縮ひび割れを吸収することを目的として設けられる収縮目地と，単に美観上の要求から設けられる化粧目地とがある。

写真の建物の外壁には，コンクリートの収縮によるひび割れが見事に目地を外して入っている。化粧目地がひび割れの吸収にまったく役に立たず，結局のところ化粧どころではなくなってしまった例である。ちなみに，目地にひび割れの吸収効果を持たせるためには，少なくとも壁厚さの1/5程度の目地深さをとるべきであるとされている。

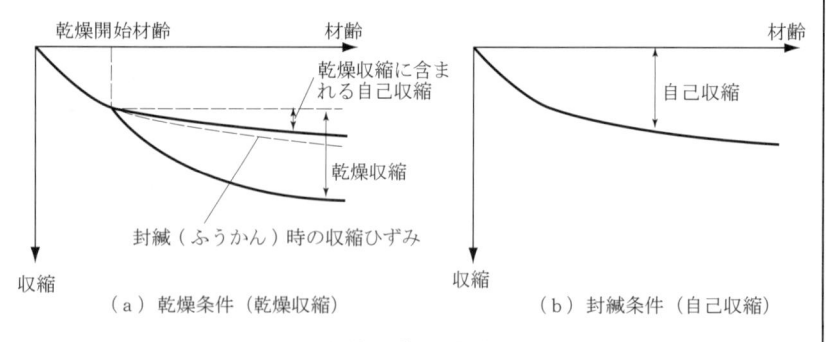

図 -2·2·50 収縮ひずみの概念図（丸山）

（a）乾燥条件（乾燥収縮）　（b）封緘条件（自己収縮）

囲の拘束によって妨げられるとひび割れが発生する。

コンクリートの**自己収縮**は，セメントの水和に伴う体積減少で，セメントペーストの骨格が形成された凝結始発以降に生じる。

従来の普通コンクリートでは実用上無視できる値であったが，近年開発されてきた高強度コンクリートや高流動コンクリートのように，セメントなどの粉体量が多いコンクリートでは無視できない収縮である。自己収縮と乾燥収縮による収縮ひずみの概念図を図 -2·2·50 に示す。

マスコンクリートの内部では，セメントの水和熱により，大気温よりも温度が20〜40℃高くなることがある。温度が上昇している初期材齢においては，コンクリートのヤング係数が小さく，クリープも大きいので構造体が拘束されていても膨張による圧縮応力は比較的小さい。しかし，その後，温度が下降し始めると収縮による引張応力によってコンクリートにひ

用語の解説

マスコンクリート
部材断面の最小寸法が大きく（目安として，80cm以上），セメントの水和熱による温度上昇で有害なひび割れ（温度ひび割れという）が生じるおそれがある部分のコンクリート。マスコンクリートの温度ひび割れは，内部拘束によるものと外部拘束によるものの2つのタイプに大別される。

2.2 コンクリート

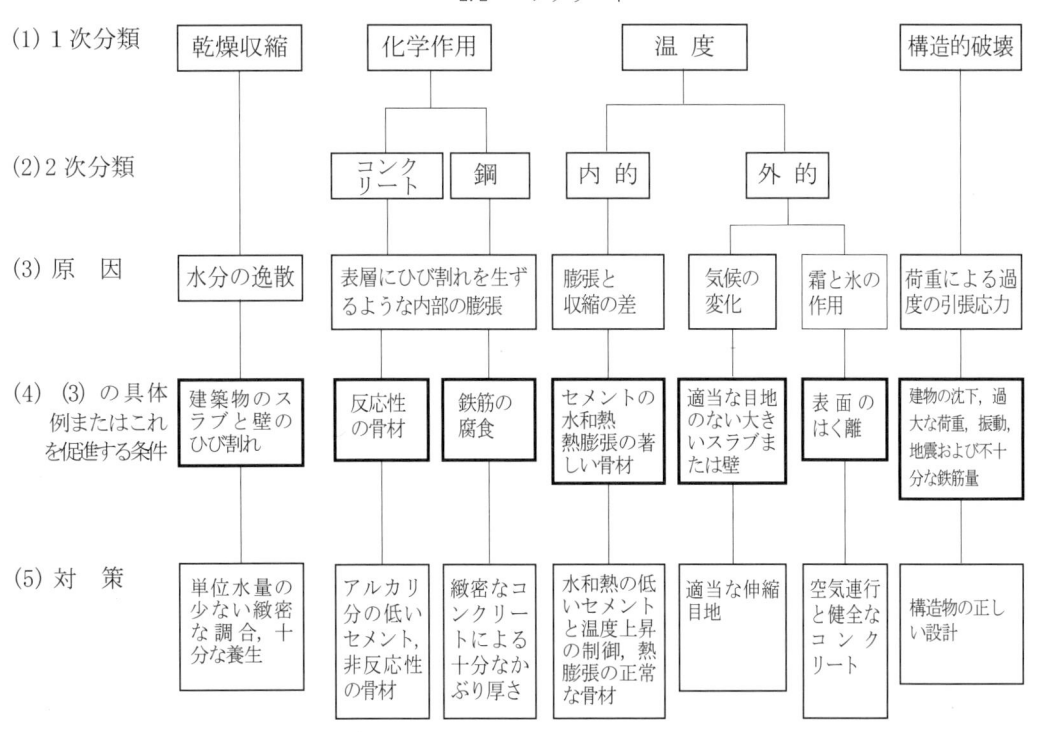

(1) 1次分類	乾燥収縮	化学作用		温度			構造的破壊
(2) 2次分類		コンクリート	鋼	内的	外的		
(3) 原因	水分の逸散	表層にひび割れを生ずるような内部の膨張		膨張と収縮の差	気候の変化	霜と氷の作用	荷重による過度の引張応力
(4) (3)の具体例またはこれを促進する条件	建築物のスラブと壁のひび割れ	反応性の骨材	鉄筋の腐食	セメントの水和熱熱膨張の著しい骨材	適当な目地のない大きいスラブまたは壁	表面のはく離	建物の沈下、過大な荷重、振動、地震および不十分な鉄筋量
(5) 対策	単位水量の少ない緻密な調合、十分な養生	アルカリ分の低いセメント、非反応性の骨材	緻密なコンクリートによる十分なかぶり厚さ	水和熱の低いセメントと温度上昇の制御、熱膨張の正常な骨材	適当な伸縮目地	空気連行と健全なコンクリート	構造物の正しい設計

図-2.2.51 硬化コンクリートのひび割れの原因と対策 (Mercer)

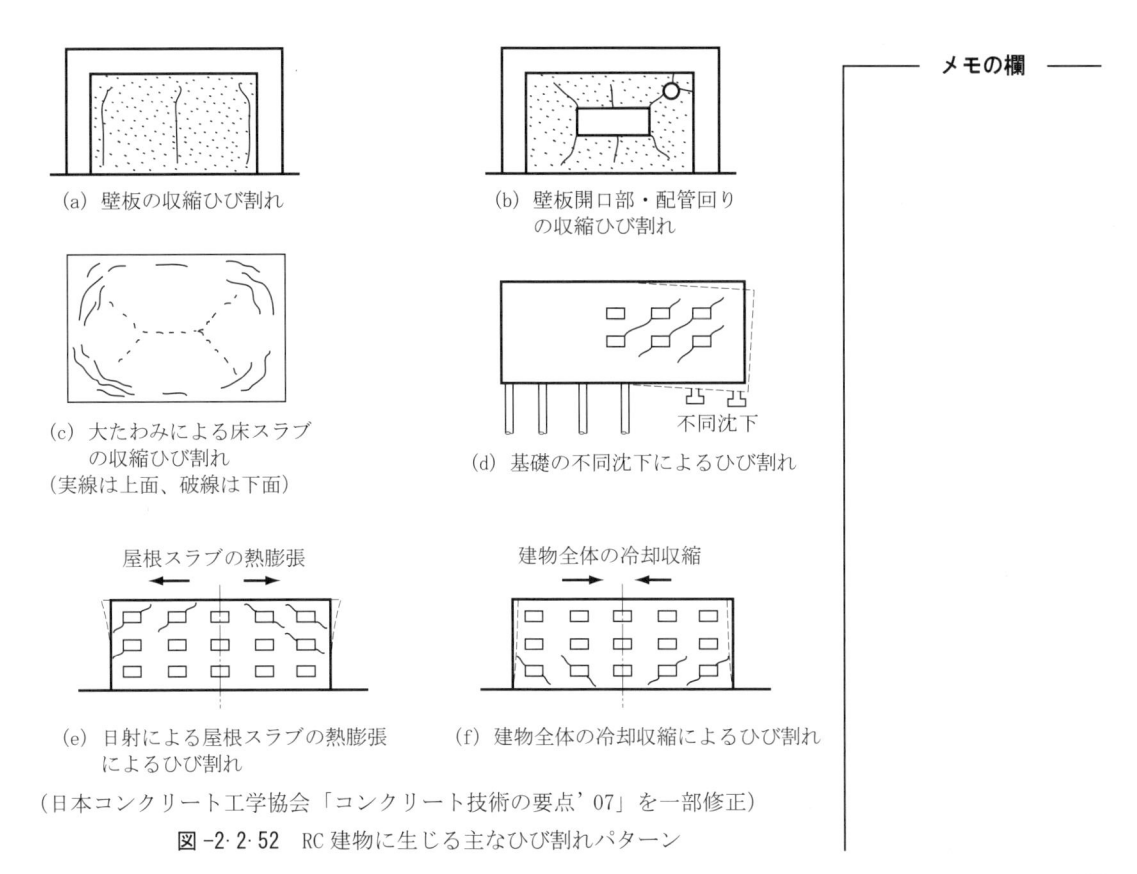

(a) 壁板の収縮ひび割れ

(b) 壁板開口部・配管回りの収縮ひび割れ

(c) 大たわみによる床スラブの収縮ひび割れ
(実線は上面、破線は下面)

(d) 基礎の不同沈下によるひび割れ

(e) 日射による屋根スラブの熱膨張によるひび割れ

(f) 建物全体の冷却収縮によるひび割れ

(日本コンクリート工学協会「コンクリート技術の要点'07」を一部修正)

図-2.2.52 RC建物に生じる主なひび割れパターン

メモの欄

び割れを生じやすい。

(b) ひび割れ

硬化後のコンクリートに発生する主要なひび割れの原因と対策を図-2·2·51，また RC 建物に比較的よく見られるひび割れパターンを図-2·2·52 に示す。硬化コンクリートにひび割れが発生する根本的な原因として，次のような力学的欠点が挙げられる。すなわち，①伸び能力が小さいこと，②引張強度が小さいこと，③体積変化（乾燥収縮，温度伸縮など）が大きいこと，などである。

(5) 熱的性質

コンクリートの**熱膨張係数**は常温の範囲では，$(7～13) \times 10^{-6}/℃$ 程度である。これは鋼の線膨張係数とほぼ等しく，**RC 構造**が成り立つための前提条件の一つとなっている。

コンクリートは構造材料の中では耐熱性および耐火性に優れているが，図-2·2·53 および表-2·2·22 に示すように，長時間高温にさらされると強度および弾性係数が低下する。

(6) 耐久性

(a) コンクリートの劣化原因

鉄筋コンクリートの耐久性を考えるうえで，コンクリートの耐久性を確保することは極めて重要である。図-2·2·54 に，鉄筋コンクリートに見ら

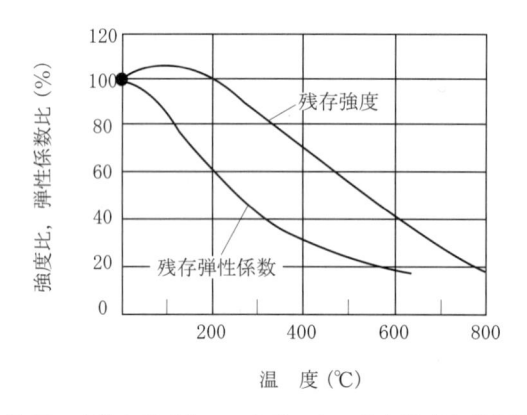

図-2·2·53 火熱を受けたコンクリートの残存強度と残存弾性係数

表-2·2·22 加熱下のコンクリートの反応

加熱温度	コンクリートの反応
100℃	自由水が逸散
260℃	セメント水和物中の結晶水の脱水開始
500℃	$Ca(OH)_2$ の脱水分解が顕著，強度は半減
750℃	$CaCO_3$ のガス分解開始，強度の喪失

― 用語の解説 ―

熱膨張係数

一般に，単位温度変化あたりのひずみの変化量。長さ L の棒が Δt の温度上昇に対し，ΔL だけ伸びたとする。このとき，関係式 $\Delta L = \alpha L \Delta t$ が成立し，Δt を無限小としたときの係数 α の値と定義される。線膨張率ともいう。

鉄筋コンクリート (RC) 構造の 3 大原則

① 圧縮力はコンクリートが，引張力は鉄筋が負担(耐荷力，耐震性)

② 鉄筋とコンクリートの熱膨張係数はおおむね等しい。よって多少の温度変化があっても，反ったり，破壊したりすることはない(耐久性)。

③ 鉄筋は腐食や火熱に弱い。これをかぶりコンクリートのアルカリ性や耐火性で保護（耐久性,耐火性）

2.2 コンクリート

れる主な劣化現象とその原因が示してある。ここではコンクリートの劣化原因のうち，とくに重要と考えられる事項について述べる。

コンクリートの**早期劣化**を防止し，耐久性を確保するためには，通常，ひび割れが生じにくいこと，中性化に対する抵抗力があること，凍結融解作用に対する抵抗力があること，アルカリ骨材反応が生じないこと，塩化物含有量が少ないこと，などが要求される。前述したように JASS 5 では，コンクリートの基本的な耐久性を確保するため，材料・調合に関する規定を設けている（前述の表 -2·2·13 参照）。

(b) 中性化

コンクリートは，元来強いアルカリ性（pH12強）であり，鉄筋の発錆を防ぐのに有効であるが，材齢の経過とともに空中の炭酸ガスと次のよう

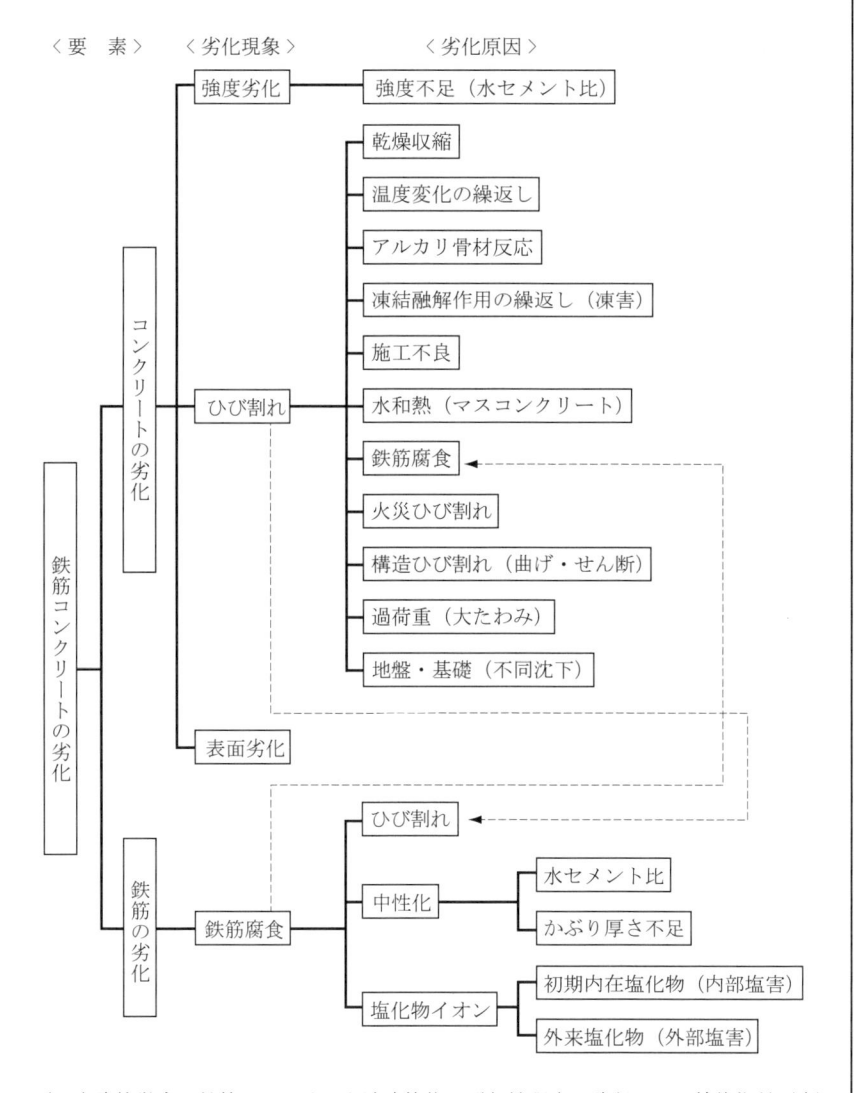

用語の解説

促進中性化試験

JIS A 1153 に規定されている。中性化の促進条件は，温度 20 ± 2℃，相対湿度 $60 \pm 5\%$，二酸化炭素濃度 $5 \pm 0.2\%$ とする。測定は，1, 4, 8, 13, 26 週になったときに行い，供試体の中性化深さの平均値，中性化速度係数（mm／√週）などを報告する。

（日本建築学会：鉄筋コンクリート造建築物の耐久性調査・診断および補修指針（案）・同解説）

図 -2·2·54　鉄筋コンクリートの劣化現象の分類

な化学反応を起こして表層部から徐々にアルカリ性を失う。

$$Ca(OH)_2 + CO_2 \rightarrow CaCO_3 + H_2O\uparrow$$

鉄筋周囲のかぶりコンクリートが中性化し，水や空気が浸透してくると鉄筋が錆び，RC 構造物の耐力および耐久性を損なう。中性化速度は，例えば，次のような浜田式で与えられる。

$$t = 7.2x^2 \tag{2.2.21}$$

ここに，t：コンクリートの耐用年数，x：中性化深さ（cm）

いま，鉄筋に対するコンクリートのかぶり厚さを 3cm とすると $t \fallingdotseq 65$ 年が得られる。これは通常の RC 構造物の耐用年数とされている期間にほぼ等しい。ただし，コンクリートの中性化は，いかなる条件下でも一様に進行するというわけではなく，水セメント比，セメントの種類，骨材の種類，表面活性剤の使用，環境条件，仕上げなどによって相当異なる。これらの各種要因の影響を考慮した以下のような中性化速度の計算式が岸谷によって提案されている。

・水セメント比が 60% 以上のとき

$$t = \frac{0.3(1.15+3w)}{R^2(w-0.25)^2} x^2 \tag{2.2.22(a)}$$

・水セメント比が 60% 以下のとき

$$t = \frac{7.2}{R^2(4.6w-1.76)^2} x^2 \tag{2.2.22(b)}$$

ここに，w：水セメント比，x：中性化深さ（cm），t：期間（年），R：中性化比率（表 -2·2·23 参照）

中性化の判定は，一般にフェノールフタレイン 1% アルコール溶液をコンクリート断面に塗布して行う。

(c) 凍結融解作用

コンクリートに含まれている水分が凍結すると体積は約 1.1 倍に膨張し，凍結融解が繰り返されることによって，コンクリート内部にひび割れが生じる。このような凍結融解作用に対する耐久性を増大させるには，膨張圧に対してクッションとなる微細空気泡をコンクリート中に連行してお

表 -2·2·23　各種コンクリートの中性化比率（R）の値（岸谷）

セメント	細粗骨材 表面活性剤	川砂・川砂利		
		プレーン	AE剤	分散剤
普通ポルトランドセメント		1.0	0.6	0.4
早強ポルトランドセメント		0.6	0.4	0.2
高炉セメント（スラグ 30～40% 前後）		1.4	0.8	0.6
高炉セメント（スラグ 60% 前後）		2.2	1.3	0.9
フライアッシュセメント		1.9	1.1	0.8

---- 用語の解説 ----

凍結融解試験
ASTM C 666 および JIS A 6204 附属書 2 に規定がある。水中凍結水中融解法（A 法）または空気中凍結水中融解法（B 法）があり，凍結最低温度 -18℃，融解温度 +5℃ の繰返しを行う。評価は，材料の質量損失と動弾性係数の低下について行い，動弾性係数の低下を基に耐久性指数が計算される。

2.2 コンクリート

表-2·2·24 アルカリ反応性を有する物質を含む岩石（日本建築センター）

アルカリ反応性を有する物質		アルカリ反応性物質を含む岩石類
物質（鉱物）名	組成式	
クリストバライト	SiO_2	安山岩，流紋岩，凝灰岩
トリジマイト	SiO_2	安山岩，流紋岩，凝灰岩
玉髄	SiO_2	チャート，けい岩，粘板岩，けつ岩，砂岩，安山岩，流紋岩，凝灰岩
オパール	$SiO_2 \cdot nH_2O$	安山岩，玄武岩，流紋岩，凝灰岩，砂岩，粘板岩，けつ岩
玻璃（はり）	（ガラス）	黒よう石，真珠岩，安山岩，流紋岩，砂岩

くことが最も重要であり，この目的で，AE剤またはAE減水剤（前述）が使用される。

(d) アルカリ骨材反応

アルカリ骨材反応とは，骨材中のある種のシリカ質鉱物とセメントに含まれているアルカリとが化学反応を起こし，膨張してひび割れを生じる現象をいう。わが国では，1975年後半に，阪神地区のコンクリート構造物のひび割れ損傷報告が発端となって，各地からアルカリ骨材反応による被害が報告されるようになった。

反応性骨材の種類を表-2·2·24に示す。アルカリ骨材反応とは一般に骨材に含まれているシリカ質反応性物質とコンクリート中のアルカリとが反応する**アルカリシリカ反応**と考えてよい。アルカリシリカ反応は，骨材周辺のセメント硬化物中に含まれている微量のアルカリ金属イオンと，骨材中に存在する不安定なシリカ鉱物との反応による生成物（シリカゲル）が吸水によって膨張し，このときに生じる浸透圧によってコンクリートにひび割れが発生する現象である。写真-2·2·11は反応性リムと白色のゲルを伴った骨材の様子である。

アルカリ骨材反応を抑制する方法として，JIS A 5308では，およそ次のように規定している。すなわち，①コンクリート中の**アルカリ総量**を3.0kg/m³以下とする，②**高炉セメントB種，C種**，または**フライアッシュ**

写真-2·2·11 アルカリ骨材反応による反応性リムと白色ゲルを伴った骨材

用語の解説

アルカリ総量
コンクリート中のアルカリ総量は，セメント，骨材，混和材，混和剤，および流動化剤に含まれる全アルカリ量の総和である。なお，セメントに含まれる全アルカリ量は，Na_2OおよびK_2Oの含有量の和を，酸化ナトリウムNa_2Oの量（Na_2Oeq）に換算した値で表し，換算値は$R_2Oeq(\%)=Na_2O(\%)+0.658K_2O(\%)$で求められる（JIS A 5308附属書2）。

高炉セメントB種，C種
ポルトランドセメントに高炉スラグ微粉末を混合したもので，混合材の分量は，B種で30%を超え60%以下，C種で60%を超え70%以下である。

フライアッシュセメントB種，C種
ポルトランドセメントにフライアッシュを混合したもので，混合材の分量は，B種で10%を超え20%以下，C種で20%を超え30%以下である。

第2章　構造材料

テクニカルワンポイント

石垣に変身（？）したコンクリート擁壁

　右の写真は，アルカリ骨材反応によってひび割れを生じたコンクリート擁壁である。ある都市の住宅団地に発生した被害であるが，この団地の擁壁は，ほとんどすべて石垣であり，一部のコンクリート擁壁が肩身を狭くして，石垣に変身したとの話（あくまでウワサ）もある。

セメントB種，C種を用いる，もしくは③アルカリ反応性のない骨材を用いる。

（e）塩害

　塩害は，地域によっては河川砂の採取が困難になってきたことと，海岸保全などで海底砂の採掘が活発になり，**海砂**の生産量が大幅に増大してきたことに伴って多く発生するようになった。現在では，近畿地方以西で，コンクリート用細骨材の多くを海砂に依存しているのが実状である。

　塩化物がコンクリートに混入すると鉄筋が腐食しやすくなる。このとき，コンクリートの品質が悪く，かぶり厚さが小さいほど，また塩分量が多いほど鉄筋の腐食は早くなる。この塩化物が混入する経路には，コンクリート製造時のものと，硬化した後の海水のしぶきなど環境条件によるも

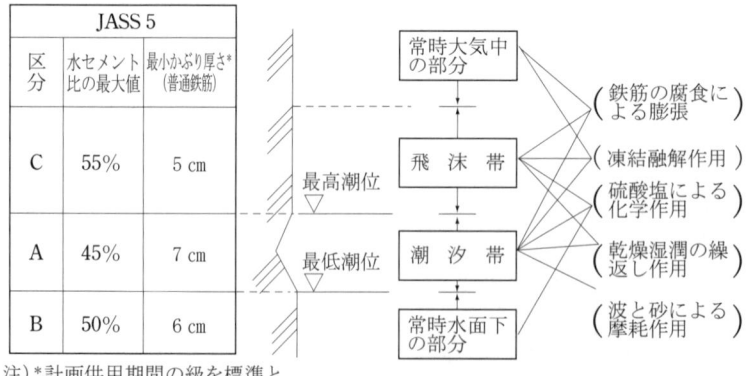

JASS 5		
区分	水セメント比の最大値	最小かぶり厚さ*（普通鉄筋）
C	55%	5 cm
A	45%	7 cm
B	50%	6 cm

注）*計画供用期間の級を標準とし，W/C=45%とした場合

　　（a）JASS 5による規定　　　　（b）海水による侵食
　　　　図-2・2・55　海水によるコンクリートの浸食とその対策

用語の解説

塩害と中性化

コンクリートの硬化が始まると，塩化物イオンの一部は次第に不溶性のフリーデル氏塩（$3CaO \cdot Al_2O_3 \cdot CaCl_2 \cdot 10H_2O$）に変化し，セメント水和物中に固定化される（セメント質量に対し，塩化物イオンとして0.4%程度）。固定化された塩化物イオンは鉄筋腐食（不動態被膜の破壊）には関与しなくなるが，その後，中性化などによって分解して遊離することが知られている。このように，中性化と塩害には相互に関連する複合劣化の作用が存在する。

のとがある。コンクリート製造時に混入する塩分としては，不完全な洗浄による海砂からの塩分や**凝結促進剤**として使用されている塩化カルシウムなどがあるが，とくに問題になるのは，海砂からの塩分混入である。JASS 5では，コンクリート中の塩化物の量を，原則として**塩化物イオンの総量**が0.30kg/m³以下となるように規制しているが，通常の場合，砂中の塩化物（NaCl）が0.04%以下であれば，この規制値は満足される。

(f) 海水による浸食

海水位付近のコンクリートは，図-2·2·55に示すように硫酸塩による化学作用，凍結融解，乾湿の繰返し，および波浪による摩耗などの浸食を受ける。このような浸食に対する耐久性を増大させるには，鉄筋に対するかぶり厚さを十分にとる，水セメント比の小さい水密性の高い（透水性や拡散性の低い）コンクリートを使用する，などの配慮が必要である。図中には，JASS 5による規定値も併示した。

---- メモの欄 ----

---- 用語の解説 ----

凝結促進剤

コンクリートの凝結を促進するために使用される混和剤で，単に促進剤とも呼ばれる。塩化カルシウムがよく知られているが，最近では，非塩化物系の促進剤が多く使用されるようになった。

塩化物イオンの総量

塩化物イオン（Cl^-）量の規制値0.3kg/m³を塩化ナトリウム（NaCl）に換算すると，NaおよびClの原子量はそれぞれ23および35.5であるから

0.3×(23+35.5)/35.5
  =0.49kg/m³

となる。

2.3 構造用コンクリート製品

　工場で生産される土木・建築用のコンクリート製品は，現場打ちのコンクリート製品に比べて品質管理が行き届き，品質にばらつきが少なく，耐火性と耐久性に富み，任意の形状・寸法のものが大量に生産できるために安価であるが，鉄骨などに比べると重量が大きく運搬に経費がかかる場合もある。

　現在，コンクリート製品は建築，基礎工事，道路，鉄道，水路，電路，海洋，造園など，非常に広範囲で使用されているため，種類も多く建築方面に限っても基礎，**躯体**，仕上げ用など多岐にわたっている。ここでは，建築の構造用に生産されているコンクリート製品の規格，製造方法，種類，品質，用途，設計・施工方法などについて述べる。

2.3.1 プレキャストコンクリート製品

　構造用の**プレキャストコンクリート**製品としては，RC または **SRC** 製のプレハブ板や部材，プレストレストコンクリート製品，躯体と一体となる型枠製品などがある。ここでは，構造用のコンクリート製品について述べる。なお，非構造用としては，**ALC** 製品，**カーテンウォール**製品，階段，間仕切板などがあるが，これらの製品については 3.8 節を参照されたい。

(1) プレハブ部材

　コンクリートの**プレハブ工法**は，1960 年代から実用化され始め，現在では低層の一戸建て住宅や中高層の集合住宅の建築に用いられている。プレハブ工法は，寸法精度が高く，品質の良い工場製品を使用するため，短い工期で建物を竣工させることができる利点がある。実用化当初は**壁式 RC 造**のプレハブ化が主であったが，最近では工期の短縮や工費の軽減のため，ラーメン式 RC 造のプレハブ化への適用も一般化している。

(a) 壁式プレキャスト鉄筋コンクリート部材

　居室寸法の**壁式プレキャスト鉄筋コンクリート板**（PC 板）を用いて，壁式鉄筋コンクリート構造をプレハブ化したものを壁式プレキャスト鉄筋コンクリート構造という。PC 板は壁パネル，床パネル，屋根パネル，間仕切パネル，階段パネルなどからなり，温度 60～80℃の**常圧蒸気養生**を数時間行って製造される。また，材料に**軽量コンクリート**を用いたものを軽量コンクリートプレキャスト板といい，気乾密度 1.6g/cm³ 前後のものが住宅用として製造されている。図 -2・3・1 に本工法の部材組立見取図を示す。

(b) プレキャスト鉄骨鉄筋コンクリート板

　プレキャスト鉄骨鉄筋コンクリート板は，H 形鋼などの鋼材で内部を補強したプレキャスト製の鉄骨鉄筋コンクリート板である。これを壁または

── 用語の解説 ──

躯体
柱，耐力壁，スラブ，梁等の構造物の骨組

プレキャストコンクリート
工場や現場構内で製造した鉄筋コンクリート部材。一般的に PC と略記されるが，プレストレストコンクリートとの区別を明確にする場合は，とくに PCa と表記される。

SRC
鉄骨鉄筋コンクリート (Steel encased Reinforced Concrete) の略称

ALC
オートクレーブ養生して製造された気泡コンクリート (Autoclaved Light-weight Concrete) の略称

カーテンウォール
外力を受けない取外し可能な建築物の外壁や間仕切壁。帳壁ともいう。

プレハブ工法
RC 造の建物を構成している部材を工場で製造し，現場では簡単な組立てだけですむようにした工法

壁式 RC 造
躯体が壁とスラブで構成されている鉄筋コンクリート構造

蒸気養生
高温の水蒸気を用いたコンクリートの促進養生

軽量コンクリート
軽量骨材を用いたり，気泡を混入させたりして密度を小さくしたコンクリート

2.3 構造用コンクリート製品

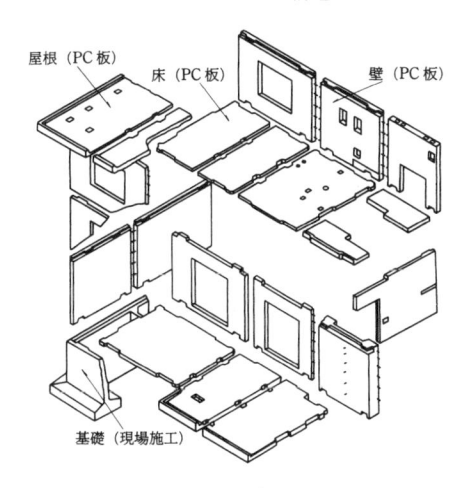

図-2·3·1 壁式プレキャスト鉄筋コンクリート構造の部材の組立て見取り図（コンクリート製品便覧）

耐力壁として，高層住宅用の鉄骨鉄筋コンクリート組立て工法に用いられる。なお，プレキャスト鉄骨鉄筋コンクリート板には，柱と壁を一体としたもの，梁と壁を一体としたものなどがある。

(c) ラーメンプレハブ用鉄筋コンクリート部材

プレキャスト鉄筋コンクリート製の柱と梁を接合してラーメン構造を構成し，これに床，屋根板，壁板などのプレキャスト部材を組み合わせる構造をラーメンプレハブ構造という。このラーメンプレハブ構造に使用するプレキャストコンクリート製の柱および梁製品をラーメンプレハブ用鉄筋

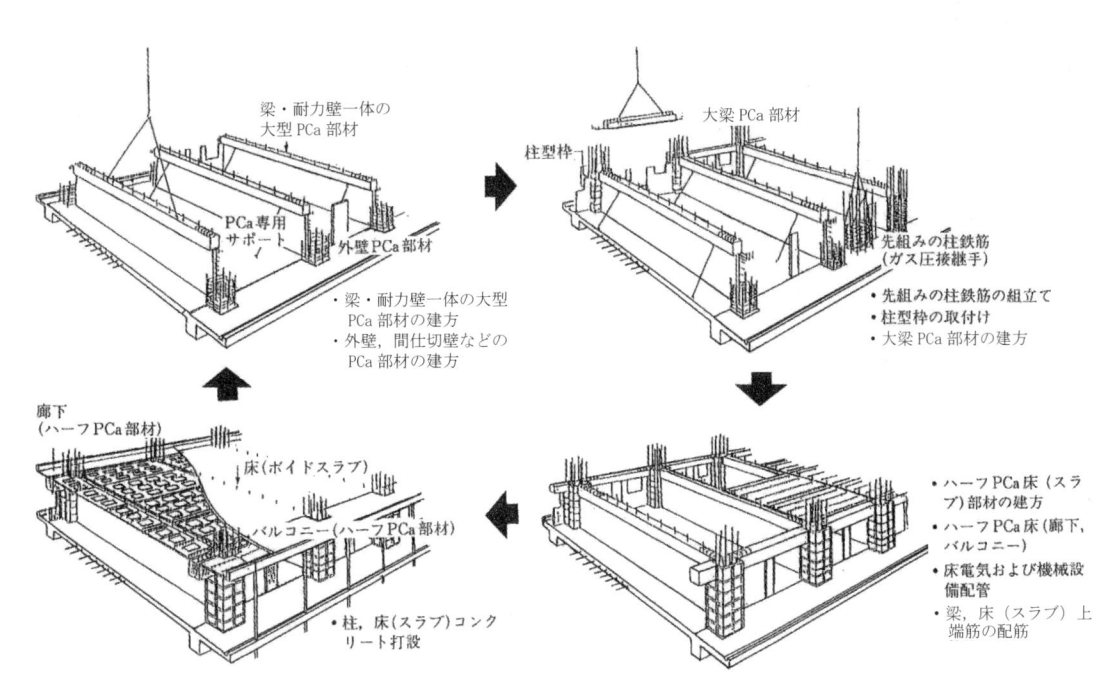

図-2·3·2 ラーメンプレハブ工法による部材組立て手順の一例

コンクリート（RPC）部材という。部材の種類は柱・梁単一形，柱・梁接合複合型，立体型，梁・壁複合型，柱・梁・壁複合型などがある。スパン，階高が統一しやすく，比較的建築面積の大きな構造物に適している。最近では工場で製造する利点を活かして各部材を高強度化し，超高層のRC構造に利用されている。図-2·3·2にラーメンプレハブ工法による部材組立て手順の一例を示す。

(2) コンクリート製型枠製品

コンクリート製型枠とは鉄筋コンクリート，プレストレストコンクリート，**ガラス繊維補強コンクリート**（GRC）などで製造されたパネル状のプレキャスト部材で，RC躯体に取り付けてコンクリートを打ち込むための型枠のことをいい，現場工事の省力化を目的として使用されている。コンクリート製型枠製品には，次のようなものがある。

(a) プレキャストコンクリート埋込み型枠

現場打ちのRCスラブでは，型枠や支保工を必要とするが，曲げに強い薄肉のプレキャスト製の埋込み型枠をスラブの型枠として兼用する**ハーフプレキャスト工法**では，コンクリート施工が大幅に合理化でき工期も短縮できる。この工法に使用される型枠には，トラスを利用した**オムニア板**，**カイザー板**および平型板，チャンネル型板，リブ付き平型板などからなるPC合成型枠などがある。これらの一例を図-2·3·3および4に示す。

(b) GRC化粧型枠

GRCで製造された化粧型枠で，建物の内外の壁，梁，柱，天井などに使用されている。事前にパネルに模様をつけることも可能である。

(3) プレストレストコンクリート製品

プレストレストコンクリートは，プレストレス(Pre-Stress)のPSをとっ

―― 用語の解説 ――

ガラス繊維補強コンクリート
ガラス繊維を混入して、曲げ強度や引張強度を向上させたコンクリート

RC躯体
柱，耐力壁，スラブ，梁などのRC構造物の骨組

ハーフプレキャスト工法
（ハーフPCa工法）
プレキャスト板と場所打ちコンクリートを合成させて部材を製造する工法。ラーメンプレハブ用RC部材のように、部材全体をプレキャスト化した工法はフルPCa工法と呼ぶ。

プレストレストコンクリート
PC鋼材を用いてコンクリートに圧縮力を導入した一種の鉄筋コンクリートで，PSコンクリートまたはPCと略記される。

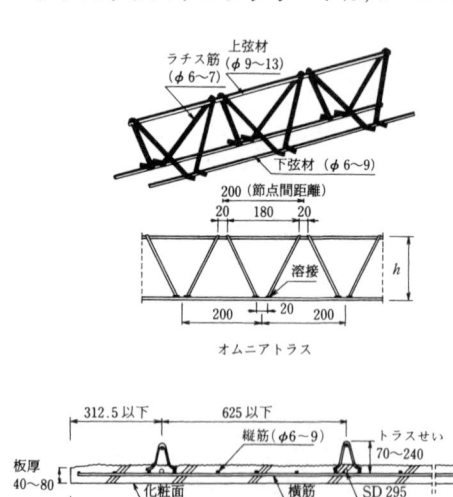

図-2·3·3 床用プレキャストコンクリート
埋込み型枠（単位：mm）

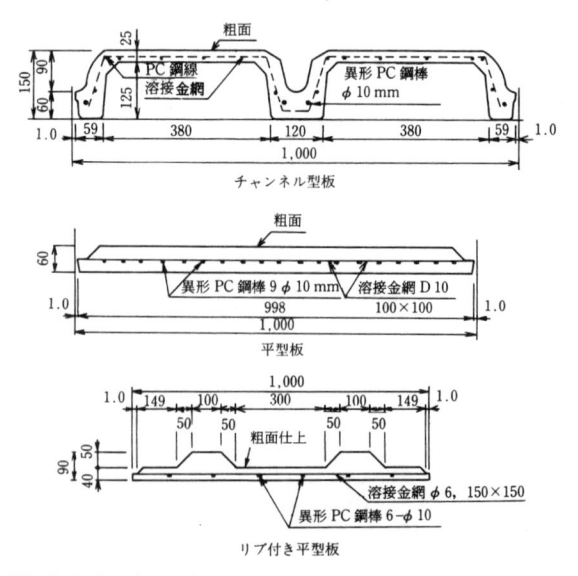

図-2·3·4 床用プレキャストコンクリート埋込み型枠
（単位：mm）（コンクリート製品便覧）

2.3 構造用コンクリート製品

てPSコンクリートと略称される。プレストレストコンクリートは，鋼材にプレストレスを導入する時期により，**プレテンション法**(Pre-tensioning Method)と**ポストテンション法**(Post-tensioning Method)の2種類がある。

プレテンション法では，工場に設置された**アバット**の内部に並べられた型枠を貫通し，アバットの両端部に定着されたPC鋼材にあらかじめ張力を導入しておき，コンクリートが十分に硬化した後に部材の両端部のPC鋼材を切断し，PC鋼材の収縮力を利用して，PC鋼材とコンクリートの付着によりコンクリートに圧縮力を与える。プレテンション製品は，工場で生産するために小型のものが多く，比較的小スパンのPC橋げた，ダブルTスラブ，シングルTスラブ，穴あき床板（中空スラブ），シルバークール板（曲面板），矢板，くい，ポール，枕木など，多種の製品が生産されている。

ポストテンション法では，引張側コンクリート部にあらかじめPC鋼材用のシースを配置しておき，コンクリートの硬化後に，PC鋼材を用いてコンクリートに圧縮力を導入する。建築では大スパンの梁に使用されている。現場での製造に適しているため，土木では大スパンの橋梁のけたに多用されている。

以下，建築用に使用されている各種のプレストレストコンクリート製品とその工法について述べる。

(a) プレストレストコンクリートダブルTスラブ

プレストレストコンクリートダブルTスラブ（JIS A 5412:1995）の断面の一例を図-2.3.5に示す。コンクリートの圧縮強度が35N/mm^{2}以上に

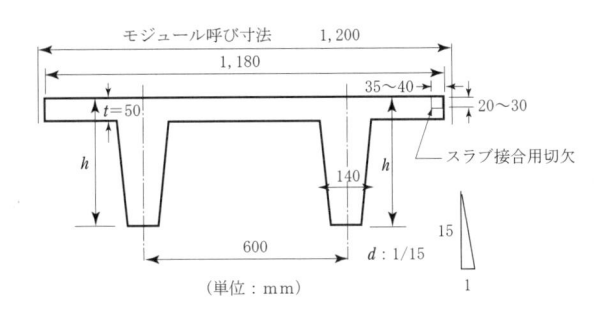

用語の解説

アバット
PC鋼棒を用いてプレテンションを導入する際に，PC部材両端に設置する反力用支柱

種類〔呼び方〕	h (mm)	t (mm)	許容導入力 (tf)		PC鋼より線配置可能最大本数		
			P_{max}	P_{min}	9.3mm	10.8mm	14.4mm
DT20	200	50	66	21	6本	6本	6本
DT25	250	50	75	25	8	8	8
DT30	300	50	84	28	8	8	8
DT35	350	50	92	31	10	10	10
DT40	400	50	99	33	10	10	10
DT45	450	50	106	36	12	12	12
DT50	500	50	112	38	14	14	12

図-2.3.5 プレストレストコンクリートダブルTスラブの断面の一例

(コンクリート製品便覧)

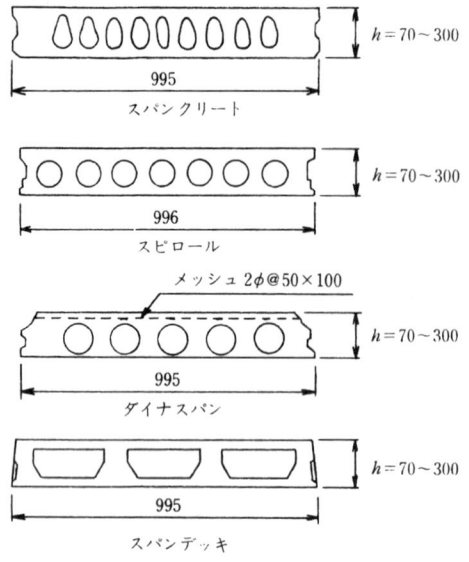

図-2·3·6 穴あき床板の一例（単位：mm）
（コンクリート製品便覧）

なった時点で，PC鋼より線に所定のプレストレスを導入し，13m程度までの長さのスラブが製造されている。平面部分を上にして敷き並べてスラブを構成するのに利用され，スラブの下面の空間は配管などのスペースとして利用している。また，この部材を階高の高い建物の外壁に**カーテンウォール**としても使用できる。

(b) プレストレストコンクリートシングルTスラブ

プレストレストコンクリートダブルTスラブのけたを一つにしたものである。屋根スラブ用に勾配付きの製品もある。

(c) 穴あき床板

穴あき床板は，プレテンション工法によって製造された長辺方向に中空部をもつプレストレストコンクリート板で，空洞プレストレストコンクリートパネルともいわれており，床用と壁用の部材が製造されている。わが国では，厚さ20cm以下で幅1.0mのものが多く用いられている。図-2·3·6に断面の一例を示す。断面内に穴をあけることにより，**断面二次モーメント**を大幅に低減することなく自重を減らせるため，輸送費の軽減，工場生産による品質の向上，価格の低減，工期の短縮などの利点がある。

(4) コンクリートくい

コンクリートくいは，せん断補強用の鉄線がスパイラル状に巻き付けられた軸方向筋を，鋼製型枠の所定位置にセットしてコンクリートの打設を行った後に，鋼製型枠を高速回転させることにより遠心成形された中空円筒状のものである。通常は常圧の蒸気養生後，所定の強度が発現するまで水中養生，または**オートクレーブ養生**が行われる。コンクリートくいは，JIS A 5372:2004「プレキャスト鉄筋コンクリート製品　附属書1（規定）

用語の解説

カーテンウォール
外力を受けない取外し可能な建築物の外壁や間仕切壁。帳壁ともいう。

断面二次モーメント
部材断面内の微小断面積と任意の座標軸からの距離の2乗を全断面について総和したもの

オートクレーブ養生
高温・高圧の蒸気がまの中で，常圧より高い圧力（10～11気圧）下で高温（180～190℃）の水蒸気を用いて行う蒸気養生で，高温高圧蒸気養生ともいう。

2.3 構造用コンクリート製品

くい類」および JIS A 5373:2004「プレキャストプレストレストコンクリート製品 附属書5(規定)くい類」で規定されており，次のようなものがある。

(a) RC くい

RC くいは，荷重の種類（鉛直力，曲げモーメント）によって2種類に分類され，曲げモーメントを受ける場合は，さらに軸方向鉄筋比が3.0%未満，3.0%以上5.0%未満および5.0%以上の3種類に区分されている。いずれの場合も 40N/mm^2 以上の圧縮強度が得られるまで所定の養生を行った後に出荷される。後述する PC くいに比べて曲げ強度が低くひび割れが発生しやすいため，保管時や吊込み作業時にはとくに注意が必要である。

(b) PC くい（旧称：PHC くい）

PC くいは，導入する**有効プレストレス**の大きさが 4.0, 8.0 および 10.0N/mm^2 の3種類に区分されている。いずれの場合も，圧縮強度が 40N/mm^2 以上となった時点でプレストレスを導入し，その後，有効プレストレスが 4.0N/mm^2 の場合は 80N/mm^2 以上，4.0N/mm^2 を超える場合は 85N/mm^2 以上の圧縮強度が発現するまで所定の養生を行って出荷される。RC くいに比べてひび割れが発生しにくく，曲げ耐力や許容支持力が大きく，耐衝撃性にも優れている，などの特徴がある。

(c) SC くい

SC くいは，鋼管を外殻として内側にコンクリートを一定の厚さに**ライニング**して鋼管とコンクリートを一体化させた複合くいである。値段は高いが，強度やじん性の点で優れており，大きな曲げモーメントやせん断力が作用し，変位が大きくなる恐れのある部分などに使用される。

2.3.2 建築用コンクリートブロック

建築用コンクリートブロックの製品としては，空洞ブロック，化粧ブロックおよび型枠状ブロックがあり，JIS A 5406:2005「建築用コンクリートブロック」として規格化されている。これらのブロックを用いた構造物には，日本建築学会の壁式構造関係設計規準集・同解説（メーソンリー編）:2006に示されている「補強コンクリートブロック造設計規準」，「コンクリートブロック帳壁（ちようへき）構造設計規準」，「コンクリートブロック塀設計規準」および「型枠コンクリートブロック造設計規準」が適用される。

(1) 空洞ブロック

空洞ブロックは，「補強コンクリートブロック造設計規準」，「コンクリートブロック帳壁構造設計規準」および「コンクリートブロック塀設計規準」の規定に適合する**コンクリートブロック**の一種である。

(a) 補強コンクリートブロック造

補強コンクリートブロック造は，空洞ブロックの空洞部に鉄筋を配置した後に，モルタルを充てんして一体として働くコンクリートブロック造の

用語の解説

RC くい
鉄筋コンクリートくい (Reinforced Concrete Piles) の略称

PC くい
プレストレストコンクリートくい (Prestressed Concrete Piles) の略称

有効プレストレス
プレストレスの導入によって実際にコンクリート断面に生じてる圧縮応力

SC くい
鋼管複合コンクリートくい (Steel Composite Concrete Piles) の略称

ライニング
管などの内外を裏打ちしたり表面を被覆すること。層が薄い場合はコーティングという。

建築用コンクリートブロック
コンクリートをブロック状に成形して硬化させた製品

壁体としたもので，鉛直および水平荷重を壁体に負担させる構造である。図-2·3·7にブロック壁体の断面図の一例を示す。

(b) コンクリートブロック帳壁

コンクリートブロック帳壁は，空洞ブロックを鉄筋で補強してRC造，鉄骨鉄筋コンクリート（SRC）造，鉄骨造，補強コンクリートブロック造などの構造物中に組積する外壁および間仕切壁で，構造物に作用する鉛直荷重および水平荷重を負担しない非耐力壁である。コンクートブロック帳壁構造は，日本建築学会の「コンクリートブロック帳壁構造設計規準」で規定されている。

(c) コンクリートブロック塀

コンクリートブロック塀は，空洞ブロックを鉄筋で補強した塀で，日本建築学会の「コンクリートブロック塀設計規準」で規定されているが，ブロック塀本体の破壊よりも，T形やL形の基礎の省略や基礎の埋込み深さ不足などの手抜き工事によって，ブロック塀全体が基礎とともに倒壊する例が多い。宮城県沖地震では，道路側よりも住宅の庭のレベルが高く，さらに基礎の根入れ深さが浅過ぎたために，道路側に倒壊したものが多くみられた。設計規準では，塀の端部および3.2mごとに長さ40cm以上の控壁を設け，縦筋は空洞ブロックの空洞部内では継がないようにして，D10（またはϕ9mm）鉄筋を80cm間隔以下で配筋し，塀の壁頂はϕ13mm以上の鉄筋で補強した現場打ちのRC造で固めることになっている。図-2·3·8にブロック塀の配筋図の一例を示す。

(2) 化粧コンクリートブロック

化粧コンクリートブロックは，建築の構造用につくられた空洞ブロックと同じ構造形式で，あらかじめ表面に仕上げが施されたものをいう。表面

―― メモの欄 ――

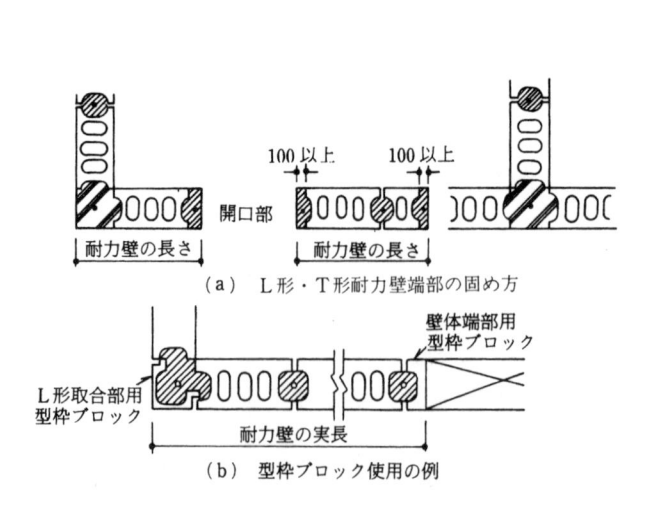

図-2·3·7　補強コンクリートブロック造壁体の断面図の一例

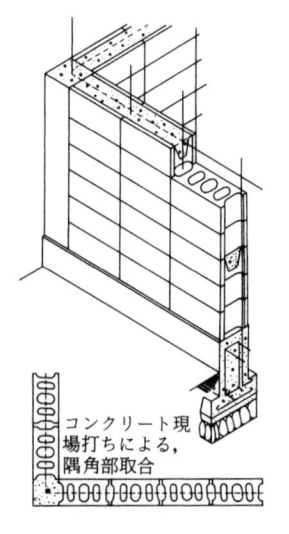

図-2·3·8　コンクリートブロック塀の配筋図の一例

2.3 構造用コンクリート製品

の仕上げを生かして,一般住宅や低層集合住宅の壁体や塀に使われている。ブロックの最小厚さは120mmであり,形状・寸法が多様で,空洞ブロックよりも圧縮強度は大きく耐久性にも優れている。

また,ブロックの表面を研磨,研削したもの,叩き出したもの,表面を水で洗い出して骨材を露出させたもの,2個のブロックを背中合わせにして製作した後に中央を割裂してブロックの割れた表面を意匠的に利用するものなど,表面の模様が多様なものが製品化されている。

(3) 型枠状ブロック

型枠状ブロックにはL形,T形,Z形,H形などの種類がある。図-2·3·9に型枠状ブロックの一例を示す。

各種の型枠状ブロックを組み合わせて製作した型枠の中空部に配筋した後に,コンクリートを打設して耐力壁にした建築物を**第1種型枠ブロック造**という。型枠状ブロックを単なる型枠として使用して,その内部を鉄筋コンクリート造のラーメンまたは壁式RC造の耐力壁とした建築物を**第2種型枠ブロック造**という。これらの構造物は,日本建築学会の「型枠コンクリートブロック造設計規準」で規定されており,ブロックの肉厚は3cm以下で,圧縮強度は$18N/mm^2$以上とされている。

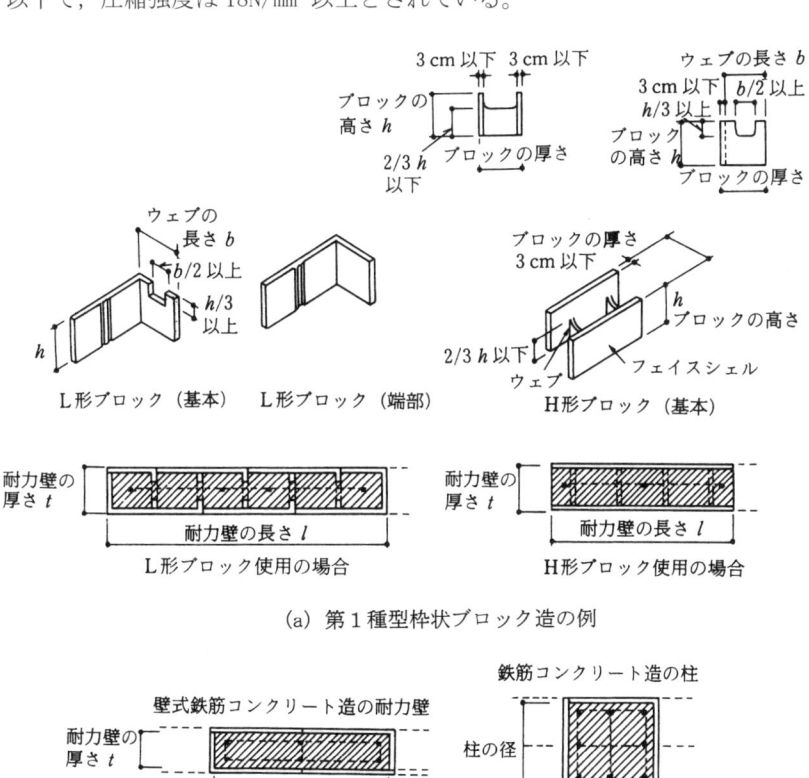

(a) 第1種型枠状ブロック造の例

(b) 第2種型枠状ブロック造の例

図-2·3·9 型枠状ブロック造

2.4 鉄 鋼

2.4.1 製法と基本的性質

(1) 製 法

天然資源である鉄鉱石，もしくは回収した鉄屑（スクラップ）などの再生資源を原料に，高温で溶解して鉄分を取り出し，これにさまざまな物理的加工や微量添加物を施すことで目的に合った強度と**じん性**を付与することを製鉄または製鋼といい，でき上がった材料を鉄鋼あるいは鋼材という。近代建築の構造材料として欠かせない鉄骨構造用鋼材をはじめ，鉄筋，PC鋼材などはいずれも鉄鋼である。

図-2·4·1は原料としての鉄鉱石あるいはスクラップから製品としての鋼材ができ上がるまでの製造工程を示したものである。

鉄の酸化物を主成分とする鉄鉱石に，燃料と還元剤（鉄鉱石から酸素を除く作用）の役目をするコークスおよび溶剤の役目をする石灰石を適度な割合で混合し，高炉（溶鉱炉）の上部から落し込む。炉底から約1,200℃の熱風を送り込み，コークスを燃焼させ，発生したCOガスで鉄鉱石の酸素を除く。溶融した鉄は炉底に溜まりこれを**銑鉄**という。銑鉄は4％程度の炭素を含み，このままではもろく（**ぜい性**）構造用鋼材としては使えない。炉底の溶融鉄の上部には不純物を含む溶融石灰石がたい積する。これを**高炉スラグ**といい，2.2節で述べたようにコンクリート用骨材，セメント原料として利用される。ここまでの工程を**製銑**という。

次の工程は**製鋼**と呼ばれ，純酸素ガスを吹き付けて銑鉄中に溶け込んでいる炭素をはじめ，けい素，マンガン，リンなどの不純物を酸化除去すると同時に，反応熱によって精錬を行う。この工程では**転炉**または**電気炉**を用いる。わが国では転炉がもっとも多く，スクラップを原料とする場合は電気炉が用いられる。鉄筋などの小型棒鋼は，経済性の点から電気炉メー

用語の解説

じん性（靭性）
材料の粘り強さ

ぜい性（脆性）
材料の脆さ。靭性の反義語

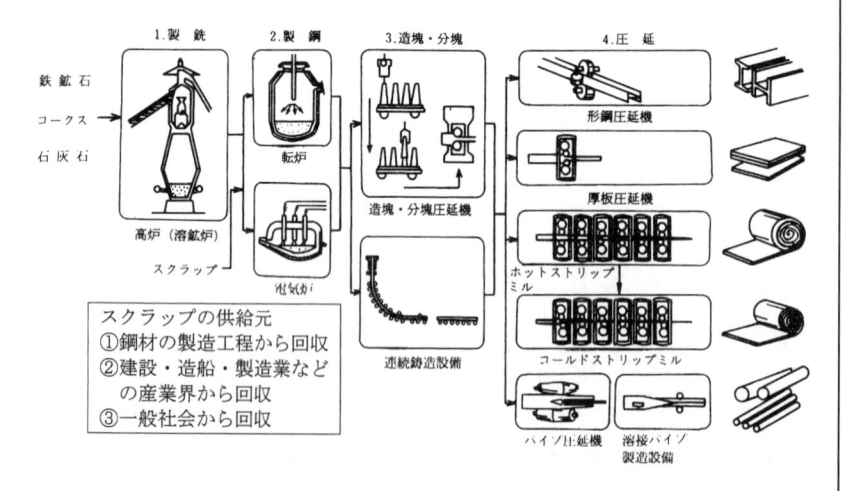

図-2·4·1 鋼材の製造工程

2.4 鉄鋼

(a) 板圧延用ロール

(b) レールなど条鋼用の孔型ロール
一対のロールの溝が組み合わさって材料の断面(黒く塗りつぶした部分)のような孔型になる

(c) H形鋼用ユニバーサルロール
水平ロール
縦ロール

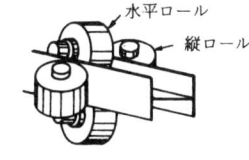

(d) 継目なし鋼管用せん孔圧延機(ピアサー)

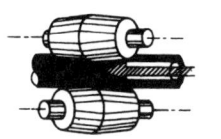

図-2·4·2 圧延ロールの種類

力によって製造される場合が多い。

転炉や電気炉で精錬された溶鋼は、最後の圧延工程に適するサイズにするため、連続鋳造工程を経て**スラブ、ブルーム、ビレット**などと呼ばれる半製品の鋼片に成形される。なお、連続鋳造できない特殊な鋼材については、溶鋼を鋳型へ流し込む方法で造塊・分塊されてインゴットに成形される。圧延工程は鋼片を最終形状に成形加工すると同時に、鋼材に強じん性を与える総仕上げの工程である。圧延には、鋼片を約 1,000～1,300℃に加熱して行う**熱間圧延**と、その後常温で行う**冷間圧延**がある。熱間圧延によってじん性が付与され、冷間圧延によって強度が著しく増大するがじん性は逆に減少する。圧延では、一対の円筒系のロールを等しい速度で互いに逆方向に回転させ、ロールの間に鋼片をかませて押し延ばす。**圧延ロール**には仕上りの鋼材の形状に応じて各種のものがあり、そのうちの数例を図-2·4·2に示す。

(2) 普通鋼(炭素鋼)の基本的性質と種類

(a) 炭素量による分類

純鉄は軟らかく粘り強い性質を、鋳鉄は融点が低いために鋳造性に富み、硬いがもろい性質を持ち、鋼は硬さと粘り強さを併せもつ。純鉄の炭素量は0%で、約2.1%より炭素量の多いものが鋳鉄、それより低いものが鋼である。製鋼過程により鋼材の炭素含有量は激減するが、完全になくなるわけではなく、ほぼ0.8%以下に押えられる。そして、それ以下の炭素の含有量によって表-2·4·1にみられるように鋼材の性質は著しく変化する。したがって、構造用鋼材として広く使用される普通鋼材は、微量とはいえ炭素を含んでいるので**炭素鋼**とも呼ばれる。表-2·4·1の注釈図からわか

用語の解説

スラブ
通常、厚さ50mm以上、幅300mm以上

ブルーム
長方形断面で、幅は厚さの2倍以下で一辺の長さが130mmを超え、断面積は225cm^{2}以上

ビレット
長方形断面で、幅は厚さの2倍以下で一辺の長さが130mm以下、断面積は225cm^{2}以下

第2章 構造材料

表-2·4·1 炭素含有量による普通鋼の分類

種　別	炭素含有量 (％)	降伏点 (N/mm²)	引張強度 (N/mm²)	伸び (％)
特別極軟鋼	<0.08	180〜280	320〜360	30〜40
極　軟　鋼	0.08〜0.12	200〜290	360〜420	30〜40
軟　　　鋼	0.12〜0.20	220〜300	380〜480	24〜36
半　軟　鋼	0.20〜0.30	240〜360	440〜550	22〜32
半　硬　鋼	0.30〜0.40	300〜400	500〜600	17〜30
硬　　　鋼	0.40〜0.50	340〜460	580〜700	14〜26
最　硬　鋼	0.50〜0.80	360〜470	650〜1000	11〜20

表-2·4·2 普通鋼の物理定数（20〜100℃での値）

弾性係数（kN/mm²）	$1.9〜2.2×10^2$	融　点（℃）	1,425〜1,528
ポアソン比	1/3	電気抵抗（Ωmm²/m）	0.100〜0.180
密　度（kg/m³）	7,789〜7,876	熱伝導率（W/(m·K)）	36〜60
比　熱（J/(kg·K)	427〜452	線膨張係数（/℃）	$10.4〜11.5×10^{-6}$

るように，**炭素量**を増やすと強度は増大するが伸びが減少し溶接性が損なわれるため，建築に用いられる鋼材の炭素量は0.3％以下とされ，鉄筋や鉄骨は一般に**軟鋼**でできている。

　(b)　組成

　常温の純鉄の結晶構造は**体心立方格子**（α鉄という）の原子配列であるが，910℃まで加熱すると**面心立方格子**（γ鉄）となり，さらに1,410℃になると再び体心立方格子（δ鉄）となる。このように，鋼は温度によって結晶構造が変化する変態という特性を有している。これに炭素が含まれると変態温度は炭素の含有量によっても変化する。鋼の熱処理を行ってその性質を改良する場合には，このような変態の性質を熟知して処理温度などを決めなければならない。

　(c)　物理定数

　普通鋼の物理的性質を表す諸数値を表-2·4·2に示す。このうち**弾性係数**，**ポアソン比**および密度はぜひ覚えておきたい。鋼材の**線膨張係数**の値は，コンクリートのそれ（$7〜14×10^{-6}$/℃）とほぼ等しく，このことは鉄筋コンクリート建物という複合材料構造物にとっては，大変好都合なことである。

　(d)　応力－ひずみ関係

　鋼材の力学的性質でもっとも基本となるものは，単純引張力が作用する場合の応力 σ とひずみ ε の関係である。JIS Z 2201 に金属材料引張試験片，JIS Z 2241 に金属材料引張試験方法が規定されている。引張試験を行って応力－ひずみ曲線を描くと図-2·4·3に示すようになる。炭素量の少ない熱間圧延軟鋼では，同図(a)のように途中フラットな部分が生じるが，**高炭素鋼**や後述するPC鋼材では(b)図のように連続した曲線とな

── 用語の解説 ──

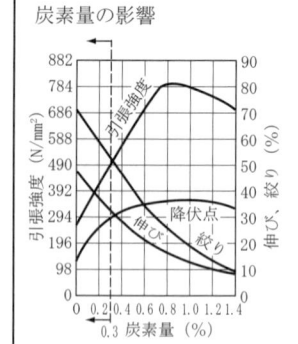

炭素量の影響

体心立方格子
立方体形の単位格子の各頂点と中心に原子が位置する結晶構造

面心立方格子
単位格子の各頂点および各面の中心に原子が位置する結晶構造

弾性係数
弾性体における応力とひずみの比例定数

ポアソン比
一軸方向に応力が作用するとき，その方向のひずみと直交方向のひずみとの比

線膨張係数
常温での線膨張係数は，ガラスと同等

2.4 鉄鋼

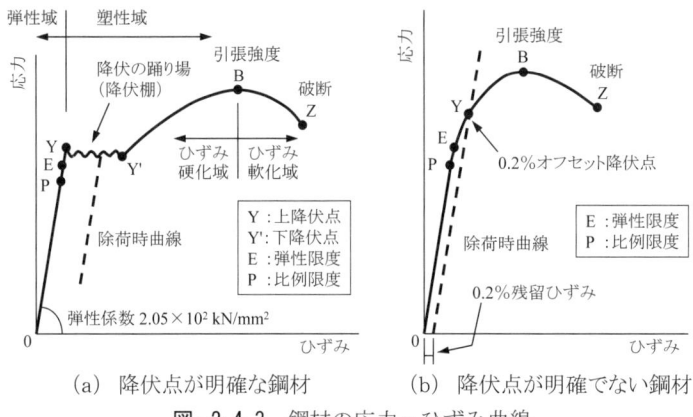

(a) 降伏点が明確な鋼材
(b) 降伏点が明確でない鋼材

図-2.4.3 鋼材の応力-ひずみ曲線

る。(a)図について詳細に観察すると，P点までは応力とひずみが比例関係（**フックの法則**）にあり，E点までは弾性関係（荷重を除けば残留ひずみが0）にある。Y点に達するとひずみのみが進行し，応力はほぼY点の値の近傍で不安定に振動する。Y'点を過ぎると応力が再び増大し最大応力点Bに達し，以後応力が減少してZ点で鋼材は破断する。Y点の応力を**降伏点**（応力），B点のそれを**引張強度**という。Y-Y'区間を降伏の踊り場，Y'-B区間を**ひずみ硬化域**，B-Z区間を**ひずみ軟化域**，0-E区間を**弾性域**，Y-Z区間を**塑性域**という。

P，EおよびY点の区別は工学的には重要でなく，Y点まではフックの法則が成立すると考えてよい。

以下の三つの値は鋼材の力学的性質を表す基本となる量である。

降伏点（応力）　　　$\sigma_Y = \dfrac{降伏点荷重}{原断面積}$ 　　　(2.4.1)

引張強度　　　$\sigma_B = \dfrac{最大荷重}{原断面積}$ 　　　(2.4.2)

伸び（％）　　　$\delta = \dfrac{破断後の突合せ標点間距離 - 原標点間距離}{原標点間距離} \times 100$

(2.4.3)

これら以外に伸びと同様に，鋼材のじん性を表す尺度としてしぼりがある。

しぼり（％）　　　$\phi = \dfrac{原断面積 - 破断面の断面積}{原断面積} \times 100$

(2.4.4)

弾性範囲の直線勾配にあたる弾性係数は，強度にかかわらずほぼ $2.05 \times 10^2 \mathrm{kN/mm^2}$ という値である。

PC鋼材などでは(b)図に示されるように，明確な降伏点が定義できない。したがって，便宜上，荷重を降ろしたときの残留ひずみが0.2％となるよ

― 用語の解説 ―

フックの法則
線形弾性材料の応力とひずみの関係が弾性係数を介して直線関係にあること

鋼材の基準強度F
降伏点と引張強度の70％のうち，小さい方の値

(a) 載荷−除荷−再載荷　　(b) 繰返し荷重

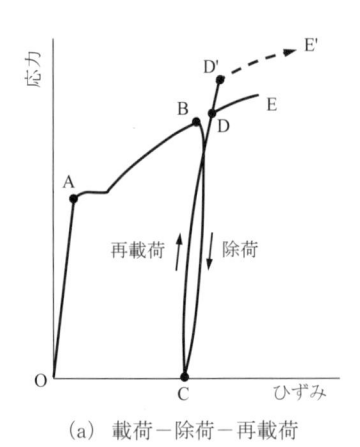

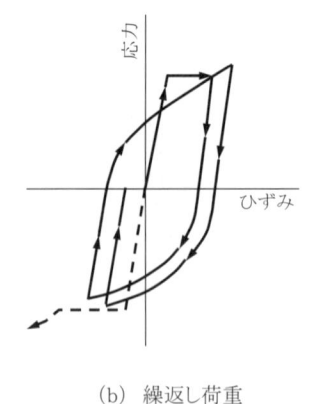

図-2·4·4　繰返し荷重時の応力−ひずみ曲線

うな応力を **0.2%オフセット降伏点**（Y）といい，降伏点に対応した値として用いることにしている。

　鋼材がひずみ硬化域にある状態で除荷・再載荷を行うと図-2·4·4(a)のようなB→C→D→Eの履歴を描く。しかもC点で時間をおいて再載荷するとD'点まで降伏点が上昇する。このように鋼材に塑性変形を与えて見かけ上の降伏点を上昇させることを**冷間加工**という。後述する薄鋼板を加工した軽量形鋼なども冷間加工の例である。しかし，(a)図のOCの分だけひずみが消費されているため，破断までのひずみ量が低下することに注意しなければならない。塑性変形後，引張力・圧縮力を交互に繰り返し与えると，(b)図に示すように，処女載荷時の降伏点より小さい応力のレベルから塑性変形が生じ，紡錘形の履歴曲線を描く。これを**バウシンガー効果**という。

(e)　低・高温下の性質

　鋼材は，温度が低下するに従って引張強度と降伏点は上昇するが，変形能力は低下する。温度が上がる場合は，注釈図に示すように400℃近くで引張強度・降伏点とも急激に低下し始める。

　鉄筋コンクリート構造物の**かぶり厚さ**や鉄骨構造物の**耐火被覆**の規定は，鉄筋や鉄骨が火災時に急激な耐力低下を生じるのを防止するために設けられている。

(f)　腐食

　鋼材の表面が発錆し，錆が鋼材内部に進展していくことを**腐食**という。鉄筋コンクリート部材の鉄筋が腐食すると体積膨張を起こし，このときの内圧によって鉄筋に沿ったひび割れがコンクリート表面に達する。美観上からも耐久性の面からも，鉄筋の発錆は極力避けなければならない。また，鋼材の腐食防止が重要であることは鉄骨構造物においても同じである。

　錆の直接原因は，空気と水が鉄筋表面に供給され，これによって電気化学反応が起こり鉄が酸化されることである。コンクリートは高アルカリ性

― 用語の解説 ―

バウシンガー効果
地震荷重下のRC構造物の変形挙動を解析する場合，この曲線を関数表示して計算を行うことがしばしばある。

かぶり厚さ
コンクリート表面からこれに一番近い位置にある鉄筋表面までの距離

低・高温下の性質

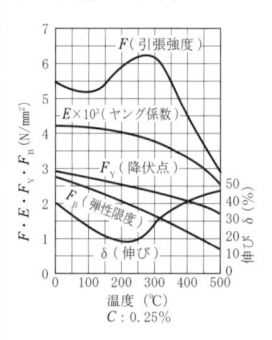

耐火被覆
部材に遮炎，遮熱，構造安定（耐熱）の性能を持たせるための被覆

2.4 鉄 鋼

であるため，鋼材表面に**不動態皮膜**が形成されてこれが腐食の進行を防止するが，中性化が進みpH値が11.5以下となったり，塩素イオンが鉄筋表面に吸着すると不動態皮膜が破壊されて腐食が進行する。したがって，防食の根本は酸素と水の浸入を遮断すること，これが実質上困難でも塩分の混入を避け不動態皮膜を極力保護することにある。具体策としてコンクリート表面を**可塑（かそ）性**の保護膜で覆い，水と空気を遮断する方法や，鉄筋自身にエポキシ樹脂を塗布し水際で腐食を防止する方法などもある。また，鉄骨構造物の場合は亜鉛メッキ鋼材を用いたり，鋼材表面に防食塗装を施すなどの方法が取られる。

---- 用語の解説 ----

不動態皮膜
金属表面に反応生成物の皮膜が形成されて金属が腐食されず安定である状態になることがある。その膜を不動態皮膜と呼ぶ。

可塑性
応力を除いても残留変形が残る性質

吸着
塩化物イオンは電気的に鉄イオンに引きつけられる。

テクニカルワンポイント

鉄筋腐食のメカニズムと構造挙動への影響

不動態皮膜（$\gamma\text{-}Fe_2O_3 \cdot nH_2O$）と呼ばれる数nm程度のきわめて薄いが緻密な水和酸化物は，アルカリ環境下では酸化物状態で安定となる。

$$2Fe^{2+} + 4OH^- + 1/2O_2 \rightarrow 2FeO(OH) + H_2O$$
$$2FeO(OH) \rightarrow Fe_2O_3 \cdot H_2O$$

（錆の状態，ただし，OH^-の供給があるのでアルカリ環境下で安定）

しかし，コンクリートの中性化が進んだり，

$$Fe_2O_3 \rightarrow FeO(OH) + H^+ \rightarrow Fe(OH)_2 \rightarrow 2Fe(OH)_2 + H_2O + 1/2O_2 \rightarrow Fe(OH)_3$$

塩素イオンが鉄筋表面に**吸着**したりすると，

$$Fe_2^+ + 2Cl^- + H_2O \rightarrow (Fe(OH)^+ + Cl^-) + (H^+ + Cl^-)$$
$$4Fe(OH)^+ + Cl^- + O_2 + 2H_2O \rightarrow 4FeO(OH) + 4H^+ + 4Cl^-$$

（塩酸ができる！）

不動態皮膜は破壊される。腐食反応は以下に示す通りである。

アノード部：$Fe \rightarrow Fe_2^+ + 2e^-$

カソード部：$O_2 + 2H_2O + 4e^- \rightarrow 4OH^-$

トータル（水酸化第一鉄生成）：$2Fe + O_2 + 2H_2O \rightarrow 2Fe(OH)_2$（水と酸素の供給が大事！）

$Fe(OH)_2 \rightarrow Fe(OH)_3$（水酸化第二鉄）$\rightarrow FeO(OH)$（水和酸化物）$\rightarrow Fe_2O_3$（赤錆）あるいは$Fe_3O_4$（黒錆，一部）

鉄筋の腐食は，美観上（ひび割れ・錆汁・仕上材の剥落）からも耐久性の面からも極力避けなければならないが，構造挙動への影響も少なくない。

・かぶり剥落→圧縮域コンクリートの断面欠損（負担モーメント

の低下）
- 引張鉄筋の断面欠損（負担モーメントの低下）
- せん断域の主筋かぶり剥落→付着低下→せん断耐力の低下
- 定着域の腐食（定着の劣化）→たわみ増大，曲げ耐力の低下，定着破壊の危険性
- せん断補強筋の腐食→せん断耐力低下，かぶり剥落・フープ筋劣化に伴う主筋座屈の可能性

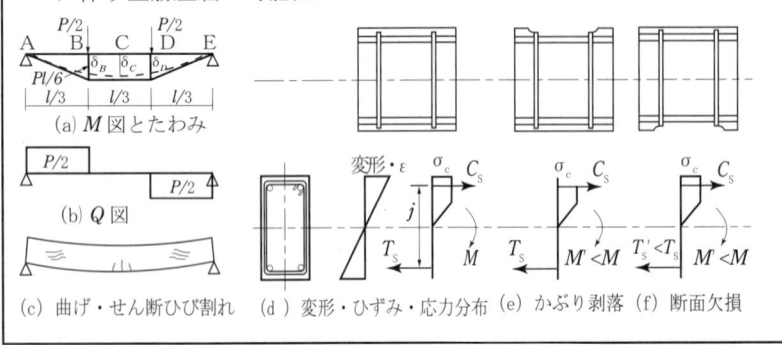

(a) M 図とたわみ
(b) Q 図
(c) 曲げ・せん断ひび割れ　(d) 変形・ひずみ・応力分布　(e) かぶり剥落　(f) 断面欠損

(g) 構造用鋼材の種類

表-2·4·3 に JIS で規定された建築物に関係の深い構造用鋼材の種類を示す。用途によって使い分け，使用にあたっては JIS の規定をよく読み，特性を把握しておくことが大切である。

表-2·4·3　建築に関係深い JIS 鋼材

区分		JIS 記号	規格名称
普通鋼・圧延鋼材	構造用鋼材(注)	G3136-05	建築構造用圧延鋼材 (SN400A,B,C, SN490B,C, 表-2·4·4 参照)
		G3101-04	一般構造用圧延鋼材 (SS330, SS400, SS490, SS540)
		G3106-04	溶接構造用圧延鋼材 (SM400A,B,C, SM490A,B,C, SM490YA,YB, SM520B,C, SM570)
		G3111-05	再生鋼材
		G3114-04	溶接構造用耐候性熱間圧延鋼材
		G3125-04	高耐候性圧延鋼材
	冷間成形鋼材	G3350-05	一般構造用軽量形鋼
		G3351-87	エキスパンドメタル
	その他	G3353-90	一般構造用溶接軽量 H 形鋼
		G3352-03	デッキプレート
		G3104-04	リベット用丸鋼
		G4321-00	建築構造用ステンレス鋼材 (SUS304A,N2A, SUS316A, SCS13AA-CF)
鋼管	構造用	G3444-06	一般構造用炭素鋼鋼管
		G3466-06	一般構造用角形鋼管
鉄筋コンクリート用棒鋼および PC 鋼材		G3112-04	鉄筋コンクリート用棒鋼 (表-2·4·6 参照)
		G3117-87	鉄筋コンクリート用再生棒鋼 (表-2·4·6 参照)
		G3119-94	PC 鋼棒 (表-2·4·9 参照)
		G3536-99	PC 鋼線及び PC より線 (表-2·4·8 参照)
線材およびその二次製品		G3521-91	硬鋼線
		G3522-91	ピアノ線
		G3525-06	ワイヤロープ
		G3551-05	溶接金網及び鉄筋格子

(注) 構造用鋼材の鋼種記号（SN, SS, SM）に続く数字は，引張強さ N/mm² 以上を示す。

2.4 鉄鋼

表 -2·4·4　建築構造用圧延鋼材の使用区分

記号	使用区分
SN400A	塑性変形能力を期待しない部材または部位に使用する。ただし，溶接を行う構造耐力上主要な部分への使用は想定しない。
SN400B SN490B	広く一般の構造部位に使用する（SN400C，SN490Cの使用区分以外での使用）。
SN400C SN490C	溶接加工時を含め板厚方向に大きな引張応力を受ける部材または部位に使用する。

2.4.2　鉄骨構造用鋼材

(1)　鉄骨構造用鋼材の種類

鉄骨構造および鉄骨鉄筋コンクリート構造の鉄骨部分に用いられる鋼材の種類は，表 -2·4·3 の G 3101，G 3106，G 3136，G 3350，G 3444 および G 3466 などである。とくに G 3136-05「**建築構造用圧延鋼材**」は，建築の設計・施工に携わる鋼材利用者から建築固有の要求性能を保証する鋼

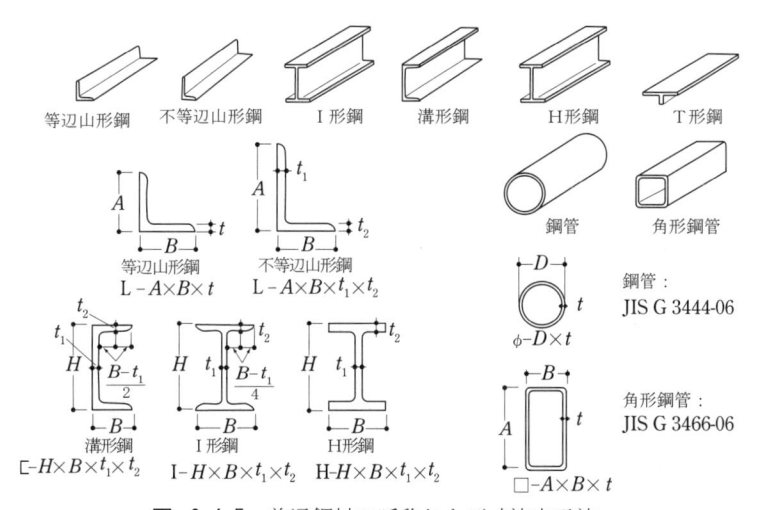

図 -2·4·5　普通鋼材の呼称および寸法表示法

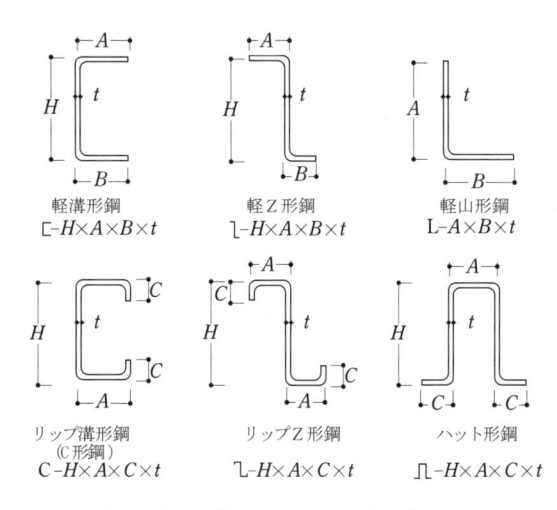

図 -2·4·6　軽量形鋼の形と表示方法（JIS G 3350-05）

第2章　構造材料

表-2·4·5　H形鋼の標準断面寸法と断面性能（JIS G 3192-08）

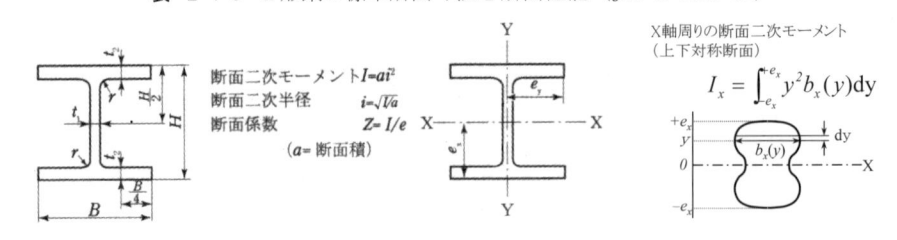

断面二次モーメント $I = ai^2$
断面二次半径 $i = \sqrt{I/a}$
断面係数 $Z = I/e$
（a = 断面積）

X軸周りの断面二次モーメント（上下対称断面）
$$I_x = \int_{-e_x}^{+e_x} y^2 b_x(y) dy$$

区分[a] (高さ×辺)	標準断面寸法 (mm)				断面積 (cm²)	単位質量 (kg/m)	参　考					
							断面二次モーメント (cm⁴)		断面二次半径 (cm)		断面係数 (cm³)	
	$H \times B$[b]	t_1	t_2	r			I_x	I_y	i_x	i_y	Z_x	Z_y
100× 50	100× 50	5	7	8	11.85	9.30	187	14.8	3.98	1.12	37.5	5.91
100×100	100×100	6	8	8	21.59	16.9	378	134	4.18	2.49	75.6	26.7
200×100	*198× 99	4.5	7	8	22.69	17.8	1,540	113	8.25	2.24	156	22.9
	200×100	5.5	8	8	26.67	20.9	1,810	134	8.23	2.24	181	26.7
200×150	194×150	6	9	8	38.11	29.9	2,630	507	8.30	3.65	271	67.6
200×200	200×200	8	12	13	63.53	49.9	4,720	1,600	8.62	5.02	472	160
300×150	*298×149	5.5	8	13	40.80	32.0	6,320	442	12.4	3.29	424	59.3
	300×150	6.5	9	13	46.78	36.7	7,210	508	12.4	3.29	481	67.7
300×200	294×200	8	12	13	71.05	55.8	11,100	1,600	12.5	4.75	756	160
300×300	300×300	10	15	13	118.4	93.0	20,200	6,750	13.1	7.55	1,350	450

注[a]　同一区分に属するものは、内のり高さが一定である。　　標準の長さ　6.0, 7.0, 8.0, 9.0, 10.0, 11.0, 12.0, 13.0, 14.0, 15.0 m
[b]　*印以外の寸法は、はん（汎）用品を示す。

材が求められ，その要求に基づいて，1994年に制定されたもっとも重要な規格である。その中では表-2·4·4に示すような使用区分が規定されている。

これらの鋼材の断面形状を図-2·4·5および図-2·4·6に示す。このように鋼材の場合は，その形と寸法が限定され，かつJIS規格で統一されており，RC構造のように型枠で任意の断面寸法を選択するようなわけにはいかない。鉄骨構造ではこれらの形鋼のなかからもっとも合理的で経済的な形状を選び，梁，柱あるいはトラスを設計する。このなかでもっともよく使用されているのがH形鋼であり，断面寸法の種類も一番多い。表-2·4·5にH形鋼の一部についての標準断面寸法と断面性能を示す。他の形鋼についても同様の表が用意されている。軽量形鋼は薄板を冷間加工して成形された鋼材で仮設建物，住宅など，比較的軽微な建物の骨組として

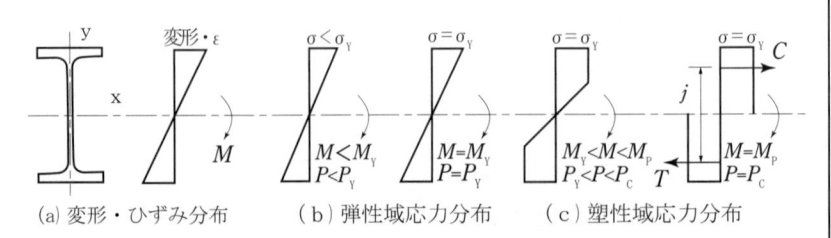

(a) 変形・ひずみ分布　　(b) 弾性域応力分布　　(c) 塑性域応力分布

図-2·4·7　鉄骨梁断面内の変形・ひずみと応力分布[注]

― 脚注 ―

注）断面二次モーメントは変形に，断面二次半径は座屈応力に，断面係数は縁応力に関わる断面諸特性である。

2.4 鉄 鋼

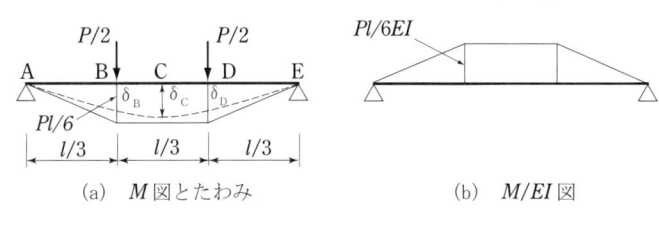

(a) M図とたわみ　　(b) M/EI図

図-2·4·8　曲げモーメント分布とたわみの関係

用いられる。

H形鋼が**強軸**方向に曲げを受けた場合，上下端断面で曲げモーメントのほとんどが受け持たれる（図-2·4·7参照）。この部分を**フランジ**という。上下のフランジをつなぐ縦長の断面を**ウェブ**という。ウェブはせん断力のほとんどを受け持つことになる。

BD間が純曲げとなるように梁の両端部を支点とし，$l/3$点において2点集中荷重$P/2$を載荷した場合の梁の曲げモーメント分布とたわみの関係を図-2·4·8に示す。弾性域における試験体中央部のたわみδ_Cを**モールの定理**などを適用して計算すると，

$$\delta_C = \frac{23Pl^3}{1,296 EI_x} \tag{2.4.5}$$

ここに，l：支点 AE 間距離，E：弾性係数，
　　　　I_x：断面二次モーメント

となる。また，梁中央部の曲げモーメントMは$Pl/6$であるから，引張側フランジの縁応力${}_t\sigma_b$および圧縮側フランジの縁応力${}_c\sigma_b$は

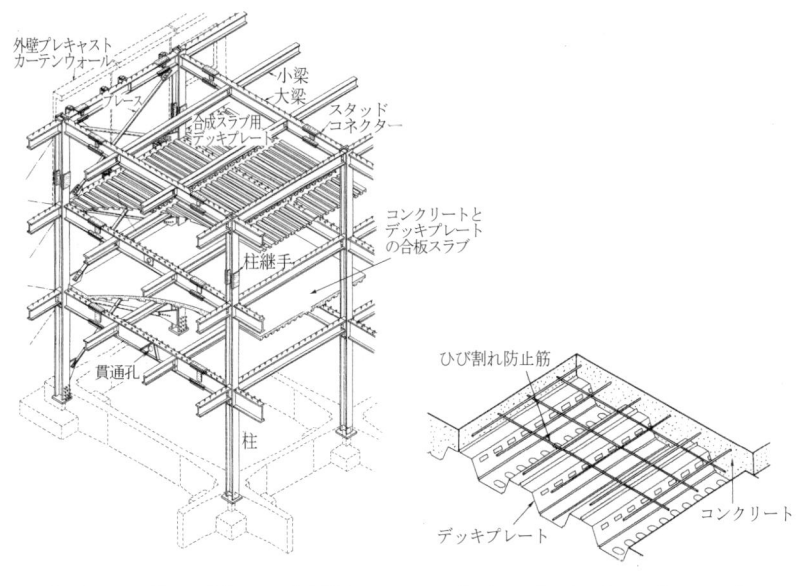

（a）H形鋼の建物での使用例　　（b）デッキプレートスラブ

図-2·4·9　H形鋼の建物での使用例

用語の解説

強軸
部材断面の直交する2つの主軸のうち，断面二次モーメントが大きい方の軸。表-2·4·5のH形鋼では，X軸が強軸。反義語は弱軸

モールの定理
梁に作用する曲げモーメントを曲げ剛性で除した値を作用荷重とした場合，部材のモーメントおよびせん断力は，もとの部材の変形および傾斜角に等しいという定理

第2章　構造材料

$$_t\sigma_b = {}_c\sigma_b = \frac{M}{Z_x} = \frac{Pl/6}{Z_x} = \frac{Pl}{6Z_x} \tag{2.4.6}$$

ここに，Z_x：断面係数

となる。設計では，部材断面の応力をチェックし，一定のたわみ以下になるように部材断面を決定しなければならない。

鉄骨構造の部材断面は，鋼管や角形鋼管を除き，ほとんどが開断面であり，圧縮軸力や曲げ圧縮を受けるとき，座屈という不安定現象により耐力を失う場合がある。中心圧縮材の場合の**弾性座屈荷重** P_{CR} は，$P_{CR}=\pi^2 EI/l^2$ で表される。ここに，EI は曲げ剛性，l は**座屈長さ**である。座屈を防ぐには補剛材を設けるなどして座屈長さ l をなるべく短くする。

図-2·4·9はH形鋼が柱・梁に使われている鉄骨構造の例を示している。ブレースには山形鋼が，床面には**デッキプレート**敷き＋床コンクリート打設（(b)図）が使われている。

(2) 鉄骨部材の接合法

鉄骨構造は，工場で生産された既製鋼材をつなぎ合わせて骨組が完成することから，部材の接合法を抜きにしては成立しない。鉄骨構造の設計とは接合部の設計であるといっても過言ではない。部材の接合法には**高力ボルト接合**と**溶接接合**の二つがあり，両者の組み合わせにより骨組がつくられていく。

(a) ボルト接合

高力ボルト（HTB，**ハイテンションボルト**，JIS B 1186-07）には摩擦接合と引張接合がある。摩擦接合の原理は図-2·4·10(a)によって示される。ボルトに大きな張力を加えることによってその反力として接合部材AB間に圧縮力を作用させ，A，B材の接触面の摩擦抵抗によってせん断力Nに抵抗させようとするものである。継手の耐力は導入されるボルト張力と被

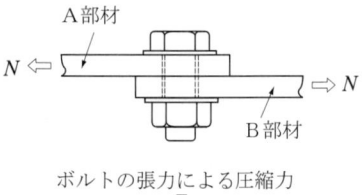

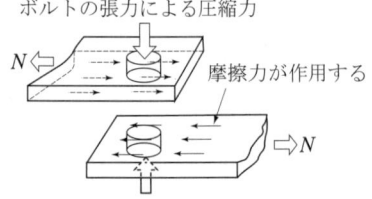

(a) 高力ボルト接合（摩擦接合）　　(b) 中ボルト接合（せん断接合）

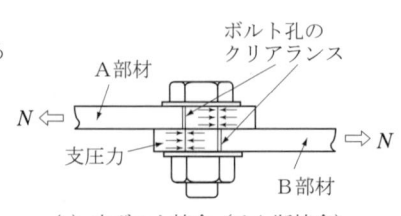

図-2·4·10　ボルト接合の原理

用語の解説

弾性座屈荷重
オイラーの座屈荷重ともいう。座屈応力 σ_{CR} は，$\sigma_{CR}=P_{CR}/A=\pi^2 E/(l/i)^2=\pi^2 E/\lambda^2$ で表され，λ を細長比，$i=\sqrt{I/A}$ を断面二次半径という。

座屈長さ
任意の部材拘束条件における座屈モードで，両端ピンの単一圧縮材の座屈モードに相当する部分の長さ

デッキプレート
波付けした幅広の帯鋼で，鉄筋コンクリート造床スラブの型枠や構造床として用いる。

高力ボルト接合と溶接接合
高力ボルトと溶接を併用する場合，先に高力ボルト接合したときは，両者に応力を負担させることができる。
注）高力ボルト摩擦接合部の許容せん断応力はすべり係数0.45を基準に定められている。

2.4 鉄鋼

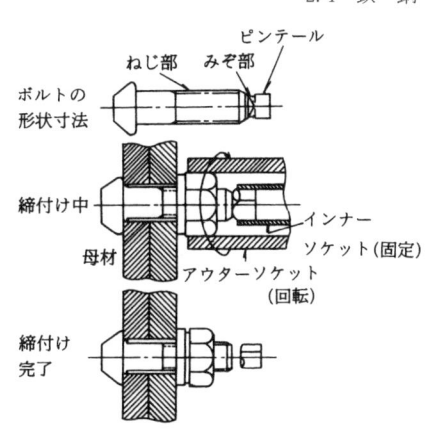

図-2·4·11 トルシア形高力ボルトの張力コントロール方法

接合部材間の摩擦係数に依存することから，ボルトの引張強度は高い方が効率的であり，引張強度に応じてF8T（引張強度 800～1,000 N/mm^2），F10T（1,000～1,200 N/mm^2），**F11T**（1,100～1,300 N/mm^2）に分類されている。現場での導入ボルト張力をコントロールしやすいように，例えば，図-2·4·11に示すように**ピンテール**を付加してこれとねじ部の間に溝を設け，溝部分の破断によって決まる一定張力を導入する方法などもある。

中ボルト接合は図-2·4·10(b)に示すように，ボルトのせん断力で応力が伝達される。継手の耐力は，ボルトの径と被接合部材の厚さに依存することから，太いボルトが使用される。

(b) 溶接接合

溶接とは，溶接棒だけでなく接合しようとする母材自体をも溶かし込んで，溶融金属と母材とを一体化することであり，金属の融合作業と理解してよい。樹脂やボンドによる接着とは根本的に異なる。もっとも汎用されるアーク溶接の機構を図-2·4·12に示す。溶接棒を介して母材との間にアークを発生させ金属を溶融する。溶融金属が直接外気に触れると種々の弊害が生じるので，例えば，この図では溶接棒の被覆材から発生するシー

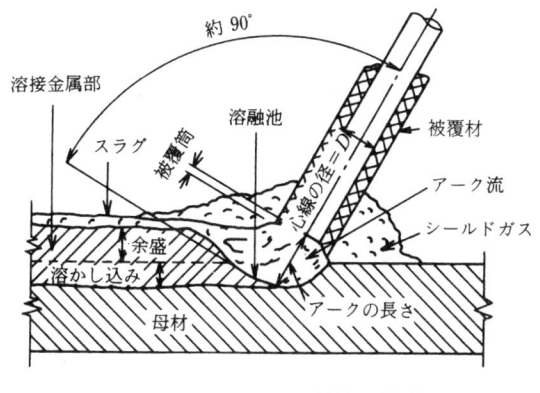

図-2·4·12 アーク溶接の機構

用語の解説

F11T
遅れ破壊の恐れがあるため通常はF10Tを用いる。

遅れ破壊
一定の引張荷重が加えられている状態で，ある時間が経過したのち，外見上はほとんど塑性変形を伴わずに突然脆性的に破壊する現象のこと

ピンテール
必要な締付けトルクが得られると破断するようになっている先端部分

第2章 構造材料

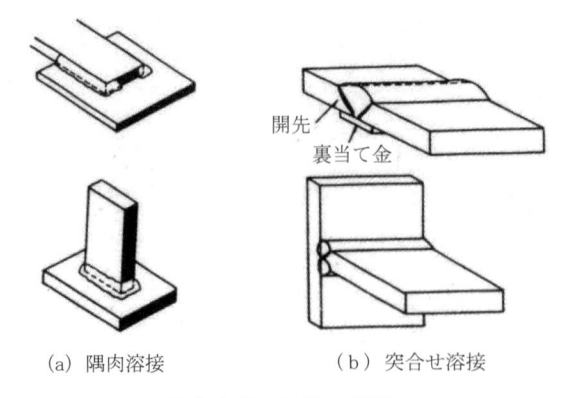

(a) 隅肉溶接　　(b) 突合せ溶接

図-2・4・13　溶接の種類

ルドガスで溶融金属を保護している。

　溶接による継手には，隅肉（すみにく）溶接と突合せ溶接の2種類がある。**隅肉溶接**は主にせん断力のみ負担できるので，せん断力のみが作用するような部分で用いられ，母材には突合せのときのような特別の切削加工は行わない。重ね継手とT形継手があり，図-2・4・13(a)に示す。**突合せ溶接**は母材に"**開先（かいさき）**"と呼ぶ切削加工を施し溶接金属をかかえこむ。全種類の応力を母材と同等に負担できるので，応力の大きな部分の接合に用いられる。その例を同図(b)に示す。

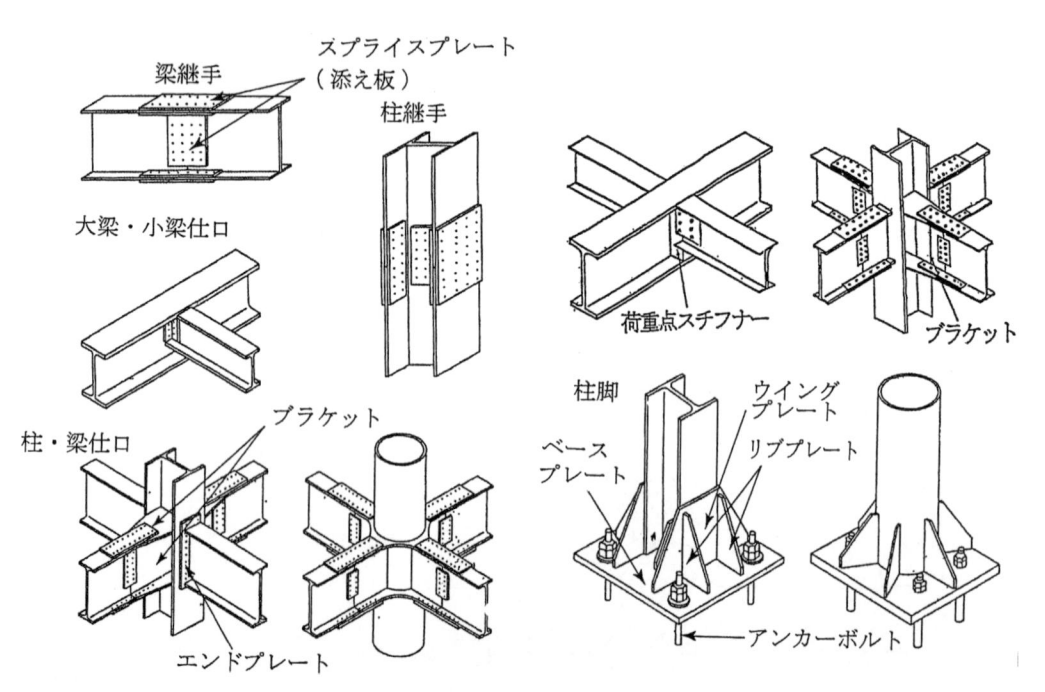

図-2・4・14　鉄骨部材の接合例

2.4 鉄 鋼

(c) 鉄骨部材の接合例

鉄骨部材の接合例を図-2·4·14に示す。柱・梁仕口部分がもっとも複雑となるが，高応力が集中するところでもあり，鉄骨設計のもっとも苦心のいるところである。

2.4.3 鉄筋・PC鋼材

(1) 鉄筋

RC構造を構成するのに不可欠な鉄筋は，JIS G 3112-04に**鉄筋コンクリート用棒鋼**，同じくG 3117-87に**鉄筋コンクリート用再生棒鋼**として規定されている。その種類は表-2·4·6に示すとおりである。表-2·4·6中の記号の欄の最初のSはSteel（鋼材）を，2番目のDはDeformed（異形）を，RはRound（丸鋼）を，3番目のRはRe-rolled steel（再生鋼）であることをそれぞれ意味する。文字の後の3桁の数値は，最低保証降伏点をN/mm^2の単位で表したものである。最近の建築工事では，付着性能が良く，**フック**作業が不要であるなどの利点から，主要部分の鉄筋はほとんど**異形棒鋼（鉄筋）**が用いられるようになってきた。異形鉄筋の形状の例を図-2·4·15に示す。材軸に平行な2つのリブとこれに直角，あるいは斜めに交差するふしからなる。異形鉄筋の公称直径，断面積，周長などは直接

用語の解説

フック
かぎ状に曲がった部分

表-2·4·6 鉄筋コンクリート用棒鋼の種類 (JIS G 3112-04, 3117-87)

種類	種類の記号	降伏点又は0.2%耐力 N/mm^2	引張強さ N/mm^2	引張試験片	伸び[1] %	曲げ性 曲げ角度	曲げ性 内側半径	
熱間圧延丸鋼	SR 235	235以上	380〜520	2号	20以上	180°		公称直径の1.5倍
				14A号	22以上			
	SR 295	295以上	440〜600	2号	18以上	180°	径16mm以下	公称直径の1.5倍
				14A号	19以上		径16mmを超えるもの	公称直径の2倍
熱間圧延異形棒鋼	SD 295A	295以上	440〜600	2号に準じるもの	16以上	180°	D16以下	公称直径の1.5倍
				14A号に準じるもの	17以上		D16を超えるもの	公称直径の2倍
	SD 295B	295〜390	440以上	2号に準じるもの	16以上	180°	D16以下	公称直径の1.5倍
				14A号に準じるもの	17以上		D16を超えるもの	公称直径の2倍
	SD 345	345〜440	490以上	2号に準じるもの	18以上	180°	D16を超えるもの	公称直径の1.5倍
							D16を超えD41以下	公称直径の2倍
				14A号に準じるもの	19以上		D51	公称直径の2.5倍
	SD 390	390〜510	560以上	2号に準じるもの	16以上	180°		公称直径の2.5倍
				14A号に準じるもの	17以上			
	SD 490	490〜625	620以上	2号に準じるもの	12以上	90°	D25以下	公称直径の1.5倍
				14A号に準じるもの	13以上		D25を超えるもの	公称直径の3倍
再生丸鋼	SRR 235	235以上	380〜590	2号	20以上	180°		公称直径の1.5倍
	SRR 295	295以上	440〜620		18以上			
再生異形棒鋼	SDR 235	235以上	380〜590	2号に準じるもの		180°		公称直径の1.5倍
	SDR 295	295以上	440〜620					
	SDR 345	345以上	490〜690		16以上			

注1) 異形棒鋼で，寸法が呼び名D32を超えるものについては，呼び名3を増すごとに表-2·4·6の伸びの値からそれぞれ2減じる。ただし，減じる限度は4とする。

表-2.4.7 鉄筋コンクリート用異形棒鋼の呼び名・寸法・断面積・単位質量 (JIS G 3112-04)

呼び名	公称直径 (d) mm	公称周長 (l) cm	公称断面積 (S) cm²	単位質量 kg/m	呼び名	公称直径 (d) mm	公称周長 (l) cm	公称断面積 (S) cm²	単位質量 kg/m
D4	4.23	1.3	0.1405	0.110	D22	22.2	7.0	3.871	3.04
D5	5.29	1.7	0.2198	0.173	D25	25.4	8.0	5.067	3.98
D6	6.35	2.0	0.3167	0.249	D29	28.6	9.0	6.424	5.04
D8	7.94	2.5	0.4951	0.389	D32	31.8	10.0	7.942	6.23
D10	9.53	3.0	0.7133	0.560	D35	34.9	11.0	9.566	7.51
D13	12.7	4.0	1.267	0.995	D38	38.1	12.0	11.40	8.95
D16	15.9	5.0	1.986	1.56	D41	41.3	13.0	13.40	10.5
D19	19.1	6.0	2.865	2.25	D51	50.8	16.0	20.27	15.9

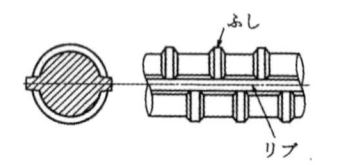

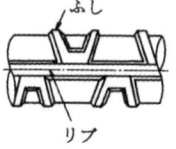

図-2.4.15 異形鉄筋の形状の例

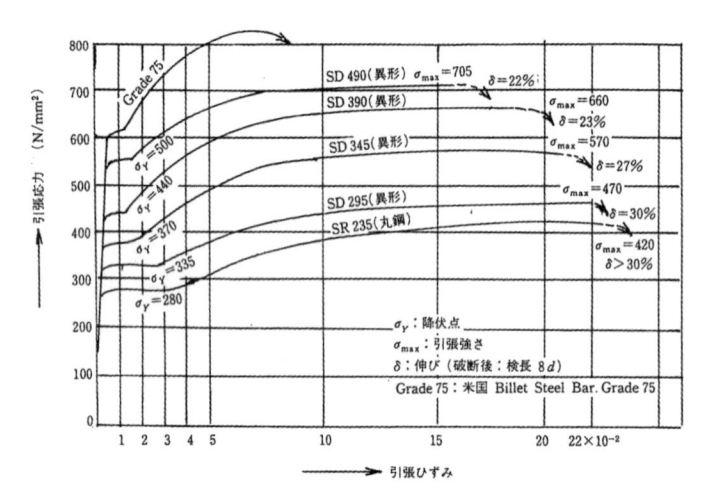

図-2.4.16 熱間圧延異形鉄筋の応力－ひずみ曲線

測定が困難なため，単位長さあたりの重量と密度から逆算して間接的に求められる。このようにして求めた公称径を mm 単位で丸めて，例えば，D16 のような表現で呼び径を表示する。異形鉄筋の最小径は D4，最大径は D51 で，D10 から D41 まで 3mm おきの寸法のものがある。再生異形鉄筋は，D6，8，10，13 がある。

図-2.4.16 は種々の降伏点を持つ熱間圧延異形鉄筋の応力－ひずみ関係を同一スケールで示したものである。降伏点が上昇するにつれて，降伏の踊り場の範囲が狭くなり伸び量も減少する。実際の RC 建物の柱・梁のなかで鉄筋がどのように配置されているかを示したのが図-2.4.17 である。

2.4 鉄 鋼

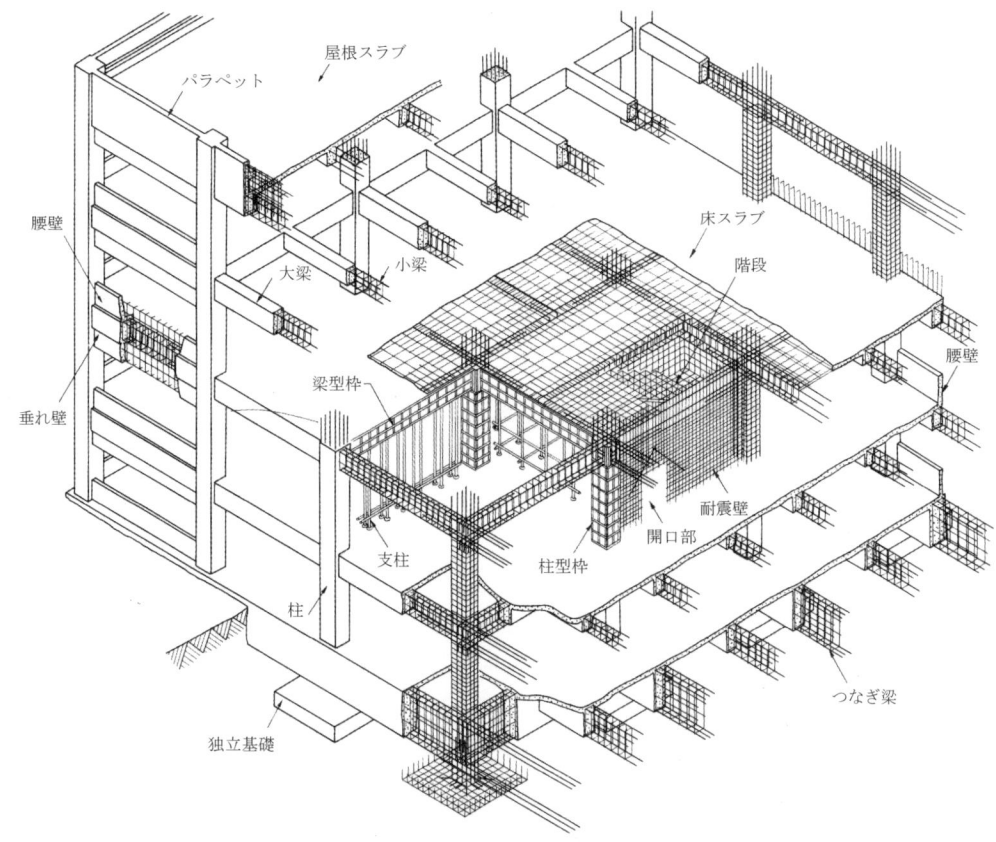

図-2·4·17 鉄筋コンクリート建物の配筋例

部材軸に沿って断面の側辺に配置されている鉄筋を**主筋**といい，主として曲げ引張応力あるいは曲げ圧縮応力を負担する。この主筋の外側を一定の間隔で取り囲んでいる鉄筋を柱については**帯筋（フープ）**，梁については**あばら筋（スターラップ）**と呼ぶ。これらの鉄筋はせん断力を負担すると同時にコンクリートを拘束する役割をも担っている。鉄筋の配筋は，構造力学と鉄筋コンクリート構造学に基づいた計算と，施工上のコンクリートの打設しやすさなどを勘案して決定されるものである。

配筋の過程で2本の鉄筋をつなぎ合わせる必要が生じることがある。これを鉄筋の継手といい，その方法の例を図-2·4·18に示す。主に細径用で鉄筋とコンクリートの付着効果に期待した**重ね継手**のほかに，太径用の**ガス圧接継手，機械式継手，溶接継手**など種々の継手工法が開発されている。重ね継手以外の方法では，抜取り検査によって接合部分が母材以上の引張強度を持つことを確かめなければならない。さらに部材中の同一位置に継手が集中しないように分散させることが必要である。

(2) PC鋼材

プレストレストコンクリート工法に使用する緊張材のことを**PC鋼材**という。コンクリートは圧縮強度に比べ引張強度が約1/10程度と低いため，部材中に生じる引張応力を鉄筋で負担させるのがRC構造である。この構

―― メモの欄 ――

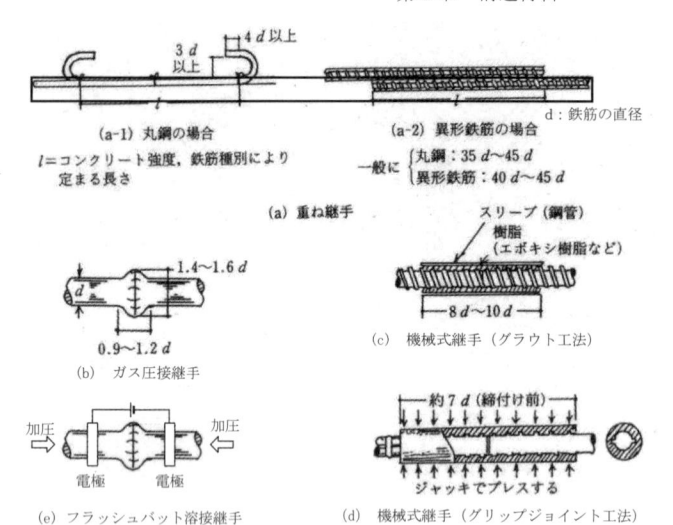

図-2·4·18 鉄筋の継手方法

造形式では，**スパン**の増大に伴い，自重や外力による曲げ応力が増大するため梁せいが著しく大きくなり，実用的には8m程度のスパンが限界となる。

これに対して鉄筋の代わりに緊張材を配してコンクリート部材を軸方向に締め付け，あらかじめコンクリート中に圧縮応力を生じさせておくことで，自重・外力による曲げ引張応力を生じにくくして，より大スパンの架構を可能とする構造形式を**プレストレストコンクリート**工法という。この工法には，**プレテンション**と**ポストテンション**の2つの工法があるが，いずれにしろ少ない緊張材量で大きなプレストレス力を導入するために，PC鋼材には普通鋼材に比べて2～4倍の引張強度を持った高張力鋼材が用い

表-2·4·8 PC鋼線・PC鋼より線の表示法（JIS G 3536-99）

種類			記号	断面
PC鋼線	丸線	A種	SWPR1AN, SWPR1AL	○
		B種	SWPR1BN, SWPR1BL	○
	異形線		SWPD1N, SWPD1L	⊗
PC鋼より線	2本より線		SWPR2N, SWPR2L	8
	異形3本より線		SWPD3N, SWPD3L	❀
	7本より線	A種	SWPR7AN, SWPR7AL	❀
		B種	SWPR7BN, SWPR7BL	❀
	19本より線		SWPR19N, SWPR19L	❀ ❀

備考1. 丸線B種は，A種より引張強さが100N/mm² 高強度の種類を示す。
2. 7本より線A種は，引張強さ1,720N/mm² 級を，B種は1,860N/mm² 級を示す。
3. リラクセーション規格値によって，通常品はN，低リラクセーション品はLを記号の末尾に付ける。
4. 19本より線のうち28.6mmだけ，シール形とウォーリントン形の断面とし，それ以外の19本より線はシール形の断面とする。

用語の解説

スパン
柱間隔，梁の長さなど，支持点間の距離

プレテンション
PC鋼材を緊張した状態でコンクリートを打設し，コンクリートの硬化後にPC鋼材とコンクリートとの付着によりコンクリートにプレストレスを与える方法

ポストテンション
シース内にPC鋼材を配置してコンクリートを打設し，コンクリート硬化後にPC鋼材を緊張し，定着具を用いて材端部に定着することにより引張応力を導入する方法

2.4 鉄 鋼

表-2·4·9 PC鋼棒の機械的性質（JIS G 3109-94）

記　号	耐　力[1] (N/mm^2)	引張強さ (N/mm^2)	伸び[2] (%)	リラクセーション値[3] (%)
SBPR 785/1030	785 以上	1030 以上	5 以上	4.0 以下
SBPR 930/1080	930 以上	1080 以上	5 以上	4.0 以下
SBPR 930/1180	930 以上	1180 以上	5 以上	4.0 以下
SBPR 1080/1230	1080 以上	以上	5 以上	4.0 以下

[注] 1) 耐力とは0.2%永久伸びに対する応力をいう。
2) 標点距離を基本径（公称径）の8倍としたときの突合せ伸び
3) 引張強さの70%に相当する荷重を初荷重とし、変形を一定に保ったときの1,000時間後における荷重減退量を初荷重で割った値

---- 用語の解説 ----

転造

加工素材を回転させながら、転造ダイスと呼ばれる工具により強い力を加えて成形する塑性加工方法

降伏比

降伏点／引張強度

られる。

一般に使用されているPC鋼材には$\phi2.9\sim\phi9$mmPC鋼線、鋼線をより合わせた**PC鋼より線**、および$\phi9.2\sim\phi40$mmPC鋼棒などがある。PC鋼線およびより線の表示記号の例を表-2·4·8に示す。より線は**ストランド**とも呼ばれる。鋼線およびより線はコイル状に巻かれており、現場で所定の長さに切って用いられる。このとき、よりが戻ってはならないことが要求される。PC鋼棒の場合は、あらかじめ所定の長さに切断し、両端部に定着用の**転造**によるねじ加工が施される。すなわち、通常の切削ねじではねじ部が危険断面になる恐れがあるため、ねじの山部の径が母材径より大きくなるように工夫されている。

PC鋼材の品質規格を、PC鋼棒を例にとって示したのが表-2·4·9である。前述した表-2·4·6に比べて**降伏点**の値が極めて大きいこと、反対に伸び量が極めて小さいことが特徴である。さらに降伏点／引張強度の値も大きく、降伏から破断までの余裕があまりないため、プレストレス力導入時には過大な緊張力を生じさせないように綿密な施工が要求される。

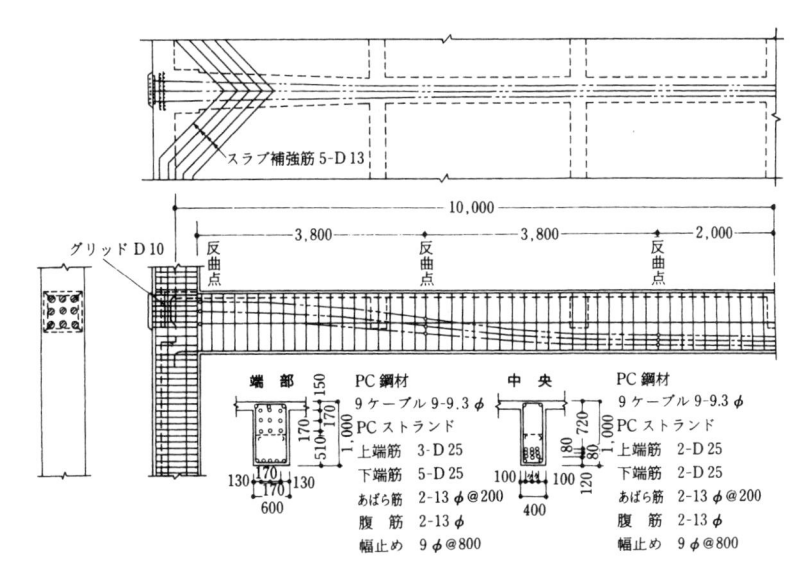

図-2·4·19　PC鋼材の使用例

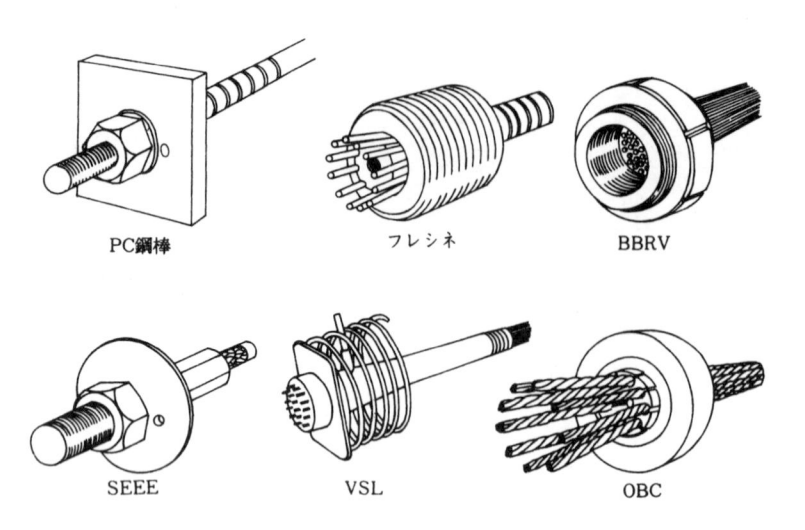

図-2·4·20　各種工法によるPC鋼材の定着方法

プレストレストコンクリートでは，コンクリートの**クリープ**と緊張材の**リラクセーション**により，導入時の緊張力の減退が避けられない。設計時にはこの減退量を考慮して導入力が算定される。リラクセーション値とは，表-2·4·9［注］3) にあるように，変形を一定に保ったときの1,000時間後の荷重減退量を初荷重で割った値である。

図-2·4·19は，一体打ちラーメンの梁にプレストレス力を導入した場合の配筋例である。緊張材の重心ラインは，ラーメンの外力による曲げモーメント分布に相似な曲線をなしている。

PCの施工でもっとも工夫するのは端部のアンカー（定着）部分である。鋼線，より線あるいは鋼棒に応じて種々のアンカー法が考案されている。図-2·4·20にはそのうちの代表的な例が示されている。

用語の解説

クリープ
一定の大きさの荷重が持続することにより，ひずみが時間とともに増大する現象

2.5 木材および木質材料

2.5.1 木材

(1) 木の特徴

木材はコンクリートや鋼材のような無機材料とは異なり，無数の細胞からなる天然の有機材料である。したがって，同一樹種の木材でも生育環境，樹齢により，同一樹木でも樹枝，樹幹といった採取位置や含水率によって，さらに同一採取位置でも材軸方向，半径方向の違いによって性質が異なる。そのため，木材を建築材料として使用する場合には，その特徴をよく知っておく必要がある。

一般に，木材には次のような特徴がある。

長所：**比強度**が高い，熱伝導率が小さい，加工が容易である，色・木目が美しい。

短所：燃えやすい，腐朽しやすい，虫害を受けやすい，含有水分の変化による反り，ねじれ，割れなどの狂いが生じやすい。

(2) 樹種

樹木は図-2・5・1に示すように分類され，樹幹が年輪を形成するものを**外長樹**といい，竹などのように年輪のないものを**内長樹**という。近年は，建築用木材の外材への依存度が高く，主要樹種も，従来の国産材からかなり様変わりしている。表-2・5・1に主な建築用樹種を示す。

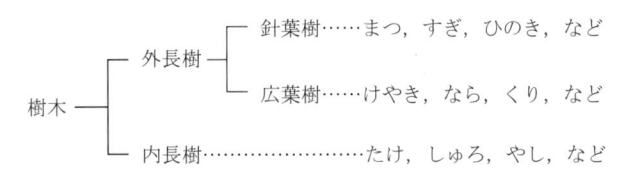

```
樹木 ┬ 外長樹 ┬ 針葉樹……まつ，すぎ，ひのき，など
     │        └ 広葉樹……けやき，なら，くり，など
     └ 内長樹………………たけ，しゅろ，やし，など
```

図-2・5・1 樹種

(3) 木の組織

(a) 細胞

木材は，写真-2・5・1からわかるように，軸方向に平行な管状の細胞で構成されている。すなわち，無数のパイプを束ねたような**管束構造**になっている。また，木の内部には表-2・5・2に示すような多種類の細胞が存在し，その種類は針葉樹よりも広葉樹の方が多い。ただし，木材の細胞は建築材料として用いられる段階では，**細胞壁**だけを残して内部が空洞になっている（写真-2・5・1における一つ一つの空隙を囲む壁が細胞壁である）。細胞壁は図-2・5・2に模式図を示すように，ミクロフィブリルという**セルロース**の束からなる数層の**フィラメント**で構成されている。また，ミクロフィブリルの間隙は**ヘミセルロース**やリグニンで埋められており，これらは細胞壁を固める役割を果たしている。

― 用語の解説 ―

比強度
強度を比重または単位質量で除した値

管束構造
蜂の巣の構造とよく似ていることからハニカム構造とも呼ばれている。

セルロース
木材の細胞壁を構成する3大主成分の一つで，グリコール（ブドウ糖）を構成単位とする天然高分子。木材の約40%を占める。ちなみに，木材の細胞壁を鉄筋コンクリートに例えると，セルロースが鉄筋，ヘミセルロースが鉄筋同士を結ぶ針金，リグニンがコンクリートに相当するといわれている。

フィラメント
例えば仮導管の場合，フィラメントは3層構造になっており，その中層ではミクロフィブリルが繊維の長さ方向を向き，残りの2層では繊維に直角方向を向いている。このような3層の組合せにより，細胞壁は剛性を増し，中空を保つことができる。また，この構造は，カーボンファイバー製の釣り竿などに似ている。

ヘミセルロース
木材の細胞壁を構成する3大主成分の一つで，グリコール，マンノール，キシロールなどの糖を原料とした高分子。多様で不規則な構造をもつ。

第 2 章　構造材料

表-2·5·1　建設用主要樹種の用途とその性質

種別	樹種	密度* (g/cm³)	性質	用途	強度*(N/mm²)		
					圧縮強度	曲げ強度	せん断強度
日針葉本樹	すぎ（杉）	0.39	軽軟，木理通直 心材耐湿性大	構造 造作	35	64	6
	まつ（松）	0.41〜0.57	やや重硬，木理通直，耐水湿性小	小屋組 造作	35〜44	70〜90	7〜9
	ひのき（檜）	0.34〜0.45	軽軟，木理通直 耐湿・耐久性大	構造 造作	40	74	7.5
日広葉本樹	けやき	0.68	重硬，反曲小 木目美	梁 造作	50	98	13
	くり（栗）	0.53	重硬，反曲大 耐湿性大，収縮小	土台	43	80	8
	ぶな	0.62	重硬，引張大 水湿に弱い	フローリング	44	98	13
外針葉材樹	ベイスギ	0.33	軽軟，木理通直，耐久性大	構造 造作	33	60	6
	ベイマツ	0.47〜0.51	やや軽軟，木理通直，耐久性小	構造 造作	46	85	9.5
	ベイヒ	0.44	軽軟，木理通直，耐久性大	土台柱 造作	44	80	7.5
外広葉材樹	アピトン	0.84	重硬，反曲小 木理交錯	構造 造作	67	130	13
	ラワン	0.50〜0.54	中硬，反曲大 辺材虫害大	合板 造作	43	87	8
	チーク	0.62	やや重硬 耐久性大，狂い小	集成材 造作	42	90	14

* およその値（密度や強度は，同一樹種，同一材でも測定部位などによって異なる）

── 用語の解説 ──

リグニン

木材の細胞壁を構成する 3 大主成分の一つで，木材の約 20〜30% を占める。フェニルプロパン単位が複雑に結合した天然高分子で，その構造は樹種などによって異なる。

── テクニカルワンポイント ──

樹種を漢字で表記すると？

最近，樹種はひらがなやカタカナで表記されることが多い。しかし，漢字で表記されるケースもないとはいえない。あなたは下記の漢字をどのくらい読めるだろうか？

針葉樹：①杉，②檜（桧），③椹，④翌檜（翌桧），⑤栂，⑥樅
広葉樹：⑦欅，⑧楠，⑨楢，⑩欅，⑪樫，⑫桂，⑬桐，⑭橡，⑮楓

2.5 木材および木質材料

――― テクニカルワンポイント ―――

わが国の木材自給率

わが国の木材自給率は，昭和35年頃は85%程度であったが，それ以降，年々低下し続け，最近は20%前後となっている。ただし，ここ数年は，外材の輸入量の減少や，国産の間伐材の利用技術の進歩などにより，自給率はやや回復傾向にある。

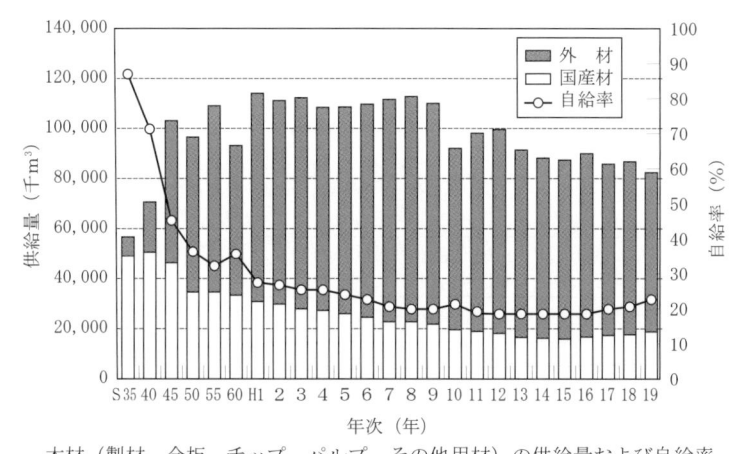

木材（製材，合板，チップ，パルプ，その他用材）の供給量および自給率
（林野庁 木材需給表をもとに作成）

(b) 年輪

樹木の成長の度合いは四季によって異なるため，**木口（こぐち）面**には図-2·5·3に示すように**年輪**が形成される。年輪の中で春から初夏にかけて形成された色の薄い部分は**早材**（春材）と呼ばれ，それ以降に形成された色の濃い部分は**晩材**（秋材）と呼ばれる。年輪の幅はその樹木の成長速度を表す尺度となり，単位幅あたりの年輪の数を**年輪密度**という。なお，気候の変化がほとんどない地域の樹木には，年輪のないものやはっきりしないものもある。

(c) 辺材と心材

木材の木口面の中心には図-2·5·3に示すように，**髄**と呼ばれる柔らかい組織がある。また，それを取り巻く中心部は**心材**（赤味）と呼ばれる。この部分は樹脂などの有色物質によって空隙が満たされているため，濃い黄，赤または茶褐色をしている。さらに心材を取り巻く外縁に近い部分は**辺材**（へんざい）（白太）と呼ばれ淡色をしている。

――― 用語の解説 ―――

木口面
丸太の横断面

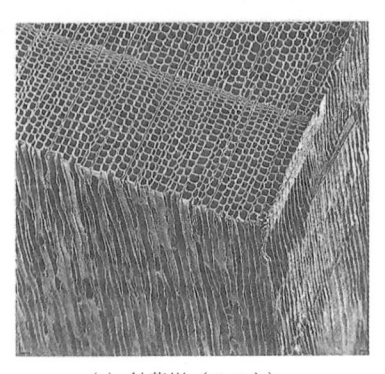

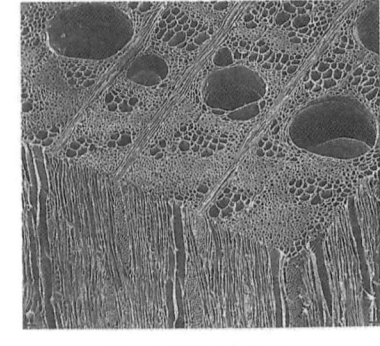

(a) 針葉樹（ひのき）　　　　　(b) 広葉樹（けやき）
写真-2.5.1　細胞壁の電子顕微鏡写真（木材・木質材料学）

表-2.5.2　代表的な木の細胞

区分	細胞名	備考
針葉樹	仮導管	組織の大部分を占め，樹体を支えると同時に，根から吸い上げた水分や養分を枝や葉先に送る役割を担う。
針葉樹	放射組織	樹径方向に放射状に伸びており，樹液を水平方向に移動させると同時に，細胞を水平方向に緊結する役割を担う。
広葉樹	導管	太い筒状の組織で，水分と養分が流動する通路となる。
広葉樹	木部繊維	組織の5～8割を占め，樹体を強くし，支える役割を担う。
広葉樹	柔組織，放射組織	栄養物を貯蔵・配分する役割を担う。

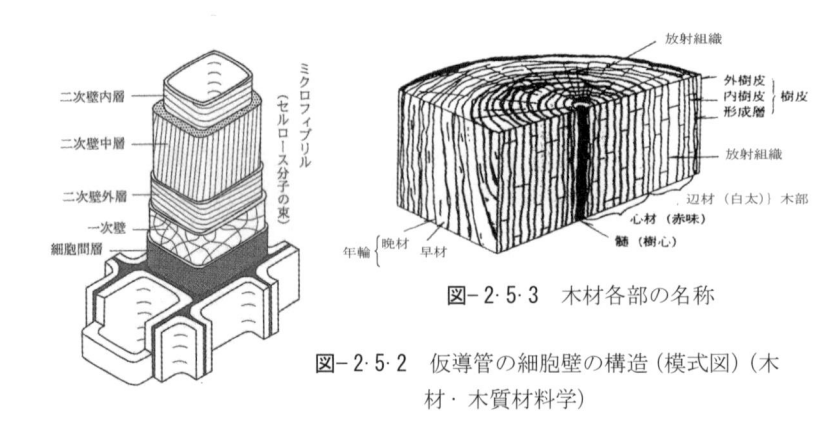

図-2.5.2　仮導管の細胞壁の構造（模式図）（木材・木質材料学）

図-2.5.3　木材各部の名称

(4) 木材のきず

木材のきずとは，不正常な生育または保存の結果生じる外観劣化や，強度低下に関する欠陥の総称であり，表-2.5.3に示すようなものがある。また，この他にも木のきずには，**ねじれ**，そり，腐れ（腐朽），虫害，**脂壺**（やにつぼ），**脂条**（やにすじ）などがある。

用語の解説

ねじれ
木材の繊維が成育中に何らかの原因によりねじれた状態

脂壺
木材中に存在する樹脂のたい積した空隙部。針葉樹に多くみられる。

脂条
脂壺が線上に現れたもの

2.5 木材および木質材料

表-2·5·3 木材のきず

きず名称	(a) 節(ふし)	(b) 入り皮	(c) あて	(d) 割れ	(e) 胴打ち，もめ
図例	節	入り皮	あて	心材割れ／辺材割れ／目まわり／星割れ	胴打・もめ
意味・特性	枝が樹幹に包み込まれた所を節という。生節，死節，枝節，腐れ節など。	外力を受けて損傷した部分の樹皮が樹幹に巻き込まれたものをいう。	樹幹の一部が異常に発達した幅の広い秋材をいう。反り，狂いの原因になる。	木材組織の分離を割れという。立木中あるいは伐採後の乾燥によって生じる。	伐採や運搬時に樹幹方向に破壊したきずのことを胴打ち，立木中に起こった同様のきずをもめという。

(5) 木材の物理的・力学的性質

(a) 含水率・収縮率

生材（なまざい）には多量の水分が含まれているが，その含有水分には細胞内腔に流動可能な状態で存在する**自由水**と，細胞壁に結合した状態で存在する**結合水**とがある。

木材が乾燥する際には，自由水がまず消失し，その後に結合水が減少し始める。この境目の含水状態を**繊維飽和点**といい，この時点の**含水率**は約30%である。含水状態が繊維飽和点以上の場合には木材の性質はほとんど変化しないが，繊維飽和点以下になると，結合水の減少に起因して細胞壁が縮み，木材の収縮と強度の増大が始まる。なお，木材を大気中に放置しておくと，含水率は樹種にかかわらず最終的に一定値に落ち着く。このような含水状態（気乾状態）となった木材を**気乾材**といい，JAS（日本農林規格）では，気乾材の含水率（気乾含水率）を15%と定めている。

(b) 密度

木材の密度は，一般に含水率が15%のときの密度（気乾密度）で表される。また，木材中の細胞そのものの密度は樹種にかかわらず$1.54g/cm^3$と一定であるが，樹種によって細胞間隙が異なるため密度が異なる。主要木材の密度を前掲の表-2·5·1に示す。

(c) 強度性質

木材の強度に影響する要因は，樹齢，密度，含水率，加力方向，節，樹種などであり，一般に若木（わかぎ）と老木の強度は低い。また，木材の引張強度は圧縮強度より2.0～2.5倍ほど高い。ただし，一般的な軸組工

用語の解説

生材
立木の状態または伐採直後の未乾燥の木材。ちなみに，生材の含水率は，樹種によって異なるが，辺材で80～200%程度，心材で40～100%程度といわれている。

含水率
全乾材（完全に乾燥させた木材）の質量に対する保有水分の質量の割合。ちなみに，含水率の測定方法には，試験片を実際に全乾にして質量を測定する方法（全乾法）と，含水率計（電気式含水率計や高周波式含水率計などがある）を用いる方法とがある。

法の場合，木材に引張力だけを伝達できるような材端固定法がないので，一般建築部材としては引張強度を利用しないで圧縮強度を利用する。

木材の圧縮強度は，図-2·5·4に示すように繊維飽和点以上の場合はほとんど変化しないが，繊維飽和点以下の場合は含水率1%の増減に対して約5%減増する。また，木材は**異方性材料**であり，表-2·5·4に示すように加力方向によって強度が大きく異なる。木材の繊維と直角方向の圧縮強度（横圧縮強度）は，繊維と平行方向の圧縮強度（縦圧縮強度）の1/5〜1/10程度である。一般に，建築構造材として使用される木材は純曲げを受ける場合は少なく，多くは圧縮，引張，せん断などを伴う複合応力を受ける。木材の曲げ強度は縦圧縮強度のおよそ1.5倍である。せん断強度は繊維と平行方向では極めて低く，繊維と直角方向では縦せん断強度の15〜20%程度の値となる。

年輪幅と強度の関係としては，針葉樹では年輪幅の小さいものほど強度が高く，広葉樹では逆に年輪幅の大きいものの方が強度が高い。木材の節は強度を著しく低下させるため，木材の品質はその部材中の節の有無，節の大きさ，数によって区別されている。建築用木材として使用される一般的な樹種のうちの主な木材の強度特性を前掲の表-2·5·1に示した。

(d) 硬さ

木材の強度は密度の大きいものほど高く，強度と硬度はほぼ比例することから強度の高いものは硬度も大きい。

(e) 火，熱に対する性質

加熱された木材は約100℃で含水率が0%となり，約200℃以上になると可燃性ガスの発生が活発になる。そして，240〜270℃で**引火点**に達し，付近に火があれば燃え出す。さらに430〜500℃で**発火点**に達して口火なしで着火する。

また，木材は，コンクリートや鋼材に比べて多孔質で密度が小さいため，熱伝導率が非常に小さく，断熱性が高い。**板目材**の熱伝導率は，すぎで0.087，ひのきで0.095，まつで0.113 W/m·K，きりのように密度の小さい（約0.3g/cm³）材では0.073W/m·Kである。

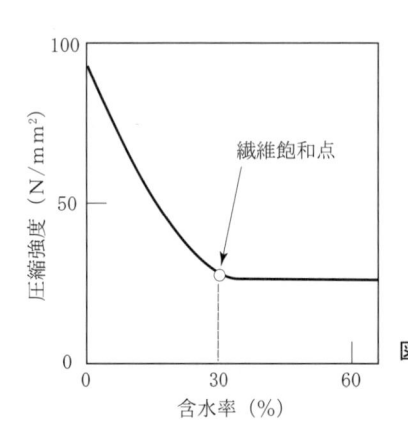

図-2·5·4 圧縮強度と含水率の関係

用語の解説

異方性材料
方向によって物理的な性質の異なる材料

引火点
可燃性の物質から発生する可燃性ガスに引火する温度範囲の最低値。可燃物の温度上昇に伴ってこの可燃性ガスの発生量は増加し，これが燃焼濃度の下限値に達すると引火可能となる。

発火点
物質が火炎などで点火されることなしに，空気中で発火する温度の最低値

板目材
丸太を年輪方向にひいた材。表面が山形や不規則な模様の木目となる。

2.5 木材および木質材料

表-2·5·4 木材の強度比と加力方向の関係（縦圧縮強度を100とした場合）

強度＼加力方向	縦強度（繊維に平行）	横強度（繊維に直角）
圧縮強度	100	10〜20
引張強度	300〜400	3〜7
曲げ強度	約150〜200	10〜20
せん断強度	15〜30	—

テクニカルワンポイント

燃えしろ設計

　木材は燃える材料である。しかし，一方で，熱伝導率が高いため，ある程度の太さの木材であれば，火災にあっても，その内部は，温度がなかなか上昇しないので燃えない。また，木材が燃えると，その表面に炭化層が形成される。この層は，断熱性が高く，酸素を遮断するため，それより内側の燃焼の進行を遅らせる働きをする。

火災に安全な木材（未炭化部分は健全）
（木材なんでも小事典）

　このようなことを活かして，現在の大規模木造建築物には「燃えしろ設計」が取り入れられている。この設計手法では，構造計算で求めた柱や梁の断面に，燃えしろ（火災時に燃えて炭化する部分）を予め上乗せしておくことで，建築物が一定時間以上火災に耐えられる構造とする。

---

(6) 製材

　製材の過程において，曲り，断面形状，節・割れなどの丸太の形状や欠点を考慮して製品の種類や寸法，**ひき材**位置を決定し，ひき材を行うことを**木取り**という。木取りにあたっては，**小丸太**の曲がりのないまっすぐな材では**心持材**（しんもちざい）の正角（まさかく）を取り，小中丸太の曲り材からは**小幅板**を取り，さらに中丸太の形質のよい材からは図-2·5·5に示すような造作材用の**ひき割類**や板類を採材する。なお，図中に示された柾目（まさめ）および板目とは次のようなものである。

(a) 柾目

　丸太を年輪に直角にひくと，木目のまっすぐな縦じま模様の材が取れる。

― 用語の解説 ―

ひき材
原木を鋸挽き（のこびき）する行為またはその結果得られる製材品のこと

小丸太
丸太のうち，直径14cm未満のもの

心持材
両木口のほぼ中心に樹心のある材

小幅板
厚さが3cm未満で幅が12cm未満の板

ひき割類
厚さが7.5cm未満で幅が厚さの4倍未満の製材品

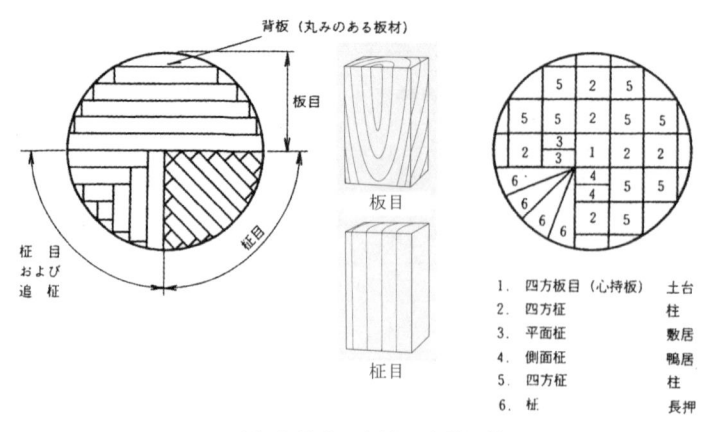

図-2・5・5 木材の木取り法

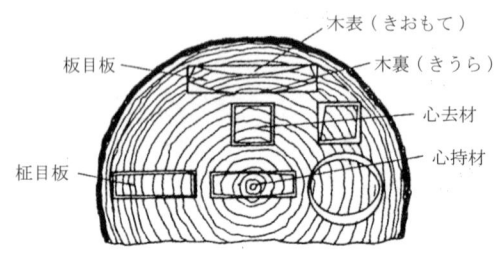

図-2・5・6 木取り法と収縮の関係

これを**柾目**あるいは本柾という。また，年輪に対して鈍角にひくと木目の縦じまがやや乱れた材が取れる。これを**追柾**（おいまさ）という。柾目材の場合，木取りにあたって余材が多く生じ，採材効率が悪いが，図-2・5・6に示すように，早材部と晩材部が交互に存在するため収縮に伴う変形が小さい。

(b) 板目

丸太を年輪方向にひくと，山形や不規則な模様の木目をした材が取れる。これを**板目**という。板目の木取りは採材効率が良く経済的である。また，板目材の芯に近い側の面を木裏，反対側の面を木表（きおもて）というが，木材は一般に乾燥すると辺材側が多く収縮するので，板目材の場合は木表側に反りやすい。

(7) 木材の乾燥

木材が乾燥すると，前述のように密度が減少し，収縮し，強度が増大する。また，熱や音の伝導率，色調，香りなどが変化する。このため，木材を建築材料として使用する場合には気乾材を用いる必要がある。木材の乾燥方法には，以下に示すような天然乾燥と人工乾燥がある。

(a) 天然乾燥

天然乾燥は，戸外の雨のかからない風通しのよい場所に製材した木材を**桟積み**し自然に乾燥させる方法である。この方法は古くから行われてきたが，乾燥の進行が気象条件に大きく左右され，乾燥に長期間を要することも多いため，最近はむしろ予備乾燥の手段と位置付けられている。

用語の解説

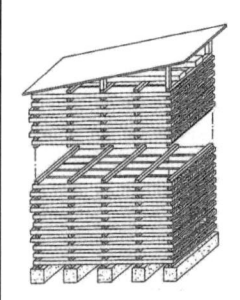

桟積み

下図参照

（木材・木質材料用語集）

(b) 人工乾燥

人工乾燥は乾燥室や乾燥機の中に木材を入れて，人工的に乾燥させる方法であり，現在は天然乾燥よりもこちらの方が一般的になっている。人工乾燥の主流な方法である蒸気乾燥では，水蒸気により温湿度を調整した40〜80℃の空気を循環させておき，木材からの蒸発水分を室外に排出する。この方法の場合，乾燥に要する期間は数日から十数日程度と短期間であるが，燃料が重油であるため燃料コストが高く，環境負荷が大きい。

(8) 木材の腐朽と防腐・防虫処理

(a) 腐朽

木材を腐朽させる菌類には，細菌，放線菌，子嚢（しのう）菌，不完全菌などがあるが，木造建築物にもっとも大きな被害をもたらすのは担子菌（キノコ類）であり，この種の菌は**木材腐朽菌**と呼ばれている。腐朽菌が生育するためには空気と適度な水分・温度が必要であり，その条件は木材の含水率20％以上，温度0〜50℃といわれている。また，木材が腐朽しやすい条件に置かれた場合，その腐朽性は表-2.5.5に示すように樹種によって異なる。

(b) 虫害

わが国で建築物の木材にもっとも激しい食害を与える昆虫は**シロアリ**である。この中で，ヤマトシロアリは日本全土に分布して地面に近い部分の湿った木のみを食害する。それに対し，千葉県以西に生息するイエシロアリは，自分で水を運ぶことができるので建物全体を食害し，加害木材中に巣を作るので被害を大きくする。なお，耐蟻性も表-2.5.5に示したように樹種によって異なる。また，シロアリによる食害は，写真-2.5.2に示すように軟質な早材部で大きく，晩材部で小さい。木材を食害する昆虫（食害性昆虫）は他にも多く存在し，なかでも広葉樹の辺材を食害する**乾材害虫**であるヒラタキクイムシなどがよく知られている。

(c) 防腐・防虫処理

ひのきやひばなどのような生物劣化に対する耐久性の高い樹種を用いる場合には，無処理であっても長期の耐久性を期待することができる。しかし，そうではない樹種の木材に対しては，防腐・防虫のための薬剤処理（保存処理）を施すことが広範に行われている。薬剤処理には，加圧注入，拡散，浸漬，塗布，吹付けなどの方法があるが，もっとも効果が高くて一般的な方法は，薬剤を短時間に深く浸透させることが可能な加圧注入法である。この方法では写真-2.5.3に示すような金属製の注薬缶に木材を入れ，缶内を減圧した状態で薬液を導入し，その後，缶内を12〜15kg/m³に加圧することにより薬液を木材内部に注入する。

なお，製材のJASでは木材の保存処理性能がK1〜K5の5段階に区分されており，値が大きいほど性能が高い。また，従来は防蟻剤としてクロルピリホスが広く用いられてきたが，現在はこの薬剤が**シックハウス症候群**

用語の解説

乾材害虫
繊維飽和点付近以下の乾燥した木材を加害する昆虫

シックハウス症候群
新築住宅の内装材などから室内に放散されるホルムアルデヒドや揮発性有機化合物（VOC）などにより引き起こされる，めまいや吐き気などの体調不良

表-2·5·5 木材の耐腐朽性・耐蟻性（木材工業ハンドブックをもとに作成）

種別	区分	日本材	北米，欧州，豪州材	熱帯産材
耐腐朽性	極大（野外で9年以上）			チーク
	大（野外で7〜8.5年）	ひのき，さわら，ひば，くり，けやき	ベイヒ，ベイヒバ，ベイスギ	マホガニー
	中（野外で5〜6.5年）	からまつ，すぎ，かつら，なら，しらかし	ベイマツ	クルイン
	小（野外で3〜4.5年）	もみ，あかまつ，くろまつ	ベイツガ	アピトン，レッドラワン
	極小（野外で2.5年以下）	えぞまつ，ぶな，とちのき，しおじ	スプルース	
耐蟻性	大	ひば		チーク
	中	ひのき，すぎ，つが，からまつ，いたやかえで，かつら，けやき，ぶな，とちのき，あかがし	ベイヒ	
	小	もみ，えぞまつ，あかまつ，くろまつ，くり	ベイスギ，ベイツガ，ベイマツ，バルサ	アフリカンマホガニー サペリ

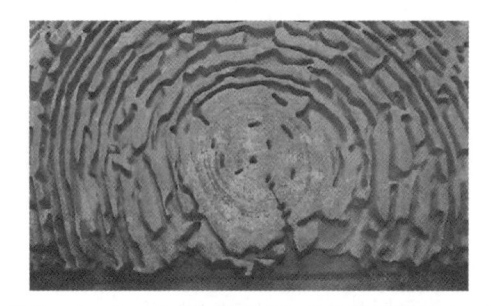

写真-2·5·2 イエシロアリに摂食された木材（木材なんでも小辞典）

写真-2·5·3 注薬缶（木材なんでも小辞典）

2.5 木材および木質材料

― テクニカルワンポイント ―

木杭の腐朽

　名古屋城の本丸跡から築城当時埋設された基礎杭が大量に掘り出されたことがあった。何百年も地中に眠っていたとは思えない，つい最近切り出した木材のように新鮮であった。これを見た木材業者は大喜びで買い取り，1ヵ月後に運びに行ったところ，持ち上げることさえできないほどぐさぐさに腐っており，大損をしたという。これは空気に触れると大活躍する木材腐朽菌が原因であった。下図は地中深さと木杭の腐朽のしやすさとの関係を示したものである。

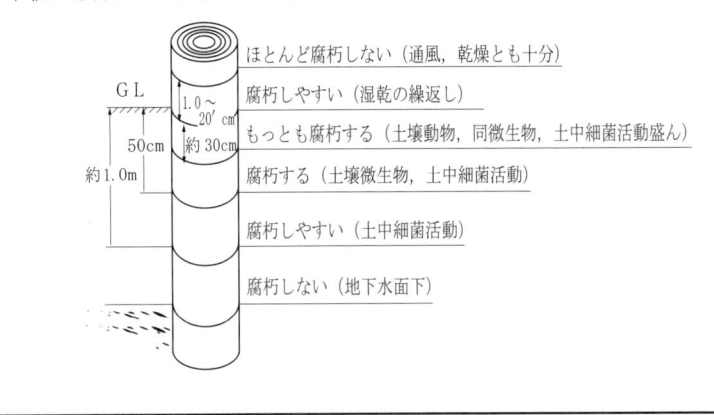

```
GL
        1.0～20cm   ほとんど腐朽しない（通風，乾燥とも十分）
        約30cm     腐朽しやすい（湿乾の繰返し）
   50cm            もっとも腐朽する（土壌動物，同微生物，土中細菌活動盛ん）
約1.0m             腐朽する（土壌微生物，土中細菌活動）
                   腐朽しやすい（土中細菌活動）
                   腐朽しない（地下水面下）
```

の原因となることが指摘されたため，建築基準法によりクロルピリホスを含む建材の使用が禁止されている。

2.5.2　木質材料

　木質材料は，木材を原料として種々の加工を施して新たに製造された材料の総称である。主なものに合板，集成材，単板積層材（**LVL**），木質ボード類があり，構成要素別の木質材料の分類を表-2.5.6 に，また，その一例を図-2.5.7 に示す。これらは木材を素材・原料レベルに一旦分解し，それらを接着剤またはセメントを結合材として接着成形し，板状や角材状に再構成したものである。そのため，小径材や廃材などを有効利用でき，また，節などの欠点を除去して均質な品質の材料が生産できるなどの長所がある。ただし，接着剤を使用するタイプの木質材料はシックハウス症候群の原因となり得る。そのため，これらに関連するJAS（日本農林規格）やJIS（日本工業規格）には，表-2.5.7 に示すようなホルムアルデヒド放散量の区分が規定されており，使用条件によって使い分けられている。

― 用語の解説 ―

LVL
Laminated Veneer Lumber
の略

第2章　構造材料

表-2·5·6　主な木質材料の種類（建築材料ハンドブック）

原料の構成要素		木質系材料の種類	主 な 区 分
木材	挽板	集　成　材	構造用大断面集成材，構造用集成材，造作用集成材
	単板	合　　　　板	普通合板，特殊合板，構造用合板，コンクリート型枠用合板，足場板用合板，難燃合板，防火戸用合板，防炎合板
		単板積層材(LVL)*	一般用単板積層材
	削片(木片)	パーティクルボード	素地パーティクルボード，含浸紙張りパーティクルボード，単板張りパーティクルボード，構造用パネル，化粧パーティクルボード
		木片セメント板	硬質木片セメント板，普通木片セメント板，木片セメント鉄筋補強板，木片セメント仕上補強板
	木毛	木毛セメント板	断熱木毛セメント板，難燃木毛セメント板
	木繊維	繊　維　板（ファイバーボード）	硬質繊維板，中質繊維板（半硬質繊維板），軟質繊維板，外装用化粧硬質繊維板
		パルプセメント板	パルプセメント板，化粧パルプセメント板

＊　ラミナベニアランバー

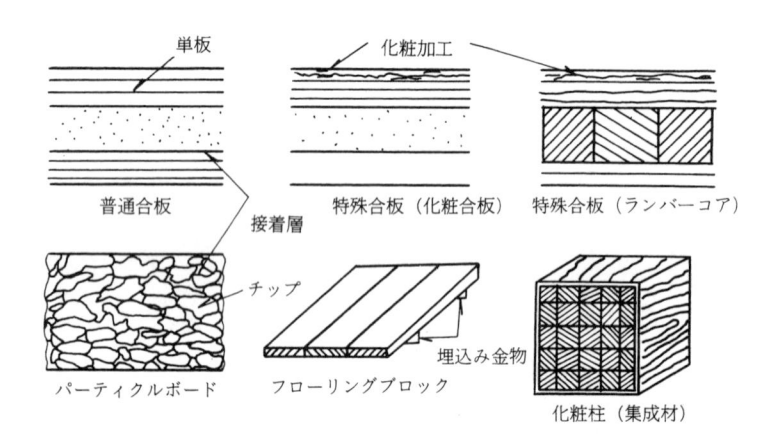

図-2·5·7　木質材料の一例

表-2·5·7　ホルムアルデヒド放散量の区分

種　類	ホルムアルデヒド放散量（mg/l）	
	平均値	最大値
F☆☆☆☆等級	0.3以下	0.4以下
F☆☆☆等級	0.5以下	0.7以下
F☆☆等級	1.5以下	2.1以下
F☆等級	5.0以下	7.0以下

2.5 木材および木質材料

表-2·5·8 合板の主な原木（木材工業ハンドブック）

種別		樹種
広葉樹	国産材	しな，かば，せん，ぶな，なら
	外国産材	フタバガキ科樹種（ラワン類，メランチ・セラキ類，カプール類，アピトン・クルイン類）
針葉樹	国産材	からまつ，えぞまつ，ひば，すぎ，あかまつ
	外国産材 北米材	ベイマツ，ベイツガ，スプルース，サザンパイン
	外国産材 北洋材	カラマツ，エゾマツ，オウショウアカマツ
	外国産材 その他	ラジアータパイン

---- 用語の解説 ----

単板

下図に示すように原木の丸太を回転させて，軸に平行なナイフで切削して製造する。

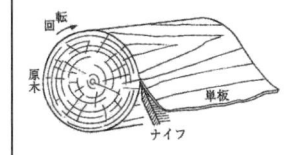

（木材・木質材料用語集）

(1) 合板

合板（ごうはん）は俗にベニヤ板とも呼ばれており，木材を薄く切削した板，すなわち**単板（ベニヤ）**を繊維方向が互いに直交するように数枚重ねて接着剤で貼り合わせたものである。合板の原木には表-2·5·8に示すようなものがあり，かつてはそのほとんどが熱帯産広葉樹であったが，最近は針葉樹への転換が進んでいる。

(a) 特徴

合板は天然の木材の長所を利用しつつ，木材の短所を改善したものであり，次のような特徴がある。

① 木材の繊維方向と直角な板幅方向に弱いという欠点を補い，縦横の両方向に強い。
② 広い面積の板材が得られる。
③ 木材のきずの影響が小さく，品質が均一である。
④ 製造工程の熱処理により虫害がほとんどない。
⑤ 含水率変化による膨潤・収縮が少ない。

(b) 分類と用途

合板は接着層の耐水性および耐久性によって，表-2·5·9に示すような3種類に分類される。また，一般的な合板の厚さ区分としては，表-2·5·10に示すようなものがあり，標準的な幅と長さ区分としては，91×182cm（サブロク，3×6尺），61×182cm（ニロク，2×6尺），122×243cm（シハチ，4×8尺）などがある。さらにJASには次の5種類の用途の合板が規定されている。

1) 普通合板
下記2)〜4)以外のもの。

2) コンクリート型枠用合板
コンクリートを打ち込み，所定の形に成型するための型枠として使用するもの（表面または表裏面に塗装またはオーバーレイを施したものを含む）

3) 構造用合板
建築物の構造耐力上主要な部分に使用するもの

4) 天然木化粧合板

木材特有の美観を表すことを主たる目的として表面または表裏面に単板を貼り合わせたもの

5) 特殊加工化粧合板

上記2)および4)以外で，表面または表裏面に**オーバーレイ**，プリント，塗装などの加工を施したもの

なお，合板は単に普通合板と**特殊合板**に分類されることもあり，その場合の特殊合板には図-2·5·8に示すようなものがある。

---- 用語の解説 ----

オーバーレイ

合板などの表面の保護や平滑度，美観を目的として，表面に化粧紙，木目印刷紙，樹脂含浸紙，化粧単板などを積層，接着すること

表-2·5·9 合板の耐水性，耐久性による分類（JAS）

区分	品質
特類	屋外または常時湿潤状態となる場所（環境）において使用することを主な目的とした接着の程度を有するもの
1類	コンクリート型枠用合板および断続的に湿潤状態となる場所（環境）において使用することを主な目的とした接着の程度を有するもの
2類	時々湿潤状態となる場所（環境）において使用することを目的とした接着の程度を有するもの

表-2·5·10 合板の厚さとプライ数の関係（合板の手引き）

厚さ	プライ数
9mm以下	3プライ（3枚合わせ）
9～15mm	5プライ（5枚合わせ）
15～24mm	7プライ（7枚合わせ）
24mm以上	9プライ（9枚合わせ）以上

---- 表中の用語の解説 ----

プライ

単板の積層枚数

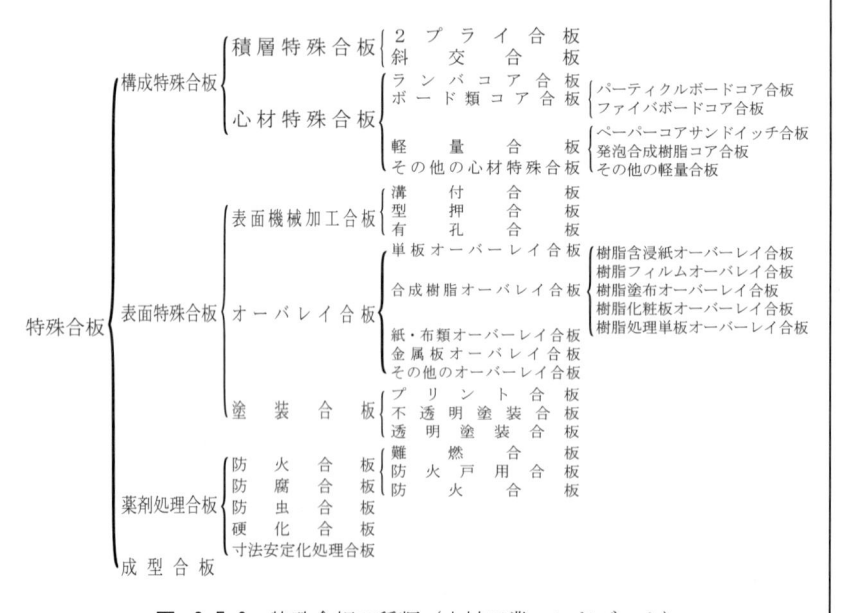

```
                    ┌積層特殊合板┬2プライ合板
                    │           └斜 交 合 板
         ┌構成特殊合板┤           ┌ランバコア合板
         │          │           ├ボード類コア合板─┬パーティクルボードコア合板
         │          └心材特殊合板┤                └ファイバボードコア合板
         │                      ├軽 量 合 板─┬ペーパーコアサンドイッチ合板
         │                      │            ├発泡合成樹脂コア合板
         │                      └その他の心材特殊合板└その他の軽量合板
         │          ┌表面機械加工合板┬溝 付 合 板
         │          │               ├型 押 合 板
         │          │               └有 孔 合 板
         │          │           ┌単板オーバーレイ合板─┬樹脂含浸紙オーバーレイ合板
特殊合板─┤表面特殊合板┤           ├合成樹脂オーバーレイ合板├樹脂フィルムオーバーレイ合板
         │          ├オーバレイ合板┤                      ├樹脂塗布オーバーレイ合板
         │          │           ├紙・布類オーバーレイ合板├樹脂化粧オーバーレイ合板
         │          │           ├金属板オーバーレイ合板  └樹脂処理単板オーバーレイ合板
         │          │           └その他のオーバーレイ合板
         │          └塗 装 合 板┬プ リ ン ト 合 板
         │                      ├不 透 明 塗 装 合 板
         │                      └透 明 塗 装 合 板
         │          ┌防 火 合 板┬難 燃 合 板
         │          ├防 腐 合 板├防 火 戸 用 合 板
         ├薬剤処理合板┤防 虫 合 板└防 火 合 板
         │          ├硬 化 合 板
         │          └寸法安定化処理合板
         └成 型 合 板
```

図-2·5·8 特殊合板の種類（木材工業ハンドブック）

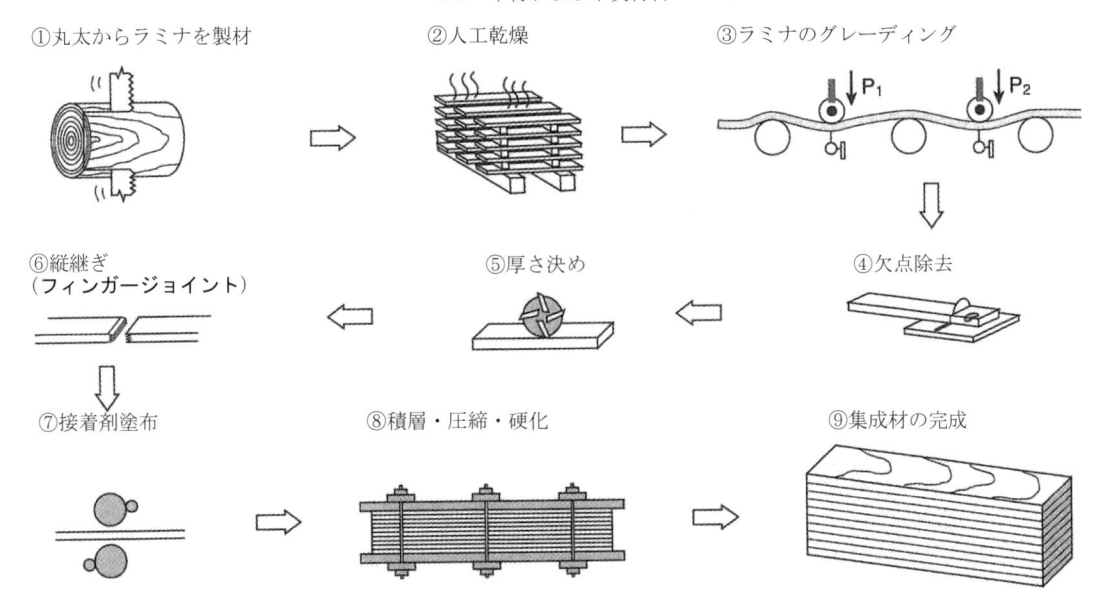

① 丸太からラミナを製材　　②人工乾燥　　③ラミナのグレーディング

⑥縦継ぎ（フィンガージョイント）　　⑤厚さ決め　　④欠点除去

⑦接着剤塗布　　⑧積層・圧締・硬化　　⑨集成材の完成

図-2.5.9　集成材の製造工程（木材なんでも小辞典）

(2) 集成材

ラミナまたは小角材を繊維方向が平行になるように長さ，幅および厚さ方向に接着剤で集成接着した材のことを集成材という。図-2.5.9にその製造工程を示す。近年，集成材は，その性能の長所を活かして，木造住宅などに積極的に利用されている。また，大断面集成材を用いてドーム構造などの大規模木造建築物が造られている。

(a) 特徴

集成材には以下のような特徴がある。

① 自由な寸法・形状の材料をつくることができる。例えば，長尺・大断面の材や湾曲材の製造も可能である。

② ラミナの段階で木材の欠点（きずなど）を除去できるので，均質で強度もほぼ同一の材料を量産できる。

③ 薄いラミナの段階で十分に乾燥させられることと，個々のラミナの変形が集成により平均化されることにより，反り，ねじれ，割れなどの変形が小さい。

④ 集成前にラミナに防腐，防虫，難燃処理をしておくことができるので，高い耐久性が期待できる。

(b) 分類と用途

JASの用途別区分に従って分類した集成材の品質と用途を以下に示す。

1) 造作用集成材

表面が素地のままの造作のための集成材で，表面に溝切り加工を施したものや，素地が化粧材としての美しさを持ったものがある。階段手すり，カウンタ，アーチ，枠材など成形の自由性を利用したものが多い。

用語の解説

フィンガージョイント
ラミナなどの縦継ぎ方法の一つで，下図のように，指状にジグザグ型に切削して端面を接着剤などで接合する方法

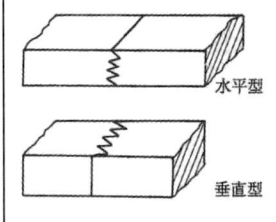

水平型
垂直型

（木材・木質材料用語集）

ラミナ
集成材の製造に用いる厚さ2～3cm程度のひき板

表-2·5·11 ラミナの構成による構造用集成材の区分

区分	異等級構成		同一等級構成
	対称構成	非対称構成	
構成例	強→弱→強 L160/L125/L100/L100/L100/L100/L125/L160	やや強→弱→強 L125/L110/L100/L100/L100/L100/L125/L160	L140/L130/L110/L140
定義	構成するラミナの品質が同一でなく，曲げ応力を受ける方向が積層面に直角になるように用いられるもの		構成するラミナの品質が同一で，曲げ応力を受ける方向が積層面に平行になるように用いられるもの
	ラミナの品質の構成が中心軸に対して対称なもの	ラミナの品質の構成が中心軸に対して対称でないもの	

＊ 表中の図は，日本集成材工業協同組合ホームページより引用

2) 化粧ばり造作用集成材

素地の表面に美観を目的として薄板を貼り付けた造作のための集成材で，化粧柱，長押（なげし），鴨居（かもい），天井回り縁などに用いられる。

3) 構造用集成材

曲げヤング係数によってL30～L200に等級区分されたラミナ（例えばL200の場合，曲げヤング係数が20.0kN/mm^{2}であることを表す）を積層接着したもので，構造物の耐力部材に用いられる。構造用集成材は，ラミナの品質の構成によって表-2·5·11に示す3種類に区分される。また，断面の大きさにより，大断面（短辺が15cm以上で，断面積が300cm^{2}以上），中断面（短辺が7.5cm以上で，長辺が15cm以上）および小断面（短辺が7.5cm未満または長辺が15cm未満）に分類される。

4) 化粧ばり構造用集成材

所要の耐力を目的として選別したラミナを積層接着し，その表面に美観を目的として薄板を貼り付けたもので，主として木造住宅の化粧柱などの化粧構造材として用いられる。

(3) 単板積層材（LVL）

単板積層材（LVL）は，合板と同様に**単板（ベニヤ）**を素材とした材料である。ただし，単板積層材の場合は，単板を繊維方向が平行になるように積層接着する点が合板とは異なる。また，積層数も多く，合板が面材として用いられるのに対し，単板積層材は，集成材と同様に軸材・骨組材として用いられる。

(a) 特徴

単板積層材は，おおむね集成材と同様の特徴を有している。すなわち，寸法・形状の自由度や安定性・精度が高く，防腐・防虫・難燃処理が容易で品質のばらつきが小さい。

2.5 木材および木質材料

―― テクニカルワンポイント ――

木のドーム

近年は，大断面集成材を用いてさまざまな大規模木造建築物が建てられている。なかでも大規模建築物の華といえばドームであり，屋根のトラス材などに集成材や丸太を利用した木質系ドームとしては，例えば，以下のようなものがある。また，これらには，地元産の木材を用いたものも多い。

名　称	用　途	竣工年	所在地
出雲ドーム	屋内多目的スポーツ施設	1992年	島根県出雲市
やまびこドーム	屋内多目的スポーツ施設	1993年	長野県松本市
エムウェーブ	屋内スピードスケート	1996年	長野県長野市
大館樹海ドーム	野球場，多目的競技場	1997年	秋田県大館市
郡上市総合スポーツセンター	スポーツ文化施設	2001年	岐阜県郡上市

出雲ドーム　　エムウェーブ　　大館樹海ドーム

―― テクニカルワンポイント ――

（問）集成材（平均強度 20N/mm^2）の方が，木材（平均強度 25N/mm^2）より強いのはなぜか？
（答）集成材は木材より強度のばらつきが小さいから強い。
（その理由）下表は，ばらつきの大きい木材とばらつきの小さい集成材をそれぞれ10本ずつ試験した結果である。

木　材	24　18　25　30　16　10　22　35　39	平均強度 = 25 N/mm^2
集成材	24　18　25　19　16　17　22　20　21	平均強度 = 20 N/mm^2

木材の平均強度は 25N/mm^2 と高いが，10本の中に 10N/mm^2 という非常に弱い材料が入っている。そのため，実際に使用するにはせいぜい 7〜8N/mm^2 しか荷重をかけることができない。一方，集成材の平均強度は 20N/mm^2 であるが，一番弱い材料でも 16N/mm^2 ある。したがって，実際に使用するときには 11〜13N/mm^2 位の荷重をかけることができる。だから，集成材の方が強いといえる。

(b) 分類と用途

JAS（日本農林規格）には，次の2種類の用途の単板積層材が規定されている。

1) 造作用単板積層材

非構造用のもので，主として家具・建具の基材や造作に用いられるもの。表面に化粧加工を施さないものと施したものとがある。

2) 構造用単板積層材

主として構造物の耐力部材に用いられるもので，単板の積層数，長さ方向の接着部の間隔や品質などにより，特級，1級，2級に区分されている。

(4) フローリング

主として木質系の材料を用いて必要な加工を施した床材用の板のことをフローリングという。フローリングには荷重を支える強度のほかに，床を覆うための材料として適度な弾力性，硬さ，歩行性，耐摩耗性などの性能が求められる。また，フローリングは下記のように単層フローリングと複合フローリングに大別され，JASでは表-2・5・12に示すように分類されている。

1) 単層フローリング

ひき板を基材とし，厚さ方向の構成層が1のフローリング（裏面に防湿および不陸緩和を目的として積層した材料を接着したものを含む）で，**フローリングボード，フローリングブロック，モザイクパーケット**がこれに含まれる。

2) 複合フローリング

単層フローリング以外のフローリング（すなわち，厚さ方向の構成層が2以上のフローリング）で，複合1種フローリング，複合2種フローリング，複合3種フローリングに区分される。

(5) 木質ボード類

木質ボードとは，木材原料を小片またはそれ以下の要素に細分化し，それを結合材で再構成した板材料のことである。わが国では木質ボード類の生産・消費量は合板に比べて非常に少ないが，欧米諸国では木質ボード類への依存度が高い。また，木質ボード類には次のようなものがある。このうちのパーティクルボード，ファイバーボード，OSBが有機系接着剤を結合材としたものであるに対し，木質系セメント板は無機材料であるセメントを結合材としたものである。

1) パーティクルボード

木材などの小片（チップ，**フレーク，ウェファー，ストランド**などと呼ばれる切削片，破砕片）を主な原料とし，接着剤を用いて熱圧成形したボードである。家具，造作材，構造材に用いられる。

用語の解説

フレーク

厚さ0.6mm×幅10mm×長さ10～30mm程度の削片。これを用いたボードをフレークボードと呼ぶこともある。

ウェファー

厚さ0.6mm×幅50mm×長さ50～70mm程度の削片。これを用いたボードをウェファーボードと呼ぶこともある。

ストランド

厚さ0.6mm×幅20mm×長さ50～300mm程度の削片。これを用いたボードをストランドボードと呼ぶこともある。

2.5 木材および木質材料

表-2·5·12 フローリングの分類

区分	呼称	定義	工法	代表的な構成
単層フローリング	フローリングボード	1枚のひき板を基材とした単層フローリング	根太張り 直張り	
	フローリングブロック	ひき板を2枚以上並べて接合したものを基材とした単層フローリング	直張り	
	モザイクパーケット	最長辺が22.5mm以下のひき板の小片（ピース）を2個以上並べて紙などを用いて組み合わせたものを基材とした単層フローリング	直張り	
複層フローリング	複合1種フローリング	**ベニヤコア合板**のみを基材とした複合フローリング	根太張り 直張り	
	複合2種フローリング	ひき板，集成材，単板積層材または**ランバーコア合板**を基材とした複合フローリング	根太張り 直張り	
	複合3種フローリング	複合1種フローリングおよび複合2種フローリング以外の複合フローリング	根太張り 直張り	

* 表中の図は木材工業ハンドブックによる

――― 表中の用語の解説 ―――

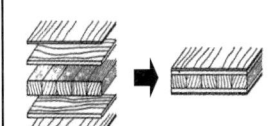

ベニヤコア合板
心板・添え心板に単板（ベニヤ）を使用した一般的な合板

ランバーコア合板
左図のように，心材にランバー（ひき板），表・裏・添え心板に単板を使用した合板

（日本合板工業組合連合会ホームページによる）

2) **ファイバーボード**

木材やその他の植物繊維を原料として成形したボードであり，JISではその密度により，インシュレーションファイバーボード（**インシュレーションボード**，密度 $0.35g/cm^3$ 未満），ミディアムデンシティーファイバーボード（**MDF**，密度 $0.35g/cm^3$ 以上），ハードファイバーボード（**ハードボード**，密度 $0.8g/cm^3$ 以上）に分類されている。

3) **OSB**

ストランドを繊維方向に配向させて製造したボードであり，一般に3層構造となっており，表層と中心層が直交に配向している。OSBは，針葉樹

――― 用語の解説 ―――

OSB
Oriented Strand Boardの略。配向性ストランドボードとも呼ばれる。

合板の代替材として開発されたもので，主に屋根，床，壁下地などに用いられる。

4）木質系セメント板

木毛セメント板と**木片セメント板**があり，木毛セメント板では**木毛**を，木片セメント板では木片を木質原料とし，それらとセメント，水などを混練して圧縮成形したボードである。これらは防火性，吸音性，断熱性などに優れており，主に屋根下地や壁に用いられる。

―― 用語の解説 ――

木毛
厚さ $0.3 \sim 0.5$ mm ×幅 $3 \sim 5$ mm 程度の削片

第2章　演習問題

1. コンクリートの長所および短所を3つずつ挙げよ。
2. 以下の各種のコンクリートについて簡単に説明せよ。
   1) 軽量コンクリート　2) 寒中コンクリート
   3) マスコンクリート　4) 高流動コンクリート
3. 現在用いられているセメントを5種類挙げ，その特徴について説明せよ。
4. セメントを構成する主要な鉱物を4種類挙げ，その化学組成と強度特性を示せ。ただし，化学組成には以下の記号を用いること。
   　　　C：CaO　　S：SiO$_2$　　A：Al$_2$O$_3$　　F：Fe$_2$O$_3$
5. 以下の骨材について，製造方法および特徴について概説せよ。
   1) 砕砂，砕石　2) 高炉スラグ骨材　3) 再生骨材H
6. 骨材のふるい分け試験を行って，次の数値が得られた。細骨材と粗骨材の粗粒率を求めよ。

ふるいの呼び寸法 (mm)	細骨材			粗骨材		
	各ふるいに留まったものの質量百分率(%)	累加残留率(%)	各ふるいの通過率(%)	各ふるいに留まったものの質量百分率(%)	累加残留率(%)	各ふるいの通過率(%)
80				0	0	100
40				3	3	97
30				17	20	80
20				29	49	51
15				26	75	25
10				6	81	19
5	2	2	98	17	98	2
2.5	8	10	90	2	100	0
1.2	20	30	70			
0.6	30	60	40			
0.3	20	80	20			
0.15	15	95	5			
底ぶたに残ったもの	5	100	0			

7. 骨材の単位容積質量および実積率を以下の手順で測定した。単位容積質量および実積率の算定式を示せ。
   1) 試料容器の容積 V_c および試料容器の質量 W_c を計測した。
   2) 試料容器に絶乾状態の骨材を充填し，その重さ（骨材＋容器）W_a を計測した。

第 2 章　演習問題

　　3)　骨材の絶乾密度 ρ_a を測定した。
8. 骨材に含まれる有害物を 3 つ挙げ，鉄筋コンクリートの品質に及ぼす影響について簡単に説明せよ。
9. 以下の混和剤の機能について説明せよ。
　　1)　AE 剤　　2)　減水剤　　3)　流動化剤
10. 以下の混和材をコンクリート中で用いた場合の品質改善効果について，括弧内のキーワードを用いて概説せよ。
　　1)　高炉スラグ微粉末（潜在水硬性）
　　2)　フライアッシュ（ポゾラン反応）
　　3)　シリカフューム（ポゾラン反応，マイクロフィラー効果）
11. 普通コンクリートの調合に関する JASS 5 の規準のうち，以下の項目の規定値を右の枠内から選んで記号で答えよ。
　　1)　単位水量　　　　　　　（　）
　　2)　単位セメント量　　　　（　）
　　3)　水セメント比　　　　　（　）
　　4)　空気量　　　　　　　　（　）
　　5)　スランプ　　　　　　　（　）
　　6)　気乾単位容積質量　　　（　）
　　7)　塩化物イオン量　　　　（　）

　　ア．65%以上　　　　　　イ．65%以下
　　ウ．270 kg/m³ 以上　　　エ．270 kg/m³ 以下
　　オ．185 kg/m³ 以上　　　カ．185 kg/m³ 以下
　　キ．0.30 kg/m³ 以上　　　ク．0.30 kg/m³ 以下
　　ケ．18cm 以上　　　　　コ．18cm 以下
　　サ．4.5%　　　　　　　　シ．0.45%
　　ス．2.1 t/m³ を超え 2.5 t/m³ 以下
　　セ．210 kg/m³ を超え 250 kg/m³ 以下

12. コンクリートの調合設計に用いるコンクリート強度に関する以下の記述について，適切な強度の名称を答えよ。
　　1)　構造計算において基準としたコンクリートの圧縮強度
　　2)　構造物および部材の供用期間に応ずる耐久性の確保に必要なコンクリートの圧縮強度
　　3)　標準養生された強度管理用供試体が，材齢 28 日において満たすべき圧縮強度
　　4)　コンクリートの調合設計時に目標とするコンクリートの圧縮強度
　　5)　生コンクリート工場にコンクリートを発注する際に指定するコンクリートの圧縮強度
13. フレッシュコンクリートの品質評価試験を 3 つ挙げ，評価する項目と，その項目がコンクリートの品質に及ぼす影響を概説せよ。
14. 以下の語句を簡単に説明せよ。
　1)　材料分離
　2)　ブリーディングとレイタンス
　3)　沈みひび割れ
　4)　プラスチック収縮ひび割れ
15. コンクリートの圧縮強度に著しい影響を及ぼす主な要因を 3 つ挙げ，その影響の仕方について図を用いて説明せよ。
16. 圧縮荷重を受けるコンクリートの損傷の進展について，載荷試験

で得られる応力－ひずみ曲線から，どのような情報が得られるか図を用いて説明せよ．

17. コンクリートの圧縮試験により，右図のような荷重－変位曲線が得られた．このコンクリートの圧縮強度，ヤング係数，および圧縮強度時のひずみを求めよ．また，引張，曲げ，せん断の各強度を推定せよ．ただし，供試体にはϕ100×200mm円柱体を用い，変位の測定長さを150mmとした．

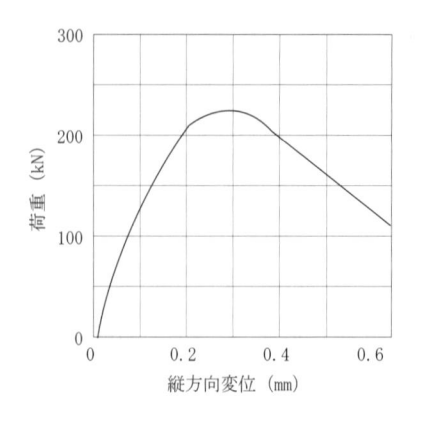

18. 鉄筋コンクリート構造の耐久性を確保するためには，コンクリートについて，材料学的にどのような点に留意すべきか説明せよ．

19. 現場打ちコンクリートとプレキャストコンクリートの品質の違いについて説明せよ．

20. プレハブ工法で使用されるプレキャストコンクリート部材の種類，特徴，用途について説明せよ．

21. プレストレストコンクリート製品の種類，特徴，用途について説明せよ．

22. コンクリート製型枠製品の種類，特徴，用途について説明せよ．

23. 建築用コンクリートブロックの種類，特徴，用途について説明せよ．

24. 次の記号の意味を説明せよ．

   1) SD 295A   2) SR 235   3) SS 400   4) F10T

25. 鋼材中の炭素の含有量は鋼材の性質にどのような影響を及ぼすか説明せよ．

26. 異形鉄筋と丸鋼とではコンクリート中での付着特性にどのような違いが生じるか説明せよ．

27. 鋼材の座屈とはどのような現象か，これを防ぐにはどうすればよいか説明せよ．

28. 高力ボルト接合の原理を説明せよ．

29. 隅肉溶接と突合せ溶接の違いを説明せよ．

30. 木材の次の性質について説明せよ．

   1) 木材の特徴   2) 乾燥と変形・収縮   3) 熱的性質

   4) 強度と密度・含水率

31. 木材の防腐，防虫処理について説明せよ．

32. 木質材料の種類を列挙し，それぞれについて説明せよ．

第3章　非構造材料

3.1　概　説

　この章で対象とする非構造材料とは，建築物の構造体以外に使用されるすべての材料をいうが，本章でこれらのすべてを網羅することは困難であるため，現在よく使用されている材料を中心に，新材料にも触れながら記述する。

　この章で対象とした非構造材料に要求される性能としては，主として建築物の意匠性，機能性，耐久性などを高めることが重視される。建築材料は，1.3節で述べたように，一般に素材別，使用部位・工事区分別，性能・機能別，生産区分別などに分類されるが，この章の前半（3.2～3.4節）で取り上げた金属系材料（3.2節），セラミック系材料（3.3節），高分子系材料・塗料・接着剤（3.4節）などについては，素材別に種類・品質・特性などを把握して，設計・施工の仕様を決めることが重要である。

　この章の後半（3.5～3.9節）では，非構造材料を機能・使用部位別に分類して記述している。断熱・防火材料(3.5節)，吸音・遮音材料(3.6節)および屋根・防水材料（3.7節）は，建築物の用途や規模などによってその仕様と施工法が決められる。外装材料（3.8節）は，過酷な気象作用や劣化要因などから構造体を保護する機能を有する材料が選択されるが，ここでは，素材別に種類，特性，施工法について記述する。内装材料（3.9節）は，居住環境を快適にすることに主眼をおいて選定されるが，ここでは内装材料に要求される性能について述べた後，使用部位別に各材料の性質について記述する。

　最近，生産・施工の合理化と熟練工の不足から，**湿式工法**から**乾式工法**へと次第に移行しつつあり，各種の合板，金属板，セメント板などが普及してきている。

3.2　金属系材料

　建築において，鉄鋼を除く金属材料は仕上材，建具などに用いられる。この金属材料は，主として合金鋼と非鉄金属に大別される。

　本節では，はじめに合金鋼として取り扱われるステンレス鋼と耐候性鋼を述べ，つぎに非鉄金属の合金であるアルミニウム合金，銅合金，チタン合金，その他の非鉄金属（ここでは亜鉛，すず，鉛）を，また，金属の腐

───── 用語の解説 ─────

湿式工法
仕上げモルタルやタイル貼りなどのように，水で練って仕上げる工法

乾式工法
各種ボード類などのように，水を使用しないで，釘打ちなどで仕上げる工法

第3章 非構造材料

表-3·2·1 金属材料の物理的性質と機械的性質

金属	密度 [g/cm^3]	溶融点 [℃]	比熱 [J/g・℃]	熱膨張係数 [10^{-6}/℃]	熱伝導率 [W/m・K]	電気比抵抗 [10^{-6}Ωcm]	弾性係数 [kN/mm^2]	降伏点 [N/mm^2]	引張強度 [N/mm^2]	伸び [%]
純鉄(軟鋼)	7.8	1535	0.46	11.2	72	9.84	206	220-300	300-540	20-36
ステンレス鋼(SUS304)	7.9	1400-1450	0.50	17.3	16.3	72	193	235	520	35
ステンレス鋼(SUS430)	7.7	1430-1510	0.46	10.4	26.2	60	200	205	450	22
ステンレス鋼(SUS410)	7.7	1510	0.46	9.9	25.0	57	200	345	540	25
アルミニウム合金(6063)	2.7	616-651	0.90	23.4	200	3.3	71	215	245	12
銅(Cu)	8.9	1080	0.38	16.5	393	1.55	129	59	240	40-60
黄銅	8.5	912-955	0.38	19.9	111	6.2	111	110	325	62
青銅	8.9	950-1050	0.38	17.8	73	11	111	520	560	10
洋白	8.7	1070-1110	0.38	16.2	31	29	124	510	590	3
チタン合金(Ti-6AL-4V)	4.4	1540-1650	0.52	8.8	7.5	171	113	950	1050	10
亜鉛(Zn)	7.1	419	0.38	30	113	5.9	75-79	-	108-274	30-50
すず(Sn)	7.3	231	0.27	21	64	11.4	57	-	-	-
鉛(Pb)	11.3	327	0.13	29	35.0	21	16	-	0-23	20-60

食と防食について触れている。表-3·2·1にこれら金属材料の性質を示す。

3.2.1 ステンレス鋼

ステンレスの語源は,"汚れ・錆(Stain)"と"にくい(Less)"をあわせた"汚れにくい・錆びにくい(Stainless)"である。ステンレス鋼は,ニッケルNiやクロムCrなどを含む合金鋼の一種であり,これらの添加量を変化させると曲げ加工性や耐食性などの性質が変化する。

(1) 種類

JIS G 4305, JIS G 4307に規定されているステンレス鋼(SUS:Steel special Use Stainlessの総称)の種類は多く60品種以上に及び,建築用材料として広く用いられている。表-3·2·2に代表的なステンレス鋼の種類を示す。

(2) 特徴

① 軟鋼と比較して優れた耐食性,耐候性を有する。
② 剛性,強度および伸びは軟鋼と同等である。
③ **加工硬化性**(ひずみ硬化)が大きく,明確に降伏点が現れない。
④ 材料単価が高い。

表-3·2·3にステンレス鋼と鋳鉄の性質の比較を示す。

--- 用語の解説 ---

加工硬化性
金属材料が塑性加工を受けて降伏点が上昇し,延性が低下する現象

表-3·2·2 代表的なステンレス鋼の種類

基本成分による分類	金属組織による分類	概略組成による分類	代表的鋼種
クロム・ニッケル系	オーステナイト系	18クロム-8ニッケル系(18-8)	SUS304
		18クロム-8ニッケル-2.5モリブデン系(18Cr・8Ni・2.5Mo)	SUS316
クロム系	フェライト系	18クロム系(18Cr)	SUS430
		22クロム系(22Cr)	SUS445
	マルテンサイト系	13クロム系(13Cr)	SUS410

3.2 金属系材料

表-3.2.3 各種ステンレス鋼と鋳鉄の性質（尾崎）

分類	性質	SUS304	SUS430	SUS410	鋳鉄
物理的性質	熱膨張	×	○	○	○
	磁気的性質	×	○	○	○
機械的性質	強度(比強度)	×	×	○	×
	疲労強度	×	×	○	×
	耐摩耗性	×	×	○	×
	耐熱性	○	△	△	×
耐食性	耐全面腐食性	○	○	△	×
	耐孔食性	○	○	△	×
被加工性	鋳造性	○	△	○	○
	溶接作業性	○	○	△	○
	溶接熱安定性	×	△	○	○
その他	コスト	×	△	△	○

○：優　△：良　×：劣

備考　SUS316は，SUS304にモリブデンが加えられたもので，より耐食性に優れる。
　　　SUS430は，SUS304ほど耐食性がない。
　　　SUS445は，SUS304，306より耐食性に優れる。

(3) 用途

屋根材，外装材，内装材，**カーテンウォール**，貯水槽，サッシ，樋，フェンス，シャッター，ドア，手すり，門扉，設備製品，台所用品，建築金物など

3.2.2 耐候性鋼

耐候性鋼はJIS G 3125に規格品が示されており，軟鋼に銅を0.25〜0.35％添加して耐候性を高めたものである。表面に酸化皮膜を生じ，錆の鋼材内部への侵入を遅らせ耐候性を改善したもので，銅CuのほかニッケルNi，クロムCr，リンPなどが少量添加されている。

(1) 特徴

① ステンレス鋼より安価である。
② 適切な管理を行うことで無塗装で使用でき，メンテナンス費や塗装費を軽減できる。
③ 大気中での適度な乾湿の繰返しにより，表面に緻密な錆（安定錆）を形成する。
④ ステンレス鋼ほどの**耐食性**，耐酸化性はない。
⑤ 錆の発生具合によって，色むらが生じる。
⑥ 塩分により腐食が進行することがある。

(2) 用途

建築用軽量形鋼，カーテンウォール，屋根材，**サッシバー**など

3.2.3 アルミニウム合金

アルミニウム系金属は，純アルミニウムのほかに，けい素Si，鉄Fe，

用語の解説

カーテンウォール
建物の荷重を負担しない非耐力壁

耐食性
腐食を起こしにくい性質

サッシバー
金属製建具などを構成する線状部材

第3章 非構造材料

表-3·2·4 建築で用いられるアルミニウム合金の種類（JIS H 4000）

合金番号 1000番台	純アルミニウム	
合金番号 3000番台	Al-Mn系	非熱処理型
合金番号 4000番台	Al-Si系	
合金番号 5000番台	Al-Mg系	
合金番号 7000番台	Al-Zn-Mg系	熱処理型

銅 Cu，マンガン Mn，マグネシウム Mg，クロム Cr，亜鉛 Zn，すず Ti を含むアルミニウム合金がある。アルミニウムの製法は，i) 原鉱石のボーキサイト，アルミナけつ岩などからアルミナを製造する工程，ii) アルミナから金属アルミ（地金）を溶融電解して製錬する工程，の2種類に分かれる。とくに後者の電解精錬工程では，大量の電気を消費する。

(1) 種類

アルミニウムおよびその合金は，**展延用**と**鋳物用**アルミニウムに大別され，その種類は非常に多い。なお，ジュラルミン (Al-Cu系，記号 A 2017)，超ジュラルミン (Al-Cu系，記号 A 2024)，超々ジュラルミン (Al-Zn-Mg系，記号 A 7075) はアルミニウム合金である。アルミニウムを陽極として電解により酸化させて，表面に酸化アルミニウムの耐食性被膜を施したものを**アルマイト**という。表-3·2·4に建築で用いられるアルミニウム合金の種類を示す。

(2) 特徴

① **比強度**が大きい。
② 展伸性に富み，押出し加工ができ，断面形状の自由度が高いが傷つきやすい。
③ 表面に酸化皮膜をつくり，耐食性に富む。
④ 銀白の光沢を有し，光や熱の反射率が大きい。
⑤ 海水，酸，アルカリ（コンクリートに接触すると腐食する）に弱い。
⑥ 耐火性に劣り，100℃以上で軟化し始める。
⑦ 熱膨張係数は軟鋼の約2倍であり，外気温，直射日光にさらされる外装の場合，伸縮を考慮した構法にしなければならない。

表-3·2·5にアルミニウム合金の性質を示す。

(3) 用途

カーテンウォール，屋根材，天井材，内・外壁材，ドア，サッシ，シャッ

用語の解説

展延用
金属を延ばして金属製品をつくる工法

鋳物用
溶かした金属を鋳型に流しこみ金属製品をつくる工法

比強度
強度を比重または単位質量で除した値

表-3·2·5 アルミニウム合金の性質

種類	特徴
純アルミニウム	加工性・耐食性・溶接性などに優れるが，強度が低く構造材には適さない
Al-Mn系	Mnの添加によって純アルミニウムの強度を増加させたもの
Al-Si系	Siの添加により熱膨張を抑え，耐摩耗性の改善を行ったもの
Al-Mg系	Mg添加量の比較的少ないものは装飾用材，多いものは構造体として使用されている
Al-Mg-Si系	強度・耐食性が良好

ター，乙種防火戸，階段，**押縁**，手すり，ブラインド，ルーバー，窓格子，配管，照明器具など

3.2.4 銅・銅合金

黄銅鉱などの鉱石から製造した不純物を含む粗銅を**電解精錬**することによって銅は得られる。銅は精錬方法が鉄・アルミニウムに比べて簡単なこと，また他の金属を添加することで，展延性や耐食性などの性質を改善することができることなどから，広い用途に供されている。

(1) 種類

① 銅

② 黄銅（真ちゅう）：銅 Cu と亜鉛 Zn の合金であり，色調や性質は亜鉛の含有量によって異なる。5円硬貨の素材である。

③ 青銅（ブロンズ）：銅 Cu にすず Sn を 4〜12% 含有した銅合金である。10円硬貨の素材である。

④ 洋白（ホワイトブロンズ・洋銀）：銅 Cu に亜鉛 Zn を 15〜35% とニッケル Ni 6〜35% を含んだ銅合金で美しい銀白色を呈する。500円硬貨の素材である。

(2) 特徴

① 銅：i) 展延性に富み，成形・加工が容易である。ii) 熱伝導率が大きい（軟鋼の約5倍）。iii) 電気比抵抗が小さい（軟鋼の約 1/6）。iv) 空気中の炭酸ガスによって緑青を生じ，表面保護被膜を形成する。v) アンモニア・アルカリ類・海水に侵食される。vi) 濃硫酸・硝酸に溶ける。近年の酸性雨の影響で，腐食の進化が著しい。

② 黄銅：i) 強度が高く，加工性に富み耐食性に優れている。ii) 亜鉛含有量が大きいほど伸延性が増す。iii) 価格は銅合金のなかでもっとも低い。

③ 青銅：i) 黄銅より強度が高い。ii) 黄銅より高耐食性で鋳造しやすく，色調がよい。iii) 耐海水性がある。

④ 洋白：i) 加工性に優れ，耐酸性・耐アルカリ性を有する。ii) 美しい銀白色を示す。

(3) 用途

屋根葺，樋，配管，電気配線，**下見張り**，建築用装飾金物，建築建具用金物など

3.2.5 チタン合金

チタンは地殻中に多く存在する重金属であり，また土壌中に酸化チタンとして含まれている。チタン（JIS H 4600）は，優れた耐食性や成形性がある。またチタン合金は，純チタンの性質を改善するため，アルミニウム Al，バナジウム V，すず Sn，モリブデン Mo などを添加したものである。

用語の解説

押縁
板類の継目や端部に，目地を隠すように取り付ける細い材

電解精錬
電気分解によって純粋な金属をつくること

下見張り
板を横に少しずつ重なり合うように取り付けること

(1) 種類

チタンは，純チタンとチタン合金に大別される。純チタンは，JIS 1 種～4 種などがあり，この数値が増すごとに硬くなる。チタン合金の種類は多く，代表的なものとして Ti-6Al-4V などがある。

(2) 特徴

① 比強度が高い。
② 耐食性に優れる。特に塩素イオンに対して優れた耐食性を発揮する。
③ 毒性がない。
④ 摩耗しやすい。
⑤ 非磁性である。
⑥ 難削材であり，加工が難しく，歩留まりがある。
⑦ 高価である。

(3) 用途

屋根，内外壁，樋，塗料（**光触媒**酸化チタン）など

3.2.6 亜鉛・すず・鉛

(1) 特徴

① **亜鉛**：酸，アルカリに弱い。空中や水中で表面に塩基性炭酸塩の被膜を形成するため耐食性が大きい。鋼板に接触させて腐食を防止する。亜鉛は鉄よりイオン化傾向が大きいので，亜鉛鉄板は鉄くぎで留められると錆びる。
② **すず**：展延性に優れる。有機酸に強い。弱酸に徐々に侵されるが，空気中や清水中では侵されない。ブリキ板は，亜鉛鉄板よりも耐食性が劣る。
③ **鉛**：密度が大きい（軟鋼の約 1.5 倍）。軟らかい（弾性係数は軟鋼の約 1/14 倍）。放射線遮蔽効果がある。耐酸性であるがアルカリには侵されやすいため，コンクリートには直接に接触しないようにする。有害性としての鉛中毒がある。はんだは鉛とすずを主成分とした合金である。

(2) 用途

① 亜鉛：亜鉛鉄板（JIS G 3302），金物の腐食防止など
② すず：ブリキ板（鋼板にすずメッキ），装飾金物など
③ **鉛**：**ダンパー**，屋根葺き材，樋，放射線遮蔽材，設備用継手金物など

3.2.7 金属の腐食・防食

(1) 金属の腐食

金属が化学的に侵食されることを**腐食**という。腐食は主として以下の 2 種類がある。

用語の解説

光触媒
光が照射されてさまざまな化学反応を起こすことで，防汚機能，水質浄化機能などを有する物質のこと

ダンパー
振動エネルギーを吸収する装置

3.2 金属系材料

表-3·2·6 イオン化傾向

K	Ca	Na	Mg	Al	Zn	Fe	Ni	Sn	Pb	Cu	Hg	Ag	Pt	Au

大 ◄──────── イオン化傾向 ────────► 小

(a) 金属が大気中の酸素や水などに直接触れて起こる腐食

　金属の原料は，天然では酸化された状態，すなわち酸化物，水酸化物，炭酸塩などの安定な物質として存在している。金属はこれらの原料から冶金によってつくり出されるものであるため，精製後は酸やアルカリによって再び元の酸化物や炭酸塩になりやすく，安定性に欠ける性質を持っている。

(b) 異種の金属が接触して電気化学反応が起こる腐食

　二つの異種金属が高湿の空気中や水中で接すると，両者の**標準電極電位**の相違により電気分解が起こり，**イオン化傾向**の大きな金属の方が腐食する。この腐食を**電食**という。主な金属のイオン化傾向の順を表-3·2·6に示す。例えば，アルミニウム Al と鉄 Fe が接すると，イオン化傾向の大きなアルミニウムが腐食される。

(2) 防食方法

(a) **設計と用法による方法**

① 異種金属や非金属とはできるだけ接触させない。
② 均質な材料のものを選ぶ。大きなひずみが生じると**応力腐食**が起こるので，大きなひずみを発生させない使い方をする。
③ 残留応力のあるものは焼なましを行い残留応力を除去する。
④ 表面をできるだけ平滑，正常にし，凹凸，すきま，かど，すみなどを作らず，できるだけ乾燥状態に保つようにする。

(b) **表面保護被膜による方法**

① メッキなどにより金属被膜をつくる。
② アルマイト，りん酸塩処理，クロム酸塩処理，黒色酸化鉄処理などの化学処理を行う。
③ **ホーロー**，セメント，モルタル，コンクリートなどの無機質材料で被覆する。
④ ペイント，**ワニス**，**鉛丹**，ゴム，プラスチック，アスファルト，石炭，タール，防錆油などの有機質材料を塗布して被覆する。

(c) **環境条件調整による方法**

① 空気中の湿度をできるだけ下げる。
② 空気中の不純物を除去する。
③ 結露を発生させない（金属の表面に塩が多く付着しているほど，結露する湿度が低くなる）。
④ 水中の塩化物，硫酸塩などの有害な物質を除去する。
⑤ 金属の腐食反応を遅延させる働きを持つ化学物質（インヒビター，

用語の解説

標準電極電位
金属をそのイオンを含む水溶液に浸したときに生じる起電力

イオン化傾向
金属の単体が，水または水溶液中で電子を放って陽イオンになる性質

応力腐食
腐食環境下で，内部応力（残留応力：溶接などによる局部的な温度変化により生じる応力）が存在する状態の材料が局所的に腐食する現象

ホーロー（琺瑯）
金属の上にガラス質の被膜を焼き付けたもの

ワニス
樹脂を溶剤で溶かした顔料を含まない塗料

鉛丹
錆止め，腐敗を防ぐ効果のある赤橙色の顔料

腐食抑制剤の意）を使用する。

(d) その他

人為的に鋼材の**対地電位**を下げて，腐食の原因となる金属表面の局部電流を制御し，腐食の発生を抑制する電気防食法を利用し，土壌中や水中の金属の防食を行う。

3.3 セラミック系材料

鉱物を原料とする各種材料を製造する工業を**窯業**と呼ぶ。そこではセメント，石こう，石灰，しっくい，ガラス，陶磁器など，多種多様な建築材料が生産されている。窯業で生産される材料を**セラミック系材料**という。ここではガラスと陶磁器について述べる。

3.3.1 ガラス

今日，**ガラス**はわれわれの日常生活において欠くことのできない建設材料であり，近代建築を特徴づける重要建築材料（コンクリート，鉄鋼，ガラス）の１つである。18世紀の末から19世紀の前半にかけて，**ソーダガラス**の工業的生産方法が確立され，透明なガラスを入手できる足がかりができた。今世紀の初頭には，板ガラスや各種のガラス製品が大量に生産できるようになり，価格も比較的安価になったため，建築物の開口部にガラスが大量に使用されるようになった。

ガラスは，酸性酸化物と塩基性酸化物の１種または２種以上を調合して，1,400～1,500℃の高温で溶解した液体が結晶することなく常温まで徐冷された非結晶性の固溶体である。内部に界面がないため透光性に富む材料である。図-3.3.1にガラスの製造工程の一例を示す。普通ガラスはソー

用語の解説

対地電位
大地との間の電位差

ソーダガラス
主成分の酸性成分としてシリカ（SiO_2），塩基性成分としてソーダ（Na_2O）と石灰（CaO）で構成されるガラス

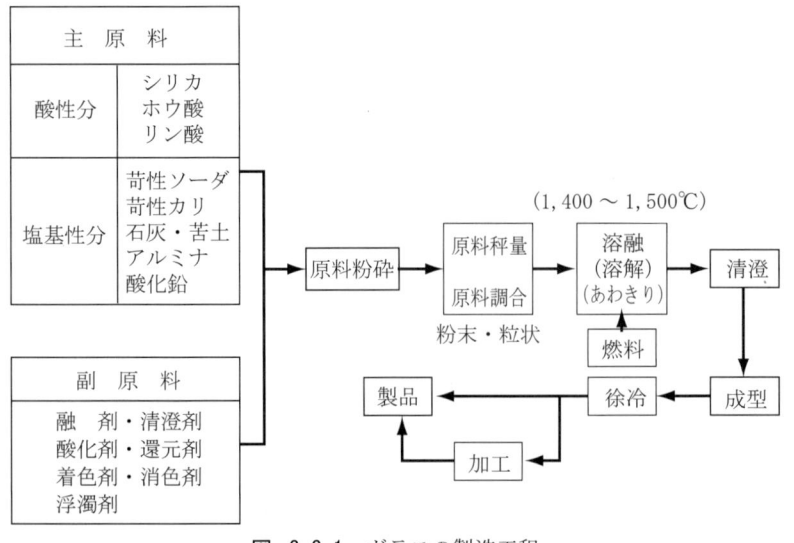

図-3.3.1 ガラスの製造工程

3.3 セラミック系材料

表-3.3.1 ガラスの組成による分類

種類	組成	性質	用途
ソーダ石灰ガラス〔クラウンガラス／普通ガラス〕	Na_2O CaO SiO_2	溶解温度1,400～1,500℃，軟化700℃，凝固500℃，屈折率1.50～1.52，最も多く使われている。酸に強いがアルカリに弱い。風化しやすい。強度は大きい。	一般建築用ガラス（板ガラス），窓ガラス，一般食器，ガラスブロック，びんガラス，車両用窓ガラス（用途が広い）
カリ石灰ガラス〔ボヘミヤガラス／カリガラス〕	K_2O CaO SiO_2	透明度が大，軟化温度1,000℃，溶解しにくい。耐薬品性が大で薬剤におかされにくい。K_2Oは透明度を向上させ，光沢を増し，色調を美しくする。	ステンドグラス，硬質プリズム，理化学器具，食器，光学用，高級装飾品，工芸品
カリ鉛ガラス〔フリントガラス／クリスタルガラス〕	K_2O PbO SiO_2	軟らかく，溶解しやすい。密度が大，酸および熱に弱いが，光の屈折率が大 (1.7)。加工しやすい。PbOは屈折率を大きくする働きがある。Pbが密度を大きくする。	光学レンズ，高級食器，装飾用模造宝石
ほうけい酸ガラス	B_2O_3 Na_2O SiO_2	耐熱性が大きく，最も溶融しにくい。耐酸性が大，耐食性も大で，極硬質である。膨張率は小さい。B_2O_3は低膨張，耐久・耐熱性に優れた効果を持つ。	耐熱用理化学器具，温度計，光学用医療器具，耐熱食器，ガラス繊維（ウール）
高けい酸ガラス〔シリカガラス／石英ガラス〕	SiO_2 (B_2O_3)	耐熱性が大きく，熱膨張係数が小さい。融点は高い。耐食性が大きく，紫外線の透過率が大きい。	理化学用器具，耐熱機器，電球，ガラス繊維（ウール）
水ガラス〔ガラスの定義外〕	SiO_2 Na_2O	けい酸とソーダの溶融物の水溶液。モルタル，コンクリート，粘土の急結作用，防水，防炎作用がある。	防水剤，防炎剤，接着剤，耐酸モルタル，モルタル，コンクリートの急結剤，粘土の急結剤，防火塗料

―― 用語の解説 ――

ソーダ
Na（ナトリウム）

カリ
K（カリウム）

ボヘミヤガラス
ボヘミヤ（チェコ）で，初めてソーダの代わりにカリを入れて製造したので，この名が付いた。

フリントガラス
鉛を含むガラス

クリスタルガラス
透明度の高い鉛ガラス

水ガラス
珪酸ナトリウムは水によく溶け，濃い水溶液は水飴状で，水ガラスという。

ダ石灰ガラスである。主原料は質量比で$Na_2O：CaO：SiO_2$=16：13：70程度の組成で，ほかに粘度調節のためAl_2O_3とMgOを0.3%と0.1%，不純物としてFe_2O_3を0.2%ほど含む。溶融温度は1,400～1,500℃，軟化温度700～750℃，凝固温度500～550℃である。溶剤としてカレット（ガラスくず）を加え，調整・混合した原料を溶融し，1,000～1,200℃で成形する。普通板ガラスは，溶融金属の液面上にガラス素地を浮かべながら成形して平滑面を得る**フロート法**が，ガラスの生産の主流になっている。

(1) 分類

ガラスは，一般に組成別および製品別に分類される。ガラスの組成による分類を表-3.3.1に示す。

ガラスは上述のように，けい酸，酸化ナトリウム，石灰の3つを主成分とし，そのほかに微量の成分を含んでおり，これらの主原料のほかに，融点を下げるための融剤，ほかに清澄剤，酸化剤，還元剤，着色剤，消色剤，乳濁剤などの副成分原料を適宜用いてつくられる。ガラスは，主成分の相違によって表-3·3·1に示すように分類され，昔から多くの種類のガラスがつくられてきた。ガラスの着色には，Se（赤），Co（青），Cr（赤），Mn（赤紫）などの金属酸化物または金属が用いられ，乳白剤には，ふっ素化合物，酸化すず，酸化チタン，りん酸塩などが用いられる。

(2) 性質

ガラスの性質は，その成分の相違による差が大きい。一般に建築で使用されるガラスの大部分は普通板ガラスを含め，**ソーダ石灰ガラス**である。表-3·3·2に**普通板ガラス**の一般的性質を示す。

ガラスの密度は，成分によって $2.2 \sim 6.3 g/cm^3$ とその差が大きい。普通板ガラスの密度は $2.5 g/cm^3$ 程度である。

ガラスの力学的性質は成分によっても異なるが，製品の成形厚さ，焼入れ処理，溶融温度などによっても変化する。常温での普通板ガラスの圧縮強度は約 $880 N/mm^2$，引張強度は約 $49 N/mm^2$，曲げ強度は $39 \sim 78 N/mm^2$ である。**ヤング係数**は $69 kN/mm^2$ 程度で，**ポアソン比**は $0.20 \sim 0.25$ である。

ガラスは力学的には理想的な弾性体であり，**塑性**変形を起こすことなくぜい性的に破壊する。板ガラスは大きな風圧力を受けることが多いので，曲げを受けたときの引張強度または曲げ強度が設計上もっとも大切である。

常温固化状態の普通板ガラスの熱伝導率は $0.76 W/m \cdot K$ 程度で，他の物質に比べて小さいが，線膨張係数は約 $0.9 \times 10^{-5} (1/℃)$，比熱は $0.84 J/g \cdot ℃$ と大きい。線膨張係数の大きなガラスほど部分的に急に加熱されたり，

用語の解説

Se
セレン

Co
コバルト

Cr
クロム

Mn
マンガン

ヤング係数
縦弾性係数。引張応力または圧縮応力とその方向におけるひずみとの比

ポアソン比
外力の方向の伸び率（または縮み率）で垂直方向の縮み率（または伸び率）を除した値

塑性
外力を取り除いてもひずみが残り，変形する性質

表-3·3·2 普通板ガラスの一般的性質

物理的性質			光学的性質	
密度		約 $2.5 g/cm^3$	屈折率	約 1.52
強度	圧縮強度	$880 N/mm^2$	反射率	約 4％（片面）
	引張強度	$49 N/mm^2$	光線透過	可視光線90％内外
	曲げ強度	$39 \sim 78 N/mm^2$	化学的性質	
弾性	ヤング係数	$69 kN/mm^2$	耐久性（アルカリ溶出量，粉末法90 mesh，1時間煮沸 （％）	
	ポアソン比	0.22		
耐熱性	熱伝導率	$0.76 W/m \cdot K$	水に対しての減量	$0.09 \sim 0.27$
	線膨張係数	$0.9 \times 10^{-5} 1/℃$	水に溶出する Na_2O	$0.05 \sim 0.15$
	比熱	$0.84 J/g \cdot ℃$	塩酸に対しての減量	$0.08 \sim 0.18$
	軟化温度	$720 \sim 730℃$ 内外（正確な融点はなく，成形，曲げ，強化加工などの目安）	炭酸ナトリウムの減量	$0.5 \sim 2.0$
			苛性ソーダの減量	$1.3 \sim 2.0$

3.3 セラミック系材料

テクニカルワンポイント

ガラスの語源

古来、ガラスは瑠璃（るり）、玻璃（はり）、ビードロ、ギヤマンと呼ばれてきたが、それぞれ中国、ポルトガル、オランダから伝来してきた言葉である。現在使われているガラスはオランダ語の Glas に由来するもので、漢字の硝子は原料に硝石を使うことによるものである。

インド―中国　瑠璃（るり）　玻璃（はり）　｛オランダ語　ギヤマン Diamant／ポルトガル語　ビードロ Vidro｝　オランダ語　ガラス―硝子 Glas

---

また冷やされると破壊しやすい。

普通板ガラスの軟化温度は 720～730℃程度であるため、火災時には窓ガラスは溶融する。また、ガラスは常温乾燥状態では電気に対して不良導体であるが、高温になるほど導体となり、溶融状態では良導体となる。普通板ガラスは紫外線のうち波長の短い成分をよく吸収する。

ガラスは質が緻密で液体やガスに侵されにくく、比較的安定な材料であるが、空気中の湿分と炭酸ガスの作用で表面が侵され少しずつ光沢を失う。酸やアルカリによる影響は比較的少ないが、組成によっては塩酸、硝酸、硫酸などにきわめて徐々に侵される。また**苛性ソーダ**などのアルカリには酸よりも侵されやすい。コンクリート面を流れ落ちるアルカリ分を含む水が、長期間ガラスにかかると侵されるので注意が必要である。ガラスはふっ酸に対しては著しく侵され溶解する。表-3·3·3 に建築用板ガラスの種類と特性を示す。

(3) ガラス製品と用途

建築用ガラスの種類は、板状ガラス、成形品ガラスとガラス繊維の3つに分類される。このうち、板状ガラスは一般板ガラス、異形ガラス、反射・吸熱ガラス、複層ガラス、安全ガラスおよびその他のガラスに細分できる。以下、これらのうちの主なものについて説明する。

(a) 一般板ガラス

1) 普通板ガラス

普通板ガラスは、もっとも一般的なガラスであり、紫外線をよく吸収する。

2) フロート板ガラス・磨き板ガラス（JIS R 3202）

フロート板ガラス・磨き板ガラスは、表面の平滑度が高いガラスである。

用語の解説

苛性ソーダ
水酸化ナトリウムの工業上の慣用名

第3章 非構造材料

表-3・3・3 建築用板ガラスの種類と特性

○特性のあるもの ◎特性のすぐれたもの

品　種	摘　要	透視性	拡散性	防げん(眩)性	熱線遮断性	断熱・防露性	防火性	割れにくい	耐貫通性	割れても安全	防盗性	現場切断可
フロート板ガラス (JIS R 3202)	フロート板ガラスは溶融金属の上に流して製板する。良好な平滑面を有し、ゆがみがなく透明性・採光性にすぐれ、大面積の使用が可能である。	◎										○
<線入>		○										
型板ガラス (JIS R 3203)	片面に各種型模様をつけたもの。薄手(2.0 mm)・厚手(4.0, 6.0mm)がある。		◎									◎
<片面みがき>		○	◎									○
<線入・網入>		○	◎									
熱線吸収板ガラス (JIS R 3208)	一般ガラス組成に鉄・ニッケル・コバルト・セレンなど微量添加したもの。ルー・グレー・ブロンズがある。	○		○	◎							○
<線入・網入>				○	◎							
(型板)<網入>			◎	○	◎		◎					
熱線反射ガラス (JIS R 3221)	無色や熱線吸収ガラスの表面に金属皮膜を形成させたもの。可視光反射率30～40%でミラー効果もある。	○			◎							○
合わせガラス (JIS R 3205)	2枚～数枚のガラスを透明なプラスチックフィルム(ポリビニルブチラールなど)で貼り合わせたもの。破損による脱落や飛散を防ぎ、貫通も防止できる。	○						◎	◎	◎	◎	
<線入・網入>					○			◎	◎	◎	◎	
複層ガラス (JIS R 3209)	2枚以上の板ガラス周囲にスペーサを使い一定間隔(6,12mm)をもたせ、中空部に完全乾燥空気を封入したもの。熱貫流率が単板の1/2。	○			◎	◎						
<熱線吸収>				○	◎	◎						
<線入・網入>				○	◎	◎	◎					
強化ガラス (JIS R 3206)	一般板ガラスに特殊な熱処理を施し表面に圧縮応力を生じさせたもの。曲げ・衝撃・熱に強い。	○			○		◎			◎		
倍強度ガラス (JIS R 3222)	熱処理工程により、フロート板ガラスの約2倍に耐風圧強度を高めたもの。	○			◎			◎				
網入板ガラス おょび 線入板ガラス (JIS R 3204)	金属製の網又は線をガラス内部に挿入した板ガラス。	○	◎	○			◎					
Low-Eガラス (Low Emissivity) <合わせ>	特殊金属膜を張った高断熱複層ガラス(日射取得型、遮蔽型)	◎		○	◎	◎		◎	◎	◎	◎	
(型板)<合わせ網入り>		○	○	○	○	◎		◎	◎	◎	◎	

現在では，フロート板ガラスが生産の主流となっている。フロート板ガラスとみがき板ガラスは，一般建築物，店舗，超高層建築物の外装・内装，温室，ショーケースに使用される。

3) 型板ガラス (JIS R 3203)

型板ガラスは，縞，ダイヤ，モール，切子，さざなみなど型模様が多種類あり，透過光を拡散し，視線の遮断に役立つ。これらは室内の間仕切り，窓・玄関，浴室，洗面所など装飾性と視線の遮断が必要な場所に使用される。

(b) 異形ガラス

異形ガラスは，溝形や波形が生産されている。溝形ガラスは，耐風圧強度が大きく，大きな開口部にガラス面を構成できる。異形ガラスは，壁面に大面積の採光を要する場合に使用される。これらは，屋根面の天窓採光用に使用される。網入りのものもある。

(c) 反射・吸熱ガラス

反射・吸熱ガラスは，省エネルギータイプの窓ガラスともいわれる。反射・吸熱ガラスのもっとも重要な機能は，太陽熱の遮断（冷房負荷の軽減），遮光，防眩・視線の防止，意匠性にある。最近，意匠性が重視されて採用されることも多くなっている。使用上，熱割れ，反射光の影響，反射像の乱れなどをあらかじめ検討する必要がある。

1) 熱線吸収板ガラス

熱線吸収板ガラス（JIS R 3208）は，板厚の厚いものほど熱線の吸収性が高い。大きな窓ガラスでは厚板となり，吸熱性が高くなり熱割れを起こしやすくなる。ブルー，グレーおよびブロンズの色彩のものがある。これらは一般建築の外装，熱輻射の遮断，**グレア**防止の必要な窓，空調設備のある建物，家具，間仕切りなどに使用される。

2) 熱線反射ガラス（単板タイプ）

熱線反射ガラス（単板タイプ）は，透明ガラスまたは吸熱ガラスの片面または両面に金属酸化物で反射膜を焼き付けたガラスである。反射・遮熱性に優れている。熱線反射ガラスは，光線の反射性が高いので，意匠性を十分に考慮して使用する必要がある。

3) 熱線反射ガラス（複層タイプ）

熱線反射ガラス（JIS R 3221）（複層タイプ）は，金属酸化膜でコートしたガラスを複層ガラスにしたものである。熱線の反射性能が高く断熱性にも優れている。これらは一般建築の外装，空調設備を持つ建物，デザインを重視する建物に使用される。

(d) 複層ガラス

複層ガラス（JIS R 3209）は**ペアガラス**とも呼ばれる。2枚以上のガラスをある間隔を置いて相対し，内部に強力な乾燥材を封入し，周辺を金属，接着剤，**シーラント**で密封した加工ガラスである。空気層の厚さは6mmと12mmのものが一般的である。内部を真空に近い状態にした複層ガラスも

―― 用語の解説 ――

グレア
高輝度のものの存在により視野内の対象のものの見やすさが低下する現象

シーラント
密閉性を維持するために隙間や継ぎ目に埋める材料

ある。断熱性と防露性に優れた省エネルギータイプのガラスである。内部の空気層を厚くすると，遮音性能にも優れたガラスとなる。使用する単板のガラスの種類を変えることによって，単板の特色を付加できる。これらは空調設備を持つ建物，寒冷地の建物，恒温恒湿を必要とする工場，倉庫，研究所などに使用される。最近では一部ハウスメーカーの標準仕様となり広く普及している。

(e) 安全ガラス

安全ガラスは普通の板ガラスよりも強度が高く破損しにくいか，さらに破損しても危険性の少ないガラスをいう。安全ガラスには，合わせガラス，強化ガラスおよび網または線入りガラスがある。

1) 合わせガラス

合わせガラス（JIS R 3205）は，2枚の板ガラスの間にポリビニルブチラール膜をはさみ，高温高圧で接着したものである。内部の膜のためにガラスが破損しても破片が飛散したり，落下しない安全なガラスである。切断・加工も容易で，強化ガラスなどを多層に含ませて対衝撃性や貫通性を向上させることもできる。飛散，落下防止などの安全性を要求される場所に使用する。これらは防犯・防弾用ガラス，ショーケース，ショーウインドウ，水槽用ガラス，車両，展望台の窓などに使用される。最近では防犯のため一般住宅にも多用されている。

2) 強化ガラス

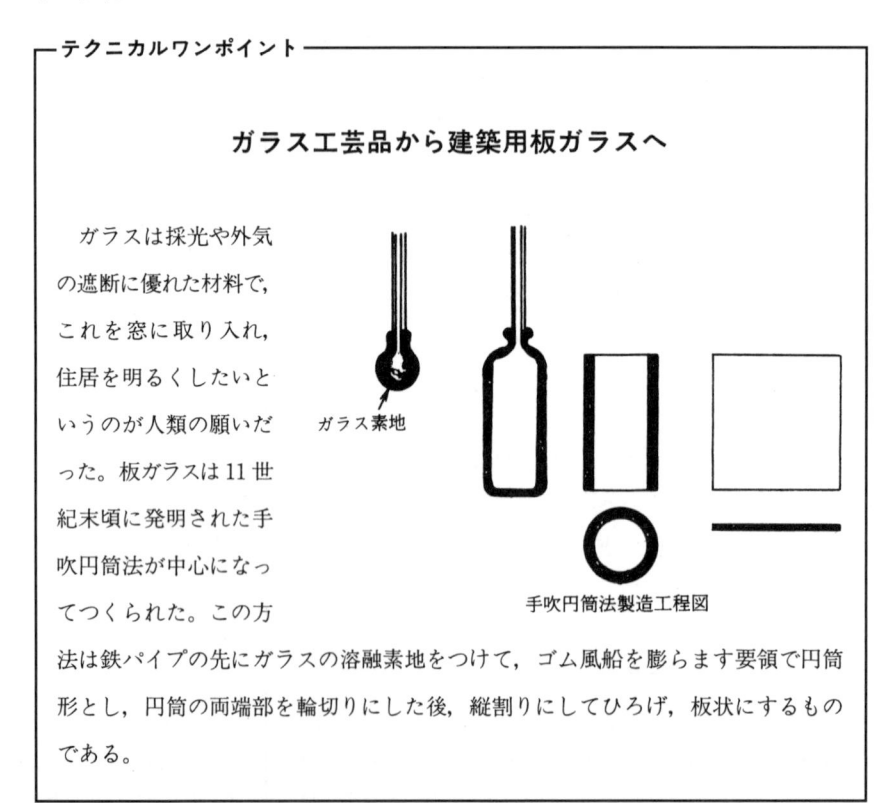

テクニカルワンポイント

ガラス工芸品から建築用板ガラスへ

ガラスは採光や外気の遮断に優れた材料で，これを窓に取り入れ，住居を明るくしたいというのが人類の願いだった。板ガラスは11世紀末頃に発明された手吹円筒法が中心になってつくられた。この方法は鉄パイプの先にガラスの溶融素地をつけて，ゴム風船を膨らます要領で円筒形とし，円筒の両端部を輪切りにした後，縦割りにしてひろげ，板状にするものである。

ガラス素地

手吹円筒法製造工程図

強化ガラス（JIS R 3206）は，成形板ガラスを軟化温度まで加熱した後，気流で急冷し表層面に圧縮応力，内部に引張応力を生じさせたもので，表面の圧縮応力の分だけ強度が高くなる。曲げ強度は普通板ガラスの4～5倍である。破壊時には破損したガラスの全体が瞬間的に粒状になり，人体には安全である。これらはガラスドア，ガラススクリーン，階段手すり，安全性が要求される間仕切り，高層建築の窓ガラスなどに使用される。

3) 倍強度ガラス

倍強度ガラス（JIS R 3222）は，板ガラスを熱処理してガラス表面に適切な大きさの圧縮応力層をつくり，破壊強度を増大させ，かつ破壊したときに**徐冷ガラス**に近い割れ方をするため，サッシなどから崩落しにくい。この点が強化ガラスと異なる。6, 8, 10および12mmのものが市販されている。これは主として建築物の外壁，開口部などに使用されている。

4) 網入り板ガラス・線入り板ガラス

網入り板ガラス・線入り板ガラス（JIS R 3204）は，型板，みがき板，熱線吸収みがき板ガラスに，ひし網，角網，平行線の網を入れてつくったもので，火災時の延焼防止（乙種防火戸），落下防止，危険防止用として使用される。ただし，一般板ガラスより強度は低く，熱割れを起こしやすい点に注意を要する。防犯性能を有しない。これらは，建築基準法で規定される延焼の恐れのある開口部，屋根，スカイライト，ベランダなどに使用される。網入り波形ガラスもある。

(f) Low-E ガラス

Low-Eガラスは板ガラスに特殊金属膜を張り，日射取得形と遮へい型を使い分ける省エネ型の高断熱複層ガラスである。最近では一部ハウスメーカーの標準仕様となり広く普及している。合わせガラスのように内部に膜を張り防犯性を高めたガラスもある。

(g) 成形品ガラス

1) ガラスブロック

ガラスブロック（JIS A 5212）は，溶融きじ(素地)をプレスした角形ガラスを2枚接着し，ブロック状にしたもので，拡散採光性，遮音性，断熱性，防火性に富み，外装用，内装用間仕切りに使用される。ガラスブロックは，採光，遮音，断熱などの必要な外壁，間仕切壁に使用される。

2) ガラスブリック

ガラスブリックは，ガラスブロックよりも簡易なもので，各種の形状やパターンをつけて透過光に指向性をもたせている。ガラスブリックは，採光，照明用の装飾壁に使用される。外構壁に使用される例もある。

3) プリズムガラス

プリズムガラスは，塊状，無空隙の一般的には正方形の形をしたガラス成形品である。透過光に指向性を持たせることができ強度が大きい。歩道から地下室，天井から室内への採光用に用いられる。これらは通路面，屋

用語の解説

徐冷ガラス
窯の中でゆっくり均一に冷やしたガラス

第3章　非構造材料

根面からの採光用に使用される。

(h)　ガラス繊維

ガラス繊維は，高温溶融したガラスを小孔から噴射して繊繊状にしたもので短繊維のものと長繊維のものがある。短繊維のものは，フェルト状，ボード状，筒状などの断熱材として利用されており，長繊維のものは不燃性の織物やFRP用の補強材として利用される。これらのものは，不燃性，断熱性，吸音性などを要求される内壁，外壁の内部，天井材として使用される。さらに不燃の**緞帳**（どんちょう）やカーテンにも使用される。

3.3.2　陶磁器

陶磁器は粘土を主原料として水練り成形し乾燥後に焼成して製造するもので，一般に耐火性，耐久性があり，高温で焼成したものは耐水，防水性を有する。

(1)　組成と分類

建築用セラミックスは原料の種類，焼成温度，形状によって表-3・3・4に示すような**土器，陶器，せっ器**および**磁器**の4種類に分類される。高温焼成されるものほど材質が緻密で，硬度，強度がともに大きくなる。また，陶器質の表面を平滑にし，汚れを防ぎ，装飾性と美観を高め，吸水性を減少させるなどの効果を発揮させるため，一般に**釉薬**（うわぐすり）による表面仕上げが行われる。

土器は，釉薬を使わず低温で焼成したものである。各種のれんが，土管

用語の解説

FRP
繊維補強プラスチック

緞帳（どんちょう）
芝居・劇場の舞台で使う，巻あげ巻降ろす幕

釉薬（うわぐすり，ゆうやく）
意匠性の向上，吸水性の低下，耐久性の増加のために陶磁器の表面に付ける薄膜のガラス質材料

表-3・3・4　陶磁器の分類

分類	素地の原料	焼成温度	素地の特性	施釉（ゆう）	製品例
土器	アルミナが少なく，酸化鉄の多い低級粘土で，石灰質・長石質・けい石質がある	850～950℃	有色，不透明，多孔質，強度が低い	ほとんど施釉しない	れんが（普通）土管
陶器	木節粘土やがいろめ粘土などの可塑性粘土に石英・陶石・ろう石などを配合	1000～1200℃	有色，不透明，多孔質，たたけば濁音	ほとんど施釉する（フリット釉）	陶器瓦（粘土がわら）内装タイル衛生陶器
せっ(炻)器	石英・鉄化合物・アルカリ土類・アルカリ塩類などを配合	1200～1300℃	有色，不透明，たたけば清音	無釉／施釉｛食塩釉，マンガン釉，ブリストル釉｝	テラコッタ内装タイル床タイル
磁器	良質粘土に石英・長石・陶石などを配合	1300～1450℃	白色，透光性，たたくと金属音，強度大	無釉／施釉｛石灰釉，タルク釉｝	外装タイル内装タイル床タイルモザイクタイル衛生陶器

などがこれに含まれる。

陶器は，土器よりも高温で焼成したもので堅硬である。表面に釉薬を施し素地表面からの吸水を抑える。原料の組成によって，粘土陶器，石灰陶器，長石陶器（硬質陶器），衛生陶器，耐火粘土器に分類される。

せっ器は，素地の焼成温度を陶器よりも上げ，溶融状態に近づけて素地を緻密に焼結させたものである。素地の原料は陶器に近いものが使用される。磁器のような透光性はない。耐水性と耐久性が高い。

磁器は，精選した透明で白色の原料を高温で溶化したものである。磁器は白色，緻密堅硬で，打てば金属音を発する。素地に透明な釉薬を施すことが多い。

(2) 陶磁器製品

建築で使用される陶磁器製品には次のようなものがある。

(a) タイル

タイル（JIS A 5209）は，主に壁・床の装飾又は保護のための仕上材料として用いられる，粘土またはその他の無機質原料を成形し，高温で焼成した厚さ40mm未満の板状の不燃材料である。

タイルの製法は乾式製法と湿式製法がある。乾式製法は，粉末にした原料を高圧プレスで成形する方法である。湿式製法は，水分を含んだ練り土状の原料を押出し成形する方法である。タイルの表面は釉薬（うわぐすり）を施した施釉タイル（写真-3·3·1，口絵参照）と，素地がそのまま表面となる無釉タイル（写真-3·3·2，口絵参照）がある。

タイルは主な用途によって，内装壁タイル，内装床タイル，外装壁タイル，外装床タイルに区分できる。さらにそれぞれの区分に，モザイクタイルがある。モザイクタイルは，平物1枚の表面積が$50cm^2$以下のタイルをいい，50mm角や50×100mmの寸法のタイルが多く用いられている。モザイクタイルは，施工効率を高めるために紙張りや樹脂連結などのユニットで使用される。

外装壁タイルと外装床タイルには，耐凍害性試験に合格した耐凍害性を有するタイルを使用する。外装壁タイルには，剥落安全性確保のためタイル裏面に蟻足状の裏あし凹凸のあるタイルを使用する。

JIS A 1509（陶磁器質タイル試験方法）により，タイルの吸水率の測定方法が従来の自然吸水から強制吸水（煮沸法又は真空法）へ変更された。タイルの吸水率は，吸水率3.0%以下のⅠ類，吸水率10.0%以下のⅡ類，吸水率50.0%以下のⅢ類の3種類に分類できる。タイルの吸水率はタイル素地の粗密や気孔の多少の目安になる。吸水率1.0%以下の磁器質，吸水率5.0%以下のせっ器質，吸水率22.0%以下の陶器質という従来の素地の区分は用いなくなった。タイルの耐凍害性の有無は耐凍害性試験で判断しタイルの吸水率で判断しない。

タイルの表面は，面状，釉薬，焼成方法の違いによりさまざまな表

― 表中の用語の解説 ―

アルミナ
アルミニウムの酸化物（Al_2O_3）

長石
アルミニウム，ナトリウム，カルシウム，カリウムなどを含むけい酸塩鉱物

石英
無水けい酸からなる鉱物

陶石
長石類が自然に分解し流れて堆積した白色の粘土

―― テクニカルワンポイント ――

タイルの特長と新機能性タイル

陶磁器質タイルの特長は，①建築物のデザインを向上させる美装性，②下地であるコンクリートの躯体保護性，③外壁や水廻り空間の汚れ除去の容易さとメンテナンス性である。最近は，陶磁器質タイルに新たな機能が加わった下記の機能性タイルの使用が増えている。

1）調湿タイル

調湿タイルは，室内の湿度が高い時にはタイルが室内の湿気を吸湿し，室内の湿度が低い時にはタイルから水分を放湿して，室内の湿度を一定に保つタイルである。調湿タイルは，ゼオライトや**珪藻土**をタイル原料に混ぜた多孔質なタイルである。悪臭や**ホルムアルデヒド**等の有害化学物質を吸収する性質も持っており，シックハウスやアレルギー対策に効果的である。

2）光触媒タイル

光触媒（酸化チタン）に光（紫外線）が当たると，「親水性」と「分解力」の2つの反応が起こる。光触媒タイルは，タイル表面に酸化チタンを施し，「親水性」によりホコリや排気ガス等の汚れを付きにくくし，「分解力」によりタイル表面についた汚れの付着力を弱め，雨で汚れを流れ落ちやすくする。これはセルフクリーニング効果と呼ばれている。

3）ナノ親水タイル

ナノ親水タイルはタイル表面にシリカ成分を配し空気中の水分子を吸着して，タイル表面に数～数十ナノメートルの薄い水膜を形成する。これにより「親水性」が得られ，タイル表面の汚れは水や雨で洗い流される。光触媒と違い，光（紫外線）に影響されずにセルフクリーニング効果を発揮できる。

4）抗菌タイル

抗菌タイルは、タイル表面の釉薬の中に抗菌剤が入っている。抗菌剤は無機系抗菌剤である銀イオンが主流である。抗菌タイルは浴室やトイレの床に用いられ，タイル表面に付着した細菌の増殖を抑制することで，黒ずみやヌメリの付着を抑える効果がある。便器などの衛生陶器にも採用されている。

―― 用語の解説 ――

珪藻土
珪藻は淡水・海水に生じる単細胞生物で，細胞壁に珪酸を含む。珪藻の堆積物で多孔質・吸水性に富む。

ホルムアルデヒド
刺激臭のある無色の気体。フェノール樹脂・尿素（ユリア）樹脂の原料に用いる。シックハウスの原因の一つといわれている。

ナノ
10億分の1

情を作っている。これがタイルの焼き物特有の表情を産み，意匠材料として多用される理由である。面状の主な種類には，フラット面（写真-3·3·3，口絵参照），ラフ面（湿式製法時に素地の表面を剥いだもの（写

3.3　セラミック系材料

テクニカルワンポイント

タイルの進化

1) タイルを「張る」から「引っ掛ける」へ

壁にタイルは「張る」ものである。これは下地がコンクリートやセメントモルタルの場合である。しかし，戸建住宅用外壁に，タイルを「引っ掛ける」工法が普及している。戸建住宅用サイディングの表面に凹凸を付け，一方，タイル裏面にも凹凸を付け，お互いの凹凸を嵌合させタイルを固定する。タイルをサイディングに「引っ掛ける」ことで，容易にかつ安全に住宅外壁のタイル仕上げが可能となった。

2) タイルを「張る」から「置く」へ

床にタイルは「張る」ものである。しかし，バルコニーの床やリフォームの床に，タイル付き樹脂マットを「置く」ことが増えてきた。樹脂マットのために下地の防水層を痛めることもなく，タイル表面に水も溜まりにくい。「置く」だけということで，DIY (Do It Yourself) が容易であり，ホームセンターで入手可能である。

真-3·3·4，口絵参照），スクラッチ面（湿式製法時に素地の表面を釘で引っ掻いたもの（写真-3·3·5，口絵参照），ブラスト面（焼成後，鋼球や砂を吹き付け表面を荒らしたもの（写真-3·3·6，口絵参照），磨き面（焼成後，表面を研磨して鏡面状にしたもの（写真-3·3·7，口絵参照）がある。釉薬の主な種類には，透明釉（無色透明。写真-3·3·8，口絵参照），マット釉（つや消し。写真-3·3·9，口絵参照），貫入釉（釉薬にひび割れを入れたもの。写真-3·3·10，口絵参照），ラスター釉（虹彩。写真-3·3·11，口絵参照）などがある。焼成方法の種類には，酸素を十分に供給して焼成し比較的安定した色幅を有する**酸化焼成**と，酸素の供給を抑制して焼成し焼き物の味わいである色幅を意図的にもたせた**還元焼成**がある。

形状と割付けについては，外装材料の項で詳述する。

(b)　れんが

普通れんが（JIS R 1250）は，鉄分の多い粘土に砂を混ぜて焼いたセラミックである。2種の圧縮強度は15.0N/mm^{2}以上で吸水率は15%以下，3種は20.0 N/mm^{2}以上で13%以下，4種は30.0 N/mm^{2}以上で10%以下と規定されている。寸法は210×100×60mm，密度は1.5〜2.0g/cm^{3}である。明治時代には構造用材料として多く利用されたが，最近では装飾用に意匠効果をねらって建築用に利用されている他，造園用にも使用される。

(c)　テラコッタ

テラコッタは，内部に空洞をもつ大形のセラミックで**パラペット**や**蛇腹**

用語の解説

テラコッタ
石こうで複雑な模様の原型を作り，土をこの上に押し付けて形状を作り，焼成した大型の陶磁器製品

パラペット
コンクリート造建物の屋上などに設ける低い手摺壁

蛇腹（じゃばら）
蛇の腹の形状・模様をして，壁を囲むように水平に取り付けた装飾的突出部分

第3章 非構造材料

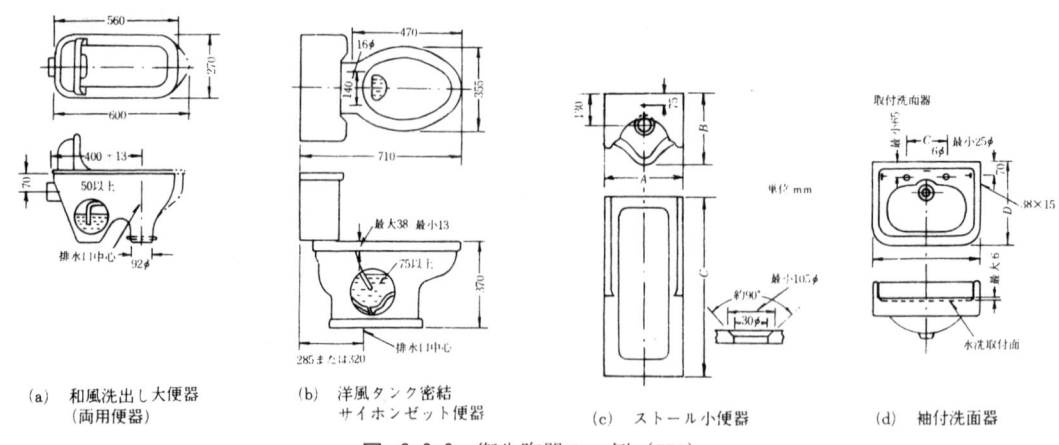

(a) 和風洗出し大便器（両用便器）　(b) 洋風タンク密結サイホンゼット便器　(c) ストール小便器　(d) 袖付洗面器

図-3·3·2　衛生陶器の一例（JIS）

テクニカルワンポイント

洋風大便器の高機能化

　洋風大便器は，高機能化によりセラミック材料というより電気製品の観がある。お尻洗浄，マッサージ機能，温風乾燥，暖房便座，汚れ防止機能，脱臭機能，便座の自動開閉，自動洗浄機能，音楽機能，照明機能，フレグランス機能などさまざまな機能がある。

（じゃばら），**柱頭**などの装飾用に利用されてきた。一時衰退したが，最近使用する例が増加し始めている。

　(d)　建築用セラミックメーソンリーユニット

　建築用セラミックメーソンリーユニット（JIS A 5210）は，陶器質またはせっ器質の**セラミックブロック**および**セラミックれんが**で，鉄筋で補強した補強セラミックブロック造の壁体用に使用される。セラミックれんがは，モデュール長さが300mm未満のユニットである。セラミックブロックは，長さが300mm，450mm未満のユニットである。圧縮強度による区分は，20，30，40，50および60 N/mm^{2}の5種類である。

　(e)　衛生陶器

　衛生陶器（JIS A 5207）は，衛生器具にもっとも多く使用されている陶器である。一般に大小便器，洗面器，手洗い器，流し，浴槽に用いる陶磁器製の各種器具を総称して衛生陶器という。とくに衛生陶器では吸水性が少なく平面が平滑で汚れにくいこと，耐薬品性（酸，アルカリ）に富むことが必要条件である。衛生陶器の一例を図-3·3·2に示す。

3.4　高分子系材料・塗料・接着剤

3.4.1　高分子材料の分類

建築材料として広く利用されているゴム，プラスチック，アスファルト

用語の解説

柱頭
西洋建築の柱の頂上の彫刻のある部分

3.4 高分子系材料・塗料・接着剤

表-3・4・1 代表的樹脂の性質

性質＼種類	メタアクリル樹脂(PMMA)	エポキシ樹脂(EP)	ポリプロピレン樹脂(PP)
吸水率 (24hr-%)	0.3～0.5	0.08～4.0	0.01～0.05
熱膨張係数 (10^{-6}/℃)	50～90	5.4～100	20～103
熱伝導率 (W/cm・K)	0.174～0.244	0.174～1.256	0.081～0.174
引張強さ (N/mm^2)	50～80	30～210	20～600
伸び率 (%)	2～10	0.5～70	2～700
引張弾性係数 (kN/mm^2)	25～35	0.10～211	7～63
曲げ強さ (N/mm^2)	80～120	7～420	40～80

などは**高分子系材料**と称される。一般に高分子材料は，基本となる同種または異種の**モノマー**単量体が数百，数万と結合して一つの物質を形成してできたものである。

高分子材料は，炭素以外の元素からなる**無機系高分子**と，炭素を主として含む**有機系高分子**とに分けられる。

塩化ビニル，フェノール樹脂など有機系高分子材料は，単に**プラスチック**と呼ばれるが，これはPlastic（可塑性に富む材料）に由来している。これらは単量体が種々の反応形式（重合，縮合）により繰り返し生長した高分子材料のことである。代表的な樹脂の物理的性質を表-3・4・1に示す。

3.4.2 プラスチック

(1) 分類

代表的なプラスチックを**熱可塑性樹脂**と**熱硬化性樹脂**に分類したものを図-3・4・1に示す。

(a) 熱可塑性樹脂

加熱により分子結合が減少して軟らかくなり，冷却すれば堅硬な状態に戻る性質を有する。また有機溶剤に溶ける。密度は900～2,200kg/m^{3}程

―― 用語の解説 ――

モノマー
重合を行う際の基質のこと。高分子のことをポリマー（ポリは沢山の意）と呼ぶのに対し，単量体のことをモノマー（モノは1を表す接頭語）と呼ぶ。

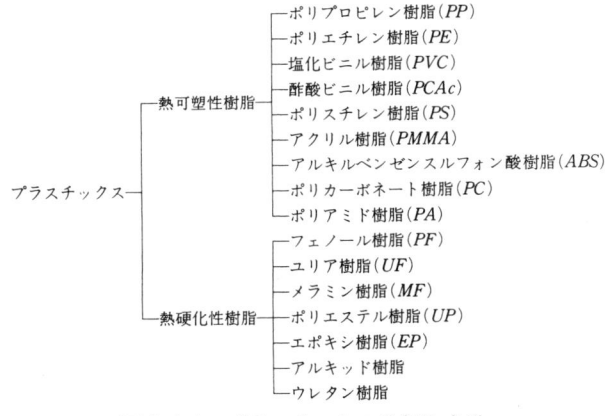

```
                  ┌─ ポリプロピレン樹脂 (PP)
                  ├─ ポリエチレン樹脂 (PE)
                  ├─ 塩化ビニル樹脂 (PVC)
          ┌熱可塑性樹脂─┼─ 酢酸ビニル樹脂 (PCAc)
          │       ├─ ポリスチレン樹脂 (PS)
          │       ├─ アクリル樹脂 (PMMA)
          │       ├─ アルキルベンゼンスルフォン酸樹脂 (ABS)
          │       ├─ ポリカーボネート樹脂 (PC)
プラスチックス ┤       └─ ポリアミド樹脂 (PA)
          │       ┌─ フェノール樹脂 (PF)
          │       ├─ ユリア樹脂 (UF)
          │       ├─ メラミン樹脂 (MF)
          └熱硬化性樹脂─┼─ ポリエステル樹脂 (UP)
                  ├─ エポキシ樹脂 (EP)
                  ├─ アルキッド樹脂
                  └─ ウレタン樹脂
```

図3・4・1 プラスチックの分類と名称

(b) 熱硬化性樹脂

加熱により堅固な構造をつくって硬化し，再加熱しても軟化や溶融性を示さない不可逆的性質を持つ。また有機溶剤にも溶けない。密度は1,200～2,000kg/m³程度である。

(2) 特徴

プラスチックの特徴は，次の通りである。
① 軽量で強度が大きい。
② 成形・加工性が良く，彩色が自由である。
③ **展延性**が良く，他の材料との接着性が良い。
④ 耐水・耐薬品性に富む。
⑤ 電気絶縁性に優れているものが多い。
⑥ 耐火・耐熱性に劣り，加熱により変形しやすい。
⑦ 可燃性であり，燃焼時に有毒ガスを発生する場合がある。
⑧ 紫外線や温度変化により劣化する場合が多い。

(3) 用途

プラスチックの用途は，製品の製造工程（成型法）と密接な関係があるので，ここでは成型法別に示す。
① 圧縮成形品：キャビネット，建具，照明器具，家具付属品（メラミン，ポリエステル，フェノール樹脂）
② 射出成形品：壁タイル，壁用ブロック（アクリル，ポリエチレン，ポリスチレン，塩化ビニル樹脂）
③ 圧縮成形品：床タイル，シート状壁仕上材，**ルーフィング**（塩化ビニル，ポリエチレン樹脂）
④ 押出し成型品：水道管，パイプ，雨どい，波形板，止水板（アクリル，ポリエチレン，ポリスチレン，塩化ビニル樹脂）
⑤ 積層成型品：壁仕上板，化粧板，建具，合板，強化プラスチック（ポリエステル，エポキシ，メラミン，フェノール樹脂）

3.4.3 アスファルト

(1) 分類

アスファルトは粘性の大きな液体，または固形状の黒色の物質で，非パラフィン系石油成分の一部が天然に産出される。大部分は原油から揮発油，灯油，軽油を分留した残りの重質物として得られる石油アスファルトである。表-3・4・2に石油アスファルトの分類を示す。

(2) 特徴

アスファルトの特徴は，次の通りである。基礎物性を表-3・4・3に示す。
① 耐酸性・耐アルカリ性があり耐久性が高い。
② 接着性に優れる。

― 用語の解説 ―

展延性
鉄筋の引張試験を例示すると，「延性」とは試験前後の供試体の引張方向での長さ変化量の大きさ，すなわち伸び率を指す。同様に「展性」とは試験前の供試体断面積に対する試験後の断面積，いわゆる絞り率である。展延性に富む材料ほど加工限界が大きいといえる。例えば，金は金箔のように薄く加工できる展延性に富む材料である。

ルーフィング
広義には屋根葺き材料あるいは屋根葺き工事のこと。狭義ではアスファルトルーフィング材あるいはアスファルト防水工事を指す。

3.4 高分子系材料・塗料・接着剤

表-3.4.2 石油アスファルトの分類

ストレートアスファルト	原油から油分を蒸留した後，残留分を半固体状にしたもので延伸性・粘着性が大きい。
ブローンアスファルト	ストレートアスファルトになる前の状態に熱風を吹き込んだもので，延伸性・感温性が小さく軟化点が高い。
アスファルトコンパウンド	ブローンアスファルトの性能を改良するため，動植物性油・鉱物質粉末を混入し耐熱性・耐光性・耐低温性を改善
ゴムアスファルト	アスファルトに水を分散させたエマルションを主原料に，ゴムラテックスを混入し力学的性能を向上させたもので延性が高い。

表-3.4.3 アスファルトの物理的性質

密度（25℃）	$1,000 \sim 1,040 kg/m^3$
軟化点	$35 \sim 90℃$
引火点	$200 \sim 230℃$
伸び率（25℃）	$30 \sim 100\%$

③ 電気絶縁性が高い。

(3) 用途

① アスファルト系塗料：**アスファルトプライマー**，アスファルトルーフコーティング，アスファルト乳剤
② 防水用アスファルト：ブローンアスファルト，アスファルトコンパウンド
③ 防水シート：アスファルトフェルト，アスファルトルーフィング，砂付きルーフィング，網状ルーフィング，特殊ルーフィング，穴あきルーフィング
④ 防水用塗膜材：ゴムアスファルト系防水材
⑤ 屋根葺材：アスファルトシングル
⑥ タイル・ブロック：アスファルトタイル，アスファルトブロック

3.4.4 ゴム

ゴムは外力により大きな変形を示し，徐荷されると元の形状に復元する性質があることから，各種振動の防止材，あるいは防水用のルーフィング材や目地部の**シーリング材**として利用されている。とくに近年では，建物全体の免震・制震対策として活用されている。

(1) 特徴

ゴム原料には，ゴムの木から採取される天然ゴムと石油などから合成されるスチレンブタジエンゴムなどの合成ゴムがある。

ゴム材料の特徴は，長鎖状の高分子構造を有していることから，広い温度領域で数10%～数100%，あるいは配合によって1,000%を超える変形・復元能力を有し，使用目的や用途によってポリマーや補強剤，添加剤種を

用語の解説

アスファルトプライマー
ブローンアスファルトを灯油などで溶かしたもの。アスファルトを施工する際に，コンクリートなどの下地に塗布し接着性を改善する。あるいは上下層のアスファルト相互を接着するために使用する。

シーリング材
建築構成部材の取付け部や目地部などの気密性・水密性を確保するための材料。あるいは部材取合い部の空隙を充填する材料を含めることもある。例えば，ガラスパテやコーキング材など

ゴム材料
原料ゴムの長鎖状ゴムポリマーに硫黄，カーボンブラックなどの加硫剤，補強剤さらには老化防止剤や進展油などの添加剤を混合（配合）した後，熱化学反応によりゴムポリマー間を3次元的に橋架け・結合させることで強度や耐久性を高めた材料

第3章 非構造材料

テクニカルワンポイント

構造物を地震から守る免震用積層ゴム支承

建物に伝わる地震力を低減する構法として，最近免震構造が注目されている。これは建物の基礎部に薄いゴムシートと鋼板を交互に積層接着した**積層ゴム**を挿入することで，建物全体の固有周期を地震の卓越周期より長くし，建物に伝わる力（加速度）を 1/2 ～ 1/3 に減じるものである。

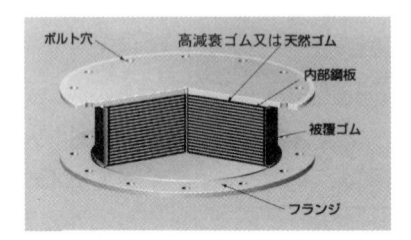

付図 -1　積層ゴム支承の構造

ゴムは一般的には等方性を有しているが，付図 -2 のように鋼板と積層接着し，ゴムが荷重を受ける面積と自由に動ける面積の比率を変えて，縦と横の異方性を持たせた製品を作ることができる。これは荷重を受けた際にゴムが膨らみだす動きを鋼板で拘束することで，ゴムの体積弾性率を効果的に活用したものである。一方，横方向にはゴムの柔らかいゴム弾性と変形性能がそのまま得られるため，建物の大荷重を支えながら，横方向には地震時に大きくゆっくり動くことができる。最近ではこのゴム自体に減衰効果を持たせた，高減衰積層ゴムや積層ゴムの中心部に鉛棒を挿入しゴムの変形とともに，鉛棒のせん断変形によるヒステリシスでエネルギーを吸収するものも用いられている。

付図 -2　積層ゴム支承の施工

（資料提供：ブリヂストン）

3.4 高分子系材料・塗料・接着剤

表-3·4·4 ゴムの特性と性能の分類

ゴムの特性	各種性能の種類
物理的特性	硬さ，弾性率，引張強度，伸び，ロス，耐摩耗性，耐カット性，耐疲労性，低温特性
化学的特性	耐熱老化性，耐オゾン性，耐油性，耐紫外線性，耐薬品性

選択することで表-3·4·4に示すような各種の性能を変化させることができる。また，有機繊維や金属との接着技術も開発されており，いろいろな複合材料を形成することで，タイヤやベルト，ホース，防振ゴムなど，柔軟性や振動吸収の性能が要求される多くの工業用製品に応用されている。

(2) 用途

建築分野での用途としては，以下のような分野で利用されている。

① 免震用積層ゴム，防振ゴムおよび制振（震）材料
② 屋上用防水シート材
③ 建物のジョイント部や窓ガラス部のシーリング材
④ タイルやシート等の床部材

例えば，積層ゴムには地震時の建物の揺れを吸収する大きな変形性能と強度，ならびに長期にわたって圧縮力に耐えるクリープ性能や耐久性能が要求される。

また，屋上用の防水工法には塗膜防水，アスファルト防水，シート防水工法などがあるが，耐候性に優れた**エチレン‐プロピレン共重合ゴム（EPDM）**が開発されたことにより，建築分野でのシート防水や土木分野での産業廃棄物処理場の遮水材として，ゴム系材料の需要が急速に伸びている。

3.4.5 塗料

塗料の役割は，建築構造部材や材料部品などを外的な劣化から保護するとともに，外観に色彩や**テクスチャー**などの変化を与え，場合によっては熱や音などの調節や殺虫・殺菌・防火などの特殊な機能を付与することに

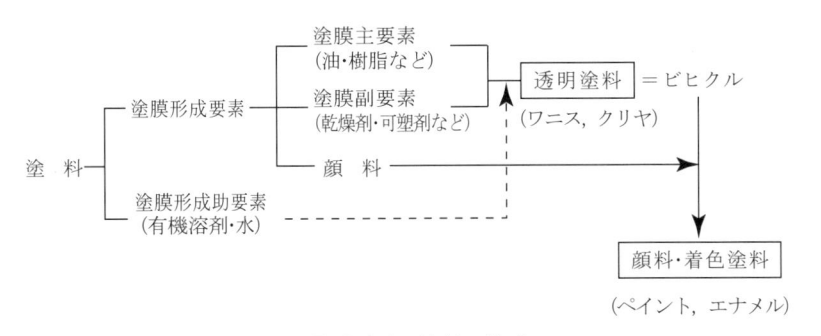

図-3·4·2 塗料の構成

用語の解説

エチレン‐プロピレン共重合ゴム（EPDM）

EPDMはEthylene Propylene Diene M-classの略で，狭義では架橋用のジエンモノマーを用いないエチレン‐プロピレンの共重合体（EPM）を指す。ブチルゴムと比べて，耐老化性，耐候性・耐薬品性・耐寒性・電気絶縁性に優れていることから，建築以外にも自動車や電気関係など多くの工業分野で用いられる。

テクスチャー

材料の質感・素材感のことで，素材の手触りや感触を表現する。色・形状とともに造形上の基本要素。もともとは織物の織り方を示す言葉

表-3·4·5　主な塗料の概要

種類		概要
ペイント	油性	・**油性ペイント（オイルペイント）** 顔料と油脂を練り合わせてそのまま使用できるように液体にした調合ペイント（溶解ペイント）が一般的である。調合ペイントには少量のフタル酸樹脂を混合して乾燥を早めた合成樹脂調合ペイントがある。モルタルなどアルカリ性の下地では劣化するので注意を要する。 ・**エナメルペイント（エナメル）** 油性ペイントに天然樹脂を溶解したもので，光沢（エナメル光沢）を持つ美しい表面を形成する。ペイントとワニスの中間的なものといえる。
	水性	・**水性ペイント** 顔料と焼き石こう，接着剤を混ぜ，水で溶いたもの。光沢がなく，塗面をこすると粉になって摩耗する。
	合成樹脂系 〔溶剤性 　水性〕	・**合成樹脂ペイント（溶剤性）** 合成樹脂をビヒクルとし，顔料を分散させたエナメルペイントで，一般に油性ペイントより耐薬品性が優れている。主なものに，ビニルペイント，アクリル樹脂塗料（アクリルラッカー）などがある。ビニルペイントは，耐久・耐薬品性が大きく，アルカリにも強いので壁仕上げや手すりの上端などに多用される。アクリル樹脂塗料は，光沢が大きく，耐水・耐アルカリ性が大きい。 ・**合成樹脂エマルションペイント（水性）** 合成樹脂を乳状化し，水に溶いて用いる（エマルション）タイプの塗料で，ラテックスペイントとも呼ばれる。塗りやすく，乾くと水に溶けず，つや消しや半光沢の面に仕上がる。酢酸ビニル系のものは内装用に，アクリル系のものは内外装用に用いられる。
ワニス	油性 揮発性 （樹脂系）	天然または人工樹脂を油脂または溶剤に溶かしたもので乾燥すると光沢のある塗膜を形成する。油性ワニス，樹脂ワニスともに，木工品の塗装用に用いられる。
ラッカー	クリヤ ラッカー ラッカー エナメル	硝酸繊維素，可塑剤を溶剤に溶かしたもので顔料を入れないものをクリヤラッカー（繊維素ワニス），入れたものをラッカーエナメルという。透明なクリヤラッカーは室内木部に，不透明なラッカーエナメルは一般木部・金属に適し，家具や自動車の塗装に用いられる。
ステイン	水性 油性 溶剤性	顔料を水，油または溶剤に溶かしたもので，主として木材着色用に用いられる。
うるし カシューうるし		うるし樹の皮またはカシューナッツの外殻からの分泌液を精製したもので，塗膜は透明，不透明など種々ある。カシューうるしはかぶれず，うるしより弾性が優れている。

3.4 高分子系材料・塗料・接着剤

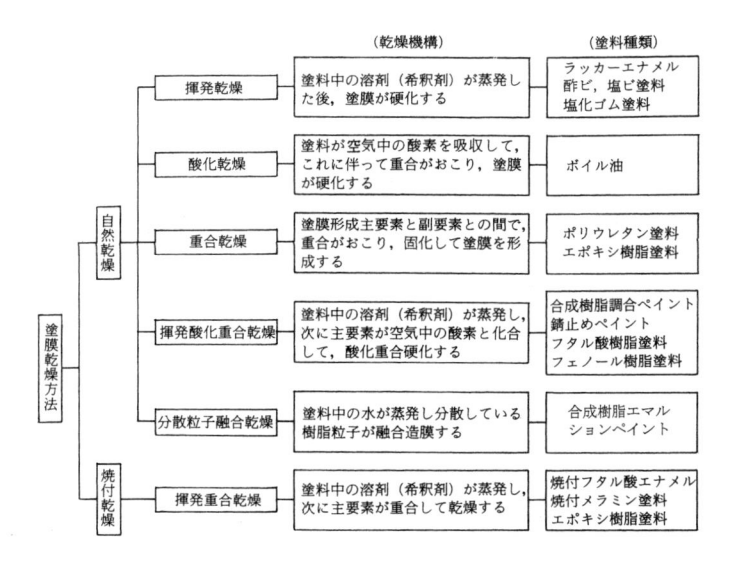

```
                              (乾燥機構)              (塗料種類)
                 ┌ 揮発乾燥 ── 塗料中の溶剤(希釈剤)が蒸発し ── ラッカーエナメル
                 │             た後, 塗膜が硬化する           酢ビ, 塩ビ塗料
                 │                                            塩化ゴム塗料
                 │
                 │ 酸化乾燥 ── 塗料が空気中の酸素を吸収して, ── ボイル油
         自然乾燥│             これに伴って重合がおこり,塗膜
                 │             が硬化する
塗膜乾燥方法 ────│
                 │ 重合乾燥 ── 塗膜形成主要素と副要素との間で, ── ポリウレタン塗料
                 │             重合がおこり, 固化して塗膜を形     エポキシ樹脂塗料
                 │             成する
                 │
                 │ 揮発酸化重合乾燥 ── 塗料中の溶剤(希釈剤)が蒸発し, ── 合成樹脂調合ペイント
                 │                     次に主要素が空気中の酸素と化合      錆止めペイント
                 │                     して, 酸化重合硬化する              フタル酸樹脂塗料
                 │                                                          フェノール樹脂塗料
                 │
                 └ 分散粒子融合乾燥 ── 塗料中の水が蒸発し分散している ── 合成樹脂エマル
                                       樹脂粒子が融合造膜する                ションペイント
         焼付乾燥 ─ 揮発重合乾燥 ── 塗料中の溶剤(希釈剤)が蒸発し, ── 焼付フタル酸エナメル
                                     次に主要素が重合して乾燥する      焼付メラミン塗料
                                                                      エポキシ樹脂塗料
```

図-3.4.3 塗料の乾燥機構と塗料の種類（建築施工技術ハンドブック）

ある。一般に塗膜が透明のものはワニス，クリア，不透明のものはペイント，エナメルと呼ばれる。

(1) 構成

塗料は大きく分けると，図-3.4.3 に示すように不揮発成分である塗膜形成要素と，揮発成分である塗膜形成助要素（有機溶剤や水など）とから構成される。このうち，塗膜形成要素は塗膜の主材となる塗膜主要素（油や樹脂など），主要素の性状を補正する塗膜副要素（乾燥剤や可塑剤など），塗膜を厚くするとともに防錆・着色の役目をする顔料からなる。塗膜副要素として用いられる乾燥剤は塗料の乾燥を促進させ，可塑剤は乾燥した塗料に弾性を与えるために用いられる。顔料によって着色される塗料では，顔料以外の成分を**ビヒクル**（展色剤）と呼ぶ。

(2) 種類

塗料は，一般には塗膜主要素の種類によって分類される。塗料の種類とその概要を表-3.4.5 に示す。また，このほかにも特殊塗料として，錆止め塗料（JIS K 5621-5629），発泡性防火塗料（JIS K 5661），複層模様吹付材（吹付タイル，JIS K 6909）などがある。

(3) 乾燥機構

塗料は乾燥によって塗膜を形成するが，その基本的な機構としては酸化・重合などの化学反応と，揮発・融合などの物理変化が挙げられる。塗料の乾燥機構は，これらの基本機構の組合せによって図-3.4.3 に示すように分類される。硬化乾燥時間は塗料の種類によって異なり，また，その速度は大気の温湿度によって変化するが，建築用塗料ではそのほとんどが常温乾燥形式のものである。

(4) 塗装

第3章 非構造材料

表-3.4.6 塗料の種類（清水建設・建築工事標準仕様書より抜粋）

種類	名称	記号	適応する素地							JIS 規格
			木部	モルタル・コンクリート・セメント板	ボード・スレート板・けい酸カルシウム板	鉄部	亜鉛メッキ	ALC	
合成樹脂塗料	合成樹脂調合ペイント	SOP	○	−	−	○	○	−	JIS K 5516
	塩化ビニル樹脂エナメル（A種・B種）	VE	−	○	−	○	○	○	JIS K 5582
	アクリル樹脂エナメル（A種・B種）	AE	−	○	−	○	○	○	JIS K 5654
	フタル酸樹脂エナメル	FE	○	−	−	○	○	−	JIS K 5572
	ポリウレタン樹脂エナメル（2液形）	UE	−	○	○	○	○	−	JIS K 5656-5657
	アクリルシリコン樹脂エナメル	ASE	−	○	−	○	○	−	JIS K 5658-5659
	フッ素樹脂エナメル	FUE	−	○	−	○	○	−	JIS K 5658-5659
	2液形タールエポキシ樹脂塗料	2T-XE	−	○	−	○	−	−	JIS K 5664
	塩化ゴム系塗料	GP	−	−	−	○	○	−	JIS K 5639
	ラッカーエナメル	LE	○	−	−	○	○	−	JIS K 5531
合成樹脂エマルション塗料	合成樹脂エマルションペイント（1種・外部用）	EP-1	−	○	○	−	−	○	JIS K 5663
	合成樹脂エマルションペイント（2種・内部用）	EP-2	−	○	○	−	−	○	JIS K 5663
	合成樹脂エマルション模様塗料	EP-T	−	○	○	○	○	○	JIS K 5668
模様塗料	多彩模様塗料	EP-M	−	○	○	○	○	○	JIS K 5667
透明塗料	クリアラッカー	CL	○	−	−	−	−	−	JIS K 5531
	2液形ポリウレタンワニス	2-UC	○	○	○	−	−	−	
着色系	オイルステイン	OS	○	−	−	−	−	−	

3.4 高分子系材料・塗料・接着剤

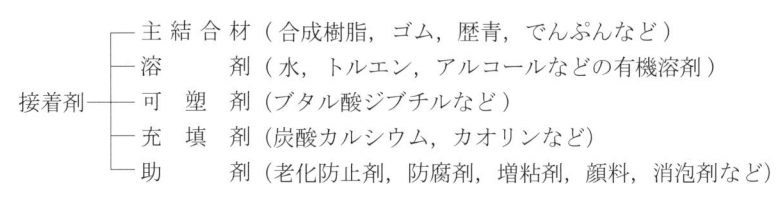

```
         ┌─ 主 結 合 材（合成樹脂，ゴム，歴青，でんぷんなど）
         ├─ 溶   剤（水，トルエン，アルコールなどの有機溶剤）
接着剤 ───┼─ 可 塑 剤（ブタル酸ジブチルなど）
         ├─ 充 填 剤（炭酸カルシウム，カオリンなど）
         └─ 助   剤（老化防止剤，防腐剤，増粘剤，顔料，消泡剤など）
```

図-3・4・4 接着剤の構成

塗装とは，塗料を用いて塗膜を形成させるための一連の施工工程をいう。建築工事における塗装は，現場における自然環境下での施工であり，素地条件，塗装環境などが現場単位，または同一現場でも部位によって異なるため注意を要する。建築物の塗装工事に用いられる主な塗料の略号や適応する素地を表-3・4・6に示す。

塗装の仕上り状態は天候に左右されるため，雨天，湿度80%以上，気温5℃以下，強風といった条件下での施工はさけた方がよい。また，塗料によって得た塗膜の性能・機能を十分に発揮させるには，素地調整（下地ごしらえ）がとくに重要である。日常発生する塗装の欠陥は，塗料の良否よりむしろ塗装前の素地調整に起因することも多い。一般に素地調整としては，以下の項目が挙げられる。

・錆，ほこり，泥土，グリス，水分などの除去
・面の欠点（きず，穴，割れなど）の補修
・浸出有害物（水分，油，樹脂，酸，アルカリなど）の清掃または浸出防止

前処理の方法としては，薬品類を用いる化学的処理法，および**サンドブラスト**など手工具を用いる物理的処理法がある。

表-3・4・7 接着剤の分類

蛋白質接着剤	動物質……カゼイン，獣にかわ，獣血アルブミンなど 植物質……大豆蛋白など
炭水化物接着剤	でんぷん（米・小麦・じゃがいも） 加工でんぷん（テキストリン） こんにゃく（塗壁用）
ゴム系接着剤	天然ゴム 合成ゴム……ネオプレン，ブナ，チオコールなど
繊維類系接着剤	ニトロセルローズなど
鉱物質接着剤	けい酸ソーダ，アスファルト類
樹脂系接着剤	天然樹脂（カナダバルサム，シュラック，コーパルなど） 合成樹脂─┬─熱可塑性樹脂─┬─アクリル系 　　　　　　　　　　　　　　　└─ビニル系 　　　　　└─熱硬化性樹脂─┬─フェノール系 　　　　　　　　　　　　　　├─尿素系 　　　　　　　　　　　　　　├─メラミン系 　　　　　　　　　　　　　　├─ポリエステル系 　　　　　　　　　　　　　　└─エポキシ系

用語の解説

サンドブラスト

コンプレッサによる圧縮空気に砂などの研磨材を混ぜ，これを材料表面に吹き付けることで材料表面を薄く研磨する加工法のこと。船舶の錆取りやガラス工芸などでも用いられる。

塗料は，水性や合成樹脂系のものを除いて，一般には酸・アルカリに弱い。コンクリートやモルタルなどセメント系素地には，アルカリと反応する油性ペイントは不適当である。

また，塗装補助材料として，**プライマー**や**目止め材**，シンナー（薄め液）などを併用することも多い。

3.4.6 接着剤

建築用の接着剤が利用されるようになったのは近代になってからであるが，最近の合成樹脂系接着剤の開発はめざましく，建築用複合材料の生産や内装工事などに広く使用されている。

(1) 構成

接着剤は，図-3.4.4に示すように，一般に5種類の要素により構成される。接着剤に接着性を与える成分を主結合剤，主結合剤を溶解または希釈する成分を溶剤，主結合剤に柔軟性を与える成分を可塑剤，見かけ粘度を高くするとともに価格を低減させる成分を充てん剤，接着剤の性状を補

―― 用語の解説 ――

プライマー
塗料の下地への付着性を高めるための下塗り材

目止め材
木材の被塗装面を平滑にするための下塗り材

表-3.4.8　合成樹脂系接着剤の用途（栗山）

接着剤名称	溶剤	特性				接着対象物							使い方
		溶剤	熱	低温	黴菌	木材	金属	ゴム	ガラス	皮革	紙物	織物	陶器	
ポリメチルアクリレート	ケトン，エステル	○	△	×	○	○	△	△	○	○	○	○	△	
塩化ビニル樹脂	ケトン，エステル	◎	◎	○	○	◎	△	○	△	○	○	○	○	
酢酸ビニル樹脂	アルコール エステル	○	△	△	○	◎	○	△	○	○	○	○	○	塗布圧定 1〜4時間
ポリビニルブチラール	アルコール	△	△	△	△	○	○	◎	○	○	○	○	○	
フェノール樹脂（常温硬化）	アルコール ケトン	○	○	○	○	○	×	○	×	△	△	△	○	使用時に硬化剤を加え塗布圧定 25℃　12〜24時間
レゾルシノール樹脂	アルコール ケトン	◎	◎	○	○	○	×	○	×	○	○	○	○	同上 25℃　10〜12時間
尿素樹脂	水 アルコール	△	◎	◎	○	◎	×	×	×	○	○	○	×	同上 加熱による硬化促進 25℃　12〜24時間 65〜95℃　10〜30分
メラミン樹脂	水，アルコール	○	◎	◎	○	◎	×	×	×	△	○	○	△	同上
ポリエステル樹脂	ケトン，アルコール，エステル	○	◎	△	△	○	◎	△	◎	△	△	△	△	
シリコン樹脂	芳香族炭化水素	◎	◎	○	○	○	△	△	○					
エポキシ樹脂	ケトン アルコール	◎	◎	○	○	◎	◎	○	◎	○	○	○	◎	使用時に硬化剤を加え塗布圧定 25℃ 24〜48時間

（◎優　○良　△可　×不可）

正する成分を助剤という。

(2) 種類

接着剤は，主結合剤の種類によって表-3·4·7のように分類できる。一般に動植物系の接着剤は，耐水性や耐久性に難があるため適用範囲は狭いが，常温で接着し安価である。一方，合成樹脂系の接着剤は，加熱・特殊硬化剤の使用を要するなど使用上不便なものや高価なものが多い反面，耐水性・耐久性・接着力に優れたものが多く適用範囲は広い。

合成樹脂系接着剤と主な被着剤との相性を表-3·4·8に示す。これらのうち，建築工事にもっとも多用されているのが酢酸ビニル樹脂とエポキシ樹脂である。酢酸ビニル樹脂は耐水性・耐熱性はそれほど大きくはないが，作業性が良く木工事用および内装用接着剤として代表的なものである。エポキシ樹脂は，表-3·4·8からもわかるように，多くの材料に適用可能な接着剤である。また，接着には必ずしも加圧を必要としない。コンクリートのひび割れの補修や金属・ガラス部品のコンクリートへの接着，内装材料の接着などに用いられる。

(3) 使用方法

一般に万能な接着剤はなく，用途に応じて安価で使いやすく接着力の強いものを選ぶ必要がある。JISでは用途別に床用ビニルタイル接着剤（JIS A 5536），木レンガ用接着剤（JIS A 5537），壁用ボード類接着剤（JIS A 5538），天井用ボード類接着剤（JIS A 5539)などが規定されている。

接着剤の使用時には，以下の点に注意する必要がある。

① 被着材表面は付着物を取り除き十分に乾燥させる。被着材の水分は接着剤の接着力を低下させ，かつ被着材を変形させるため極めて不利な要因となる。

② 接着剤の最低硬化温度（表-3·4·9参照）以上の気温で使用する。一般には5℃以上で使用するのがよい。

③ 接着剤を塗布した後は，硬化するまで十分に圧着する。

3.4.7 シーリング材

シーリング材（JIS A 5751-5755）とは，ガラスパテ・コーキング材などの総称で，建築構成部材の取付け部，接合目地部，窓枠取付け周辺，ガ

表-3·4·9 接着剤の最低硬化温度

接 着 剤	最低硬化温度
合成ゴム	0℃
酢酸ビニル樹脂	0℃
フェノール樹脂	5℃
エポキシ樹脂	10℃(冬型：5℃)

第3章　非構造材料

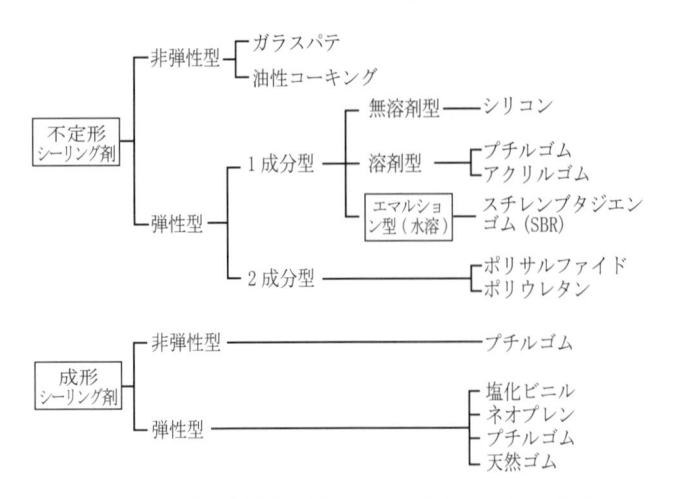

図-3·4·5　建築物に用いられる主なシーリング材

ラスはめ込み部などの隙間，またはひび割れ部の気密性・水密性を保つために充てんする材料をいう。シーリング材は，合成樹脂の発展とともに，カーテンウォールやPCa板をはじめ，各種の目地部に多用されるようになった。しかし，歴史が浅いこともあり，その耐用年数は10年程度と考えておくべきであろう。建築物に用いられるシーリング材の分類を図-3·4·5に示す。

(1) 不定形シーリング材

不定形シーリング材は，コーキングガンあるいはヘラなどで接合部に充てんされるペースト状のもので，被着材との付着が一般に良好である。**ガラスパテ**（JIS A 5752-5753）は，以前は窓ガラスの取付けに用いられていたもので，その主成分は液体の**ビヒクル**（油脂または樹脂）と顔料であり，主成分からみると油性ペイントと同類であるが，硬めのペースト状に作られている。施工後，数週間で酸化によって硬化し始めるが，耐久性に欠ける。

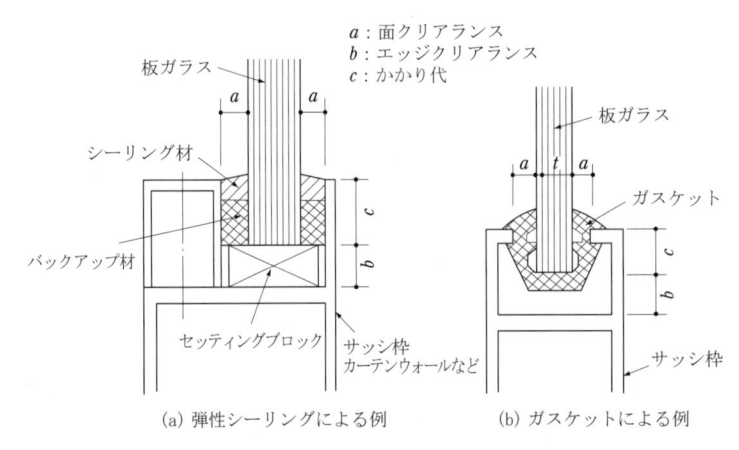

(a) 弾性シーリングによる例　(b) ガスケットによる例

図-3·4·6　板ガラスの取付け方法

(2) 弾性シーラント

不定形および成形シーリング材には，それぞれ弾性型と非弾性型のものがあるが，非弾性型は変形を受けた後の復元性が極めて小さいため，被着材間に大きな変形を生ずるような接合部には不適当である。不定形の弾性型シーリング材は**弾性シーラント**とも呼ばれ，油性コーキング材に比べて，接着力・密封性などが強力で，施工が簡単なため，カーテンウォールやPCa板をはじめ各種の躯体の目地部の防水用充てん材や，図-3.4.6に例示するように窓ガラスの取付けに多用される。単にシーリング材というときは，この弾性シーラントを指すことが多い。弾性シーラントはさらに一成分型と二成分型に分けられるが，一成分型は，使用の際そのまま用いることができる（自己加硫）。一方，二成分型は，使用の際に基材と硬化剤とを混ぜて用いる（加硫）。

(3) 成形シーリング材

成形シーリング材は，天然ゴム・合成ゴムあるいは合成樹脂を特殊な断面に押出し成形したもので，被着材に押し付けられた状態で密着使用する。成形シーリング材には，**ひも状シール材**や図-3.4.6に示すような**ガスケット**（JIS A 5756）と呼ばれるものがある。ひも状シール材は，間仕切り用パネルやガラスの取付け，または外部窓やガラスの取付けの際に弾性シーラントのバックアップ材として使用される。また，ガスケットは，プレハブ構法，カーテンウォール構法などの発展に伴い利用量が増大し，とくに大形厚板窓ガラスなどのサッシへの取付けには不可欠である。

3.5 断熱・防火材料

3.5.1 断熱材料

建築物の断熱工法の選択に際しては，冬暖かく，夏涼しく住むための快適な居住環境の要求と，暖冷房負荷の軽減，結露の防止などの設計・施工時における省エネルギー化の要求の両方を考慮する必要がある。このためには，屋根・天井・壁・床に断熱材を使用し，気密性・断熱性を高めることが有効であるが，建物の一部分を断熱するのではなく，建物全体を断熱化することの方がより効果的である。

断熱材料とは，その材料の内側と外側を熱的に区分し，保温または遮熱の目的で熱の流れを調整する材料であり，保温材料，防熱防湿材料あるいは熱絶縁材料など用途に応じた呼び名がある。断熱性能を判断する主な用語は熱伝導率であり，部材としての総合的断熱性を表す熱貫流率なども用いられる。

(1) 熱伝導の考え方

熱が移動する機構は，伝導・対流・放射によって行われる伝熱作用であり，断熱性とは，伝熱作用をできるだけ遮断する性能のことをいう。

第3章 非構造材料

表-3·5·1 建築材料の熱伝導率の一例（一部「理科年表」より抜粋）

分類	材料名	種類	密度 kg/m³	熱伝導率 W/m·K	規格
セメント系	コンクリート	普通コンクリート	2,300	1.6	
		軽量コンクリート（1種）	1,900	0.81	
		気泡コンクリート（ALC）	500	0.18	JIS A 5416
	モルタル	普通モルタル	2,000	1.3	
		パーライトモルタル	900	0.22	
れんが	耐火れんが		800	0.28	
	れんが		2,000	0.55	
ガラス・石膏	板ガラス		2,500	0.70	
	石こうボード		750	0.22	JIS A 6901
木質系	木材		550	0.16	
	合板		540	0.16	
	セメント板	普通木毛セメント板	700	0.20	JIS A 5404
		木片セメント板	750	0.10	JIS A 5404
	インシュレーションボード	シージングボード	400	0.052	JIS A 5905
		たたみボード	270	0.045	JIS A 5905
	パーティクルボード		550	0.15	JIS A 5908
断熱材	繊維系	グラスウール	20	0.041	JIS A 9521
		ロックウール	40	0.038	JIS A 9521
	発泡プラスチック系	フェノールフォーム保温板	25	0.033	JIS A 9511
		ポリスチレンフォーム保温板	25	0.037	JIS A 9511
		硬質ウレタンフォーム	35	0.024	JIS A 9511
		吹付け硬質ウレタンフォーム（現場発泡）	25	0.026	JIS A 9526
金属系	銅		8,300	370	
	アルミニウム合金		2,700	200	
	鋼材		7,830	53	
	鉛		11,400	35	
	ステンレス鋼		7,400	15	
その他	土壁		1,280	0.69	
	アスファルト		1,200	1.3	
	磁器		2,300	1.5	
	毛布		−	0.040	
	ボール紙		−	0.20	

3.5 断熱・防火材料

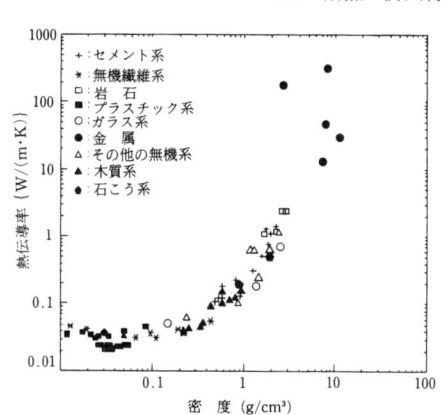

図-3·5·1 各種材料の熱伝導率と密度の関係

用語の解説

熱量に関係する単位

1cal=4.2J

1J=1W·s=1N·m

1W·h=3600W·s=3600J=860cal

熱伝導率 λ とは，物体内部の等温面の単位面積（m²）を通って単位時間に垂直に流れる熱量と，その熱流方向における温度勾配の比をいい，その逆数 $1/\lambda$ を**熱伝導抵抗**という。

$$Q = \frac{\lambda(\theta_0 - \theta_i)}{d} \tag{3.5.1}$$

ここに，Q：材料中を単位時間に通過する熱量(W/m²)

λ：熱伝導率（W/(m·K)）

$\theta_0 - \theta_i$：高温側と低温側の表面温度差(K)

d：材料の厚さ(m)

各種材料の熱伝導率と密度の関係を図-3·5·1に示す。一般に密度の小さい材料は，内部に空気を含んでおり，熱の流れが悪いために断熱性能が優れ，すなわち熱伝導率は小さい。断熱材料としての効果のあるものは，熱伝導率が0.05W/m·K以下の材料といわれるが，0.1W/m·K以下の材料でも有効とされている。各種材料の熱伝導率を表-3·5·1に例示する。

建材の断熱性は熱伝導率によって判断することができるが，建築物では壁体を通して高温側から低温側へと熱が流れ，熱貫流率が重要となる。**熱貫流率** K とは，壁体で隔てられた単位面積あたりの空間の熱が熱伝達と熱伝導の過程を経て流れる単位時間あたりの熱量をいい，次のように示される。

$$Q = K(t_0 - t_i) \tag{3.5.2}$$

ここに，Q：固体壁中を単位時間に通貨する熱量（W/m²）

K：熱貫流率（W/(m²·K)）

$t_0 - t_i$：固体壁の両表面の温度差（K）

熱貫流率の逆数 $1/K$ は，熱の伝わりにくい値を表し**熱貫流抵抗** R という

$$R = \frac{1}{\alpha_0} + \Sigma \frac{d_n}{\lambda_n} + \frac{1}{\alpha_i} \tag{3.5.3}$$

ここに，R：熱貫流抵抗（m²·K/W）
　　　　λ_n：n 層の熱伝導率（W/(m·K)）
　　　　d_n：n 層の固体の厚さ（m）
　　　　α_0, α_i：固体壁の両側の空気と固体壁面の表面熱伝導率（W/(m²·K)）

熱貫流率は構造体で仕切られた場所の断熱性の指標だけでなく，建具の断熱性能の評価にも用いられる。

(2) 一般的な断熱材料

(a) 繊維質断熱材

繊維質断熱材としては，ガラス系鉱物原料とけい酸質系鉱物や鉱さいなどを溶融して作られる無機繊維質系の**グラスウール**と**ロックウール**のほか，植物繊維（チップ化した木材のほか，パルプくず，のこくず，綿くず，稲わら）を主原料とする有機繊維質の**インシュレーションボード**がある。一般的には無機質系のものは防火耐火性に優れており，有機質系のものは保温が目的で用途に応じたものが比較的容易に作られる。

(b) 多孔質断熱材

多孔質断熱材は発泡プラスチック系のスチロール樹脂，ポリウレタン樹脂などのように気泡の多い材料で，密度が低く，熱的性質の優れたものが多いが，力学的性質や断熱性能に大きな差がある。

(c) その他の断熱材

けい酸カルシウムや炭酸カルシウムを用いたもの，金属板，金属箔，プラスチックシートなどを積層して空気層を作り，断熱性能を高めたものなどがある。

(3) 断熱工法

従来，省エネルギーや快適居住性の向上のための断熱工法といえば**内断熱工法**が一般的であったが，この工法ではとくに鉄筋コンクリート造などで結露が発生するという問題がある。

これに対し近年では**外断熱工法**が注目を集めている。外断熱工法では，建物を外側から耐久性・断熱性に富んだ外被材で覆うため，内部結露の発生がなく，また躯体が外気温・日射の変化を直接受けないので，暖冷房が停止されても急激な室温低下を生じないなどの利点がある。とくに躯体を外被材で保護するため，建物の耐久性が向上することも大きな利点の１つである。また，外被材には耐候性・耐凍結融解性の優れた各種の**サイディング材**が開発されている。

── 用語の解説 ──

内断熱工法

建物の屋内側に断熱層を配置する工法。構造躯体は屋外の寒暖の影響を受ける。木造住宅などに適用される充填断熱工法（壁体内に断熱材をはめ込む工法）も内断熱工法の一種である。

外断熱工法

断熱材を躯体の外側に配置し，屋外の寒暖の影響から躯体および屋内を守る工法。外断熱工法という場合，鉄筋コンクリート構造の外断熱工法と木造を中心とする戸建て住宅の外張り断熱工法の両方を含めることがあるが，この二つは別物である。本来の外断熱工法とは，RC 構造やメーソンリー構造など熱容量の大きい建物に適した工法である。戸建て住宅の外張り断熱工法は，壁体内に断熱材をはめ込む充填断熱工法の対となる工法である。

サイディング

建築物の美観・防火・遮音・断熱・躯体保護などの目的で，建築物の壁面に張る板状の外壁の総称。金属板（アルミ系やガルバリウム鋼板など）や窯業系サイディング（JIS A 5422，セメントと木質系成分を混合したもの）などがある。従来は窯業系サイディングに少量の石綿（アスベスト）が添加されていたが，平成 16 年 10 月に全面禁止となった。

3.5.2 防火材料

建物内の火災は，出火源から成長した炎が内装材料に着火して，壁・天井などに進行し，**フラッシュオーバー**を引き起こした後，燃焼物がなくなるまで継続する。

物が燃焼するためには，可燃物・酸素源（空気）・熱源（エネルギー）の3要素が満たされなければならない。可燃物に熱を加えると可燃性ガスが発生して適度の燃焼濃度となり，十分な熱エネルギー（口火・電気火花など）を与えると燃焼が始まり，熱・煙・ガスが空気中に放出される。とくに建物が大規模化するに従って多量の煙・ガスが発生し，多くの人命が奪われることがある。火災時の煙の発生は，見通し距離，光量の低下などの現象を引き起こし避難時の判断を狂わせる。

一方，火災時に発生するガスとしては，毒性の窒息性ガスと刺激性ガスがある。窒息性ガスには一酸化炭素（CO），シアン化水素（HCN），硫化水素（H_2S）などがあり，刺激性ガスには塩化水素（HCl）などがある。

一般に**防火材料**とは可燃性材料，またはそれに類する材料を火災から防ぐために用いられる材料をいい，初期火災の成長を遅らせ，人命の安全を確保するために用いられる。したがって，防火材料としては，発熱量・発煙量および有害ガス量の少ない材料が望まれる。防火設計は出火の拡大防止，煙の制御と避難，耐火など安全性の確保を第一に考慮する必要がある。

法で規定された防火材料としては，建築基準法の**不燃材料**，**準不燃材料**および**難燃材料**がある。

(1) 防火性能

防火材料には材料自体が燃えないか，または燃えにくいこと，材料自体の裏面に熱が伝わりにくいこと，材料自体が燃焼中に著しく変形またはひび割れを生じないこと，材料自体から煙・有毒ガスを生じないことなどが要求される。防火材料の燃焼性については，次のように区別されている。

(a) 不燃材料

コンクリート，れんが，瓦，鉄鋼，アルミニウム，ガラス，モルタル，漆喰（しっくい），その他これに類する建材で不燃性を有するものをいう。すなわち，燃焼せず，防火上有害な変形・溶融・ひび割れその他の損傷を生じないもの，防火上有害な煙またはガスを発生しないものであり，金属系材料，けい素系材料などの無機質材料が多い。

(b) 準不燃材料

木毛セメント板，石こうボード，パルプセメント板，その他の建材で不燃材料に準ずる防火性能を有するもので，建築物のかなり広範囲にわたり内装材として使用できる。これは無機質を主体とし，これに多少の有機質を混入または積層した材料で，火災時に急激な燃焼や発煙をしないものである。

用語の解説

フラッシュオーバー

火災による熱で仕上材など可燃物が熱分解し，引火性のガスが発生して室内に充満し，このガスが爆発的に発火する現象。類似の言葉でバックドラフトとは，密閉された室内で火災が生じ可燃性の一酸化炭素ガスが溜まった状態で，開口部（窓や扉）を開放したときに，急激に酸素が取り込まれたために爆発する現象である。フラッシュオーバーが火の海が広がる現象であるのに対して，バックドラフトは水素爆発に近い。

不燃材料

通常の火災による火熱が加えられた場合に，加熱開始後20分間は燃焼しないことが必要である。また，外部仕上げにおいては，防火上有害な変形，溶融，亀裂その他の損傷を生じないこと，内部仕上げでは避難上有害な煙またはガスを発生しないものであることの3点が条件となる。

準不燃材料

不燃材料でいう加熱開始後20分を10分に緩和した性能であること。ほかの2点の条件は同じである。

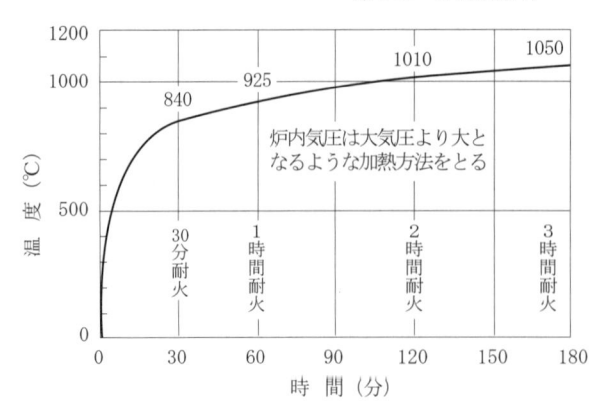

図-3·5·2 JIS A 1304による加熱曲線

表-3·5·2 耐火構造の建築物における部位別性能の規定
（建築基準法施行令107条）

建築物の部分			建物の階 最上階および最上階から数えた階数が2以上で4以内の階	最上階から数えた階数が5以上で14以内の階	最上階から数えた階数が15以上の階
壁		間仕切壁	1時間	2時間	2時間
		耐力壁	1時間	2時間	2時間
	外壁	非耐力壁 延焼のおそれのある部分	1時間	1時間	1時間
		非耐力壁 延焼のおそれのある部分以外の部分	30分	30分	30分
柱			1時間	2時間	3時間
床			1時間	2時間	2時間
梁			1時間	2時間	3時間
屋根			30分		

表-3·5·3 準耐火構造の建築物における部位別性能の規定
（建築基準法施行令107条の2）

壁		間仕切壁	45分
	外壁	耐力壁	45分
		非耐力壁 延焼のおそれのある部分	45分
		非耐力壁 延焼のおそれのある部分以外の部分	30分
柱			45分
床			45分
梁			45分
屋根			30分
階段			30分

(c) 難燃材料

難燃合板，ガラス繊維強化ポリエステル板（FRP板），塩化ビニル樹脂金属積層板，その他の建材で難燃性を有するものをいう。有機質を主体と

―― 用語の解説 ――

難燃材料
準不燃材料とは，不燃材料でいう加熱開始後20分を5分に緩和した性能であること。ほかの2点の条件は同じである。

した可燃性材料に無機質のもので処理するかまたは積層するかで着火を遅らせ，発熱を押さえるなど難燃性を持たせたものが多く，建物の初期火災時の燃焼を抑制させる材料である。

(2) 耐火性能

建築物の耐火性能は加熱試験・衝撃試験に耐える構造として，耐火構造，準耐火構造および防火構造に区別されている。この性能を判定する耐火試験用加熱温度曲線は図-3·5·2のように定められている。

(a) 耐火構造

主要構造部分がRC造およびSRC造のように，不燃材料によって耐火性が高い構造をいう。また，鉄骨造も耐火被覆を用いた構法によって耐火構造が可能である。表-3·5·2に示すように建築基準法施行令では，建築物の壁・柱・梁・床および屋根は階数に応じて，通常の火災時の加熱に30分から3時間以上耐える性能を有していなければならない。

(b) 準耐火構造

耐火構造以外の構造で，表-3·5·3に示す建築基準法施行令により規定された耐火性能があると認められたもので，とくに地上3階建以下の木造建築が準耐火構造の中に組み込まれている。

(c) 防火構造

建築物の外壁または軒裏が鉄網モルタル塗・漆喰（しっくい）塗の構造で政令で定められた防火性能を有するものをいい，本来，木造建築の延焼防止構造として考えられたものである。

(3) 耐火被覆

火災時に建物の構造部材を火災熱から一定時間保護し，部材の耐力低下を防ぐ目的で耐火被覆が施される。耐火被覆には不燃性で断熱性の良い材料を用いるだけでなく，建築物の構造や規模・用途によって耐火性能が異なることから，耐火・防火材料と構法を総合的に検討する必要がある。表-3·5·4に示すように，鉄骨造部材に耐火被覆を施す場合は，打込み（現場打ち），左官（塗仕上げ），張付け（接着），吹付け，メンブレン，

表-3·5·4 耐火被覆の材料と構法

構　　　法	主　な　被　覆　材　料
打込構法	普通コンクリート，軽量コンクリート，**気泡コンクリート**
左官構法	普通モルタル，軽量モルタル，**パーライト**モルタル，**ひる石**モルタル，パーライトプラスター，ひる石プラスター
吹付構法	吹付けロックウール，ひる石モルタル，ひる石プラスター
貼付構法	無機繊維混入けい酸カルシウム板，**ALC**板，無機繊維強化石こうボード，石こう板
メンブレン構法	ロックウール板，吹付けロックウール
プレハブ構法	無機繊維混入けい酸カルシウム板，気泡コンクリート板
複合構法	上記の各種組合わせ

―― 用語の解説 ――

気泡コンクリート

発泡剤あるいは起泡剤と呼ばれる発泡成分のある混和材を使ったコンクリートで，内部に気泡を多く含んでいるため，通常のコンクリートよりも断熱性が良い。ALCが工場で高圧の蒸気養生を受けるのに対し現場打設であるため，気泡の量の制御は難しいものの，定型のALC板に対して生コンであるため現場の複雑な形に対応した断熱層を設けることができる。

パーライト

黒曜石やパーライト（岩石）を高温で熱処理してできる発泡体。安価で多孔質であることから，土壌改良材や園芸用培養土などにも用いられる。

ひる石（蛭石）

正式名はバーミキュライトといい，高温で焼結処理することで10倍程度に膨張させたもの。多孔質で非常に軽いことから園芸用培養土や土壌改良材などにも用いられる。

ALC (Autoclaved Lightweight Concrete：軽量気泡コンクリート)

気泡材としてアルミニウム粉末を加えたコンクリートを，高温高圧の蒸気養生することで成形した多孔質のコンクリート。JIS A 5416に軽量気泡コンクリートパ

第3章 非構造材料

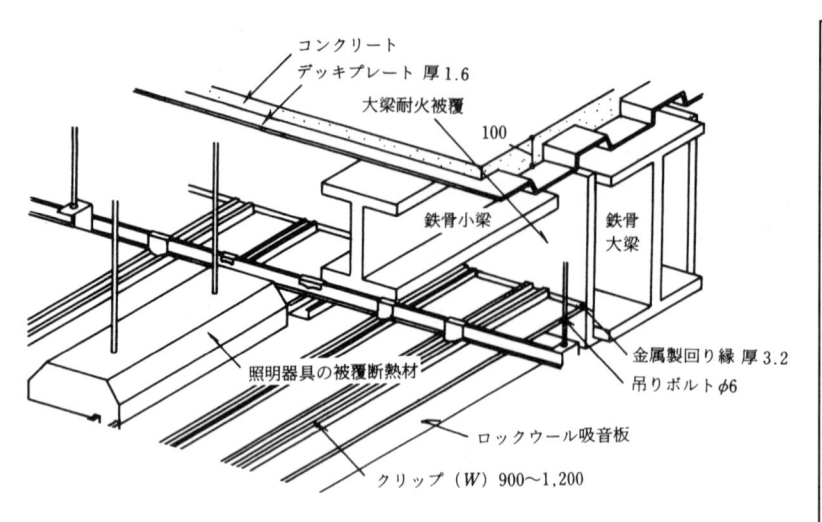

図-3·5·3 耐火被覆構法（メンブレン構法）

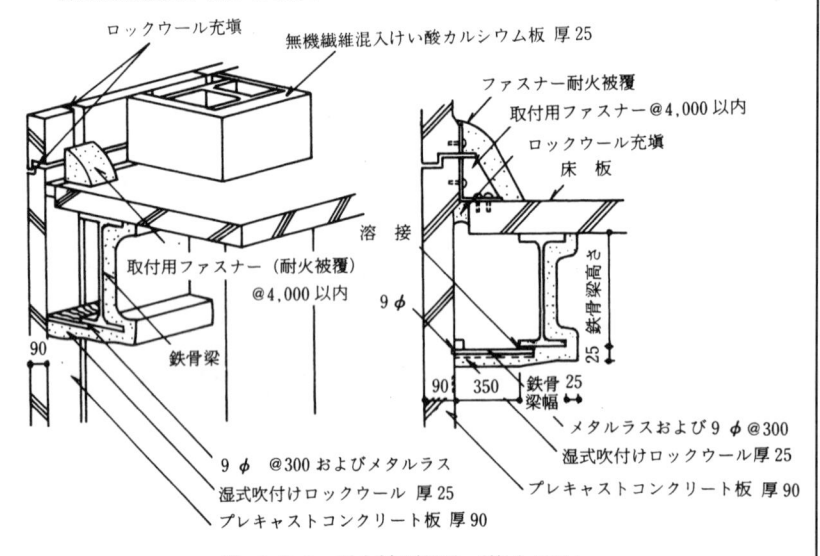

図-3·5·4 耐火被覆構法（複合構法）

プレハブ，複合の各構法が用意されている。**メンブレン構法**の場合は，図-3·5·3に示すように，天井材が耐火被覆材を兼ねて用いられる。また複合構法とは，図-3·5·4のように**プレキャストコンクリート**板など，ほかの部材と組み合わせて耐火被覆を行うものである。

---- 用語の解説 ----

ネルとして規定されている。幅600mmの板状で出荷されており，内部には補強鉄筋が配置されている。重量はコンクリートの約1/4，熱伝導率はコンクリートの約1/10と小さい。

メンブレン構法

通常の耐火被覆では鉄骨柱梁などの構造材に直接吹付けあるいは貼り付けるのに対し，メンブレン構法では床や天井仕上げに耐火性能を持たせることにより鉄骨梁などの構造材を保護する。メンブレンとは「膜」という意味であり，構造材に密着して凹凸を作るのではなく，床天井のように平坦な面で保護しているのが特徴。メンブレン防水工法と明示的に分けて使う場合はメンブレン耐火被覆工法という。

プレキャストコンクリート

通常のコンクリートが現場で生コンクリートを打設して製作するのに対し，工場などであらかじめ製造されたコンクリート部品の総称。図-3·5·3に示すような鉄骨造の建築物の場合，プレキャストコンクリート板を外壁や床板に用いることで，作業現場での打設作業を軽減するとともに床板は鉄骨梁の耐火被覆材を兼ねている。

3.6 吸音・遮音材料

建築における音環境は，それぞれの建築物の目的に応じたものでなければならない。建築環境において，このような音の問題を制御するものが吸音・遮音材料である。**吸音材料**とは，音の反響を和らげ，また残響時間を調整するもので，**遮音材料**は音の漏れおよび侵入を抑えるものである。例えば，音楽施設などで音の残響時間を調整するために吸音材料を，また**騒音**に対して遮音材料が使用されている。

3.6.1 音の速さ

音は物質の中を伝わり，その速度は物質の硬さや密度によって異なる。一般に，物質が硬いもしくは重いほど音速が速くなる。表-3·6·1 に材料中の音速，密度，**ヤング係数**を示す。

表-3·6·1 材料中の音速・密度・ヤング係数（木村）

材料	音速 [m/s]	密度 [kg/m^3]	ヤング係数 [kN/mm^2]
空気(1気圧20℃)	344	1.20	0
合板	2,887	0.6×10^3	5
コンクリート	3,022	2.3×10^3	21
軟鋼	5,405	7.8×10^3	206
ガラス	5,424	2.5×10^3	70
鉛	1,319	11.4×10^3	16

3.6.2 音の反射・吸収・透過

壁材や床材などに入射した音 I は，図-3·6·1 に示すように，
① 材の面にあたり反射する音 R

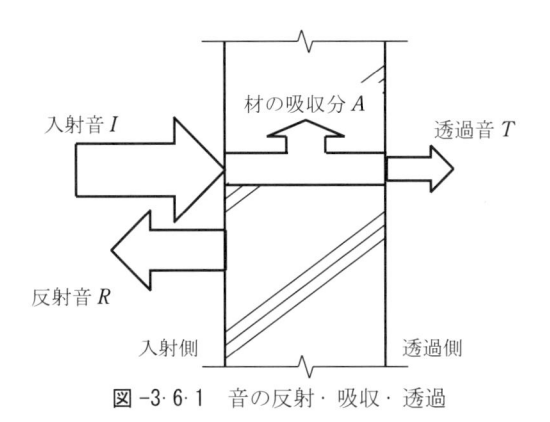

図-3·6·1 音の反射・吸収・透過

― 用語の解説 ―

騒音

騒音レベルを表す単位としてデシベル（dB）がある。ジェット機の爆音は 120dB，ガード下の電車通過時は 110dB，騒々しい工場は 90dB，普通の機械工場は 70dB，忙しい事務室内は 60dB，事務室は 50dB，声を落とした会話は 40dB，静夜中は 30dB，ささやき声は 10dB（「新／衛生管理（上）」）による）

ヤング係数

材料の弾性範囲内における応力とひずみとの比で，圧縮・引張力に対する剛性を示す。

第3章　非構造材料

② 材に吸収される音A
③ 材の孔や隙間を透過する音T

の3種に分かれる。

吸音は入射音に対する反射音を意味する概念であり，これが小さいほど吸音性が高いことを表す。一般に材の密度が高いほど低音域の吸音性が高くなり，材の厚みが増すと，低・中音域の吸音性が高くなるといわれている。吸音性を示す指標として吸音率があり，その数値が高いほど，吸音性に優れることを意味する。

遮音は入射音に対する透過音を意味する概念であり，これが小さいほど遮音性が高いことを表す。一般に材の**面密度**が高いほど遮音性が高くなる。また遮音性は，材料の特性だけでなく，その組合せや構造にも起因する。遮音性を示す指標として透過損失があり，その数値が高いほど遮音性に優れることを意味する。なお，遮音は外部の音源からの音に対するものと，建築の部材が音源となり発せられる音に対するものがある。後者は壁，天井および床に衝撃力が加わり，これにより音が生じる場合であり**衝撃音**といわれている。なお，建築設計における衝撃音でよく考慮されることは，衝撃により床が振動し，その振動によって下階へ音が発生する**床衝撃音**である。

3.6.3　吸音材料

吸音材料の吸音特性は，その吸音機構によって定まる。図-3・6・2に吸音材料の分類を示す。

---用語の解説---

面密度
材料の単位面積あたりの質量

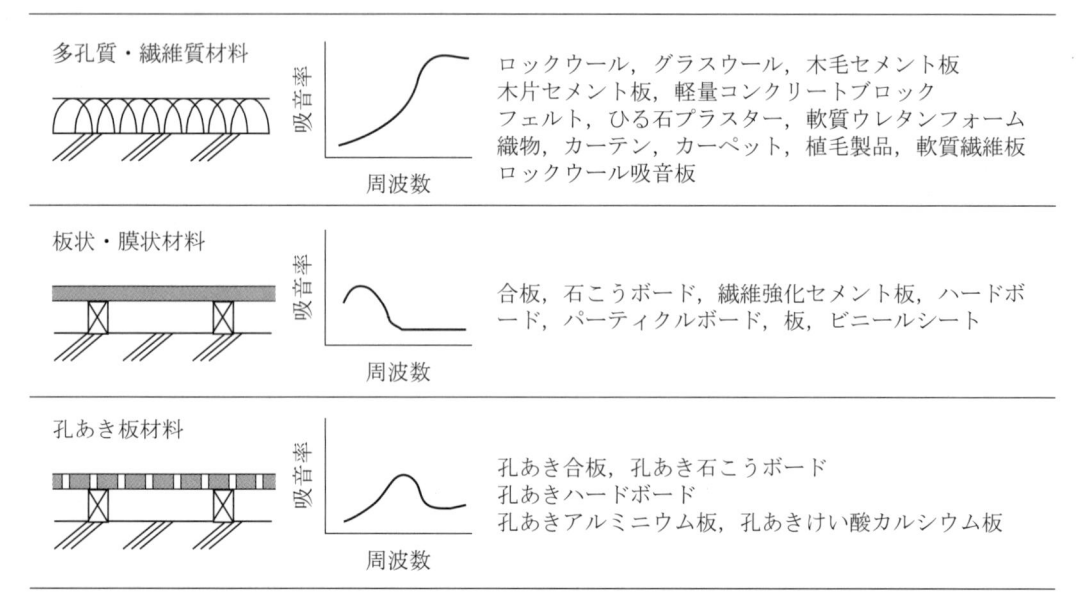

多孔質・繊維質材料
ロックウール，グラスウール，木毛セメント板
木片セメント板，軽量コンクリートブロック
フェルト，ひる石プラスター，軟質ウレタンフォーム
織物，カーテン，カーペット，植毛製品，軟質繊維板
ロックウール吸音板

板状・膜状材料
合板，石こうボード，繊維強化セメント板，ハードボード，パーティクルボード，板，ビニールシート

孔あき板材料
孔あき合板，孔あき石こうボード
孔あきハードボード
孔あきアルミニウム板，孔あきけい酸カルシウム板

図-3・6・2　吸音材の分類（木村）

(1) 多孔質材・繊維質材

多孔質材・繊維質材は通気性のある多くの細孔を含む材料で，ロックウール，グラスウール，木質セメント板などがある。そこに入射した音は，連続気泡中または細かい繊維の隙間の空気を振動させて，微小繊維間の摩擦や粘性抵抗などによって，音のエネルギーを熱エネルギーに変換して吸音される。なお，その吸音性は，表面が塗装されたり，細孔が詰まるほど減少し，また，背後の空気層および材の厚さにより変化する。多孔質材・繊維質材は，一般に低音域よりも高音域をよく吸収し高い周波数域用の吸音材として使用される。

(2) 板状材・膜状材

板状材・膜状材は薄く気密な材料で，合板，ビニルシートなどがある。板・膜状単一での吸音性はなく，これらの裏面に空気層を設けることで吸音性能を発揮する。板・膜状材の表面に入射した音は，音圧および空気層の影響で板・膜状材を振動させて，その内部摩擦などによって振動エネルギーを熱エネルギーに変換して吸音される。板状材・膜状材は一般に低音域をよく吸収し，低い周波数域用の吸音材として使用される。なお，中高音域の吸音率は小さい。

(3) 孔あき板材

孔あき板材は，合板，石こうボードなどに適当な孔径の貫通孔を一定の間隔であけた材料である。板状材・膜状材と同様に，孔あき板材単一での吸音性はなく，これらの裏面に空気層を設けることで吸音性能を発揮する。孔あき板材に入射した音は，孔の部分の空気と裏面の空気層が一体となって振動し，この振動の共鳴によって振動エネルギーを熱エネルギーに変換して吸音される。なお，その吸音性は，**音の周波数**，孔の大きさおよび形状，裏面の空気層の厚さにより変化する。孔あき板材は，一般に**共鳴周波数**に近い音域の吸音性に優れる。

3.6.4 遮音材料

ここでの遮音材料は，外部の音源からの音の遮音を目的として使用する材料である。この遮音性は，遮音材単一の材料特性だけでなく，その組合せや構造に起因する。遮音材の組合せや構造によって一重構造，二重構造がある。

(1) 一重構造

コンクリートやガラスなど均質な単一材料で構成されている一重構造の遮音性能は，**質量法則**に依存し，材料の密度が大きいほど高く，また，音の周波数が高いほど透過損失が大きくなる。しかし，ある周波数に達すると板の共鳴現象である**コインシデンス効果**により透過損失が低下する。表-3・6・2に単一材料の透過損失を示す。

(2) 二重構造

── 用語の解説 ──

音の周波数

人間が音を判別できる範囲は 20-20,000Hz，一般的な男性の声は 40-400Hz，一般的な女性の声は 150-900Hz

共鳴（共振）周波数

もっとも振動しやすい周波数

質量法則

面密度が大きいほど遮音性能が高くなること

コインシデンス効果

弾性板が音によって振動するとき，板への入射音波の粗密振動と板に生じた屈曲振動の分布が一致して音が透過しやすくなる現象

表-3·6·2 単一材料の透過損失（木村）

材料	板厚 [mm]	周波数 [Hz]					
		125	250	500	1,000	2,000	4,000
フレキシブルボード	6	18	20	23	29	30	25
モルタル ラスシート下地	30	23	23	23	26	29	26
コンクリートPC板	150	43	46	50	56	62	65
	100	32	38	48	54	60	63
軽量コンクリートPC板	150	39	44	49	53	59	64
コンクリートブロックB種（両面素面）	150	20	25	28	32	36	42
ALC板	100	31	32	29	37	46	51
ガラスブロック	95	27	34	38	44	47	51
ガラスはめころし	5	21	22	27	31	33	30
	12	26	28	33	32	33	40
	19	25	31	35	30	37	43

――― 表中の用語の解説 ―――

フレキシブルボード
高圧でプレスされたスレートボードで，内外の天井・壁に使用される。

PC（Precast Concrete）
工場で製造されたコンクリート部材

ALC（Autoclaved Lightweight Concrete）
高温高圧蒸気養生された軽量気泡コンクリート

　2枚の板材の間に空気層，剛性材または吸音材を設けた構造である。空気層の場合は，空気の防振効果によって透過損失を大きくするが，低音域において空気層の共鳴によって透過損失を低下させる周波数域がある。剛性材を挟んだ場合は，遮音材料の理論的な質量法則におよそ依存する。吸音材を挟んだ場合は，広い周波数にわたって透過損失が向上する。

3.6.5　床衝撃音

　床衝撃音を緩和する対策として，主に床表面に軟らかい仕上材を施す，床の質量・剛性を大きくする，および床を縁の切れた二重構造とする，の3つの方法がある。

（1）床表面に軟らかい仕上材を施す方法
　床表面にカーペットやたたみなど軟らかい材を用いて，その弾性により衝撃力を弱める方法である。軽量床衝撃音に対しては効果があるが，重量衝撃音に対してはほとんど効果がない。

（2）床の質量・剛性を大きくする方法
　床の質量・剛性を高めることで，衝撃力に対して床が振動しにくくなり，床衝撃音に対して効果的となる。軽量および重量の床衝撃音のどちらにも効果的な方法である。なお，構造設計に対して，床の質量の影響が大きくなる。

(3) 床を縁の切れた二重構造にする方法

軽量および重量の床衝撃音のどちらにも効果的な方法である。なお，中間に空気層を設けた場合，空気層の共振により床衝撃音に含まれている低い周波数の音が増幅し，その遮音性が低下することがある。

3.7 屋根・防水材料

雨露をしのぐという言葉があるように，建物において最初に求められた機能は雨から人間を守ることであった。その役割を果たす屋根・防水材料は，文字通り雨露をしのぐために，水を適切に遮断・制御するための材料である。これにより，さまざまな気象条件下でも，室内に漏水することのない快適な居住環境を保つことができる。また，屋根・防水材料が使用される建物の屋上は，もっとも苛酷な気象条件下におかれるため高い耐久性も求められる。さらに屋根は建物の印象を決定づけ，これが周囲の景観にも影響を与えるため美観にも配慮する必要がある。

本節では建築に用いられている屋根・防水材料の種別と機能について述べ，これを支える工事仕様書（JASS 8, 12）について説明する。

3.7.1 屋根葺（ふき）材料

屋根葺材料の種別は多種多様であり，時代の変遷とともに改良され発展しつつある。図-3·7·1に材料の分類を示す。屋根葺材は生産上の観点からいうと，天然材料と工業材料に大別されるが，ここでは代表的な屋根葺材料について説明する。

(1) 天然材料（木・植物素材・石材）

日本では草・木を素材とする屋根材に種々の工夫が見られ，**茅葺**（かや

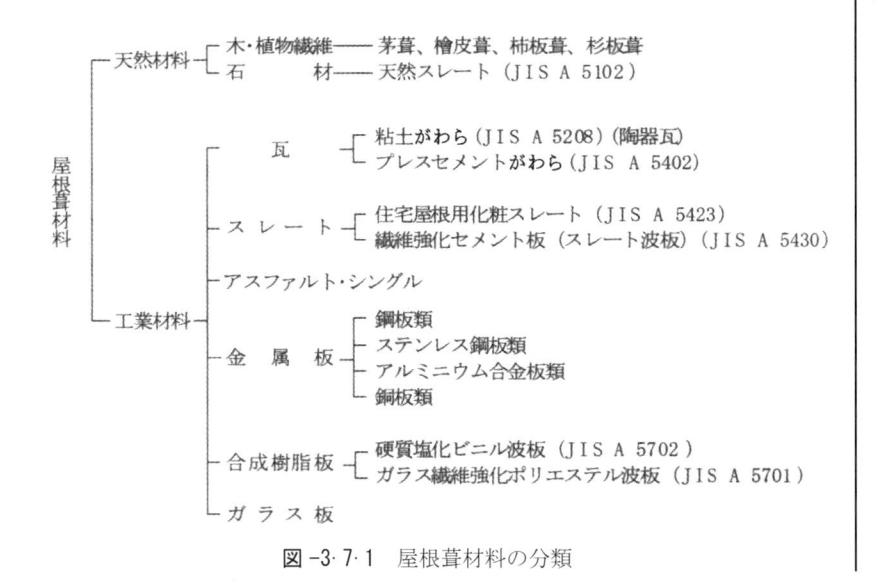

―― 用語の解説 ――

茅葺
茅（かや）を屋根材としたもので，白川郷が有名

```
屋根葺材料 ┬ 天然材料 ┬ 木・植物繊維 ── 茅葺、檜皮葺、柿板葺、杉板葺
          │         └ 石    材 ── 天然スレート（JIS A 5102）
          │
          └ 工業材料 ┬ 瓦 ┬ 粘土がわら（JIS A 5208）（陶器瓦）
                    │   └ プレスセメントがわら（JIS A 5402）
                    │
                    ├ スレート ┬ 住宅屋根用化粧スレート（JIS A 5423）
                    │         └ 繊維強化セメント板（スレート波板）（JIS A 5430）
                    │
                    ├ アスファルト・シングル
                    │
                    ├ 金属板 ┬ 鋼板類
                    │       ├ ステンレス鋼板類
                    │       ├ アルミニウム合金板類
                    │       └ 鋼板類
                    │
                    ├ 合成樹脂板 ┬ 硬質塩化ビニル波板（JIS A 5702）
                    │           └ ガラス繊維強化ポリエステル波板（JIS A 5701）
                    │
                    └ ガラス板
```

図-3·7·1 屋根葺材料の分類

第3章 非構造材料

> **テクニカルワンポイント**
>
> ### 瓦屋根は地震に弱いか
>
> 瓦を屋根材として使用する場合，古くは土葺き工法で行われていた。これは屋根の下地材となる野地板の上に土を載せてその上に瓦を固定する工法である。この工法では屋根の総重量が重くなるため，地震に弱い傾向がある。しかし，現在では瓦の軽量化も進み，屋根への固定方法も土を使わずに瓦同士を引っ掛け，かつ釘で固定する引掛桟施工法に改良されている。このため現在の瓦屋根は軽量であり，地震に弱いということはなくなっている。

ぶき），**檜皮葺**（ひわだぶき），**柿板葺**（こけらいたぶき）等の伝統的手法が神社，数寄屋，宮殿建築に用いられてきた。また，天然石の粘板岩を加工した天然スレートが住宅などの屋根材として用いられてきた。

(2) **工業材料（瓦，スレート，金属材料）**

工業屋根材料としては，図-3.7.1の分類表に示した6種類がある。ここでは瓦，スレートと金属板についてふれる。なお，これらの屋根材料の場合，防水性の向上を目的として，止水性のある**アスファルトルーフィング**や合成高分子系シートを下葺（したぶき）材として用いる場合が多い。

(a) **瓦（かわら）**

瓦には**粘土瓦**，**プレスセメント瓦**がある。粘土瓦は形状により，和瓦（わがわら）と洋瓦（ようがわら）に分類され，製造法により「釉薬瓦」，「いぶし瓦」，「無釉瓦」に区別される。主な銘柄と産地としては，三州瓦（愛知県），明石瓦・淡路瓦（兵庫県），能登瓦（石川県），越前瓦（福井県）などがある。施工状況の一例を図-3.7.2に示す。

(b) **スレート**

スレートという名称は，天然石の粘板岩を平板に加工した天然スレートからきているが，今はほとんど使用されていない。現在用いられているス

用語の解説

檜皮葺
ひのきの皮を屋根材としたもので，他にも杉皮なども使用される。

柿板葺
柿板はさわらすぎ，ひのきの板材をいい，これらを屋根材としたもの

ルーフィング
フェルトにアスファルトなどを含浸させた防水材料

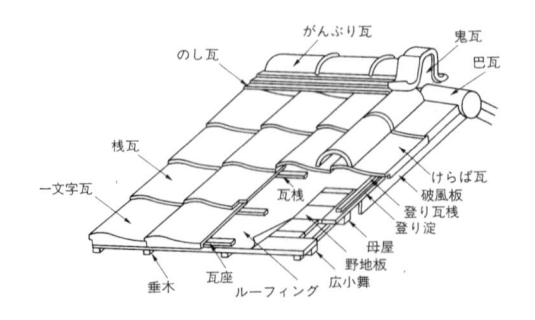

図-3.7.2 瓦葺屋根

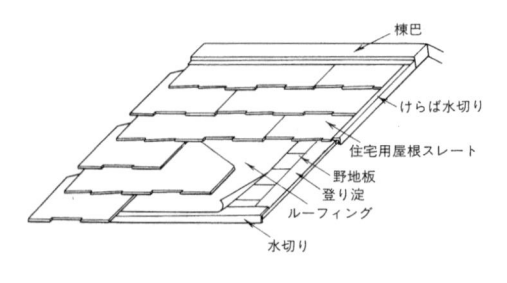

図-3.7.3 スレート葺屋根

3.7 屋根・防水材料

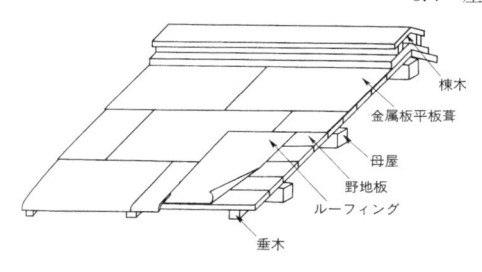

図-3·7·4 金属平板葺屋根　　　図-3·7·5 金属折板葺屋根

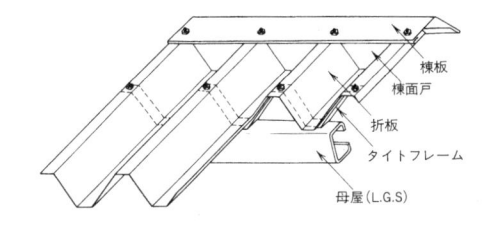

レートは工業製品である人造スレートで，住宅屋根用**化粧スレート**と繊維強化セメント板（**スレート波板**）を指している。以前は，石綿とセメントを原料として板状に成形した石綿スレートが一般的に使用されていたが，石綿は人体に有害であるという認識が広まり，現在は石綿以外の繊維を使用した無石綿スレートが用いられている。施工状況の一例を図-3·7·3に示す。

(c) 金属板

屋根葺材料としての金属板は鋼板，アルミニウム板，ステンレス鋼板，銅板などの素材に**メッキ**，溶接，塗装，接着などの加工処理を施したものや，**合金**とした多種類の板材が利用されている。屋根工法としては，平板葺（図-3·7·4），立平葺，瓦棒葺，波板葺，折板葺（図-3·7·5），金属瓦葺など多様な方法がある。ここでは代表的品目の名称を以下に列記する。

- 溶融亜鉛メッキ鋼板（トタン板：JIS G 3302）
- 塗装溶融亜鉛メッキ鋼板（**カラートタン**：JIS G 3312）
- 溶融亜鉛・5%アルミニウム合金メッキ鋼板（**ガルファン鋼板**：JIS G 3317）
- 溶融55%アルミニウム・亜鉛合金メッキ鋼板（**ガルバリウム鋼板**：JIS G 3321）
- ポリ塩化ビニル積層被覆鋼板（JIS K 6744）
- 耐酸性樹脂被覆鋼板
- フッ素樹脂積層被覆鋼板
- **断熱亜鉛鉄板**
- ステンレス鋼板（SUS304：JIS G 4304, 4305）
- 塗装ステンレス鋼板（JIS G 3320）
- チタン板（JIS H 4600）
- 銅板（人工緑青銅板を含む）

3.7.2 メンブレン防水

メンブレンとは皮膜を意味しており，メンブレン防水は防水を施したい部分に不透水性の薄い層を形成して，水が浸透しないようにする方法である。この方法としては，従来アスファルト防水が主流であり，長期間安定

用語の解説

メッキ
金属などの表面に他の金属などで被膜を施したもの

合金
単一の金属に対して，耐久性の向上などを目的として他の金属を混ぜた金属

第3章　非構造材料

表-3·7·1　メンブレン防水の種別

種別	工法の模式図	特色
アスファルト防水	(保護コンクリート)／(断熱層)／ルーフィング／アスファルト／プライマー／コンクリート下地	アスファルト層が数層に積層され，その間にルーフィング，フェルトなどを密着し，継ぎ目のないメンブレン層を形成する。性能，耐久性に優れるが，作業工程が多く，熱工法の場合，アスファルトの溶融時に臭気が発生する欠点がある。表面には，断熱層や保護コンクリートを施工する場合もある。
シート防水	防水シート／接着層／プライマー／コンクリート下地	合成ゴム，プラスチック系材料のシートを接着剤で貼り付ける。下地の動きに追随でき，安定した性能を示すが，下地の水分などによって局部的にふくれ，むくれを生じる場合がある。
塗膜防水	塗膜防水層／プライマー／コンクリート下地	塗料の塗布により連続した皮膜を作る。施工は容易であるが，塗り厚を一定にする必要がある。複雑な形状の屋根にも適用しやすいものの，下地の亀裂とともに，塗膜にも亀裂が入りやすい。

した防水性能を発揮する点で評価されるものの，アスファルトの加熱時に発生する臭気や加熱処理工程に問題があった。このため，これらを改良した改良アスファルトシート防水，シート防水，塗膜防水などが開発された。これらを総称して**メンブレン防水**と呼ぶ。

メンブレン防水の種類と特徴を表-3·7·1に示す。これらの防水方法は，それぞれ屋根，ベランダ，外壁（地下を含む），室内の各部位に対応して施工される。下地はコンクリート系材料が一般的である。

(1) アスファルト防水（熱工法）

アスファルト防水は，下地に対する密着・絶縁の相違，表面保護の有無，断熱材の有無などによって区別される。図-3·7·6にその施工の一例を示す。一般的な方法としては，①アスファルト**プライマー**により下地と防水層の密着効果を上げ，②アスファルトにより防水層を形成するとともに，③各種ルーフィング（穴あき，アスファルト，網状，ストレッチ）類により何層にも張り付けることで防水を確実にしている。これらに加えて，屋根からの吸熱を防ぐため，④硬質**ウレタンフォーム**，ポリスチレンフォームなどが断熱材として使用される場合がある。さらに上部を歩行するための保護層として⑤コンクリートの打設や，防水材料保護として仕上塗料が

---用語の解説---

プライマー
下地と塗料の付着を改善する目的で塗る下塗り材

ウレタンフォーム
ポリウレタン樹脂を発泡させたもので，一般に断熱材として用いられる。

3.7 屋根・防水材料

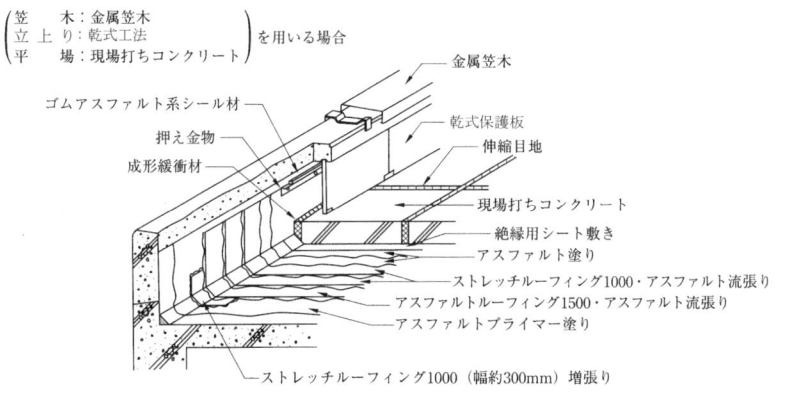

図-3·7·6 アスファルト防水の施工例（JASS 8）

塗布される場合もある。

(2) 改良アスファルトシート防水（トーチ工法・常温密着工法）

この防水方法はアスファルト防水の欠点を改良したものであり，溶融アスファルトを使用せず，改質アスファルトシート（アスファルトに熱可塑性ゴムを添加して温度特性を改良したシート）を張り付けることで防水層を構成するものである。トーチ工法は**トーチ**によりこのシート上のアスファルトを溶かしながら施工する方法であり，常温密着工法は，粘着層付きの改質アスファルトシートを使用するものである。この方法は工法，下地に対する密着・絶縁の相違，表面保護の有無，断熱材の有無によって区別されている。手順としては，①プライマーによる下地処理の後，②改質アスファルトシートの張付けを何層も行い，③断熱材や保護コンクリート，仕上塗料による仕上げを行う場合もある。

(3) シート防水

シート防水はシートを接着剤により下地に張り付けて防水層とするものであり，加硫ゴム系，塩化ビニル樹脂系，エチレン酢酸ビニル樹脂系などのシート材料の種類や，断熱材の有無，工法により区別されている。図-3·7·7にその施工例を示す。

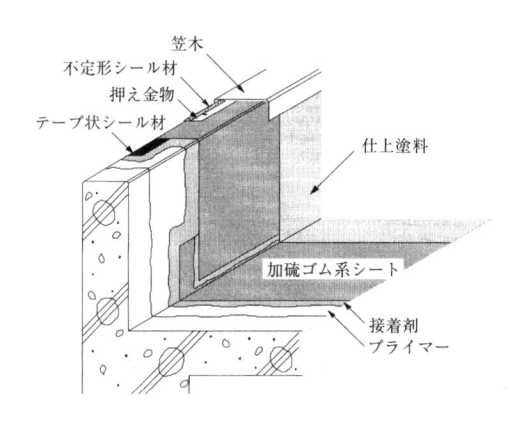

図-3·7·7 シート防水の施工例（JASS 8）

用語の解説

トーチ
改質アスファルトシートの表面を溶融させるためのトーチ状のガスバーナ

第3章　非構造材料

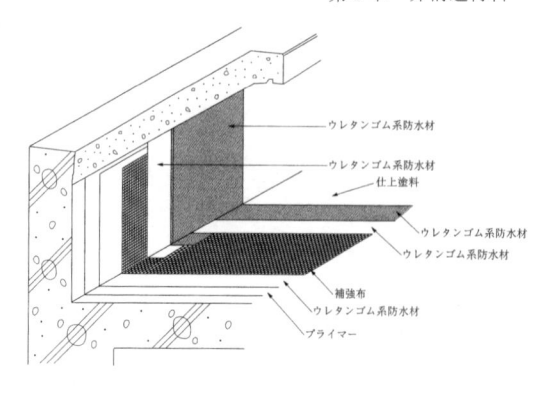

図-3·7·8　塗膜防水の施工例（JASS 8）

手順としては，①下地とシートの接着効果を向上させるプライマーの塗布，②接着剤によるシートの接着の後，③仕上塗料が塗られる場合が多い。アスファルト防水などと同様，断熱材が用いられることもあるが，保護コンクリートは用いられず，防水層が剥き出しの露出防水とされるのが一般的である。

(4)　塗膜防水

塗膜防水は，ウレタンゴム系，アクリルゴム系，ゴムアスファルト系，FRP系などの塗膜防水材を，各材料に応じた補強布とともに下地に塗布し防水層とするものである。適用部位，防水材の種類，工法によって区分される。図-3·7·8にその施工例を示す。手順としては，①下地との接着性を増すプライマー，②補助材料として補強布（繊維布地）とともに塗膜材料を塗布し，③仕上塗料による仕上げを行う。

3.7.3　ステンレスシート防水・チタンシート防水

建築物の屋根・ベランダ・ひさしなどに，ステンレスシートまたはチタンシートで防水層を成形させるものである。図-3·7·9に示すように，溝型に成形加工したシートを固定吊子で固定し，電気抵抗溶接である**シーム溶接**で連続的に溶着するもので局部的溶着には**スポット溶接**を行う。この工法は耐久性と強度に富み，下地の種類も木造，鉄骨造，鉄筋コンクリート造など，その対象は広い。下地との間に断熱材が使用される場合が多い。

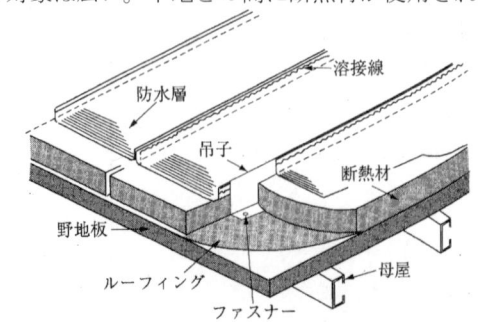

図-3·7·9　ステンレスシート防水の施工例（JASS 8）

用語の解説

シーム溶接
被溶接材に電流を流して熱を発生させて溶接を行う方法

スポット溶接
シーム溶接と原理的には同じであるが，部分的な溶接に使用される。

3.8 外装材料

建物の外部に面する仕上材料のうち,屋根・防水材料を除いた主に外壁の仕上材料を**外装材料**という。外壁は建物の意匠を左右するだけでなく,太陽光線や風雨,寒暖,化学物質といった外部からの作用を受けるため,これらを遮断することが必要となる。また,このような過酷な環境にあるため,とくに仕上材のメンテナンスが必要となる。補修や全面張り替えには手間やコストがかかるため,メンテナンスのサイクルを決める要因となる材料の耐久性,耐候性とともにメンテナンスのしやすさも重要である。

外装用材料は内装用材料と共通するものも多い。この節では主に外装用に使用される材料やその施工法について述べる。

3.8.1 タイル類

(1) 種類,特徴

陶磁器質タイルの品質は,原料や焼成温度によって大きく異なるが,現在では吸水率によってⅠ類(3.0%以下),Ⅱ類(100%以下),Ⅲ類(50.0%以下)に分かれており,外装には一般に吸水率の小さいタイルが用いられている。

タイルの形状は,図-3·8·1 に示すとおりであるが,出隅や**まぐさ**など平面以外の部分では特殊な形状の役物タイルが用いられる。また,表-3·8·1に代表的な外装タイルの通称を示す。

(2) 施工方法

外壁面にタイルを取り付ける工法は,**後張工法**と**先付工法**に分けられる。

(a) 後張工法

躯体の型枠解体後,壁面に下地モルタルを塗って寸法や凹凸などを調整

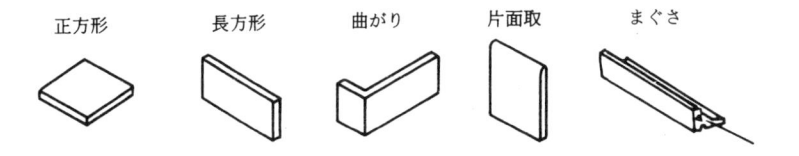

図-3·8·1 外装タイルの形状の例

表-3·8·1 代表的な外装タイルの通称

名 称	寸 法 (mm)
二丁掛,三丁掛,四丁掛	60, 90, 120 × 227
ボーダー	30 × 227
小口平	60 × 108
モザイク 40角,47角	40 × 40, 47 × 47
モザイク 45二丁掛平	45 × 90

用語の解説

陶磁器質タイル
JIS A 5209-2008(陶磁器質タイル)に品質が規定されている。詳細は,3.3.2 (2) (a) 参照

まぐさ
開口部の上部

躯体
RC造建物の鉄筋コンクリート部分。下地や仕上げと対比され,構造要素はもちろん,付随する増打ち部や非耐力壁なども躯体である。

表-3·8·2 外装タイルの後張り工法

工法	積上げ張り	改良積上げ張り	マスク張り	密着張り(ビブラート工法)	改良圧着張り	モザイクタイルおよびユニットタイル張り
適用タイル	四丁掛以下	四丁掛以下	50二丁以下	二丁掛以下	二丁掛以下	50二丁以下
施工順序	下地コンクリート／タイル張り下モルタルこすり／張付けモルタル	下地コンクリート／タイル張り下モルタル塗り／張付けモルタル／木ごて押さえ	躯体／モルタル下地（木ごて押え）／ユニット・タイル／張付けモルタル	下地コンクリート／タイル張り下モルタル塗り／張付けモルタル／振動工具	下地コンクリート／タイル張り下モルタル／張付けモルタル／木ごて押さえ	下地コンクリート／張付けセメントペーストまたは張付けモルタル／モザイクタイルユニット
施工説明	タイル裏面全面にモルタルをのせ、平らにならうす、下地に平に塗りつけ、平らに行った面に押し付けて張る	タイル裏面全面にモルタルを積上げ張りよりうすく、平に塗りつけ、平坦に控えた下地モルタル面に押し付けて張る	マスクにより一定厚さの張付けモルタルを塗布したユニットを張り付けた後、タイル上から叩き込むように張る	平坦に控えたタイル張り面に、張付けモルタルを塗り付け、その上にタイルを仮付けし、専用の振動工具でモルタル中に埋込むように（張り）、同時に張り出したモルタルを目地ごてで押えて目地も同時に仕上げる	平坦に控えたモルタル面に、タイル面に張付けモルタル面全面に塗付けもみ込むように張る	平坦に控えた、張付けに張付けセメントペーストまたはモルタルを塗り、その上に表紙張りしたタイルを張る
施工完了図	5～10／10～15 張付け代／調合1:3～1:4 左官工事	15～20 7～9(張付け代)／調合1:2.5～1:3.5 左官工事	15～20 2～4(張付け代)／調合1:2～1:2.5 左官工事	2～4(張付け代)／調合1:1～2 左官工事	15～20 8～10(張付け代)／調合1:2～1:2.5 左官工事	15～20 2～3(セメントペースト) 3～4(モルタル)(張付け代)／調合1:0～1:0.5 左官工事

3.8 外装材料

し，その後接着剤によってタイルを接着する工法である。最後に目地部分にもモルタルを擦り込んでタイルを支える。接着剤に使われるモルタルを張付けモルタル，目地に用いられるモルタルを目地モルタルという。表-3·8·2 に標準的な工法を示す。

(b) 先付工法

外壁のコンクリートを打ち込む際に型枠にタイルを張り付けておく工法であり，タイルはコンクリートの接着力によって壁面に張り付けられる。とくに**プレキャストコンクリート板**ではタイルを底面に並べてコンクリートを水平に打ち込むことができるため，接着性の高い方法となる。後述のカーテンウォールによく用いられる。表-3·8·3 に標準的な工法を示す。

---- 用語の解説 ----

プレキャストコンクリート板

PCa工場で打設・脱型・養生される工場生産コンクリート製品のうちパネル状のもの。詳細は，2.3.1 参照

表-3·8·3 先付工法（タイル打込み工法の標準工法）

標準工法	タイルの種類	施工法	断面形状
ユニット法	二丁掛，小口平，モザイクタイル，ボーダータイル，その他小物タイル	外型枠へユニット割りにしたがってタイルユニットを取り付ける。	
アルミ専用型枠法	二丁掛，小口平	①アルミ専用型枠を建て込む。②ゴム目地を挿入する。③タイルを取り付け，短辺方向のゴム目地をはさみこむ。	
目地ます法（ゴムベース）	三丁掛，二丁掛，小口平	①外型枠へタイルベースを取り付ける。②タイルベースにタイルをはめ込む。	
直付け法	四丁掛以上の大型タイル	①外型枠へタイル割りにしたがって桟木を取り付ける。②大型タイルを釘止めなどにより固定する。③大型タイル間の間隙をモルタルで埋める。	

3.8.2 石材

(1) 種類，特徴

石材は耐久性，耐火性，圧縮強度が高いという特徴を持っており，内外壁や床，外構などに用いられる。外部ではとくに耐久性が求められる。石材は自然石と人造石に分けられる。

(a) 自然石

自然石は図-3·8·2 に示すように，大きく火成岩，水成岩，変成岩に分けられる。外装材料としては，火成岩では花こう岩と安山岩が，水成岩では砂岩と凝灰岩が用いられるが，自然材料であるため品質のばらつきに注意する必要がある。

花こう岩はみかげ石とも呼ばれる。圧縮強度が 150 N/mm^2 以上と高く，磨くと光沢があるため，外装用として広く使われている。

安山岩は圧縮強度が 100 N/mm^2 程度であり，耐火性に優れている。磨いても光沢は少ない。

砂岩は砂粒の間をけい酸質，石灰質，粘土質，鉄分などが充てん凝固したものであり，その成分によって強度などの性質が異なる。耐火性は大きいが吸水率が高く汚れやすいため，外装材には吸水率が小さく強度の高いものを選ぶ必要がある。

凝灰岩は火山の噴出物がたい積してできたものである。母岩により，安

― 用語の解説 ―

花こう岩
灰色の石英，白色やピンク色の長石と少量の黒雲母で構成される。色調によっては，さくら，さび，くろなどの区分がある。

安山岩
色調は灰色であるが，赤味，青味，褐色をおびたものも多い。

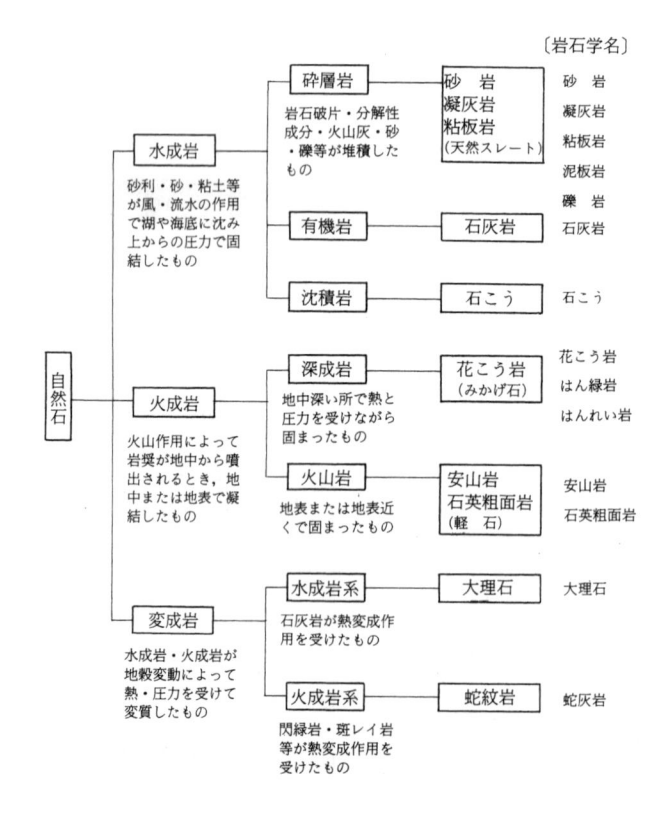

図-3·8·2 自然石の分類

3.8 外装材料

山岩質，粗面岩質，玄武岩質などに区分され，粗さにより，灰質，砂質，れき質などに区分される。一般に軽量・軟質で加工しやすく強度は小さい。吸水性が大きいため，外部では塀に用いられる程度である。

自然石の表面仕上げ法は，**平滑面**と**粗面**に大別される。平滑面は，表面に光沢があり，水の走りがよいため耐候性が良く，汚れが生じにくい仕上げである。一方，粗面は石の質感を活かした仕上げであるが，風化，汚損を受けやすく，微細な傷が残りやすいので充分な石厚の確保が必要である。

(b) 人造石

人造石にはテラゾー，擬石，結晶化ガラスがある。

テラゾーは種石に大理石を用いて，カラーセメントで成形後，表面を研磨して断面を現したものであるが，耐久性の点で外部にはあまり用いられない。

擬石は，花崗岩や安山岩などを種石としてセメントモルタルで固めたものである。

結晶化ガラスは，薄い板状のガラス質の結晶であり耐久性に優れている。

(2) 施工方法

石材は重量があるため，壁面に取り付けるには支持金物，引き金物，だぼが用いられる。

(a) 後張工法

引き金物取付け用アンカーを壁に打ち込み，支持金物をこれに固定して石を積み，引金物，**だぼ**などで取り付けて固定する。一段積むごとに壁との隙間に**トロモルタル**などの裏込材を充てんする工法を**湿式工法**，詰めない工法を**乾式工法**という。図-3·8·3 および図-3·8·4 に取付け例を示す。目地には，目地モルタルか**弾性シール材**を充てんする。

(b) 先付工法

図-3·8·5 に示すように，**プレキャストコンクリート板**において，タイルの先付工法と同様の方法で石材を張り付ける工法である。コンクリート打設時に**のろ**が表面に回ってこないようにのろ止めが必要である。石材の

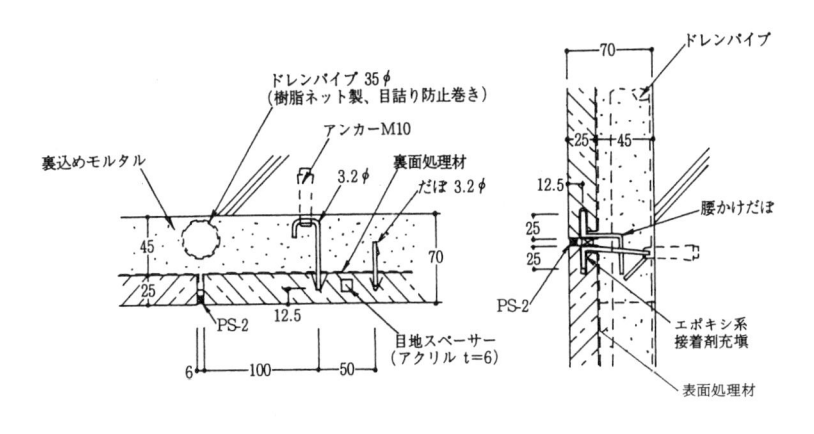

図-3·8·3　湿式工法による取付け例（RC 下地）

用語の解説

平滑面
石材表面をカーボランダム砥石によって磨いたもので，粗磨き，水磨き，本磨きがある。

粗面
石材表面に凹凸を付けた仕上げで，のみ切り，びしゃん，小たたき，ジェットバーナ仕上げ，ひきはだ，わりはだなどがある。

だぼ
石材のせん断力を裏込材に伝達するための棒状の金物。石材に設けられただぼ穴に差し込まれる。

トロモルタル
空隙を充てんするモルタルで，ここではセメントと砂を容積比で 1：2～3 のものが用いられる。

弾性シール材
主に防水を目的として目地などの隙間を充てんするのがシール材である。弾性シール材は，その弾性変形能力により石材の動きに追従することで防水機能の低下を防ぐものである。

プレキャストコンクリート板
PCa 工場で打設・脱型・養生される工場生産コンクリート製品のうちパネル状のもの。詳細は，2.3.1 節参照

第3章　非構造材料

図-3.8.4　乾式工法による取付け例（RC下地）

背面に**シアコネクタ**を設けて剥離を防止する。

3.8.3　軽量気泡コンクリートパネル（ALCパネル）
(1)　種類，特徴
軽量気泡コンクリート（ALC）は，工場打設コンクリートの一種で，セメント，石灰，けい砂に起泡剤としてアルミニウム粉末を加えて打設し，**高温・高圧蒸気養生**した多孔質のコンクリートである。内部の気泡により軽量で高断熱性であり，専用ののこぎりで切断可能であるなど加工性も良い。その反面，吸水率が高く割れやすいという欠点がある。

軽量気泡コンクリートパネル（ALCパネル）は，ALCを**防錆処理した鉄筋**で補強した板状製品である。外壁用，間仕切用，屋根用，床用に分れて

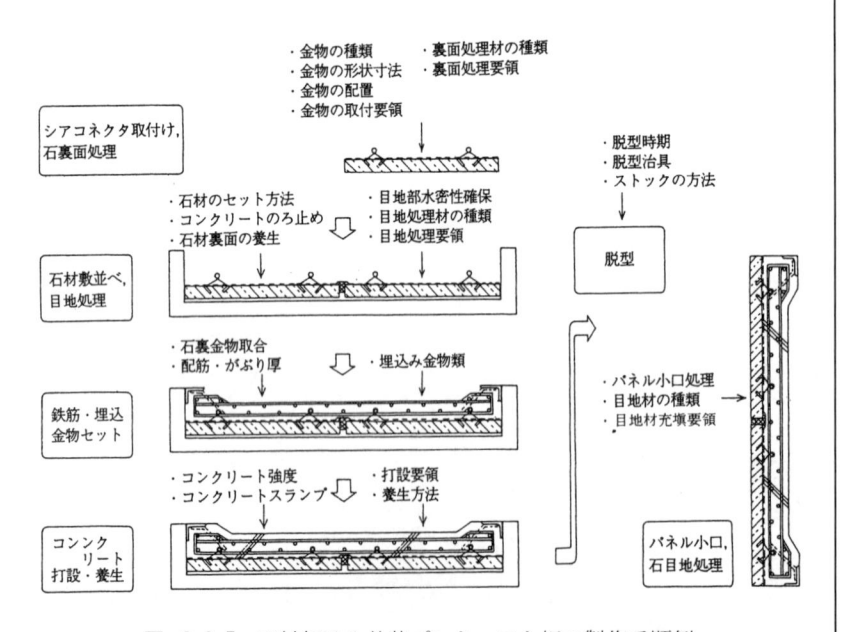

図-3.8.5　石材打込み外装プレキャスト板の製作手順例

用語の解説

のろ
コンクリートに含まれるモルタル分。打設時にコンクリート部分から粗骨材を置き去りにして分離流出する場合がある。

シアコネクタ
剥離防止のため石材にアンカーされた金物で，コンクリートに打ち込まれることでせん断力を伝達するようになる。

軽量気泡コンクリート(ALC) Autoclaved Lightweight Concrete
密度は $450 - 550 \ \text{kg/m}^3$，圧縮強度は $3.0 \ \text{N/mm}^2$ 以上であり，普通コンクリートに対して，それぞれ，$1/4$ 程度，$1/7 - 1/8$ 程度以下である。

高温・高圧蒸気養生
オートクレーブ養生ともいう。温湿度の調節できる圧力釜などの養生設備が必要であるが，コンクリート強度を早期に発現させることができるため，PCa工場で使用される。

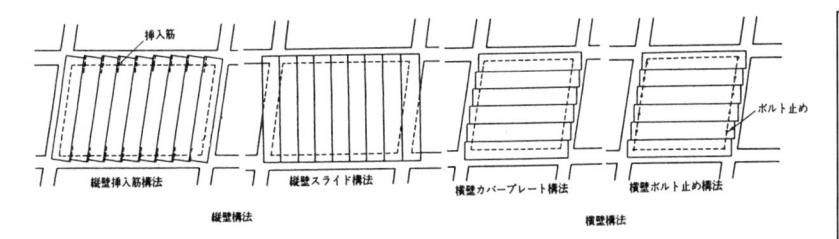

図-3・8・6　構法別層間変位追従メカニズム

いるが，吸水率が高いことから，外壁用としては防水仕上げが必要であり，土との接触も避けなければならない。

(2) 施工方法

ALCパネルによる外壁は，図-3・8・6に示すように縦張りと横張りがある。また，地震時にパネルが傾斜するロッキング方式ないしパネルがスライドするスライド方式によって，層間変形を吸収する工夫がなされている。

3.8.4 仕上塗材

(1) 種類，特徴

仕上塗材（JIS A 6909-2006）は，内外壁や天井面を，吹付け，ローラ塗り，こて塗りなどで立体的模様をつける仕上材である。その材料構成は，下塗材，主材，上塗材であり，主材としては，結合材（ポルトランドセメント，合成樹脂），骨材（**けい砂，寒水砂**）および混和材（無機質粉体，繊維材，**顔料**）を混合したものが使用される。厚さは 0.3～1.2 mm の範囲で塗料よりも厚く，左官材料よりも薄いという中間的な形態であり，砂壁状，クレータ状，凹凸状などの各種の表現が可能である。下地としてはコンクリートやモルタル下地が一般的であるが，ALC，けい酸カルシウム板，石こうボードなどにも使用できる。

上塗材の有無，仕上げ厚さなどによって薄付け仕上塗材，厚付け仕上塗材および複層仕上塗材の3種類に分類される。

(2) 材質と施工方法

(a) 薄付け仕上塗材

薄付け仕上塗材は下塗材の上に合成樹脂系の主材を吹付け機（またはローラ）で吹き付ける仕上材で上塗材はない。また，主材のみの場合もある。通称「**樹脂リシン**」「**アクリルリシン**」と呼ばれている。作業工程が簡単で比較的安価であるが，仕上げ厚さは3mm程度以下と薄く，一般に透水性があり，下地材の保護機能はあまり期待できない。

(b) 厚付け仕上塗材

厚付け仕上塗材は，主材はセメント系または合成樹脂系で，それぞれ「**セメントスタッコ**」「**アクリルスタッコ**」とも呼ばれる。施工は下塗材と主材，または主材のみで上塗材はない。塗り厚さが頂部で4～10mm程度と厚い

用語の解説

軽量気泡コンクリートパネル（ALCパネル）
JIS A 5416-2007（軽量気泡コンクリートパネル(ALCパネル)）に品質が規定されている。断熱性能は，パネルの熱抵抗値が 5.3 t (m² K/W) 以上（t：パネル厚さ(m)）と規定されている。

防錆処理した鉄筋
ALCは空隙率が高いため，通常のRCのように鉄筋を錆から守る効果が期待できない。

けい砂
石英を主成分とする白色または褐色の砂

寒水砂
白色石灰石の砂で，盆栽などに化粧砂としても使用される。

顔料
着色のための混和材

ため，下地面の精度は要求されず，仕上げパターンには立体感がある。

(c) 複層仕上塗材

複層仕上塗材は下塗材，主材，上塗材で構成される。主材はセメント系，けい酸質系または合成樹脂系が用いられているが，上塗材は合成樹脂が主体である。通称「**アクリルタイル**」「**吹付けタイル**」と呼ばれており，光沢のある表面仕上げとなる。仕上げ厚さは，3～5mm程度であるが，仕上げパターンは吹放し，凸部処理，小粒，ゆず肌状ローラなど多様であり（写真-3·8·1，口絵参照），主として，外壁面に使用されるが内壁にも使用される。材質により差はあるが，透水性や透湿性が小さく下地材の保護機能が期待できる。ただし，薄付け塗材に比べ高価である。

また，複層仕上塗材には防水型のものもある。これは主材に伸縮性の大きい材料を用いることで，下地に生じるひび割れに対する追従性を持たせたものであり，雨水など外部からの水分に対する遮蔽性が大きくなっている。

3.8.5 金属板

(1) 種類，特徴

金属板は，加工性に優れ，板厚が薄く軽量であるといった長所を持つ一方で，外装材として使用する際には，素材のままでは耐久性，耐火性，断熱性，遮音性が不充分となる傾向がある。これらの性能を補うために，**ライニング，コーティング**といった表面被覆が施されたり，断熱材を張り付けた複合板が用いられている。外装材として用いられている主な金属板は，耐候性の改善された表面処理鋼板，耐候性鋼板，ステンレス鋼板，アルミニウム板であるが，その多くは屋根材料としても用いられている。

また，形状の分類としては平板状で供給される平板，コイル状で供給される帯板，および加工により機能や構造を強化した加工板に分けられる。加工板には折板，波板，**スパンドレル板**，穴あき板，サンドイッチパネル板などがある。

(a) 表面処理鋼板

表面処理鋼板は鋼板表面に被覆処理を施して，耐候性などを改善したものである。

溶融亜鉛めっき鋼板は，亜鉛鉄板あるいは**トタン**ともいい，鋼板を溶融された亜鉛中に浸してめっきしたもので，亜鉛の最小付着量によって分類されている。外装材としては亜鉛めっき鋼板はそのままの状態よりも，表面に塗装や被覆を施されて使用されることが多い。

着色亜鉛めっき鋼板（カラートタン）は，前処理をした亜鉛めっき鋼板に合成樹脂塗装を焼付けしたものである。耐食性によって1類，2類，3類に分類されており，外装材としては折板や波板の形で用いられる。

意匠塗装亜鉛めっき鋼板（プリント鋼板）は，亜鉛めっき鋼板に模様を

── 用語の解説 ──

ライニング，コーティング
母材表面に塗料を塗布するなどして被覆したもの

スパンドレル板
長尺の金属板で，張り合わせたときの目地が奥に現れるように両端を加工したもの。片側を隣の板に差し込み，他方を下地に留めるようになっている。

溶融亜鉛めっき鋼板
JIS G 3302-2007（溶融亜鉛めっき鋼板及び鋼帯）に品質が規定されている。

着色亜鉛めっき鋼板
JIS G 3312-2008（塗装溶融亜鉛めっき鋼板及び鋼帯）に品質が規定されている。

3.8 外装材料

テクニカルワンポイント

カラスとシラサギ…松本城の黒壁と姫路城の白壁

　日本を代表する名城のうち，烏（カラス）城と呼ばれる松本城と白鷺（シラサギ）城と呼ばれる姫路城は，極めて対照的な外観の天守閣を持っている。

　松本城天守閣は，豊臣秀吉の天下統一後に入城した石川数正・康長の2代に渡って築かれた。その外壁は各層とも上部は白**漆喰**塗りであるが，雨掛りのある下部は張り巡らせた漆塗りの下見板が文字どおり漆黒の輝きを放っている。**漆**は，接着性，防水性，防火性に加えて，厚く塗り重ねることで矢や刃を防ぐため足軽の陣笠などにも使用されており，外壁の仕上げとしても実用性の高い材料である。秀吉好みの黒い城は，その統一事業に伴って全国に広まっていった。

　これに対して，今日の姫路城天守閣を築いたのは，関ケ原の戦いの後入城した池田輝政である。白亜の外壁は白漆喰総塗篭であるが，瓦目地にも白漆喰が使われており，白の印象が強まっている。漆喰は風化するため10年程度の定期的な塗替えが必要になるが，家康系の城郭では秀吉色を嫌ったともされている。

プリントした上に透明な塗装をしたものである。

　ガルバリウム鋼板は，溶融アルミニウム亜鉛合金めっき鋼板であり，めっきにアルミニウムを使用することで耐食性が高くなっている。外装材として，大型の工場や倉庫などでよく使用されている。

　塩ビ鋼板は，鋼板または亜鉛めっき鋼板にポリ塩化ビニル樹脂を被覆したものである。塗膜が厚く耐候性に優れ，加工性もよく，外装材としては折板や波板の形で用いられる。

　断熱亜鉛めっき鋼板は，亜鉛めっき鋼板，着色亜鉛めっき鋼板，塩ビ鋼板の裏面に軟質ポリウレタンフォームや軟質ポリエチレンフォームなどの**自消性プラスチックフォーム**を接着したもので，断熱性，吸音性，防露性に優れている。

　耐食性積層被覆鋼板は，亜鉛めっき鋼板に**アスファルト系コンパウンド**やプラスチック無機繊維，アクリル樹脂などを積層被覆したもので，耐候性，耐酸性，耐アルカリ性，耐塩性が改善されている。とくに重工業地帯や海浜地区のような腐食環境の激しい場所で用いられる。

　(b)　耐候性鋼板

　耐候性鋼板は，内部の腐食を防ぐために表面に安定した酸化皮膜を形成するよう鋼材の成分を調整した耐候性鋼を用いた鋼板である。使用する環境や部位によっては，安定した酸化皮膜が得られない場合があるので注意

用語の解説

漆喰
消石灰を主原料とする気硬性の左官材料。3.9.3参照

漆
漆の木を傷つけたときに防御的に分泌される樹液をかき集めたもので，接着性が高い。漆器などにも使われている。

ガルバリウム鋼板
JIS G 3321-2007（溶融55%アルミニウム-亜鉛合金めっき鋼板及び鋼帯）に品質が規定されている。アルミニウムが55%の亜鉛合金を溶融してめっきする。

塩ビ鋼板
JIS K 6744-2007（ポリ塩化ビニル被覆金属板）に品質が規定されている。

自消性プラスチックフォーム
発泡したプラスチック材で，火炎が近づくと燃焼するが，遠ざかると燃焼が停止する自消性を有する。

アスファルト系コンパウンド
アスファルトをベースとした混合物

が必要である。外装材としては，**溶接構造用耐候性熱間圧延鋼材**と**高耐候性圧延鋼材**が用いられ，後述の**カーテンウォール**として用いられることが多い。

(c) ステンレス鋼板

ステンレス鋼板はステンレス鋼（SUS）を用いた鋼板で，耐食性，耐候性があり，独特の金属光沢を持つほか，さまざまな表面仕上げが可能である上に，化学処理による着色や銅めっきも可能であることから，外装材としても広く使用されている。外装材としてもっとも用いられているのはSUS 304 であるが，とくに耐食性を要求される地域では SUS 316 が用いられる。塗装は有機塗料の焼付けによる。

ステンレス鋼板は耐食性が高いが，塩分があると腐食しやすく，異種金属と接触させると他金属の錆が付着して発錆する，いわゆるもらい錆を生じる場合があるので注意が必要である。また，傷の補修が困難であるほか，とくに平板では傷やひずみが目立ちやすい。

(d) アルミニウム板

アルミニウム板は軽量で加工性がよく耐食性もある上に，表面が素材のままでも美しく，化学処理や塗装などの各種表面仕上げも可能なため，外装材として広く用いられている。とくに**純アルミニウム**がスパンドレルなどに用いられる。アルミニウムは酸化皮膜の形成により耐食性を有するが，さらにこの皮膜を厚くするため**アルマイト**を生成させる処理が行われる。このときに着色が行われる場合もある。塗装は熱可塑性塗料が用いられる。

アルミニウム板は軟質で傷つきやすいこと，無機酸・アルカリや異種金属との接触で腐食しやすいことなどに注意しなければならない。

(2) 施工方法

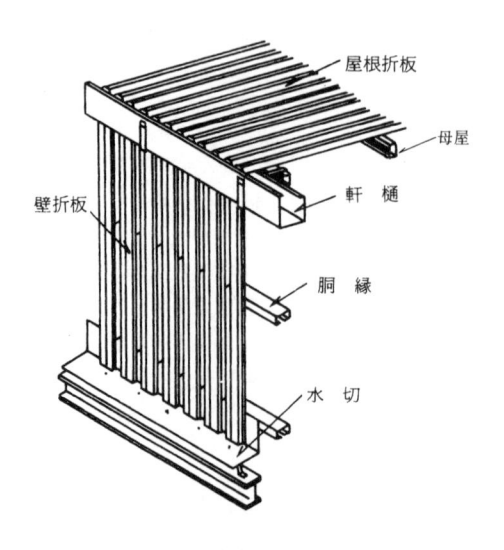

図-3·8·7 加工金属板（折板）の取付け状況

── 用語の解説 ──

溶接構造用耐候性熱間圧延鋼材
JIS G 3114-2004（溶接構造用耐候性熱間圧延鋼材）に品質が規定されている。

高耐候性圧延鋼材
JIS G 3125-2004（高耐候性圧延鋼材）に品質が規定されている。

カーテンウォール
仕上げを含めて建物外壁をユニット状に加工し，これを吊り込んで取り付けた外壁。詳細は，3.8.6 参照

ステンレス鋼板
JIS G 4304-2005（熱間圧延ステンレス鋼板及び鋼帯），JIS G 4305-2005（冷間圧延ステンレス鋼板及び鋼帯），JIS G 3320-1999（塗装ステンレス鋼板）に品質が規定されている。

SUS304
クロムを18%，ニッケルを8% 含有するステンレス鋼。詳細は，3.2.1 参照

SUS316
クロムを18%，ニッケルを8%，モリブデンを2% 含有するステンレス鋼。詳細は，3.2.1 参照

純アルミニウム
純度 99.0% 以上のアルミニウム。詳細は，3.2.3 参照

アルマイト
アルミ材を陽極とした電解処理による酸化皮膜。詳細は，3.2.3 参照

柱，梁の躯体に対し，アンカー，溶接などによって金物を取り付けこれに下地材として胴縁を取り付ける。胴縁材には，鋼材のほか木材が用いられる場合もある。この胴縁にボルト，ビス，釘などを用いて仕上材として金属板が取り付けられる。なお，異種金属が接触する場合には，腐食防止のため，これを避けるか，適切な絶縁処理が必要である。図-3·8·7に金属板の取付け例を示す。

3.8.6 カーテンウォール

(1) 種類，特徴

カーテンウォールは仕上げを含めて建物外壁をユニット状に加工し，これを吊り込んで取り付けた外壁をいう。カーテンウォールの種類は，コンクリート系と金属系に分けられる。工程の短縮に繋がりやすいほか，主構造に寄与しないことから柔構造の高層ビルで多く使われている。

(2) コンクリート系カーテンウォール

コンクリート系カーテンウォールは，3.8.1項，3.8.2項で述べたような**タイル**，**石材**などの仕上げを施した**プレキャストコンクリート板**を躯体に対し取り付けるものである。プレキャストコンクリートは，人工軽量骨材を用いて軽量化されるほか，躯体よりも粗骨材最大寸法を小さくしたり補強に溶接金網を用いる場合もある。

また，鉄筋の替わりにガラス短繊維で補強したものを**GRC板**といい，実際には粗骨材を用いないモルタル板となっている。曲げ強度が改善されるため板厚が薄く，型枠により自由な造形が可能である。

(3) 金属系カーテンウォール

金属系カーテンウォールは，金属製のパネルを躯体または**方立**に対し取り付けるものである。パネルには，耐候性鋼，ステンレス鋼，アルミニウムおよびアルミニウム合金が用いられる。アルミパネルには，**アルミニウム板**，**アルミニウム押出形材**，**アルミニウム合金鋳物**が用いられる。

(4) 構成と取付け方法

カーテンウォールの構成と取付け方法は以下のようである。図-3·8·8と図-3·8·9にコンクリート系と金属系のカーテンウォールの構成と取付け方法を示す。

1) パネル方式（図-3·8·8(a)，図-3·8·9(a)）
2) 柱形，はり形方式（図-3·8·8(c)，(d)）
3) 腰壁方式（図-3·8·8(b)）
4) 方立方式（図-3·8·9(b)）

なお，ALCパネルと同様，**ロッキング方式**や**スライド方式**によって地震時などの層間変形に追従している。

― 用語の解説 ―

プレキャストコンクリート板
PCa工場で打設・養生・脱型されたコンクリート製工場製品のうち板状のもの詳細は2.3.2参照

GRC(Glass fiber Reinforced Concrete)
ガラス繊維補強コンクリート

方立
カーテンウォールなどを取り付けるための下地材で，ファスナーにより躯体に取り付けられる。

アルミニウム板
主に純アルミニウムが使われる。JIS H 4000-2006(アルミニウム及びアルミニウム合金の板及び条)に品質が規定されている。

アルミニウム押出形材
主にAl-Mg-Si系合金が使われる。JIS H 4100-2006(アルミニウム及びアルミニウム合金の押出形材)に品質が規定されている。

アルミニウム合金鋳物
主にAl-Si系合金が使われる。JIS H 5202-1999(アルミニウム合金鋳物)に品質が規定されている。これによるパネルをアルキャストパネルという。

ロッキング方式
地震時にパネルが傾斜して層間変形に追随する方式

スライド方式
地震時にパネルがスライドして層間変形に追随する方式

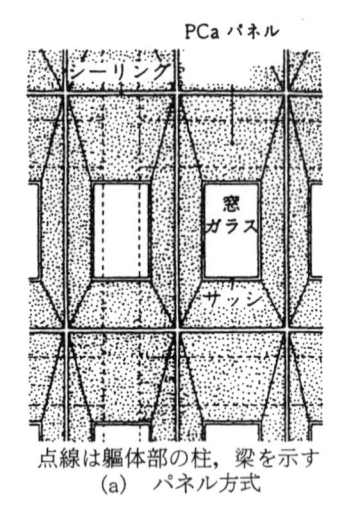

図-3·8·8 プレキャストコンクリートカーテンウォールの構成および取付け方法

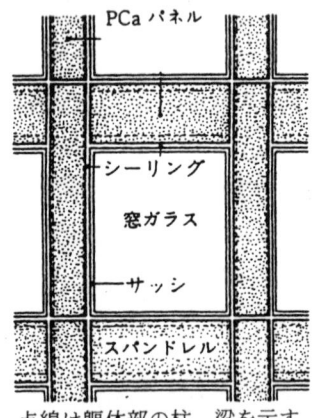

(a) パネル方式
(b) 腰壁方式
(c) 柱・梁方式（柱通し方式）
(d) 柱・梁方式（梁通し方式）
点線は躯体部の柱，梁を示す

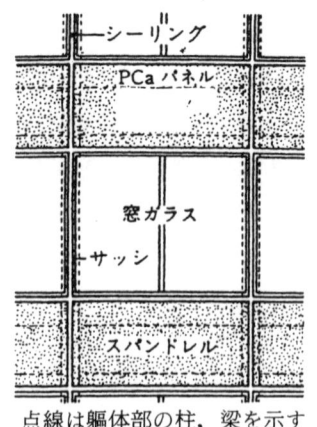

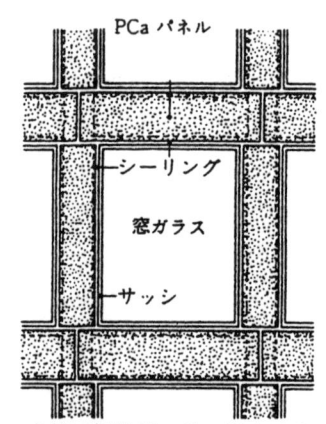

3.8.7 ガラスブロック

(1) 種類，特徴

ガラスブロックは，2つの箱形状のソーダ石灰ガラス片の溶接面を加熱溶着した中空体のガラス材料である。図-3·8·10に形状・寸法を示す。外壁に用いると採光効果があるが，視線は遮断されるのが一般的である。

(2) 施工方法

ガラスブロックを施工する開口部の回りに枠材を取り付け，隙間に地震や熱による変形を吸収する緩衝材，すべり材などを設ける。また，一定の高さ・幅ごとにステンレス鋼などの補強材を設ける。

用語の解説

ガラスブロック
JIS A 5212-1993（ガラスブロック（中空））に品質が規定されている。

3.8 外装材料

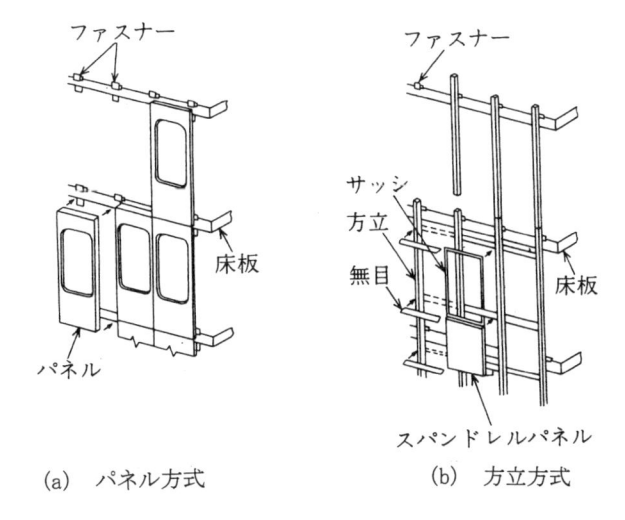

(a) パネル方式　　　(b) 方立方式

図-3·8·9　金属カーテンウォールの構成および取付け方法

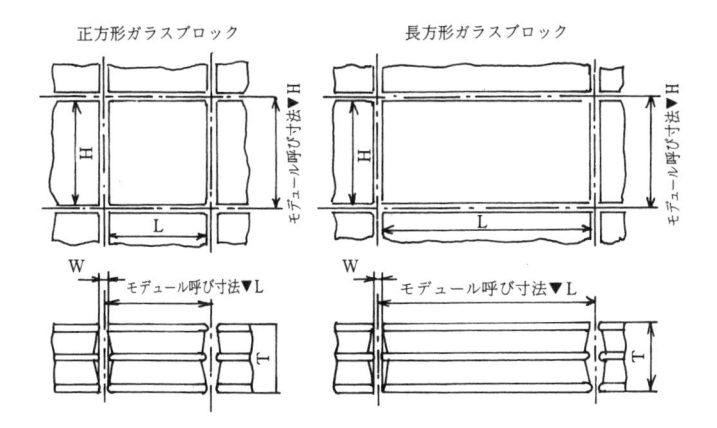

図-3·8·10　ガラスブロックの形状（JIS A 5212）

3.9 内装材料

内装材料とは建物内部（天井，壁，床およびこれらの取合い部分）の仕上材料の総称で，その材料は多種多様である。また，年々新しい建築材料が出現する一方で，石綿のように有害物質と判定され使用されなくなった材料や，熟練工の不足や省力化の点で好まれなくなってきた材料もあり，全体的には**湿式材料**から**乾式材料**へと変化してきている。

内装仕上材は下地を含む適切な材料や方法の選定の良否が，室内の性能および美観を決定するが，すべての条件を満足するような仕上材料の入手は難しく，施工性やコストなどを含めた全体的なバランスにより決定しなければならない。また，内装材料に関する法律上の規制として，不燃化を目的とした**内装制限**や，シックハウス対策を目的とした**ホルムアルデヒド**放散特性の制限があり，これらも満たすように内装材料を選定する必要がある。

3.9.1 内装材料に要求される性能

建物内部の天井，壁，床に使用される材料には，表-3·9·1に示すような多様な性能が求められる。これらの要求性能は，内装材料として共通する部分も多いが各部位に独自の特徴もある。また，当然のことながら実際には建物の用途によって重視される性能もその程度も異なり，内装材料の選択はどの性能を重視するかを踏まえつつ行う必要がある。

表-3·9·1 内装材料に要求される性能と各部位との関係

	天井	壁	床
強　　度	◎	◎	◎
不 燃 性	◎	◎	○
断 熱 性	◎	◎	○
遮 音 性	○	◎	◎
吸 音 性	◎	○	○
軽 量 性	◎	－	－
耐 水 性	－	○	◎
耐 圧 性	－	○	◎
耐 摩 耗 性	－	－	◎
歩 行 性	－	－	◎
耐 汚 染 性	○	○	○
施 工 性	○	○	○
意 匠 性	○	○	○

◎：重要，○：必要，－：必要でない

用語の解説

湿式材料
仕上げモルタルやタイル貼りなどのように，水で練って使用する材料

乾式材料
各種ボード類などのように水を使用しないで，釘打ちやねじ，ボルトなどで施工する材料

内装制限
建物の不燃化を目的として，条件によって不燃材料，準不燃材料，難燃材料を内装材に使用することが義務づけられている。

ホルムアルデヒド
接着剤や塗料の成分の1つであり，施工時あるいは建材に使用され，室内に拡散し，シックハウスの原因物質となる。

3.9 内装材料

　天井は天井裏部分を隠蔽するという意匠的な面とともに，環境条件の調整，すなわち熱・音・光を調整する設備としての機能が求められる。ただし，人が触れることは少なく，この面の性能は考える必要がない。壁は空間を垂直方向に仕切る役割を果たしており，光・水・音・熱・水蒸気・臭気・放射線などの遮断・透過性能や耐火性能および構造体としての機能が要求される。床は空間を上下に仕切ると同時に，人や物の荷重を直接支える構造体としての機能がある。さらに人が常時接触する部分であり，これに耐えうる強度と耐久性が要求される。以下，それぞれの性能について述べるとともに，各部位との関連について説明する。

(1) 強度

　いずれの部位においても，各部位に生じる荷重や外力に耐えられるだけの強度が求められる。また，仕上材のみではなく，下地などの施工方法も含めて考える必要がある。ただし，想定される荷重は床がもっとも大きく，天井では小さいなど部位によって大きな差があり，それに耐えうる材料および工法であればよい。

(2) 不燃性

　火災は下から上へと広がるため，発生した炎は壁を伝って最終的に天井へと移る。天井および壁が可燃性の材料であるとさらに火災が広がる危険があり，天井および壁には不燃性が要求される。このため，これらの部位は建築基準法により内装制限を受ける場合がある。床については法的な規制はないが，最下階の床でなければ不燃性のものが望ましい。

(3) 断熱性

　室内温湿度を一定に保ち，快適な室内空間とするためには，室内と屋外の断熱，各部屋ごとの断熱が求められる。屋外との断熱は外気に接する部位で必要になり，最上階の天井や外周の壁について重要になる。床については土に直接に接する土間コンクリート床や，下部が駐車場等で外気に直接に接する部分などでは必要になる。いずれも，断熱性が不十分な場合には冬期に結露が生じ，換気の不充分な北面では錆やかび発生の原因となる。

(4) 遮音性

　部屋を区分けする際には遮音性が要求される。とくに遮音を要求される壁は，各種設備機械室，会議室，寝室，集合住宅の戸境壁などである。これらの部屋の壁は，天上裏内部まで完全に仕切り，壁体を貫通する配管類の廻りやスラブなどの取合い部に隙間がないよう施工する必要がある。また，床については人の履物底の種類にもよるが，一般的には硬質な床材は音が発生しやすく吸音性も低いため反響が大きい。下階に伝わる騒音の問題が生じやすい病院，図書館および集合住宅の床材の選定には，とくに注意が必要である。

(5) 吸音性

　会議室などでは，音の反響防止，騒音の吸音，残響の調整などの役割を

目的として，吸音性のある材料を使用する必要がある。一般に吸音性を有する材料は多孔質な材料であり，強度が劣るため，壁，床材料には使用できず，主として天井材に吸音性のある材料が使用される。

(6) 軽量性

天井材は，地震や設備ダクトまたは上階の振動により，脱落しないことが必要であるため，軽い材料が好ましく，揺れや脱落が生じない施工方法が要求される。他の部位についても，施工上，軽い材料の方が取り扱いやすいといえるが，他の性質と相反する場合が多く，あまり重要視されない。

(7) 耐水性

水を使用する場所においては，防水性，耐水性が要求される。とくに浴室や水洗いを行う便所の床には，防水層を含めた耐水性のある材料が求められる。また，台所や湯沸し室，洗面室および水洗いしない便所の床など，水が飛散する恐れのある壁および床についても，耐水的な配慮が必要となる。すなわち，水に強い接着剤を使用して，なるべく継目ができず，かつ吸水による膨張や変形の生じない材料を使用するなどの配慮が必要である。

(8) 耐圧性

床は，物が落下して当たることが多いため，そのような場合にも，破損したり傷つかないようにする必要がある。また，机や椅子の荷重により，へこまないことも必要である。壁についても，リフトや台車を使用する場所では配慮が必要となる。

(9) 耐摩耗性・歩行性

いずれも床材に求められる性質である。玄関，階段および廊下などの人の通行が頻繁な場所では，歩行による床材の摩耗が生じるため，耐摩耗性に優れ，ほこりの発生しない材料が求められる。また，床材には歩行性に優れた材料の使用も求められる。床の歩行感覚は，床材の弾力性や滑りにくさが影響しており，とくに浴室などの水にぬれる床は滑りやすく転倒の危険もあるため，選定に当たって配慮が必要である。

(10) 耐汚染性

汚れにくく，また，汚れた場合においても掃除しやすく，さらに部分取替えが可能な材料が望まれる。とくに天井面は通常ほとんど清掃が行えないため，汚れのつきにくい材料が求められる。空調設備の吹出口廻りは汚れやすいので配慮が必要になる。また，壁，床についても同様であり，清潔感が求められる食堂などではとくに重要となる。

(11) 施工性

生産および入手が容易であるとともに，施工が比較的容易で，温湿度のような環境条件に影響されず施工できること，メンテナンスおよび部分補修が容易なことが要求される。これは内装材料のみならず，建築材料全般に言えることでもある。

3.9 内装材料

(12) 意匠性

これまで述べたような，内装材料に求められる性質を満たすこともちろん重要であるが，これらを満たした上で，心地よい空間を作り出すように考え，それに見合った材料を選択しなければならない。

3.9.2 内装材の下地材料

内装材（壁，天井，床）の下地とは，仕上材の裏面にあって，仕上材を支え，かつその取付けを容易にし，仕上面の効果を助けるものである。人の目に触れることは少ないが，内装仕上げには欠かせない部分である。下地材の主な種類は，以下のとおりである。

(1) 木質系下地

木造においては，構造体である壁面や，天井，床が合板などの木質系材料で作られ，そのまま下地となる。また，他の構造においても，木質材料は下地材として使用される。ただし，可燃材料であり，内装制限のために使用できない場合もある。

(2) コンクリート系下地

鉄筋コンクリート造においては，**躯体**コンクリートそのものを下地にしたり，その上に**不陸**調整のためにモルタルで表面を仕上げて下地にする。また，コンクリートブロックや **ALC** などで壁をつくり，それを下地とする場合もある。直接塗料を塗って仕上げたり，タイル張り，石張りで仕上げる。また，ボード類を貼る場合もある。

(3) 軽量鉄骨下地

鉄筋コンクリート造および鉄骨造においては，構造体でない内部の間仕切り壁および天井面を軽量鉄骨でつくる場合が多い。一般には軽量鉄骨で壁や天井の骨組をつくり，それにボード類を貼り付ける。この場合，軽量鉄骨もボード類も下地材といえる。

(4) ボード類による下地

ボード類は，前述の各下地に貼りつけて下地材とするものである。ボードをそのまま仕上げとする方法もあるが，一般にはこれらのボードの上に塗装を行ったり，壁装材を貼ることで最終的な内装仕上げとする。木質系のボードは木質系下地と同様の可燃材料であるが，石こうボードや繊維強化セメント板など，不燃もしくは準不燃材料のボードも多く，建物内部の不燃化のため広く使われている。

一例として図-3・9・1に鉄筋コンクリート造における天井，壁および床の下地材と仕上材の関係を示す。

3.9.3 左官材料

左官材料とは，固結材（バインダ），骨材および混和材に水を加え，こてなどを使用し壁や床に塗り付ける湿式材料（工法）である。歴史ある伝

―― 用語の解説 ――

躯体
建築物の骨組となる部分で，仕上げや設備部分を除いた構造体の部分

不陸
表面に凹凸がある状態のこと。陸（りく）は水平を意味し，不陸はそうでない状態をいう。

ALC (Autoclaved Lightweight Concrete)
高温高圧養生された軽量気泡コンクリート

第3章　非構造材料

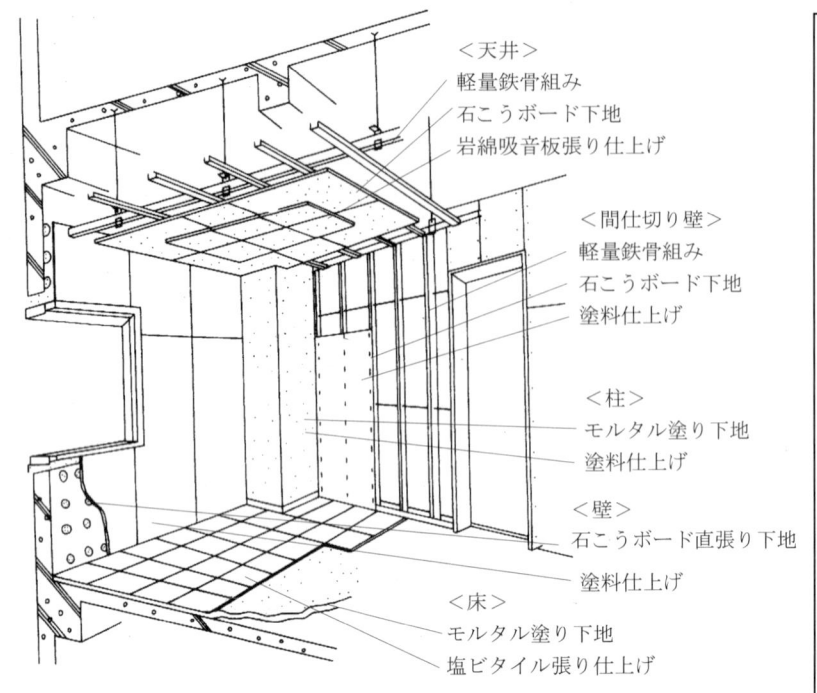

図-3.9.1　RC造建物における下地材と仕上材との関係

統的な工法であるが，左官工の熟練技術を要する，工期が長い，作業現場や他の仕上材を汚しやすいなどの理由により，現在では他のボード類（乾式材料）に代わられつつある。塗面はそのまま仕上面にもできるが，他の仕上材料の下地材として利用される場合もある。

(1) 特徴

一般に左官材料は耐火性，遮音性，耐水性に富み，調湿性があるなどの長所を持つ。また，継目の無い仕上げができ，局面などの複雑な形状の部位にも施工が可能であるが，品質やできばえが左官工の技量に左右されるという面もある。

工程としては下塗り・**むら直し**・中塗り・上塗りと数回に分けて塗る必要がある。これは一度に厚く塗るとダレが生じ，接着不良やひび割れの原因となるためであるが，それぞれ調合を変えるとともに，十分な乾燥期間も必要であり，施工に時間がかかる原因ともなっている。また，湿式材料であるため，乾燥収縮によるひび割れが生じやすく，ひび割れを集中させる**目地**も必要となる。さらに水を使用するため，現場を汚しやすく，気温5℃以下の気温では凍結の恐れがあり施工ができないなど，温度・湿度・風などの環境条件により施工が制限される。

(2) 構成と分類

(a) 固結材（バインダ）

それ自体が物理的・化学的に固化し，塗材の主体となるもので，気硬性固結材と水硬性固結材に分けられる。気硬性固結材には，空気中の炭酸ガ

用語の解説

むら直し
下塗りのあと，仕上げ塗りの前に表面を平坦にする工程

目地
材料は温度や乾湿により膨張・収縮するため，その変形を逃がすために設ける材料間の隙間

ドロマイトプラスター
ドロマイトという鉱物からつくられ，主成分は消石灰と同じであるが，収縮率が大きくひび割れが生じやすい。

プラスター
水で練って使用する材料の総称。主に石こうのことを指す場合が多い。

3.9　内装材料

スと化合し硬化物をつくる消石灰，**ドロマイトプラスター**があり，水分の蒸発により硬化する粘土などもある。一方，水硬性固結材には，水和反応により硬化するポルトランドセメント，石こう**プラスター**などがあり，気硬性固結材に比べると強度や耐水性が高い。

(b) 骨材

収縮率の低減，重量の調整，化粧などの目的で混入され，それ自体は直接硬化に関係しない材料である。砂，**ひる石**，**パーライト**，大理石などの石粒をいう。

(c) 混和材料

収縮亀裂の防止，接着や保水性の改良，凝結の調整など固結材自体の欠点を改善する目的で混入する材料である。**すさ**，海草のり，化学のり，合成樹脂などをいう。

(3) 種類

(a) モルタル

モルタルはもっとも一般的な左官材料で，ポルトランドセメントと砂の容積比を1:2.5〜3程度とし，これに水を加えペースト状にしたもので，ポルトランドセメントの水和反応により固化する。

モルタルは接着不良やひび割れを防ぐため，下塗り・むら直し・中塗り・上塗りと数回に分けて塗られ，その1回の塗り厚さ7mm以下が標準であり，下地に近い層ほどセメント量を多くした富調合とし，強度を大きくするのが原則である。また，作業性や付着力の向上のため**メチルセルロース**，合成樹脂**エマルション**やゴム系**ラテックス**を混和剤として混入する場合がある。現在では，現場における調合作業の簡略化（水を混ぜるだけ）や，品質確保を目的として，工場でこれらの材料をあらかじめ調合した既調合モルタルが多く使用される。

モルタルは強度が高く，耐火性，耐久性，耐水性に優れ，内外壁や床の仕上材やその下地材としてよく使用される。しかし，ひび割れが生じやすく，自重が大きく脱落の危険があるため，天井部分の仕上材としては不適である。

左官材料による壁の仕上方法としては，表面の肌の違いにより，金ごて仕上げ，木ごて仕上げ，刷毛（はけ）引き仕上げや洗い出し仕上げがある。

床仕上げの方法としては，ひび割れや浮き防止および工期短縮のため，モルタル塗りに代わり**コンクリートモノリシック仕上げ**や**グラノリシック仕上げ**が多く採用される。また，平坦性が求められる場合は，セメント系または石こう系の**セルフレベリング材**を使用することもある。

(b) 人造石

モルタルに種石（大理石，寒水石などの石粒）や顔料を混ぜ，床などに塗り付け，モルタルが硬化後，表面を研磨・研出し仕上げを行う床仕上げ方法がある。種石の粒径が小さいものを「**人研（じんと）ぎ**」，粒径が大

用語の解説

ひる石
バーミキュライトとも呼ばれ，黒雲母を主成分とする鉱物を焼成膨張させた軽量骨材

パーライト
黒曜石などを焼成発泡させた白色軽量骨材。ひる石とともに園芸の土壌改良用などにも使用される。

すさ
左官材料のひび割れ防止のために混入する繊維状の材料の総称。天然素材では保水性もある。

メチルセルロース
界面活性剤の1つで，ここでは粘性を与える混和剤として使用される。

エマルション
液体が混ざらない形で，他の液体中に分散して存在している状況のことで，乳濁液ともいう。ここでは合成樹脂が分散しているもので強度が改善される。

ラテックス
エマルションの一種で合成ゴムが分散しているもの。左官材料の混和剤としては接着強度を向上させる。

コンクリートモノリシック仕上げ
打設されたコンクリート表面が半硬化の時にモルタル塗りをして仕上げる方法

きいもの（2.5～15mm）を「**現場テラゾー**」（現テラ）と呼ぶ。人研ぎは手洗い場や面台に現テラは床や面台に使用される。また，工場で板状に製作され，現場に搬入し天然石材と同様に扱われるものもあり，**テラゾーブロック**と呼ばれる。

(c) しっくい（漆喰）

わが国では古くから社寺の壁や屋根に使われてきた材料であるが，最近は一般の建築物にはあまり使われない。

石灰岩（$CaCO_3$：炭酸カルシウム）を900℃以上で焼成すると，生石灰（CaO）が得られる。この生石灰を水と反応させたものが消石灰（$Ca(OH)_2$：水酸化カルシウム）で，これがしっくいの固結材である。しっくいは，この消石灰に海草のりの煮汁，さらに補強材料として繊維質のすさ類を混入して練ったもので，空気中の炭酸ガス（CO_2）により表面よりゆっくりと反応して硬化する気硬性の材料である。反応式は以下のとおりである。

$$Ca(OH)_2 + CO_2 = CaCO_3 + H_2O$$

(d) 石こうプラスター

石こうプラスターは焼石こう（$CaSO_4 \cdot 1/2H_2O$）を主成分とし，これに消石灰，粘土および凝結遅延剤が混入されている。主成分である焼石こうは水と急激に反応し硬化するため凝結遅延剤が混入されており，水和硬化とともに少し膨張し，ひび割れのない硬い壁を作ることができる。石こうと同様，加熱すると結晶水を放出して温度上昇を押えるため，耐火性を有するが，水に溶けるため水を使用する場所に使用するのは不適である。石こうプラスターの種類としては，ボード用石こうプラスター，混合石こうプラスターがある。反応式は以下のとおりである。

$$CaSO_4 \cdot 1/2H_2O + 3/2H_2O = CaSO_4 \cdot 2H_2O$$

1) ボード用石こうプラスター

下地への付着力が強く，石こうラスボード下地の場合に適している。ただし，弱酸性のため鉄部の防錆に対する注意が必要である。

2) 混合石こうプラスター

弱アルカリ性を有するため，アルカリ性下地の場合に適する。付着強度はボード用石こうプラスターより劣り，石こうラスボードへの付着はよくない。

(e) 繊維壁

繊維壁の主原料は繊維状または粒状材料，もしくはこれらの混合材であり，工場で配合生産されたものにのり材を加えて施工される。繊維状材料は木質繊維，合成樹脂繊維などで，粒状材料としては細砂，パーライト，ひる石などがある。繊維壁は耐久性に劣るが，種類が多くひび割れの発生も少なく，施工が容易であり和室の壁の仕上げ塗に使用される。

用語の解説

グラノリシック仕上げ
打設されたコンクリートを金ごてで直接仕上げる方法

セルフレベリング材
流動性が非常に高く，流し込むだけで表面が平らになる自己水平性を持つ材料

―――― テクニカルワンポイント ――――

左官による調湿建材

　現在，内部仕上として一般的となっているビニルクロスには通気性がない。このため気密性の高い住宅では，内部に湿気がこもり，かびや結露が発生しやすい。これを解決するための調湿建材が開発されている。調湿建材は湿度が高いと空気中の水分を吸収し，湿度が低いと水分を放出する性質を持ち，室内の湿度変化を少なくできるため，かびや結露の発生を抑制できるものである。このような吸放湿性を有する素材として珪藻土が挙げられるが，他にもシラスやゼオライトなども同様の性質を有する。これらの材料は左官材料の骨材として使用する方法が一般的であるため，左官という工法そのものが見直されている。

3.9.4　タイル・石材

　玄関やエントランスホールなどの床仕上材には，靴による摩耗が生じるので，耐摩耗性の高いタイルおよび石材が用いられる。また，浴室や台所など水がかかるような場所においては，壁仕上材として耐水性の高いタイルが用いられることが多い。それぞれの材料については，3.3.2および3.8.2を参照のこと。これらの施工は，左官材料であるモルタルによって接着される方法が一般的である。

3.9.5　ボード類

　ボード類とは工場で一定の板状寸法に製造された材料を，現場において釘・ビスまたは接着剤などで取り付けられる板状の材料をいい，主として天井・壁の仕上材またはその下地材として利用される。これらの材料は従来の左官材料（湿式材料）のように現場において水を使用しないため，乾式材料（乾式工法）と呼ばれ，湿式材料に比べ比較的簡単かつ早く取り付くため，省力化・工期短縮工法として，一般的となっている。

(1) 木質系ボード

　構造材として使用される木質材料については，2.5.2で概要が述べられている。ここでは内装材料として用いられる木質系ボードのうち，繊維板（ファイバーボード）・パーティクルボード・木質系セメント板を取り上げる（写真-3.9.1，口絵参照）。なお，天井，壁の下地材として合板が，床材には床フローリング材が用いられるが，これらについては2.5.2参照。

(a) 繊維板

　繊維板（ファイバーボード）は，木材などの植物繊維（ファイバー）を主原料に接着剤を加えて熱加圧成形した板材の総称で，天井や壁の下地材として使用される。繊維板は密度により以下の3種に分けられる（JIS A

5905)。

1) インシュレーションファイバーボード(インシュレーションボード)

密度 $0.35g/cm^3$ 未満で，通称「**軟質繊維板**」と呼ばれる。軽量で断熱性，吸音性に優れる。たたみの心材として用いられる**たたみボード**，断熱用として用いられる **A級インシュレーションボード**，これに耐水性を増すためアスファルトを含浸させた**シージングボード**がある。

2) ミディアムデンシティファイバーボード（**MDF**）

密度 0.35 以上 $0.8g/cm^3$ 未満で，以前は「半硬質繊維板（セミハードボード）」と呼ばれていた。材質が均質で表面が平滑であり，加工性にも優れているため，下地材として広く使用されている。

3) ハードファイバーボード（**ハードボード**）

密度 $0.8g/cm^3$ 以上で，「**硬質繊維板**」とも呼ばれ曲げ強度も高い。加工性が良く，建築の内外装材として利用されるほか，自動車や家具などにも使用される。

(b) パーティクルボード

古くは「**ホモゲンホルツ**」と呼ばれ，木材小片を主原料に高分子樹脂系接着材を使用し熱加圧成形した板材（JIS A 5908）である。強度に方向性がなく，遮音性や断熱性に優れており比較的曲げ強度も大きい。また，繊維板に比べ厚物が多い（10～40mm）。表面を化粧処理したものもあり，壁の仕上材や下地材または野地板や床下地に使用される。

(c) 木質系セメント板

木質系セメント板（JIS A 5404）は，木毛セメント板と木片セメント板の2種類の規格が統合されたものであり，木毛または木片をセメントと混合して作られるものである（写真-3·9·2，口絵参照）。

1) 木毛セメント板

松材などを 15～30mm に細長く削りだした木毛をセメントと混合し，圧縮成形し板状にしたものである。準不燃材料であり，加工性も良く，断熱や吸音を目的として屋根や外壁の下地材として用いられる。密度により硬質木毛セメント板，中質木毛セメント板，普通木毛セメント板に分けられている。

2) 木片セメント板

木毛セメント板の木毛の代わりに，耐久性向上を目的に化学処理された木片をセメントと混合し圧縮成形したものである。木毛セメント板とほぼ同様に用いられる。密度により，硬質木片セメント板，普通木片セメント板に分けられている。硬質木片セメント板は，強度・耐候性に優れ「**センチュリーボード**」とも呼ばれている。

(2) 石こうボード

石こうボード（JIS A 6901）は，焼石こう（半水石こう，$CaSO_4 \cdot 1/2H_2O$）や混和材に水を加えて混ぜたものを心材とし，その両面と長辺方向の側

3.9 内装材料

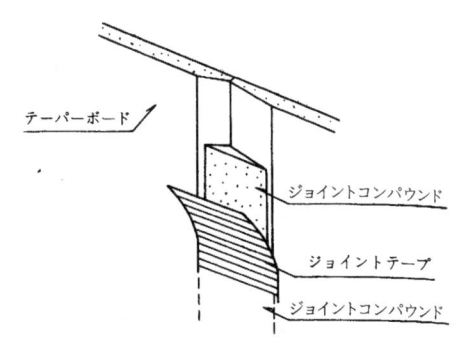

図-3.9.2 テーパーボードジョイント部

面を石こうボード用原紙で被覆して板状に成形したものである（写真-3.9.3，口絵参照）。厚さによっても異なるが，不燃もしくは準不燃材料であり，建築物の代表的な仕上材として天井・壁の下地材や仕上材に広く使用されている。

特徴としては，優れた防火性が挙げられる。これは，主成分である焼石こうの存在によるものであり，内部の結晶水が加熱されると脱水反応を起こし結晶水が放出され，この反応中は表面温度が200℃以上には上昇しないためである。また，遮音性・断熱性が期待でき加工性もよい。しかし，耐水・耐湿性に劣り，吸水した場合は強度低下が著しく耐衝撃性にも劣る。ただし，これらは一般的な特徴であり，これらを改善したさまざまな石こうボードがある。以下に代表的な石こうボードを挙げる。

(a) 石こうボード

石こうボードは，「**プラスターボード**」「**ジプサムボード**」とも呼ばれ，石こうボード製品の原板で，天井・壁の仕上げ下地材として使用される。1枚の板としては 910 × 1820mm の寸法がもっとも一般的である。

壁や天井に取り付ける方法は，木や軽量鉄骨の下地を組み，釘やビスでこれらの下地に取り付けるのが一般的である。また，コンクリート躯体の壁面などにダンゴ状のボード用接着材を塗り，これに直接石こうボードを押し付けて貼る直貼り工法（**GL 工法**とも呼ぶ）も採用される（図-3.9.1 壁）。また，壁装材（クロス）や塗装の下地材として使用される場合には，図-3.9.2に示すように，ボードの継目が目立たないようにするためテーパーボードを使用し，テープやコンパウンドで継目をつぶす工法（**ジョイント工法**，ドライウォール工法）が採用される。

(b) シージング石こうボード

シージング石こうボードは，「耐水石こうボード」「防水石こうボード」とも呼ばれる。石こうボードの表面原紙および心材の石こうをアスファルトやパラフィンなどで防水処理したもので，台所や便所などの湿気の多い場所の壁下地材や内装壁タイルの下地材として使用される。

(c) 強化石こうボード

――― 用語の解説 ―――

GL 工法（Gypsum Lining）
コンクリート躯体下地に直接団子状の接着剤をつけ，その上に石こうボードを張る工法

石こう心材に無機質繊維を加えて強化したもので，防火性が高く，高い防火性や耐火性が要求される部分に使用される。

(d) 石こうラスボード

付着を良くするためにボード面に長方形のくぼみを付けた石こうボードであり，伸縮性が少ない性質を利用し，石こうプラスター塗りなどの左官材の下地材として使用する。

(e) 化粧石こうボード

石こうボードの表面を化粧加工（印刷，**オーバーレイ**，塗装）したもので，壁・天井の仕上材として使用される。天井材として使用される「ジプトーン」と呼ばれるものはこの一種である。

その他にも，普通硬質石こうボード，構造用石こうボード，吸放湿石こうボードなどがJISに規定されている。

(3) 繊維強化セメント板

繊維強化セメント板（JIS A 5430）とはセメント，石灰質原料，**スラグ**などを主原料に繊維などで強化成形し，オートクレーブ養生または常温養生した板をいい，**スレート**，けい酸カルシウム板，スラグ石こう板がある。

繊維強化セメント板には，セメントのもろい性質を改善するため繊維が使われている。以前には，繊維として石綿が使用されていたが，呼吸気系の有害物質（発がん性物質）とされ使用が禁止された。現在製造されている製品には石綿以外の繊維が用いられている。しかし，石綿ほどの高い性能はなく耐久性などには問題がある。ここでは，スレートとけい酸カルシウム板について説明する。

(a) スレート

セメント，石綿以外の繊維および混和材料を混合し加圧成形した板材で，波板と**スレートボード**がある。

波板は，波のピッチや深さが異なる大波，小波という2種類があり，倉庫や工場の屋根・外壁に使用される。

スレートボードには，**フレキシブル板**，軟質フレキシブル板，平板，軟質板がある。不燃材料であり，不燃性を要求される防火構造の天井・壁材に使用される。ボード類としては寸法安定性や遮音性に優れ，軟質板を除けば，耐水性もあり，湿気の多いところでも使用できる。軟質のものは釘打ちが可能で，切断加工も容易である。

(b) けい酸カルシウム板

通称「けいカル板」と呼ばれる。主原料は，石灰質原料，石綿以外の繊維，けい酸質材料，混和材料などであり，内装用のタイプ2と軽量で防火性能の高い耐火被覆用のタイプ3に分けられる。不燃材料であり断熱性も高く，防火構造や耐火構造の天井や壁に使用される。温湿度の変化に対する寸法安定性は良いが，吸水性は大きく，湿気の多い場所では好ましくない。ただし，耐水性の化粧を施した化粧板もある。

用語の解説

オーバーレイ
表面にシート状のものを重ね合わせて仕上げる方法

スラグ
鉱滓（こうさい）ともいい，鋼材を作る銑鉄の際に排出される不純物を含む溶融石灰石

3.9 内装材料

―― テクニカルワンポイント ――

石綿（いしわた）と岩綿（がんめん）

　石綿と岩綿は漢字が似ているが，物質は大きく違うものである。石綿（アスベスト）は繊維状の天然の鉱物で，岩綿（ロックウール）は，玄武岩や鉄鋼系スラグなどを溶解し細孔から噴出させることで繊維状にしたもので，人造の鉱物繊維である。建築物においてはいずれも吹付け材料として使用されるため，かつては併用・混同されることもあった。石綿は耐久性，耐熱性，絶縁性などに優れ，かつ安価であるため広く使用された材料であったが，石綿繊維を吸入すると肺がんや中皮腫を引き起こすことが判明し使用が禁止された。

(4) ロックウール化粧吸音板

ロックウール化粧吸音板（JIS A 6301）は，吸音材料の1つで「**岩綿（がんめん）吸音板**」と呼ばれ，岩綿を主原料とし板状に成形したもので，表面が虫食い状の半貫通孔などの化粧がなされている（写真-3·9·4，口絵参照）。防火，断熱および吸音材として優れ，しかも軽く施工も容易であり，天井の表面仕上材として非常に多く使用される。

天井への取付け方法としては，以下の3つの方法がある。

1) 二重張り工法（捨張り工法）：図-3·9·3 (a)

軽量鉄骨や木下地に石こうボードやけい酸カルシウム板を張り（捨張り），この上にロックウール化粧吸音板を接着材と**タッカ針**で張る。

2) 直張り工法：図-3·9·3 (b)

軽量鉄骨や木下地に，ロックウール化粧吸音板をビスなどで直接張る。

3) システム工法

照明などの設備ラインの間にアルミ製のT型バーを吊り，このTバー上に長尺ロックウール化粧吸音板を乗せて固定する。

―― 用語の解説 ――

タッカ針
ホチキス針をそのまま打ち込むような形でボードや皮を固定する。

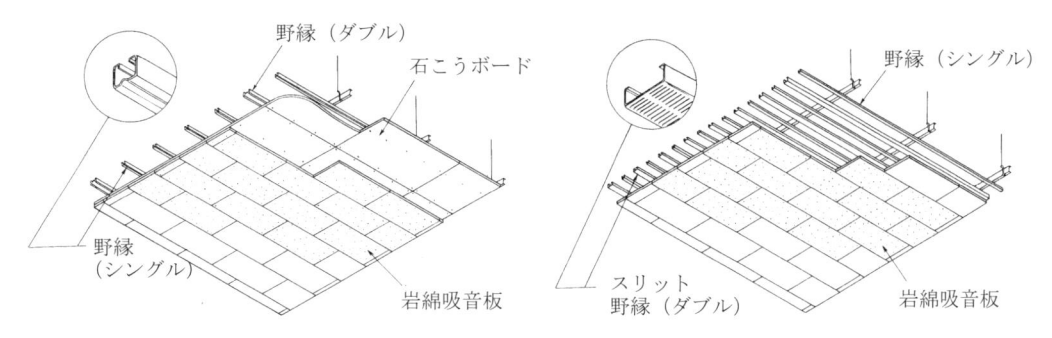

(a) 二重張り工法（捨張り工法）　　　　(b) 直張り工法

図-3·9·3 ロックウール化粧吸音板の工法

3.9.6 壁装材

壁装材とは天井や内壁のボード状下地材の表面に張る紙や布の類をいい,通常「**クロス張り仕上げ**」と称される。施工が容易で早く,色やパターンの選択幅が広いため,非常に多く使用されている。材料別に①紙系壁紙,②繊維系壁紙,③塩化ビニル樹脂系壁紙,④プラスチック系壁紙,⑤無機質系壁紙,⑥その他の6種類に分類されており,この中でもっとも多用されるのは塩化ビニル樹脂系である。壁装材を使用するに当たっては,下地材を含めた防火性が建築基準法や消防法に適合しているか否かをチェックする必要がある。適合している壁装材は防火壁装材と呼ばれるが,それ単独で防火材料の認定を受けるわけではなく,下地材ごとに防火材料として個別の認定を受けている。つまり,防火壁装材と下地材の組合せにより,防火材料としての扱いが不燃材料,準不燃材料,難燃材料に変化するため,このチェックが必要となる。

3.9.7 ビニル系床材

ビニル系床材（JIS A 5705）は塩化ビニル樹脂などを基材とし,これに炭酸カルシウムや特殊繊維を充てん材として製造される。ビニル系床材はその形状により,ビニル床タイルとビニル床シートに区分される。

(1) ビニル床タイル

形状は一般に300mm角,450mm角で厚さは2mm,3mmである（写真-3·9·5,口絵参照）。コンクリート（モルタル）下地や合板下地の上に接着材で貼り付けられる（図-3·9·1床）。ビニル床タイルは適度の弾性と硬さがあり,耐摩耗性に優れ,施工が容易であるため,室内の床材として広く使用される。塩化ビニル樹脂の含有量が多いものほど軟らかく歩行感が良いが,傷つきやすく価格が高い。また,洗面所などの水がこぼれやすい場所では,耐水性のあるエポキシ系接着剤を使用するなど,接着剤に対する配慮も必要である。なお,床タイルとしてはビニル系が一般的であるが,それ以外にもゴム床タイルやリノリウムタイル,コルク床タイルなど,素材の異なる床タイルもある。

1) 半硬質コンポジションビニル床タイル

炭酸カルシウムなどの充てん材を多く含み,ビニル樹脂などのバインダ含有量30%未満のため比較的硬いが,価格が比較的安くもっとも多く使用されている。一般には「**Pタイル**」と呼ばれている。耐薬品,耐酸,耐アルカリ,耐油性は劣る。

2) 軟質コンポジションビニル床タイル

半硬質コンポジションビニル床タイルよりやや軟質で,意匠的にやや高級化を図っているタイルである。その他は半硬質コンポジションビニル床タイルに同じである。

3) ホモジニアスビニル床タイル

ビニル樹脂などのバインダを30%以上含み，耐水性・耐油性・耐薬品性・耐摩擦性に優れるが，反面，熱による伸縮が大きい。透明感があり耐変色性にも優れる。充てん材を含まないピュアビニル床タイルもある。

4) ゴム床タイル

合成ゴムや天然ゴムを主原料にしたタイルで独特の弾力性がある。耐油性は劣るが，耐摩耗性に優れ，耐久性が高い。

5) リノリウム床タイル

リノリウムは亜麻仁油などから作られる天然樹脂であり，天然材料を使用した床材料として見直されている。特有の臭気がある。

(2) ビニル床シート

ビニル床シートは塩化ビニル樹脂を主成分とした長尺シートで，発泡層のないものとあるものがあり，発泡層のあるものの方がクッション性に富んでいる。また，裏打ち材として織布や不織布が積層されているシートが一般的である（写真-3・9・6，口絵参照）。弾性，耐摩耗性，耐薬品性，耐水性に優れ，シート継目部分も溶接が可能な製品が多く，止水性や防塵性を高めることができ，水を使用する部屋にも使用される。

3.9.8 合成樹脂塗り床材

塗り床材としてはモルタルも含まれるが，一般に，塗り床材といえば合成樹脂系のものを指す。合成樹脂塗り床材は，酸・アルカリ・油脂などに対する耐薬品性に優れており，従来は化学・食品工場の床のような特殊用途（耐薬品，耐酸，耐アルカリ）部分に使用されてきたが，最近は一般建物にも多く使用されるようになった。耐摩耗性や耐衝撃性に優れている合成樹脂もあり，要求性能・条件を十分把握した上で，材料の選択を行う必要がある。

特徴としては目地を作らずに仕上げができ（**シームレスフロア**），複雑な形状の床にも施工可能である反面，下地となるコンクリートなどの乾燥が不十分な場合は浮きやふくれが生じる場合がある。また，低温時（5℃以下）や高温時での施工は，硬化不良や発泡などの現象が生じやすく施工時期が制限される。

合成樹脂は，以下の6種類が挙げられる。

1) エポキシ樹脂系塗り床

硬化収縮が小さく接着力・強度などの機械的性能に優れ，耐薬品性（一部の酸を除く）に優れるが，低温では硬化能力が低下する。

2) ウレタン樹脂系塗り床

弾力性，防水性や耐摩耗性に優れているが，汚れが付着しやすい。水のかかる部分では，滑りやすいため，**ノンスリップ工法**を採用する。

3) メタクリル樹脂系塗り床

速硬性に富み，低温下（-30℃まで可能）で硬化する。耐薬品性に優れ

用語の解説

ノンスリップ工法
塗り床において砂状のものを混合したり，仕上げ後に粗面とすることで滑らないようにしたもの

第3章 非構造材料

るが施工時に臭気がある。

4) 不飽和ポリエステル樹脂系塗り床

速硬性に富み，エポキシ系にない有機酸に対する耐薬品性に優れているが，施工時に臭気がある。

5) ビニルエステル樹脂系塗り床

耐薬品性，耐熱性，耐摩耗性などに優れており，薬品工場など特殊な用途に使用される。

6) アクリル樹脂系塗り床

塗膜は薄く，主として防塵や着色の目的で用いられる。

3.9.9 敷物（カーペット）

敷物（じゅうたん，**カーペット**）は，日本の住空間の変化や比較的安価なカーペットの出現により，一般の住宅や事務所の床材として使用されるようになった。吸音，防音性に優れ，歩行性や柔らかい感触などが好まれている。また最近は他にも多様な機能が要求されるため，防炎・防虫・防汚染・結露防止・帯電防止などの加工もなされるようになった。材質としては，羊毛などの天然繊維とナイロンなどの化学繊維のものがある。

一般的には，ロール状で供給されるが，これを基材として塩化ビニル樹脂などで裏打ちし，タイル状としたカーペットも多く使われるようになった。これは，**タイルカーペット**と呼ばれ500mm角が一般的で，最近ではビニル樹脂系タイルに替わりオフィスなどの床に多用されている。

カーペットを製造方法によって分類すれば，以下のようになる（写真-3.9.7，口絵参照）。

1) **だんつう**（手織りカーペット）

もっとも歴史の古い手織り「じゅうたん」でペルシャだんつう，天津だんつうなどがあり，非常に高価で美術工芸的価値が高い。

2) **ウイルトンカーペット**（機械織りカーペット）：図-3.9.4 (a)

機械織りじゅうたんで，基布とパイルを同時に織り上げるもので，機械織りの中ではもっとも耐久性がある。

3) **タフテッドカーペット**（刺しゅうカーペット）：図-3.9.4 (b)

普及用として考案された機械刺しゅうじゅうたんで，基布の上にミシン

(a) ウィルトンカーペット　　(b) タフテッドカーペット

図-3.9.4 カーペットの断面図

針でパイルを刺しゅうのように刺し込んでいく。その後，基布の裏面の縫目をゴム系材料でコーティングしており，ウイルトンカーペットに比べ安価である。また，タイルカーペットの主な基材でもある。

4) ニードルパンチカーペット（圧縮カーペット）

表面が平坦なフェルト状の布織りじゅうたんで，細かい化学繊維を圧縮しフェルト状にしたものである。切断加工が容易で安価なため住宅などに広く使用される。

3.9.10 たたみ

たたみは，和室の一般的な床仕上材として用いられる。住宅の部屋の大きさが，洋室であっても何畳という単位で表されるように，広く用いられている仕上材である。ただし，たたみの大きさは一般には3尺×6尺(910mm×1820mm)であるが，京間や関東間などの種類があり，実際には大きさが違うものもある。強度，耐久性，断熱性などに優れ，また，日本人にとって慣れた感触は，他の材料では得がたい特色である。

もともとのたたみは，稲わらを固く圧縮させた畳床（たたみどこ）に，い草を畳表（たたみおもて）とした稲わらたたみである。しかし，原料が手に入りにくくなったことや，重く取り扱いにくい点，通気性によってはかびやダニが発生しやすいなどの点から，現在は，稲わらの間にポリスチレンフォームを入れたポリスチレンフォームサンドイッチ稲わらたたみや，**たたみボード**を入れたたたみボードサンドイッチたたみが広く使用されている。他にもたたみ床に稲わらを使用せず，たたみボードやポリスチレンフォームに直接たたみ表を施したたたみもある。これらの新しいたたみは軽量で，ダニなども発生しにくいといった利点がある。

―― 用語の解説 ――

たたみボード
インシュレーションファイバーボードの1つでたたみの心材用のファイバーボード

第3章　演習問題

1. ステンレス鋼の特徴を鋼鉄と比較して説明せよ。
2. アルミニウム合金の特徴を鋼鉄と比較して説明せよ。
3. 黄銅の特徴を銅と比較して説明せよ。
4. 金属の酸化による腐食について説明せよ。
5. 金属の電食による腐食について説明せよ。
6. 次の使用箇所に適したガラスの名称を示せ。
    1) 延焼の心配のある開口部の窓
    2) 道路面や屋根面からの採光窓
    3) 店舗のショールームの窓
    4) 空調設備のある建物で日射を防ぎたい窓
    5) 浴室・洗面所などで装飾性と視線の遮断が必要な窓
    6) 断熱性を向上させたい窓
7. フロート板ガラスの製法を説明せよ。

第3章　非構造材料

8. 陶器，せっ器，磁器の特徴について説明せよ。
9. 陶磁器質タイルの特徴を説明せよ。
10. 陶磁器質タイルの乾式製法と湿式製法の違いを説明せよ。
11. プラスチックは軽量で（ア）が高く，また，耐水・耐薬品性に富むものが多いものの，耐火・耐熱性に劣るため（イ）により変形しやすい。また，（ウ）で焼却時に有毒ガスを発生する場合がある。さらに，紫外線や（エ）変化による劣化が生じるなど（オ）に問題があるものが多い。
12. 建築基礎の免震装置に使われる「積層ゴム」について説明せよ。
13. 塗装の際には素地調整が重要となるが，素地調整の主な要点を3つ挙げよ。
14. 熱伝導率λとは，物体内部の等温面の単位（ア）を通って単位（イ）に垂直に流れる（ウ）と，その熱流方向における（エ）勾配との比をいい，その逆数 $1/\lambda$ を（オ）という。
15. 準不燃材料，不燃材料，難燃材料の3者を，耐火性能の高いものから順番に並べ替えよ。
16. 吸音材の多孔質材料および板状材料の吸音率と周波数の関係を図示し説明せよ。
17. 吸音材の孔あき材料の吸音率と周波数の関係を説明せよ。
18. 吸音材としての多孔質材料，板状材料，孔あき材料を挙げよ。
19. 一重構造の透過損失と，材料の密度および音の周波数の関係を説明せよ。
20. 屋根葺材料の種類を挙げ，それぞれの特徴について説明せよ。
21. メンブレン防水の種類を挙げ，それぞれの特徴について説明せよ。
22. 外装タイルの張付工法としての後付工法と先付工法の長所と短所について説明せよ。
23. 外装に用いられる自然石と人工石の種類と特徴を挙げよ。
24. ALCパネルの長所と短所を挙げよ。
25. 外装に用いられる金属板の種類と特徴を正しく組み合わせよ。
　　種類：(a) 表面被覆鋼板
　　　　　(b) 耐候性鋼板
　　　　　(c) ステンレス鋼板
　　　　　(d) アルミニウム板
　　特徴：(ア) 亜鉛鉄板は表面にさらに塗装や被覆を施されて使用されることが多い。
　　　　　(イ) 使用する環境や部位により安定した酸化皮膜が得られない場合がある。
　　　　　(ウ) 独特の金属光沢を有するが，異種金属との接触でもらい錆を生じる場合がある。

（エ）加工性，耐食性が良いが，傷つきやすく異種金属との接触で腐食しやすい。
26. 床材に求められる性質について説明せよ。
27. 内装材料として用いられる材料のうち，壁材として用いられる材料を挙げ，それぞれの特徴を説明せよ。
28. 身近な建物に使用されている天井材，壁材，床材を調べ，各材料の特徴を説明せよ。
29. 以下の材料について，その種類を挙げ，それぞれの特徴を説明せよ。
   1) 左官材料
   2) 仕上げ塗材
   3) ファイバーボード
   4) 石こうボード
   5) ビニル床タイル
   6) カーペット

第4章　材料の選択と施工の実例

4.1　概　説

　建築材料を選択する際には，材料独自の機能・特性を十分に発揮でき，所要の構造安全性と耐久性を満足し，さらには建築全体の意匠性や採算性にも見合うなど，常に適材適所という観点から多面的に検討しなければならない。また，近年の急速な技術革新により新素材は次々と市場に登場してくるが，これらの特性を見極め活用することで，より優れた機能の実現と新たな建築表現の可能性に挑戦することも建築技術者の役割である。

　本章では代表的な建築物として，戸建て木造住宅と小規模な鉄筋コンクリート造建築物の実設計例を取り上げ，そこで使用されている標準的な部材の構成と使用材料について説明する。

―― メモの欄 ――

4.2　木造住宅

　現在，戸建て木造住宅でよく用いられている工法は，従来から一般的に採用されている**軸組在来工法**と，海外から導入された**枠組壁工法**（ツーバイフォー工法，2×4工法ともいう）とに大別される。ここでは，後述する軸組在来工法の実設計例を含め，両工法に共通して一般的に使用される材料・工法を工程項目別に概説する。

4.2.1　一般事項
(1)　木造住宅工事の概要
　木造住宅工事は一般に図-4・2・1に示すような工程からなる。各工事で使用するすべての建築材料は，できるだけ各種の品質規定に適合するものとすることが望ましい。木構造材料に関する代表的な規格を表-4・2・1に示す。
　ところで木造住宅工事では，その部位を表すために古くからの特殊な用語を用いることが多い。そこで，図-4・2・2および図-4・2・3に，前述

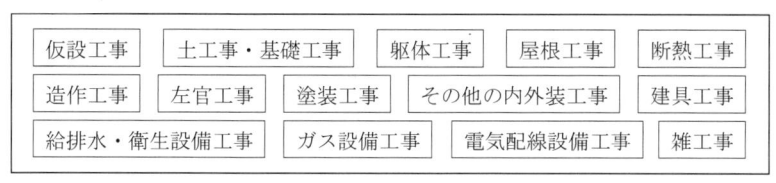

仮設工事	土工事・基礎工事	躯体工事	屋根工事	断熱工事
造作工事	左官工事	塗装工事	その他の内外装工事	建具工事
給排水・衛生設備工事	ガス設備工事	電気配線設備工事	雑工事	

図-4・2・1　木造住宅工事の工事科目

第4章　材料の選択と施工の実例

表-4·2·1　木構造材料に関する規格

> **JIS：日本工業規格**（Japanese Industrial Standard）の略称
> 　工業標準化法（昭和24年, 法第185号）に基づいて, 経済産業省の審議会である日本工業標準化調査会が鉱工業品の品質や試験方法等について定める国家規格。平成17年の同法改正により, 各製品のJIS規格への適合性は, それまでの国が直接行う認定制度に代わり, 国に登録された第三者認証機関の審査によって認証を受けられる制度となった。木造住宅で使われているJIS規格品目は, 木質建材以外の建材, すなわち屋根材, 外壁材, ボード類, 釘, ビス, タイル, 断熱材, 防水材, 配線・配管類, 基礎の鉄筋, セメント, 生コンクリートなど多岐にわたる。
>
> **JAS：日本農林規格**（Japanese Agricultural Standard）の略称
> 　農林物資規格化法（昭和25年, 法第175号）に基づいて, 農林水産省の審議会である農林物資規格調査会が農林水産・畜産物およびその加工品について定める品質保証の国家規格。木造住宅に関係する対象品目として, 製材, 集成材, 合板, フローリング材などの木質建材と畳表が含まれる。
>
> **AQ：Approved Quality** の略称。優良木質建材等の認証マーク制度（AQマーク認証制度）
> 　JAS規格品目に含まれない新しい木質建材について,（財）日本住宅・木材技術センターが品質性能を評価し認証する制度。対象品目として, プレカット材, 防腐・防蟻処理木材（製材, 集成材, 合板）などがある。なお, 同センターが行っている類似の事業として, 木造住宅の軸組接合部に用いる補強金物を対象とした"Zマーク表示金物"という認証制度がある。

の2種類の工法別に木造住宅各部の代表的な部位名称を図示しておく。

(2)　設計例

実設計例として2階建木造住宅の平面図と立面図を付図-1に示す。また, 標準的な**矩計図**を付図-2に示す。ここで示した設計例は軸組在来工法によるものである。

――― 用語の解説 ―――

矩計図（かなばかりず）
建物の外壁を開口部を含めた鉛直面で切断して仕組みを表した断面詳細図。床高, 天井高, 軒高, 窓の高さ, 開口部寸法などの関係や, 外壁と開口部の納まりを表現する。

――― テクニカルワンポイント ―――

2×4工法と軸組在来工法はどこが違うか

　一般的な印象として2×4（ツーバイフォー）工法による木造建築は洋風, 在来工法は和風であるかのようなイメージが強いが, これは間違い。前者は, 断面寸法が2×4インチの角材（スタッド）で組んだ枠組に合板を打ち付けた「枠組壁」を基本的な構造要素とする壁式構造である。一方, 在来の軸組工法は, 木造の柱・梁で骨組を構成して接合部金物や筋かい等斜材で補強した構造形式であり, ラーメン構造に近い。

　伝統的な和風住宅の真壁では, 柱・梁の軸組を現わし仕上げとしていたので軸組工法であることが一目で分かったが, 最近は, 軸組工法でも大壁により構造体を隠してしまう場合が多く, 見た目だけでは両工法を区別することが難しくなった。

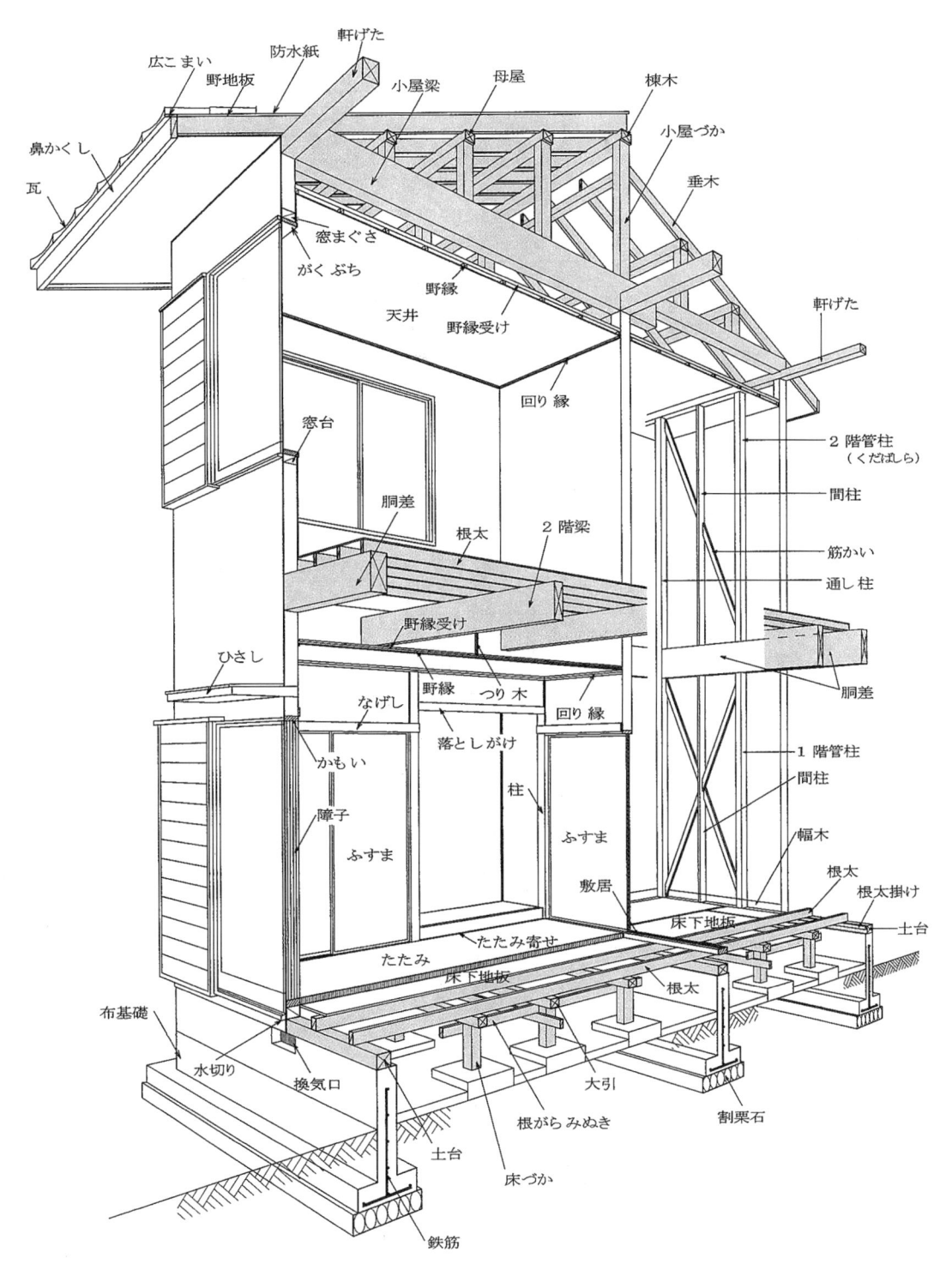

図 -4·2·2　軸組在来工法における各部位の名称（平成19年改訂木造住宅工事仕様書（解説付）を元に作成）

第4章 材料の選択と施工の実例

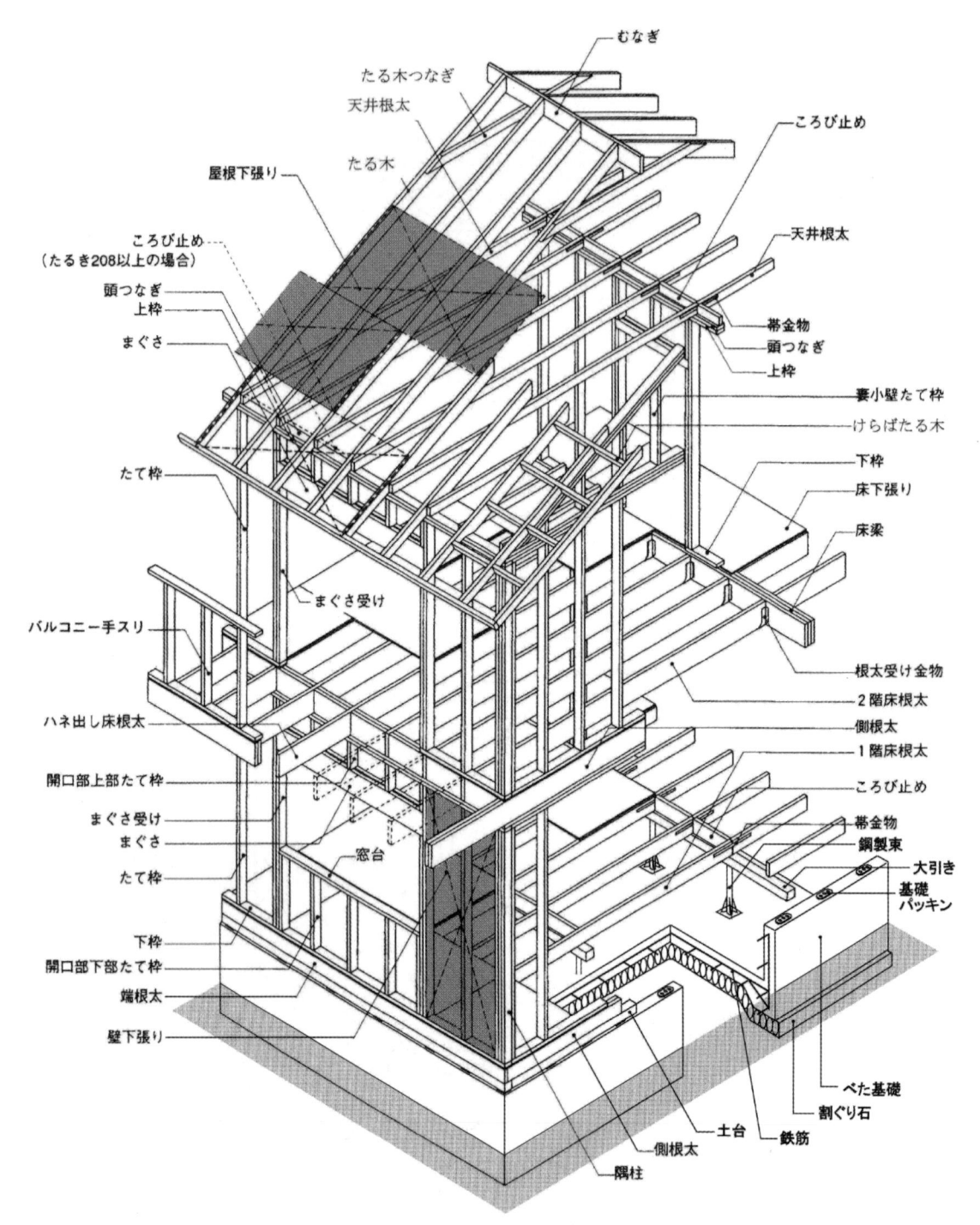

図-4·2·3 枠組壁工法における各部位の名称
（平成19年改訂枠組壁工法住宅工事仕様書（解説付）を元に作成）

4.2 木造住宅

表-4·2·2 地耐力に対応した基礎の種類

地盤の長期に生ずる力に対する許容応力度	基礎の種類
20 kN/m² 未満	基礎杭を用いた構造
20 kN/m² 以上 30 kN/m² 未満	べた基礎または基礎杭を用いた構造
30 kN/m² 以上	布基礎，べた基礎または基礎杭を用いた構造

4.2.2 土工事・基礎工事

木造住宅の基礎の形式は，国土交通省告示（平成 12.5.23，第 1347 号）で，地盤の地耐力に応じて表-4·2·2のようにすることが定められている。一般には図-4·2·4に示すようなべた基礎または布基礎とすることが多い。

床下空間は通例，防湿のために床下換気孔または基礎パッキンにより通風を十分確保して屋外空間と同じ扱いとする。この場合は床下面に断熱層を設ける。なお，寒冷地などでは，床下を気密にして建物外周の基礎立上がり部分に断熱層を設ける場合もある。

基礎の鉄筋は JIS G 3112（鉄筋コンクリート用棒鋼）に適合する**異形鉄筋**を用いる。コンクリートは JIS A 5308（レディーミクストコンクリート）に適合する**スランプ** 18cm，**呼び強度** 24N/mm² 以上のものを用いる。

4.2.3 躯体工事

(1) 一般事項

高温多湿な日本の住宅に用いる木材は，一般に耐腐朽性・耐蟻性の高いものが求められる。とくに土台は腐朽菌やシロアリの被害を最も受けやす

---- **用語の解説** ----

異形鉄筋（いけいてっきん）
コンクリートの補強用鉄筋のうち，付着性を高めるために表面に節状の凹凸加工を施したもの。表面に凹凸のない丸断面の鉄筋は**丸鋼**（まるこう）という。詳細は2.4節「鉄鋼」を参照

スランプ
フレッシュコンクリートの流動性や作業のしやすさを表す代表的な特性値。JIS A 1101（コンクリートのスランプ試験方法）により測定される。詳細は2.2節「コンクリート」を参照

呼び強度
JIS A 5308（レディーミクストコンクリート）の規格に基づき，生コン工場が出荷するコンクリートに対して，所定の試験方法・養生条件のもとで保証する**圧縮強度**のこと。詳細は2.2節「コンクリート」を参照

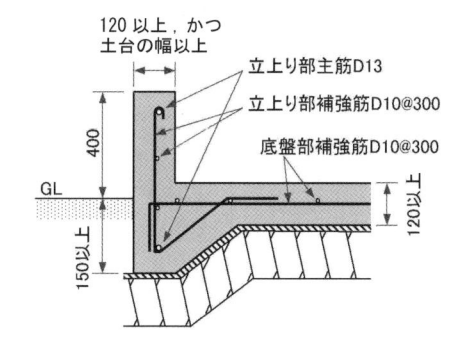

底盤の厚さおよび配筋は一般的な寸法の例であり，要求される構造性能に基づき所要の寸法および配筋を定める。この図は地耐力が十分な地盤で採用されるシングル（1層）配筋の例であるが，底盤をより厚くしてダブル（2層）配筋とする場合もある。

(a) べた基礎（シングル配筋）

立上がり寸法，底盤の幅・厚さ，配筋などは一般的な寸法の例であり，要求される構造性能に基づき定める。防湿コンクリートの代わりに，乾燥砂を敷き詰めて押えとする場合もある。

(b) 布基礎

図-4·2·4 基礎の形式

第4章 材料の選択と施工の実例

表-4.2.3 部位別の使用樹種例（平成19年改訂木造住宅工事仕様書）

部 位		一般的に用いられる樹種例
軸組	土　台	ひのき・べいひ・ひば・べいひば・こうやまき・くり・けやき・保存処理製材・土台用加圧式防腐処理木材
	火打ち土台	すぎ・べいまつ・べいつが・ひのき・ひば・からまつ
	柱（見えがかり）	ひのき・すぎ・べいつが・化粧梁構造用集成柱
	柱（見えがくれ）	すぎ・べいつが
	胴　　　　差	あかまつ・くろまつ・べいまつ・べいつが・すぎ・からまつ
	け　　　　た	あかまつ・くろまつ・べいまつ・べいつが・すぎ・からまつ
	筋　か　い	すぎ・べいつが
	そ　の　他	すぎ・あかまつ・くろまつ・べいまつ・べいつが
床組	梁	あかまつ・くろまつ・べいまつ・からまつ・べいつが
	大　引　き	ひのき・すぎ・あかまつ・くろまつ・べいまつ・からまつ・べいつが
	根　　　　太	すぎ・あかまつ・くろまつ・べいまつ・べいつが・からまつ
	火　打　ち　梁	すぎ・べいまつ・べいつが
	そ　の　他	すぎ・あかまつ・くろまつ・べいまつ・べいつが・からまつ
小屋組	梁（丸太）	あかまつ・くろまつ・べいまつ
	梁（その他）	あかまつ・くろまつ・べいまつ・からまつ
	母　　　　屋	すぎ・あかまつ・くろまつ・べいまつ・べいつが・からまつ
	た　る　木	すぎ・あかまつ・くろまつ・べいまつ・べいつが・からまつ
	そ　の　他	すぎ・あかまつ・くろまつ・べいまつ・べいつが・からまつ
造作材	生　地　表　し	ひのき・すぎ・あかまつ・くろまつ・べいまつ・べいつが・スプルース・防虫処理ラワン・化粧ばり**造作用集成材**
	表　面　塗　装	すぎ・あかまつ・くろまつ・べいまつ・べいつが・スプルース・防虫処理ラワン

い部位であり，そのため，ひのき・ひばなどの**心材**や加圧式防腐処理木材が使用される。また，地面から高さ1m以内の外壁の軸組および下地材には，工事現場での塗布または吹付けによる防蟻措置を施す。

構造耐力上主要な部分に用いる木材は，JAS規格で定める1等以上の品質のものを使用し，その性質に応じて部位別に適宜選択する。表-4.2.3に，各部位で一般的に用いられる樹種の例を示す。構造用および**造作工事**用に使用される集成材とは，小幅の板や小さな角材を集成し加圧接着して製材サイズに成形した木材で，最近は住宅も含め各種の木造建築物で広範囲に利用されている。さらにこうした素地の集成材の表面に美観を目的として化粧板を張り付けた集成材もあり，主として内部造作工事に用いられる。また，耐力壁，屋根下地，床下地などの下張りには構造用合板がよく使用されている。

なお，ツーバイフォー工法において外壁などの主要構造部材を構成している枠組壁は，**SPF材**と称する針葉樹の角材で縦枠および上下の横枠を組んで構造用合板を釘打ちした壁状の部材である。

---用語の解説---

心材
丸木の中心付近から採取した赤身の木材。2.5節「木材」を参照

造作工事（ぞうさくこうじ）
建物の内外装各所に対する木造の仕上げ工事のこと。近年では，ボード類やクロス張りを含めた床・壁・天井の内装仕上げ工事全般を指す場合もある。

SPF材
SPFはスプルース・パイン・ファー（Spruce, Pine and Fir）の略称。とうひ，まつ，もみなどの針葉樹から採取された比較的柔らかい白身の海外産製材のこと。ツー

4.2 木造住宅

(2) 軸組

在来工法の木造住宅において軸組と称される構造部材には，図-4·2·2に示したように土台，柱（通し柱，管柱（くだばしら），間柱（まばしら）），梁・けた（胴差し，軒桁（のきげた），小屋梁，床梁，間仕切り梁，ぬきなど），筋かい，火打ちなどがあり，それぞれ表-4·2·3を参考にしながら適切な材料を選択する。また，軸組の接合部には図-4·2·5に示すように接合箇所に応じた各種の継手工法を用い，木材の仕口加工と釘・ボルト類および接合部補強金物を併用して接合する。近年では，これら継手の仕口は工場でのプレカット加工による場合も多くなった。

(3) 面材耐力壁

近年の軸組工法では，建物に作用する水平力への抵抗要素として製材による筋かいのほか，構造用合板，パーティクルボード，構造用パネル，ハードボード，硬質木片セメント板，石こうボード，シージングボード，ラスシートなどを軸組に打ち付け，面材耐力壁として利用することが多い。こ

―― 用語の解説 ――

バイフォー工法の枠組には，このSPF材を断面2×4インチの規格サイズに加工した木材が使用される。

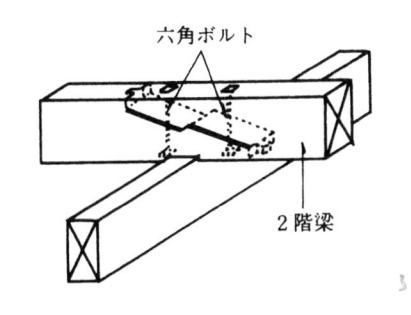

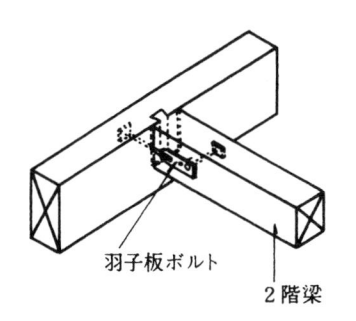

2階梁継手（台持継ぎ）　　　　T字仕口

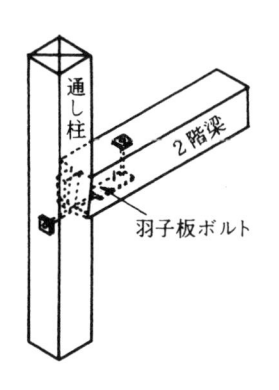

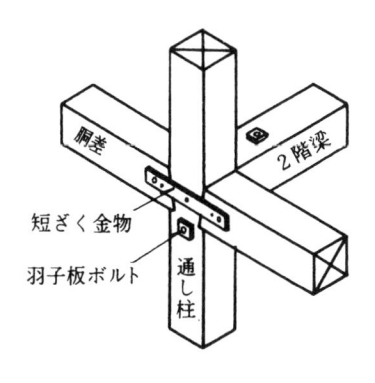

通し柱と2階梁との取合

図-4·2·5　各種継手工法

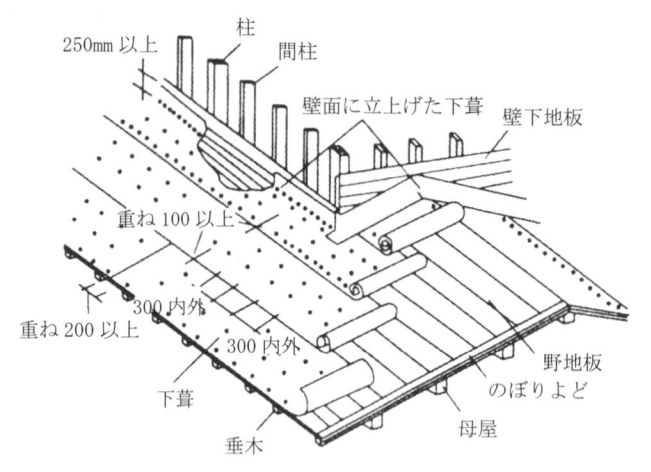

図-4·2·6 下葺工法の一例（平成19年改訂木造住宅工事仕様書）

れらの面材はそれぞれ所定のJASまたはJIS規格品から選定する。面材耐力壁は，従来の筋かいと併用することもできるため，耐震設計上必要な壁量を比較的容易に確保・配置できるという利点がある。

また，ツーバイフォー工法においては，構造**躯体**に軸組という概念がなく，枠組で補強した面材だけで躯体の主要部分が構成されている。

(4) 床組・小屋組

床組や**小屋組**についても軸組と同様に，それぞれ表-4·2·3に示した樹種および集成材の中から適当な材料を選択する。接合部には図-4·2·5のような各種の継手工法と補強金物および釘・ボルト類を使用する。なお，伝統的な和風住宅の形式では，わん曲した丸太材を小屋組の梁に使用することもある。

4.2.4 屋根工事

(1) 屋根下地・下葺

屋根の下葺工法の一例を図-4·2·6に示す。ここで野地板には**ひき板**や合板，パーティクルボード，構造用パネルなどがあるが，一般には厚さ12mmの合板野地板が用いられる。また，屋根葺材料の下地として雨漏りや湿気を防ぐために使用される下葺材料には，アスファルトルーフィングや合成高分子ルーフィングなどがある。

(2) 粘土瓦葺（陶器瓦葺）

粘土瓦（陶器瓦）は粘土を主原料として混練，成形し焼成したもので，耐候性や防火性に優れた屋根葺材料として多用されてきた。粘土瓦の品質や形状はJIS A 5208（粘土がわら）に規定され，形状はJ形，S形，F形の3種類があり，いずれも屋根主要部を葺くためのさん瓦と，**軒先**，けらば，

用語の解説

躯体（くたい）
建物において，仕上材料を除いた構造体のこと

床組（ゆかぐみ）
床下にあって床を支えている構造のこと

小屋組（こやぐみ）
最上階の梁よりも上にあって屋根を支えている構造のこと

ひき板
のこ引きで細長く切断した下地用の板材

軒先（のきさき），けらば，棟（むね）
いずれも屋根各部の名称。軒先は勾配屋根の水下側の先端部分，棟は峰の部分を指す。けらばは，切妻屋根で妻側の端部を指す。

棟など屋根面端部や取合部に用いる**役物**からなる。葺方（ふきかた）の一例を図-4·2·7に示す。粘土瓦は焼成方法により釉薬瓦，いぶし瓦，無釉薬瓦（素焼き瓦を含む）に分類される。

　伝統的な和風の葺方では土葺工法が主であったが，屋根の重量が大きく耐震性能上不利となるため，現在では，瓦をさん木に引っ掛けて釘・ビスなどで固定する乾式工法が主流となっている。

(3) 屋根用化粧スレート葺

　住宅の屋根用化粧スレートはJIS A 5423に規定され，最近は瓦葺に並ぶ屋根材として多用されている。化粧スレートの原料はセメント，けい酸質原料，石綿以外の繊維質原料，混和材料などであり，これらを練り混ぜて加圧成形し，外表面に彩色したり小さな凹凸のしわ状模様をつけて製品化したものが多い。なお，かつては繊維質原料として石綿を用いるのが一般的であったが，現在市販されている製品は完全に無石綿化されている。

　化粧スレートは瓦に比べて薄く軽いので，耐震性の上では有利であるが，夏の日射に対する遮熱性の点で劣るため，小屋裏の断熱処理を確実に行う

用語の解説

役物（やくもの）
瓦，タイル，外装パネルなど，同じ形状のユニットを並べて仕上げとする建材で，仕上げ面の端部や隅部などに用いるため一般部とは異なる形状で作製されたもの

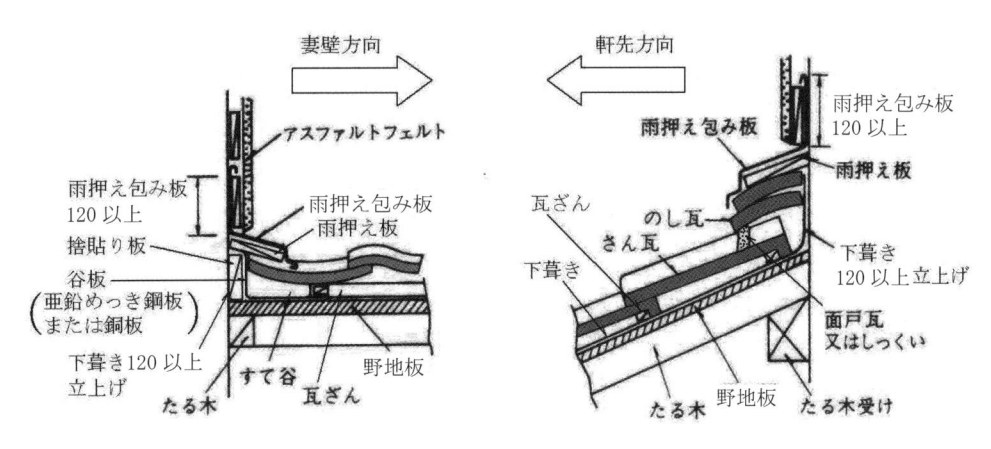

(a) 壁との取合い

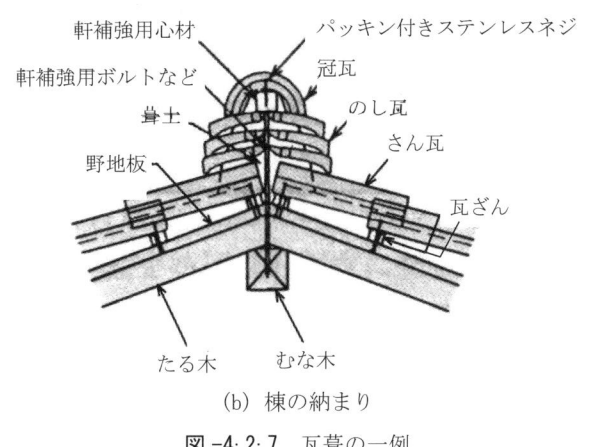

(b) 棟の納まり

図-4·2·7　瓦葺の一例

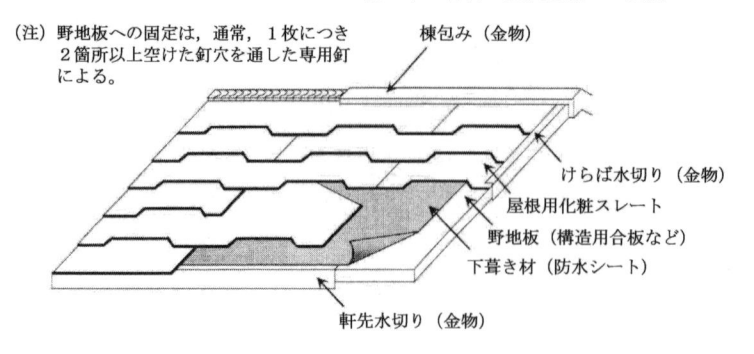

(注) 野地板への固定は，通常，1枚につき2箇所以上空けた釘穴を通した専用釘による。

棟包み（金物）
けらば水切り（金物）
屋根用化粧スレート
野地板（構造用合板など）
下葺き材（防水シート）
軒先水切り（金物）

図-4・2・8　屋根用化粧スレートの葺方の一例

必要がある。また，耐候性については表面の塗装によるところが大きく，定期的に塗替えなどのメンテナンスを行わないと吸水劣化を生じて傷みが早くなる。

化粧スレートの葺方を図-4・2・8に示す。棟や端部は着色溶融亜鉛メッキ鋼板による金属板納まりとする場合が多く，各製品に専用の雨仕舞金物が用意されている。化粧スレートの屋根面は瓦に比べ平面的であり，そのためシャープな意匠の屋根形状に向いている。また，取付け方法の固定度が高く急勾配から緩勾配まで設計自由度が大きいという特徴がある。

(4)　金属板葺，その他の屋根葺工法

屋根葺材料として使用される金属板には，着色溶融亜鉛メッキ鋼板（通称カラートタン），ポリ塩化ビニル被覆溶融亜鉛メッキ鋼板，さらには高級感のある銅板葺きなどがある。樹脂による塗装または被覆を施したメッキ鋼板は，環境条件によっては樹脂層の退色・劣化が早くなるので定期的な保守管理が必要である。また最近では，着色ステンレス鋼板やガルバリウム鋼板（溶融アルミニウム亜鉛合金メッキ鋼板）も耐候性のある屋根葺材料として使えるようになってきたが，コストが高いために住宅での実用例はまだ少ない。

金属板屋根の葺方としては，**心木**あり**瓦棒**葺，心木なし瓦棒葺および平板葺などがある。金属板同士の継目は「はぜ」と称する小幅の折り返しで接合し，屋根下地への固定は釘留めによるのが一般的である。

金属板葺の屋根は，葺板各1枚の大きさ，はぜ・釘留めの仕様など葺方によって耐風性や防水性が大きく影響を受けるので，施工に際しては十分な事前検討を行う必要がある。また，この種の屋根は非常に軽量で構造的には有利であるが，遮熱性や遮音性に乏しい。そのため，屋根下地または小屋裏の部位において断熱材や遮音材を適切に併用する処置が必須である。

さらに金属板葺の屋根は，その軽量性を生かして，既設の屋根面が劣化した場合の補修方法の一つである全面リカバー工法にも利用される。

以上に述べた各種の屋根葺材料のほかにも，プレスセメント瓦，厚形ス

---— 用語の解説 —

心木（しんぎ），瓦棒（かわらぼう）

金属板葺きの屋根において屋根勾配の方向へ1枚の金属板を葺いていく際に，板同士の継目を折り返し加工して屋根面から棒状に突き出させた部分が瓦棒であり，その折り返し加工部の内部に入れた木製の芯材を心木という。

レートなどの住宅用屋根葺材料がある。また，ベランダ，カーポート，物置小屋など付属的な構築物の屋根材には，ポリカーボネート製あるいはポリ塩化ビニル製の合成樹脂系材料が多く用いられている。

屋根面の一部に採光および意匠を目的として天窓を設ける場合，ポリカーボネート製や強化ガラス製の透光性材料をはめ込んだ既製品のサッシを利用するほか，最近では屋根瓦と同形の強化ガラス製瓦を使用して屋根瓦の一部に葺き込む方法もある。

また，下階の屋根の一部を屋上として利用したり，陸屋根形式の屋根とする場合は，**FRP 防水**工法によるのが近年では一般的である。

(5) 水切り・とい

雨仕舞のために必要な**水切り**や**雨押え**は，以前は着色溶融亜鉛メッキ鋼板で作られたものが大半であったが，最近は硬質塩化ビニル製の既製品が一般的である。とくに住宅のといについては，金属製のものに比べて錆や腐食を生じない，耐候性・難燃性がある，軽量で切断加工や施工が容易といった利点から，現在では大半が硬質塩化ビニル製に置き換わった。といの取付け用金物類についても同様の理由で，ポリカーボネートなど高強度で耐候性のある樹脂やステンレス鋼を採用したものが増えている。

---- 用語の解説 ----

FRP 防水

FRP は繊維強化プラスチック（Fiber Reinforced Plastics）のこと。これを木造住宅の防水工法として適用する場合は，ガラス繊維層にポリエステル樹脂を含浸させて FRP 製の防水層を形成する。

水切り

外壁面を構成する部材の継目部分に挟み込み，下向き勾配を取って外部へ突き出させた形状の板材。通常は金属製。水切り板は，上の外壁面を伝って落ちてくる雨水を受けて屋外側へ跳ね飛ばすことにより，その外壁材上端から雨水が浸入するのを防止する役割がある。

雨押え

屋根面を構成する部材の継目部分を押えることで，継目に当たる雨水が内部へ浸入しないようにする板状の部材。厳密には，継目を押える下地板を「雨押え板」，その上に被せる金属製や樹脂製のカバー（水切り板）のことを「雨押え包み板」と呼んで区別する。図-4・2・7 (a) を参照

---- テクニカルワンポイント ----

スレート，シングル葺き，サイディング

スレート（slate）は，もともと，粘板岩などの薄層に割れやすい天然石を板状に加工した建材のことをいい，日本でも鉄平石などの産地では天然石が屋根葺き材料として利用されていた。現在主流であるセメント系の人工スレートと特に区別する場合は，天然スレートという。

このスレートで重ねを取りながら屋根を葺く工法がシングル葺き（roof shingle）である。シングル葺きの屋根材としては人工スレート・天然スレートのほか，気象条件や防火性能要求が異なる海外では，アスファルト含浸シート材や木材なども露出で利用される。

また，幅広の板材に重ねを取って外壁に張っていく工法がサイディング（siding）であり，もともと木材を用いる工法（板張り）が主であった。近年，日本では，セメントを主原料とする窯業系サイディング材が防火性・断熱性や意匠性に優れた外壁工法として急速に普及し，今では住宅の外壁材で主流のものとなっている。

4.2.5 断熱工事
(1) 断熱構造

断熱構造の必要性は，その地域の気候風土にも大きく左右されるが，基本的には居住空間を丸ごと包み込む方式が望ましい。したがって，外気に接する屋根，外壁および床などには断熱層を設けることになる。

小屋裏は一般に換気孔を通じて外気が流入するので断熱材を天井面に設置するが，小屋裏を屋内空間として扱う場合など，屋根面に断熱層を設けることもある。このことは床下についても同様で，一般に比較的温暖な地域では床下空間に通風を取って床下面に断熱材を設置するが，寒冷な地域では床下空間を気密にして基礎立上がりの外周面または内周面に断熱層を設ける場合もある。

壁の場合は基本的にすべての外周壁を断熱構造とする。木造住宅における外壁断熱・通気構造の考え方を図-4.2.9に示す。木造住宅は，鉄骨造や鉄筋コンクリート造と異なり，躯体にもある程度の断熱性が期待できるので断熱材を躯体の隙間に押し込む形で施工するのが一般的である。この場合，冬季には，気温の低い屋外側と暖房された室内側の間で断熱層に大きな温度勾配が生じ，室内側の生活空間から壁内へ湿気が浸入すると内部結露を生じて断熱性能低下やカビ発生・木材腐朽の原因になる。そのため，室内側には防湿フィルムを張って湿気の浸入を防止する。また，屋外側には外壁材取付け用の**胴縁**などを利用して通気層を設け，通気層と断熱層の間に透湿性の防水シート（防風材）を張る。この通気層により，断熱層に浸入した湿気を速やかに放出し，外壁側から浸入した雨水を排出することで断熱材と躯体の防湿を図る。

木造住宅用の断熱材には，**グラスウール**に代表されるフェルト状無機繊維系のものがもっとも多く使われている。このほか，ポリスチレンフォームやポリウレタンフォームなど発泡樹脂系ボード形の断熱材も用いられる。

(2) 断熱施工

住宅の断熱性能は，断熱材の厚さ，開口部の建具の種類，さらには施工

── 用語の解説 ──

胴縁（どうぶち）
外壁材を固定するために躯体に取り付ける細長い下地材のこと。水平方向に配置するものを胴縁または横胴縁，鉛直方向に配置するものを縦縁（たてぶち）または縦胴縁という。図-4.2.10を参照

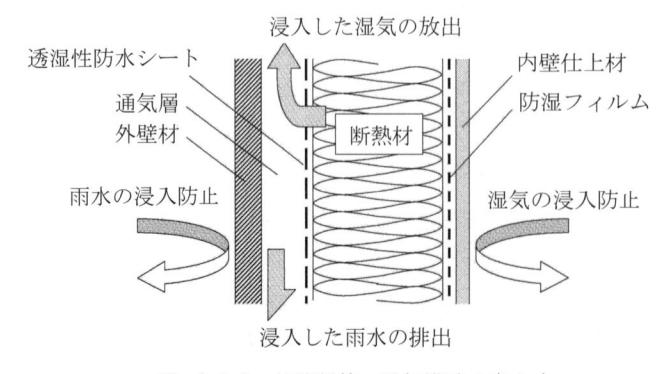

図-4.2.9 外壁断熱・通気構造の考え方

精度によって決まる。施工時においては，断熱材が周囲の木枠や下地材との間に隙間を生じないよう，断熱材の継目を極力少なく，継目には十分な突合せ・重ね合せをとるなどの点に注意しなければならない。また，屋内側の防湿フィルムおよび屋外側の透湿防水シートの張付け施工は，いずれも隙間ができないように行う。とくに水平材と垂直材の取合い部分，建具枠の周囲，筋かいや壁内の配管・配線設備の周囲などでは断熱や気密の納まりに注意を要する。

以上のような断熱気密工法やアルミサッシの普及が進んだ結果，日本の住宅は省エネルギー性や気密性が昔よりも向上した。しかしその一方，建材や家具から放散するVOCを原因とするシックハウス症候群が社会問題化するに及び，その対策として，現在では建築材料からのVOC放散量に対する規制や，計画的な換気機能が法的にも要求されるようになった。

4.2.6 造作工事

(1) 床板張り

床の下地板は一般に厚さ12mm以上の構造用合板を用いて，板の長辺が根太に直交するような方向で**千鳥**に配置し，**突付け**で釘打ちする。

下地板の上にフローリング材を張って仕上げる場合は，JAS規格に適合するフローリング材の中から選定し，釘と接着剤を併用して下地板に張り込む。フローリング材同士の継目は一般に**実継ぎ**とする。接着剤はトルエンやキシレンなど，VOCの発生原因となる有機溶剤の含有量が少ないウレタン樹脂系接着剤を用いるのがよい。2階床の場合は，下階への防音・防振を目的としてフローリング材の下に防音・防振シートを張り込むこともある。

下張りを行わずフローリング材や**縁甲板**を根太に直張りとする場合は，床材の両面が温湿度条件の異なる空気に直接さらされるため，反りが生じやすくなるので，根太の間隔を通例よりも狭くとるなどの注意が必要である。

なお，軸組在来工法では，土台から軸組を建てて屋根工事までを先に施工してから床板を張る。これに対しツーバイフォー工法では，土台の上に1階の床組を行い下地板を張って平らな床面（プラットフォーム）を作製し，その上に1階の枠組壁を建て込み，次に2階の床組，2階の枠組壁，小屋組，といった施工手順で躯体を下層から順次構築していく。そのため，屋根工事が完了するまでの間に，木造躯体が雨水にさらされるリスクが軸組工法に比べて大きい。これを避けるためにも，近年では工場で別途製作した枠組壁などの大型プレハブ部材を搬入して短期間で現場の躯体工事を完了させる例が増えている。

(2) 外壁材張り

最近の木造住宅では，外壁材として窯業系**サイディング材**を採用するこ

用語の解説

VOC
揮発性有機化合物（Volatile Organic Compounds）。

ホルムアルデヒド，トルエン，キシレンなど常温常圧で容易に揮発する有機化合物の総称。シックハウス症候群の原因になる。

千鳥（ちどり）
多数の長方形の板を張り込む場合に，横目地を通して張り，縦目地の両端が横目地の中間にくるよう，上下1段ごとに半枚ずらして張っていく配置のこと。図-4.2.3の屋根野地板の張り方を参照

突付け
板の木口（こぐち）を継ぎ合わせる際に，特に加工を施さないで直角に切り落とした状態のままで突き合わせること

実継ぎ（さねつぎ）
板の木口を継ぎ合わせる際に，一方に凸形，他方に凹形の溝形加工を施しておき，両者をはめ込む形で接合する方法

縁甲板（えんこういた）
和風住宅の縁側や廊下で用いられる厚手の細長い板のこと

サイディング材
セメント，けい酸質原料，無機系繊維材などを主な原料として作られた厚手の外装材料。不燃材料で耐久性を有することから住宅の外壁材としてよく用いられる。

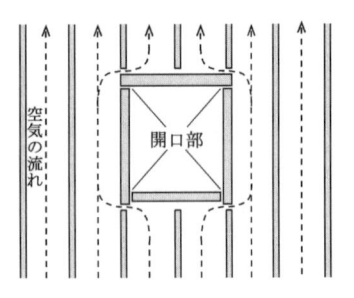

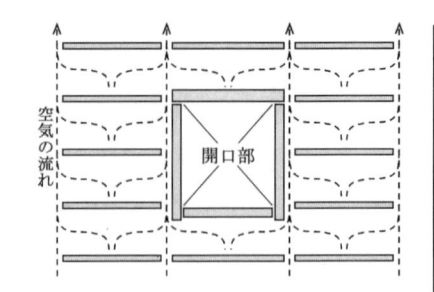

図-4·2·10　胴縁による通気層の確保

とが多い。サイディング材の張り方は，木造躯体あるいは下地板に防水シートを張った後，胴縁（縦縁または横胴縁）を打ち付け，その上に釘・ビスあるいは専用のステンレス製固定金物を用いて固定する。胴縁の配置は図-4·2·10に示すように，胴縁間の隙間が通気層としての機能を発揮できるようにして軒天井裏への排気経路を確保し，壁裏へ浸入した雨水は土台に被せた水切りと外壁材下端との隙間から排水する。サイディング材同士の継目は**相じゃくり**で嵌合（かんごう）させてシール材を充てんする。また，開口部周りの防水処理には防水テープなどによる補強も必要である。

その他の外壁材として板張り，あるいはモルタル壁など左官系の仕上げもあるが，防火規制やメンテナンスの困難さなどが理由で最近は少なくなった。

なお，素材コストが高いのでまだ適用例は少ないが，近年，住宅用の外壁材としてガルバリウム鋼板などの高耐候性金属板が利用されることもあり，一般的な窯業系サイディング材の外壁とは質感の異なる意匠を表現でき，耐久性，防水性，防火性にも優れた外壁材として注目されている。

(3) 内壁材張り

最近は軸組在来工法の住宅においても，内壁面は合板や石こうボードなどのボード類を下張りして軸組を隠し，その上に石こうボードを上張りしてクロス張りで仕上げる大壁（おおかべ）とすることが多い。なお，ボード類とクロス張りを用いても，軸組を見せるような真壁（しんかべ）を模した仕上げも可能である。

石こうボードは遮音性や防火性・不燃性を有することから現在の木造住宅では主に内壁下地材として多用されている。JIS規格では基本の平板のほか，シージング石こうボード，化粧石こうボード，石こうラスボード，強化石こうボード，構造用石こうボードなど，種類や用途によってさまざまな石こうボード製品が分類・規格化されている。

なお，構造用合板をも含め，石こうボード，パーティクルボード，シージングボード，ハードボードなどのボード類は，単に仕上げや下地材料としてだけでなく，軸組在来工法の構造用面材としても利用できる。ただし，それには面材の4辺すべてを土台，柱，梁などの軸組部材に緊結する必要がある。ボード類を大壁の内壁材として使用する場合は，一般に床あるい

―― 用語の解説 ――

相じゃくり
板の木口を継ぎ合わせる際に，板厚の半分を欠き取って木口に段をつける形の加工を施し，段と段を噛み合わせる形で接合する方法

F☆☆☆☆（フォー・スター）認定
JAS規格またはJIS規格の認証を取得した建材は，ホルムアルデヒド放散量の程度によってF☆からF☆☆☆☆までの4段階の認定記号が付されている。このうちF☆☆☆☆はホルムアルデヒド放散量が最も少ない区分の建材であることを表し，この認定を付された建材は建築基準法におけるシックハウス対策規制の対象外として扱うことができる。

吊木（つりぎ）
野縁（のぶち）や野縁受けなどの天井下地材を，梁などの構造材からぶら下げるために用いられる木製の部材

は天井部分で面材が切れてしまい軸組への固定が不十分となるので，構造計算上の耐力壁としての補強効果を発揮できないことに留意する。

また，これらの合板・ボード類，クロス，接着剤などの材料を選定する際には，シックハウス対策としてのVOC放散量規制にも関係するので，JASまたはJISのF☆☆☆☆認定を取得した建材を選ぶなどの注意も必要である。

(4) 天井材張り

最近の木造住宅は洋室が多いことに呼応して，天井は，**吊木**によって構造体から吊り下げられた野縁受け・野縁などの部材で天井下地を組んでおいて石こうボードを下から打ち付けた打ち上げ天井とし，クロス張りで仕上げるのが一般的である。吊木には防振ゴムを組み込んだ金属製の防振吊木を用いることもある。そのほか，和室に用いられる**竿縁天井**，**目透かし天井**などの伝統的な工法もある。

4.2.7 左官工事およびタイル工事

(1) 木造住宅における湿式仕上工法の変遷

昔の和風住宅では，軸組の間に竹で**小舞**を組んで土壁を作る真壁をはじめ，屋根・外壁の**しっくい**押え，土間の**三和土**，風呂場や台所などの水周り周辺など非常に多くの箇所で左官工事が適用されていた。

また，明治期になって石張り・れんが張りの洋風建築が海外から導入されたのを契機に，それまでの伝統的な陶磁器や瓦の製造技術の発展から建材用タイルが工業生産されるようになった。とくに戦後，一般の木造住宅においても外装や水周りを中心にタイル張り仕上げが広く普及した。現在でもコンクリート建築物では，タイル張り仕上げが主要な外装工法の一つである。

しかし近年の木造住宅では，内外装にはサイディング材やボード類・クロス張りによる乾式工法が普及したこと，また水周りについては，住宅設備の既製品ユニットの利用が進むとともに，フローリング床など乾式の納まりが増えたことなどの理由により，左官工事・タイル工事の適用は以前よりも少なくなっている。

(2) 左官工事

最近の木造住宅で左官工事が適用される部位は，基礎上面の押えや屋外の土間・**犬走り**などコンクリート工事に付随する左官作業を除けば，意匠性をとくに必要とする玄関周りや**エクステリア**，あるいは伝統的和室の内壁などに限定されている。これらは一般的な住宅の内外装工法というより，どちらかといえば高級感のある特殊な仕上工法として扱われている。

かつては，都市部の木造住宅で防火性のある外装としてモルタル外壁が多く用いられていたが，耐震性やメンテナンスの問題から最近は少なくなった。木造躯体のモルタル壁は，下地の合板あるいは横板にアスファル

── 用語の解説 ──

竿縁天井（さおぶちてんじょう）
和室に多い天井仕上げで，壁面に取り付けた回り縁と，45cm程度の一定間隔で配置した竿縁と呼ばれる細い木材で天井板を下から受け，回り縁と竿縁をあらわし仕上げとする工法

目透かし天井
天井板を張る際に，板と板の間の目地を少し離して張る仕上げ工法

小舞（こまい）
伝統的な和風住宅の土壁を作る際，細く割った竹を縄で格子に組んで壁下地にするもの。竹小舞

しっくい
石灰に砂，繊維材，糊などを混合して水で練った白色の伝統的**左官材料**

三和土（たたき）
昔の農家の土間など下足作業用の屋内床に用いられていた左官工法の一種で，粘土と石灰を混合して地盤に敷き詰め，これを叩き固めて仕上げる工法。現在では，コンクリート仕上げの土間のこともしばしば「たたき」と呼ぶ。

犬走り
建物の外周に沿って，コンクリート舗装または砂利敷きで仕上げられた細長い土間のこと

エクステリア
外構工事のこと。インテリアの対語。特に意匠面を重視する場合に使用する用語

トフェルト防水紙と補強用**メタルラス**を張り，ポルトランドセメントに砂・水および保水剤などの混和材料を混合して左官モルタルを作り，下塗り（ラスこすり），中塗り（むら直し），上塗り（仕上げ）の3層塗りで仕上げる。

前述の通り，左官仕上げが意匠性のある高級な仕上工法とみなされるようになってきたことに伴い，その材料についても，しっくい，**珪藻土**，**聚楽壁**など伝統的な天然素材が見直され始めている。その一方で，アクリル樹脂製仕上塗材のような，近代工業製品から作られた左官的材料も使われている。さらにこれら伝統的な左官材料に，樹脂系結合材や混和材料を添加することで耐水性・耐候性を改良した工法もあり，木造住宅の左官工事は内装・外装の両面において多種多様な新しい展開を示しつつある。

(3) タイル工事

現在，木造住宅においてもっとも一般的にタイル張りが適用されている部位は，玄関土間やアプローチの仕上げ，もしくは外装の一部やエクステリアが中心である。水周りあるいは一般室内の壁・床にタイル張り仕上げを施す場合もあるが，これらは意匠を強く意識した高級な仕上工法の部類に入る。

現行のJIS A 5209：2008で規定される**陶磁器質タイル**は，「粘土等の無機質原料を成形し高温で焼成した厚さ40mm未満の板状材料」と定義され，吸水率によってⅠ類（3.0％以下，磁器質相当），Ⅱ類（10.0％以下，せっ器質相当），Ⅲ類（50.0％以下，陶器質相当）に区分される。陶器質タイルは吸水率が大きく耐候性が低いので内装用に限って用いる。そのほかにも，**テラコッタタイル**や**ブリックタイル**など，輸入品を中心にJIS規格の陶磁器質には含まれない材質でも「タイル」と呼称される建材がある。なお，英語のtileは屋根瓦のことを指す場合も多い。

湿式工法による壁タイルの張付けは，前述のモルタル壁に準じて厚さ15mm以上のラス下地モルタル面をこしらえ，その上に張付けモルタルまたは接着剤を使用してタイルを張る。張付け方は，適用部位やタイルのサイズに応じて適切な方法を選択する。その一例を表–4・2・4にまとめて示す。壁タイルの不適切な施工は剥落による危険を招くので，入念な施工を行い下地との接着を十分に確保する必要がある。湿式工法による張付けでは，下地の清掃と含水率管理，ならびに張付けモルタルの可使時間（オープンタイム）の管理が重要である。また，目地モルタルの詰込みが不十分だと，タイル側面で目地モルタルが剥離したり目地にひび割れが生じて水が浸入し，下地材の腐朽やタイルの割れの原因となる点にも注意を要する。このような湿式張付け工法における施工管理の難しさを避けるため，近年ではタイル張り専用のサイディング材を下地に用いる住宅用乾式工法を採用する場合も増えている。

なお，住宅の内外装でタイルを床に張る場合は，コンクリート土間のように十分な剛性を有する床下地を用意してその上に張付けを行う。

用語の解説

メタルラス
薄鋼板に一定間隔で切れ目を入れておいて引き伸ばすことで金網状に成形した製品

珪藻土（けいそうど）
植物プランクトンの一種である珪藻が堆積し化石化してできた堆積岩。また，この原石を粉砕し粉末状にしたものに繊維材や糊を混合し，水で練った左官材料のこと

聚楽壁（じゅらくかべ）
もともと京都の聚楽第近辺で採取される土を用いた土壁のことをいい，現在は，それに似た黄褐色のさび色を有する表面砂付き状仕上げの土壁を指す。

テラコッタタイル
テラコッタはイタリア語で「素焼き」の意味。材質としては土器に近く，施釉により陶器質タイルに似た外見を備えた大型タイルのことをテラコッタタイルと呼ぶ。

ブリックタイル
れんがや天然石の外観を模した凹凸の表面を有し，厚さやサイズが大きいタイル形の建材のこと。セメント系擬石など，粘土焼成以外の製造方法によるものも含む。

4.2 木造住宅

表-4·2·4 部位およびタイルのサイズに応じた張付け工法

適用区分		タイルのサイズ	モルタル塗厚(mm)
外装用	積上げ張り（だんご張り）	各種サイズ	15～40
	圧着張り（1枚張り）	木口平 108×60 ／ 二丁掛け程度まで 227×60	4～6
	モザイクタイル張り	50mm二丁（または45二丁）以下 95×45	3～5
内装用	積上げ張り（だんご張り）	各種サイズ	15～40
	圧着張り（1枚張り）	100～200mm	3～4
	圧着張り（ユニット張り）	150mm以下	3～4
	モザイクタイル張り	50mm二丁（または45二丁）以下	3～5
	接着剤張り	300mm角以下	－

4.2.8 その他の内外装工事

(1) 畳敷き

　畳の品質は芯材である畳床(たたみどこ)の重量と，表面材である畳表(たたみおもて)の縦・横糸間面積によって表示され，重量が大きく，糸間面積の小さいものほど上級品とされている。畳表には，い草を織り上げた通常品のほか，織り上げ材としてストロー状に加工した和紙を用いる和紙畳や，ポリプロピレンなどの化学素材によるものもある。また，伝統的な畳床は稲藁を乾燥し強く圧縮して板状に加工したものであるが，現在では軽量化・非腐朽化を目的に，木材チップを圧縮成形して作るインシュレーションボードや発泡ポリスチレン板を芯材に用いたものも多く，これらは**化学床**（かがくとこ）と呼ばれる。畳1枚のサイズは地域によって異なるが，大別すると表-4·2·5の3種類がある。

表-4·2·5 畳の種類と大きさ

名　称	大きさ
京　間（本京間）	191 cm × 95.5 cm （6.3 尺 × 3.15 尺）
三六間（中京間）	182 cm × 91　〃　（6.0　〃 × 3.0　〃）
五八間（田舎間）	176 cm × 88　〃　（5.8　〃 × 2.9　〃）

(2) 吹付け塗装工事

　最近の木造住宅工事では工場塗装された既製品を使うことが多くなった

― メモの欄 ―

---- テクニカルワンポイント ----

和風住宅における畳の使われ方

　現在の日本の住宅の床仕上げはフローリングが主流であるが，最近，琉球畳と称される縁なし正方形の畳を用いて，フローリングの一部に敷き込む意匠が採用されることがある。

　もともと日本の住宅の床は板張りであり，花札の絵柄や雛人形でも見られるように，平安・鎌倉の時代には部分的に畳を置いていたものだが，室町時代の書院造りから床全体に畳を敷き詰めるようになった。江戸や上方の町民が畳を床に敷くようになったのは江戸時代の後期であり，それが農村にまで普及したのは明治期に入って以降のことである。このように，畳は，高級で贅沢な床材として一般庶民にまで普及するのに時間を要したものだが，今また，その使われ方が古代に回帰するような傾向を示していることは興味深い。

が，意匠上の要求から，外壁サイディング材に現場で吹付け塗装を施したり，屋内外の壁を塗装（ペンキ塗り）で仕上げる場合もある。また，屋根や外壁の早期劣化を防いで，美観と防水性を維持あるいは回復するためには定期的なメンテナンスが必要となるが，その具体的な方法としては，各部の再塗装をまず第一に考慮しなければならない。

　木造住宅に適用される吹付け塗装材料は，仕上塗材と塗料に大別される。このうち，仕上塗材には下記の3種類がある。

(a) 薄付け仕上塗材

　俗に「リシン吹付け」と称される工法である。結合材の種類によってセメント系のものとアクリル樹脂系のものに分類される。吹き方により，砂肌・柚子肌などの細かいテクスチャーの変化をつけることができる。

(b) 厚付け仕上塗材

　一般的には「スタッコ仕上げ」と称され，結合材がセメント系のものと各種合成樹脂系のものがある。厚さやパターンによってさまざまな意匠の表現が可能であり，こて塗りで仕上げるものは左官工事の一種と考えることもできる。最近は，洋風のしっくい仕上げを模した意匠としてエクステリアにもよく利用される。塗り厚が大きく重いので，表面強度の弱い下地には不向きである。

(c) 複層仕上塗材

　一般的には「吹付けタイル」と呼ばれる。3層塗りの場合，合成樹脂系の下塗りを施した後，ローラで「玉吹き」と称する凹凸のパターン付けを行い，その上にトップコート（上塗り）をかけて仕上げる。トップコート

にフッ素樹脂など耐候性の高い**塗料**を用いることで耐用年数の長い塗膜を形成できる。

広い意味での塗料には，木部に適用される透明のワニスから，アクリル系，ウレタン系，シリコン系，フッ素系など各種の**合成樹脂塗料**まで，非常に多くの種類のものが存在する。また，吹付け塗装の工法も，はけ塗り，ローラ塗り，スプレー塗りなどさまざまな方法がある。これらの吹付け塗装材料と工法は，下地の種類および用途・環境条件に応じて適切なものを選定しなければならない。

吹付け塗装工事を内装に施す場合は，シックハウス対策としての観点から材料を選定することも必要である。

(3) その他の仕上工法

クロス張りは，最近の住宅の室内壁でもっとも多用されている仕上工法である。住宅で用いられる壁クロスは，大半がビニル樹脂製であるが織物や和紙を用いた高級なクロスもある。クロス張り用の接着剤は，建物全体のVOC放散量への影響が大きいので選定に注意を要する。

石張りは，鉄平石など伝統的な土間の仕上工法に用いられるほか，水周りなどの高級な仕上げとして用いられる。施工方法はタイル工事に類似している。石張り仕上げの意匠性は，石そのものの色や表面の仕上げ方法（水磨き，バーナ仕上げなど）によって異なるほか，石の厚さによっても透明感や光沢感がかなり異なる。また，石材は一般に耐久性の高い建材であるとみなされることが多いが，石質によっては水分などの環境条件で劣化しやすいものがあるので，用途に応じて慎重に選ぶ必要がある。

カーペット敷きは，日本の住宅ではフローリング床に置敷きとすることが多いが，欧米の住宅では床の仕上工法として広く用いられている。織り方や繊維の材質によってさまざまなものがある。最近では，事務所建築などで多いタイル形カーペットが住宅の床に用いられることもある。

ビニル床タイル（**Pタイル**とも呼ばれる），ビニル床シート（クッションフロアあるいは長尺シートとも呼ばれる）は，塩化ビニル樹脂製のシート材を接着剤で床下地に張る仕上工法である。耐水性・耐久性があり補修も比較的容易であることから少し前の住宅ではよく用いられたが，仕上がりの高級感に乏しいので，最近ではあまり用いられなくなった。

4.2.9　建具工事

現在の日本の住宅で用いられている外壁開口部の建具は，かつての木製建具や鋼製建具から，ほとんどがアルミ合金製の金属サッシ（**アルミサッシ**）に代わり，住宅全体の気密性を向上させる上で大きく寄与している。アルミサッシは軽量で耐久性・耐火性にも優れた建具であるが，断熱性に欠けるという欠点もあり，寒冷地では結露や凍結を生じて不具合の原因にもなる。そのため，最近では，アルミサッシの室内側に樹脂製や木製のカ

バーを取り付けた複合形サッシや,屋外側と室内側のアルミ型材の間に樹脂製パッキンなどを挟み込むことで,サッシ内部に断熱層を設けた断熱形サッシも市販されている。なお,日本では防火規制やコストの観点からあまり使われていないが,欧米,とくに寒冷な地域においては,住宅のサッシは断熱性が重視されるので硬質塩化ビニル製や木製の方が一般的である。この種のサッシは,主に輸入品として日本でも調達することができる。

外壁開口部の建具には,通常,はめ込み材として板ガラスが使用される。建具用の板ガラスは,一般的な透明ガラスのほかに透光性や意匠上の要求から,各種の型ガラスなどさまざまな種類のものが使われる。防火規制地域で使用される**網入りガラス**は,火災時の破損を防ぐことが目的である。サッシと同様に高い断熱性や遮音性が要求される場合は,**ペアガラス**(二重ガラス)やトリプルガラス(三重ガラス)が用いられることもある。その他,空調負荷低減に効果のある熱線反射ガラスや,防犯性を高める目的で強化ガラスや**合せガラス**を用いた製品も開発されている。

一方,外部開口の一種である玄関扉(ドア)には,最近では鋼板の間に断熱材を充てんして表面に樹脂製や木製の仕上材を張り付けた製品が多く使用されている。玄関を引戸とする場合はアルミ合金製のものが多い。

また,屋内の建具には,**フラッシュ合板**が広く用いられている。その他,伝統的な和室の建具である障子・ふすま,あるいはこれらを外見的に模した合板製建具もある。

4.3 鉄筋コンクリート造事務所ビル

4.3.1 一般事項

鉄筋コンクリート造(以下,RC造)の構造材料を選択するうえでは,地震や火災に対して十分な所要強度,**ねばり**,および耐火性を有するほか,漏水防止や耐久性確保など常時の要求性能にも配慮して適切な材料・工法を選定し,細部の納まりを決定する必要がある。

ここで実例として取り上げたRC造の建物は,地上3階建の小規模な事務所ビルであり,以下にその概要を示す。また,平面図,立面図,断面図,および内外仕上表などを図-4・3・1〜4・3・4,表-4・3・1〜4・3・2および付図-3〜4に示す。

(1) **建物概要**

建築面積　　250 m^2
延床面積　　790 m^2
構造・規模　RCラーメン構造,地上3階,塔屋1階,最高高さ
　　　　　　14.65 m
基礎形式　　杭基礎

用語の解説

フラッシュ合板
細い角材で下地の骨組みを組んで,両面に薄い合板を張り合わせた集成材。屋内用建具のほか,安価なユニット家具等で多く用いられている。

ねばり
材料が応力を受けて破断に至るまでの間,大きな変形能力を有すること。靱性ともいう。

4.3 鉄筋コンクリート造事務所ビル

(2) 建物配置，周辺状況

この建物は地方都市の商業地に立地する小規模な事務所ビルで，正面（南面）は人通りの多い繁華街に面し，裏面（北面）は人通りの少ない路地に面している。また，建物の左右には敷地一杯に隣家が近接して建っている。

(3) 設計趣旨

小規模な貸ビルであり，全体を低コストに仕上げるために高価な仕上材は使用せず一般的な材料を選択する。ただし，正面の外壁は意匠性に配慮してタイル張りを行う。内装では**乾式工法**を多く採用する。また，正面大

---- 用語の解説 ----

乾式工法

軽量形鋼下地材やボード類，ビス，金物等を使用し，水を用いない仕上げ工法。これに対し，セメントモルタルやタイル張りなどの左官工事による仕上げを湿式工法という。

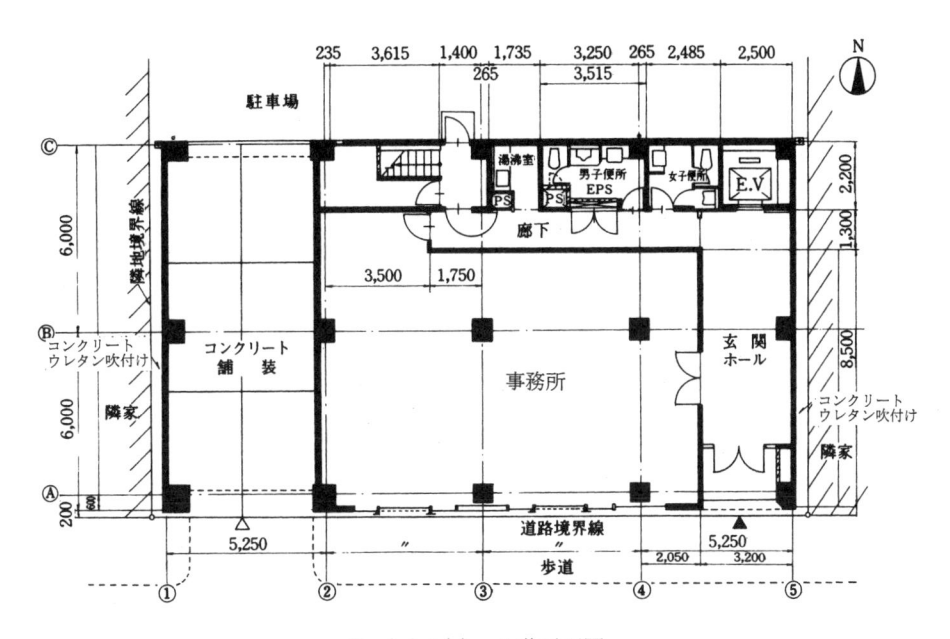

図-4.3.1(a) 1階平面図

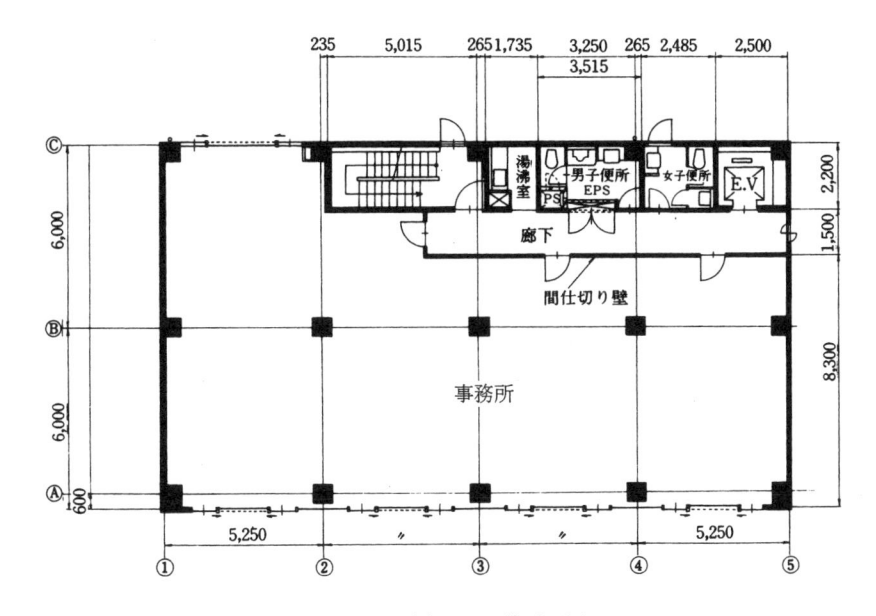

図-4.3.1(b) 2,3階平面図

第4章　材料の選択と施工の実例

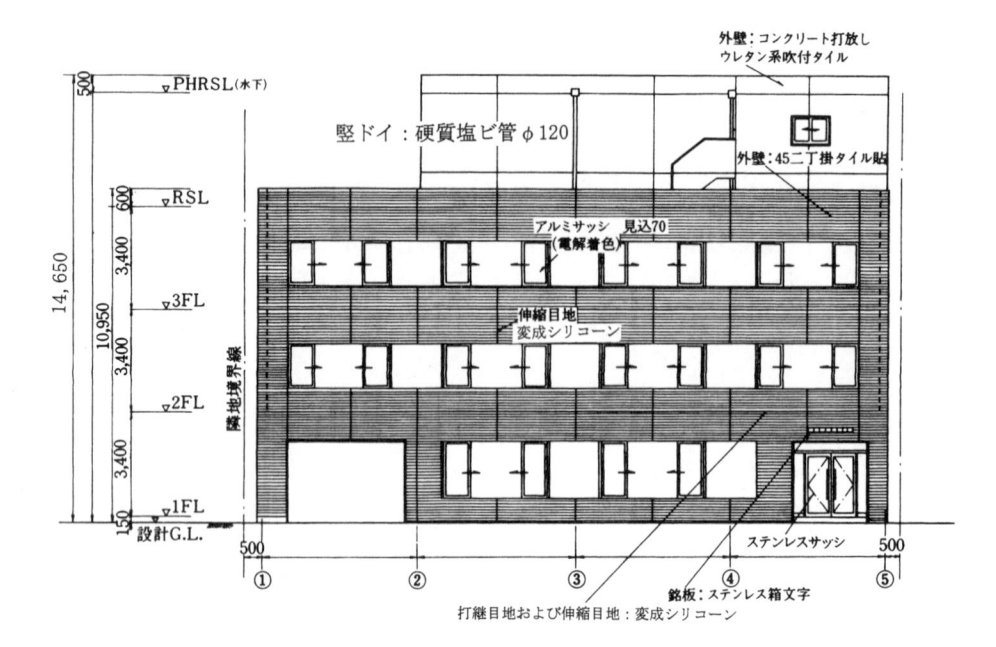

図-4・3・2(a)　南面（正面）立面図

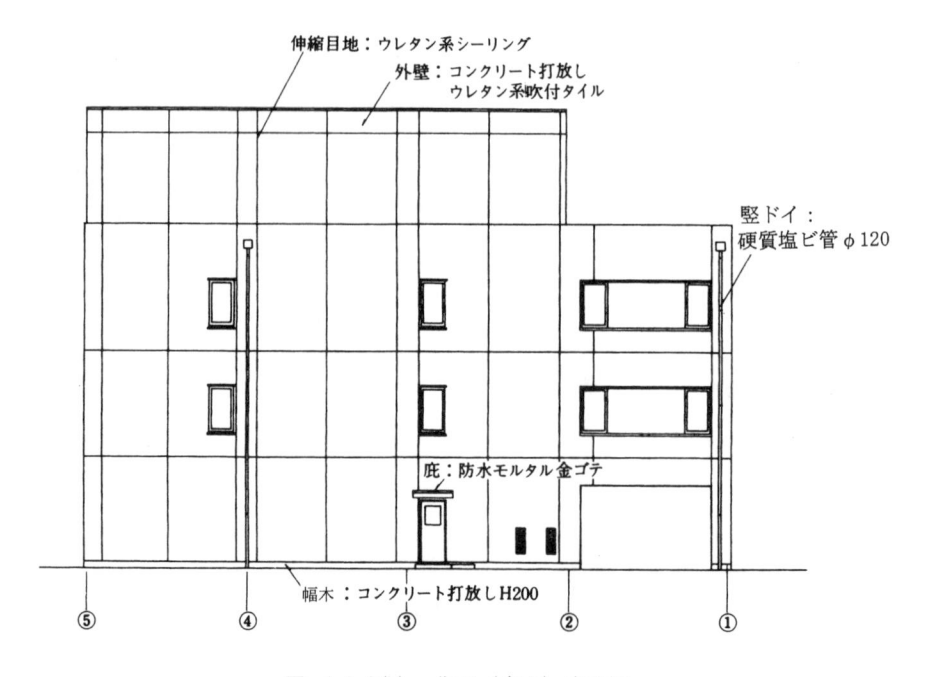

図-4・3・2(b)　北面（裏面）立面図

4.3 鉄筋コンクリート造事務所ビル

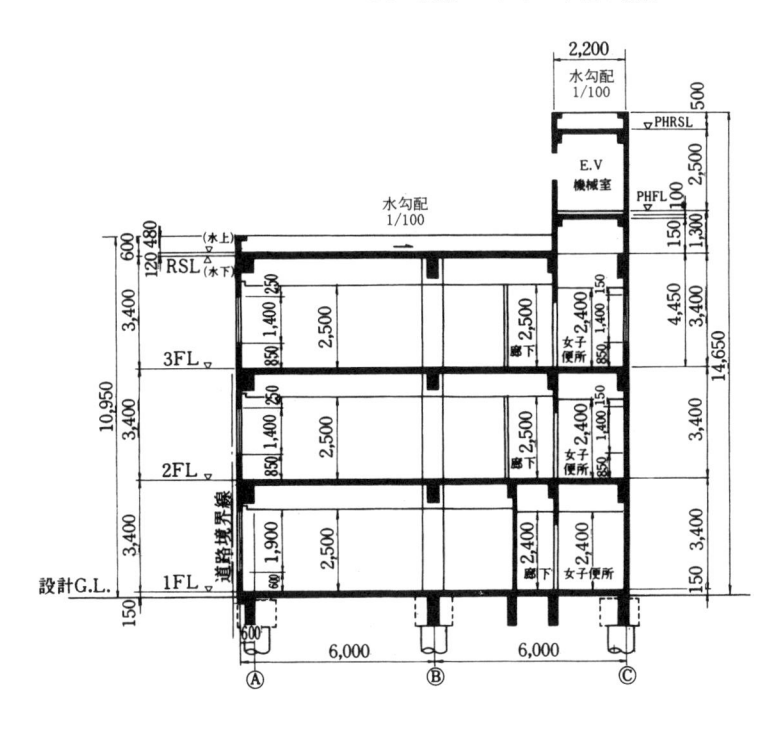

図-4.3.3 断面図

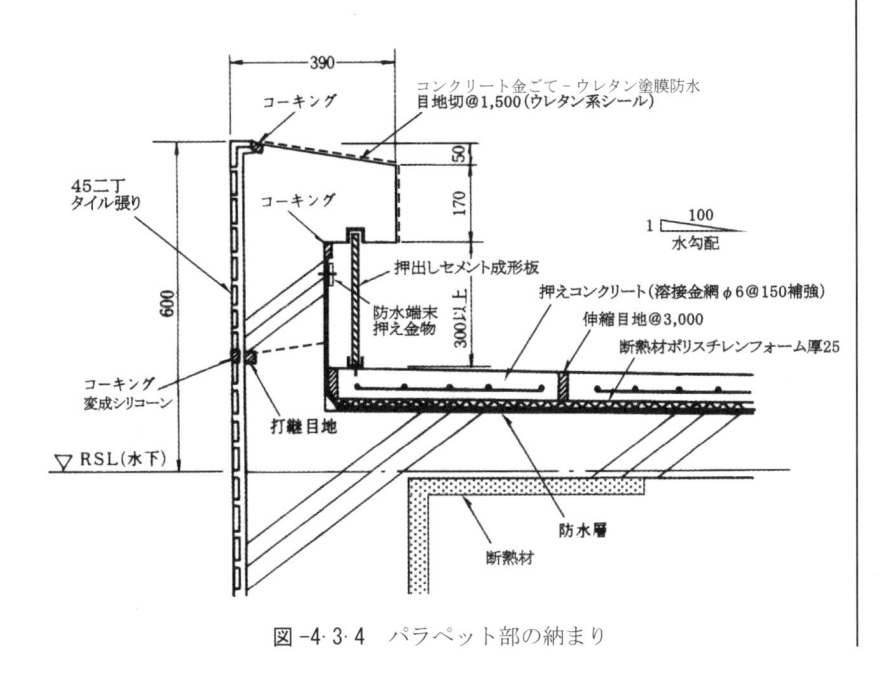

図-4.3.4 パラペット部の納まり

237

通りから建物裏手の駐車場へのアクセスのため，1階西端に屋内車路を設ける。

4.3.2 基礎地業工事

基礎とは杭，**フーチング**，地中梁および**基礎スラブ**などの最下階より下の構造部分（下部構造）を指し，上部構造に作用する荷重を支持地盤へ伝達する機能を果たしている。また**地業**とは，フーチングや基礎スラブの下の支持地盤を固め強化する工事のことで，その意味で通常は杭工事も含め**割栗**，**転圧**，**地盤改良**，**捨てコンクリート**などの工事を総称する施工用語である。

基礎を地業の形式で分類すると，**直接基礎**と杭基礎に大別される。直接

用語の解説

フーチング
独立基礎や連続基礎（布基礎）の最下部で，荷重を地盤へ分散して伝達するために底面積を拡大してある部分

基礎スラブ
べた基礎の底面で，荷重を地盤へ伝達する部分。マットスラブともいう。

表-4.3.1 外部仕上表

部 位		仕 上 げ	
屋 根		表 面 仕 上 げ	コンクリート金ゴテ押え　　水勾配 1/100
		防 水 押 え	普通コンクリート厚80　伸縮目地＠3000　溶接金網φ6＠150
		断 熱 層	硬質ウレタンフォーム厚25
		防 水 層	アスファルト防水
		防 水 下 地	コンクリートスラブ　金ゴテ押え　水勾配1/100
		パ ラ ペ ッ ト	モルタル金ゴテ　目地切＠1500　ウレタン系シーリング
		排水溝・ドレイン	鋳鉄製横型ルーフドレイン　竪樋～硬質塩ビ管φ120
		丸 環	ステンレス鋼φ220
外 壁	南 面	外 壁	45二丁タイル張　伸縮目地～変成シリコーン
		柱 型・梁 型	同上
		開 口 部	アルミサッシ　見込70　電解着色　玄関～ステンレスサッシ ガラスグレーペン（一部網入）　スチール電動シャッター
		断 熱 層	フォームポリスチレン板　厚25打込み
	東西面	外 壁	コンクリート打放し　ウレタン系吹付けタイル　伸縮目地～ウレタン系シーリング　幅木コンクリート打放しH＝200
		断 熱 層	フォームポリスチレン板　厚25打込み
	北 面	外 壁	コンクリート打放し　ウレタン系吹付けタイル　伸縮目地～ウレタン系シーリング　幅木コンクリート打放しH＝200
		開 口 部	アルミサッシ　見込70　グレーペン型板ガラス（網入）　勝手口～スチールドア SOP
		断 熱 層	フォームポリスチレン板　厚25打込み
ペントハウス		屋 根	コンクリート金ゴテ押え　アスファルト露出防水　水勾配1/100
		外 壁	コンクリート打放し　ウレタン系吹付けタイル　伸縮目地～ウレタン系シーリング
		パ ラ ペ ッ ト	モルタル金ゴテ　目地切＠1500　ウレタン系シーリング

4.3 鉄筋コンクリート造事務所ビル

基礎は，べた基礎の基礎スラブ底面や独立基礎・連続基礎のフーチング底面から地盤へ直接に荷重を伝達する形式であり，建物荷重を支え得るだけの強固な表層地盤を必要とする。一方，表層地盤の強度が不十分である場合には，より強固な地盤の深さまで杭を打ち込み，この杭を介して建物荷重を支持地盤へ伝達する。これが杭基礎である。

(1) 杭基礎

杭の種類は大別すると，**場所打ちコンクリート杭**と**既製杭**に分類される。**場所打ち杭**は杭径が大きく1本あたりの支持力が大きく取れるという特色を有するが，地中に穴を掘ってカゴ状の鉄筋を吊り込み，そこに水中コンクリートを打設するという工法であるため，施工時の管理状況によって杭体品質に差が生じやすいので注意が必要である。一方，既製杭には，RC杭，PC杭，**PHC杭**および鋼管杭などがあり，採用に当たっては，杭支持力のほかに騒音・振動など施工時の近隣への影響も選定のポイントとなる。既製杭の施工方法はかつては打撃法が主であったが，現在ではより静粛な**プレボーリング工法（埋込み杭工法）**や**中掘り工法**が一般的となっている。

設計例として示した建物では，上部の軟らかい地盤の下にある硬い砂礫層を支持層とする必要があり，杭1本に要求される支持力も大きいことから，場所打ちコンクリート杭が採用された。また施工方法としては，地下水位が高く，周囲が砂礫土で**孔壁**の崩壊性が高いことから，鋼管ケーシングを挿入しながら掘削する**ベノト杭**工法が適していると判断された。

当建物の杭の仕様を表-4・3・3に示す。杭の径・長さ，鉄筋の種類・配筋，コンクリートの種類・仕様は，建築基準法や建築基礎構造設計規準（日本建築学会）に基づいて構造設計され設計図書に明記される。場所打ち杭の施工では，カゴ鉄筋が正しく配筋されていることを吊り込み前に検査で確認し，コンクリート打設時には土砂や泥水が杭体に巻き込まれないよう**トレミー管**を使用して慎重に打設するといった点も重要である。

(2) 砕石地業・捨てコンクリート

建物の底面（杭上端および基礎梁底面）まで掘削した後，**床付け面**の地盤を乱さないよう整地し，砕石を敷き固め，捨てコンクリートを打設して上面を平滑に仕上げる。捨てコンクリートは，柱や地中梁などの躯体の位置を正確に墨出しして作業を行いやすくするためのものであり，この墨出し位置に従って鉄筋を配筋し型枠を組み立てる。捨てコンクリートの圧縮

表-4・3・3 杭の仕様

杭の種類	形状・寸法		許容支持力		コンクリート			鉄筋
	径	先端深さ	長期	短期	種類	設計基準強度 Fc	スランプ	材質
ベノト杭	φ800mm	GL-15 m	1,500 kN/本	3,000 kN/本	普通コンクリート	21 N/mm^2	18cm	SD295A

用語の解説

割栗
基礎地業工事で地盤を固めるために用いる拳程度のサイズの砕石

転圧
タイヤローラやランマーなどの機械を用いて地盤を締め固めること

地盤改良
支持力の小さい軟弱地盤に対して，セメント系固化材などを混合撹拌し締め固めることにより，土質の性状を変えて地盤の支持力を向上させること

捨てコンクリート
基礎のフーチングを施工する前に，型枠や鉄筋の墨出しをしやすくする目的で，地盤の表層に厚さ5cm程度で打設して平らに仕上げるコンクリートのこと。構造上の強度を期待するものではない。

場所打ちコンクリート杭（場所打ち杭）
現場で地盤に杭孔を掘ってその内部に鉄筋コンクリート製の杭体を構築する杭の施工方法

既製杭
工場で製作しておき，現場へ搬入して埋設で使用する杭の施工方法

PHC杭
圧縮強度が80N/mm^{2}以上の高強度プレストレストコンクリート杭

プレボーリング工法（埋込み杭工法）
既製杭の施工方法のひとつ。地盤に杭孔を掘った後，その穴へ既製杭を埋設する施工方法

第4章 材料の選択と施工の実例

表-4.3.2

用語の解説

中掘り工法
既製杭の施工方法のひとつ。遠心力成形で製造する既製杭の中心部が中空であることを利用して，既製杭の中に掘削用オーガーを入れて地盤に立て込み，杭の先端から突き出させたオーガーで杭孔を掘りながら既製杭を埋設していく施工方法

孔壁
場所打ち杭の施工で杭孔を掘削したときの孔の内壁面

トレミー管
杭工事などの水中コンクリートを打設する際，圧送管の先端にぶら下げて打設箇所まで届かせたホースのこと。コンクリートが水中を自由落下して分離してしまうのを防ぐために用いる。

床付け面（とこづけめん）
建物の基礎を構築するために地盤の掘削を行ったとき，建物の底（基礎スラブ，フーチング，基礎梁などの底面）が位置する高さの地盤面のこと

階別	室名			床	厚さ	幅木
1階	玄関ホール		仕上材	200角タイル張り	40	
		FL ± 0	仕上下地	モルタル		
		CH 2650				
	廊下		仕上材	200角タイル張り	40	吹付タイル（プレーン）
		FL ± 0	仕上下地	モルタル		モルタル
		CH 2400				
各階共通	事務所		仕上材	ビニル系モルタル	2.0	ソフト幅木
		FL ± 0	仕上下地	モノリシック		モルタル⑦25
		CH 2500				石こうボード
	廊下		仕上材	同上		同上
		FL ± 0	仕上下地			
		CH 2500				
	男子便所 女子便所		仕上材	長尺塩ビシート⑦2.3	30	同上
		FL ± 0	仕上下地	モルタル		
		CH 2400				
	湯沸室		仕上材	同上		同上
		FL ± 0	仕上下地			
		CH 2400				
	階段室		仕上材	ビニル系タイル⑦2.0 （1Fのみ100角タイル張り）	30	同上
			仕上下地	モルタル		
		FL				
		CH 1400	(PH)			
塔屋	E.V.機械室		仕上材	カラートップU（塗床）	30	
		FL				
		CH 直天	仕上下地	モルタル		

強度は通常 $18N/mm^2$，厚さは 5cm 程度である。

4.3.3 躯体工事

躯体工事とは，建物の骨組となる構造体を構築する工事を指し，RC造の場合は鉄筋，型枠，およびコンクリート工事がこれに相当する。いずれも建物の構造上の品質を左右する非常に重要な工事である。鉄筋およびコンクリートの材料や仕様は，建築基準法や鉄筋コンクリート構造計算規準（日本建築学会）に基づく構造計算の結果から種類・仕様が決定され設計図書に明記される。

4.3 鉄筋コンクリート造事務所ビル

内部仕上表

高さ	壁	厚さ	天井	厚さ	備考
	タイル張り(外壁タイル)		岩綿吸音板(リブ)AEP	12	総合案内板 W600×H2500 ステンレス枠
		25	一部分天井岩綿吸音板 AEP	9.5	貼(鉛板アクリル板⑦5．シルク印刷)
	モルタル		石こうボード	9.5	
			LGS		
60	吹付タイル(ゆず肌)		岩綿吸音板	9	消火器ボックス：スチールSOP
		25			階級表示板：アクリル板⑦5
	モルタル目地材(躯体共)		石こうボード	9.5	
			LGS		
60	AEP		同　上		ブラインドボックス：スチール SOP
	LGS下地石こうボード				1,2階事務所：掲示板 スチール枠 SOP
	石こうボード GL工法	12			室名板：アクリル板⑦5 シルク印刷
	柱型コンクリート打放し				
	AEP		同　上		消火器ボックス：スチールSOP
	LGS下地石こうボード				階段表示板：アクリル板⑦S．フィルム切文字
	モルタル			25	
	吹付タイル(ゆず肌)		シブトーン	9	ブース：ポリ合板，小口アルミカバー(既製品)
	一部100角半磁器タイル張り				小便器前：花こう岩⑦25本磨キ
			LGS		ライニング天端：ステンレス曲げ加工
					洗面カウンタ：メラミン化粧板(既製品)
	同　上		同　上		ステンレス流し：$l=1500$(既製品)
	一部100角半磁器タイル張り				吊戸棚(既製品)
	同　上		アクリルリシン吹付け		ノンスリップ：ステンレスゴム付き
			(PHのみジブトーン)		手摺笠木：モルタル金ゴテ VEP
			コンクリート打放し		
	コンクリート打放し		コンクリート打放し(木毛板打込み)		2t 吊フック

　実際の施工にあたっては，設計仕様に適合した材料を使用することはいうまでもなく，その他にも施工上留意すべき点が多くある。そのため設計図面の記載内容の他にも，特記仕様書や標準仕様書を参考にして躯体の各部詳細を決定し，工事が進められていく。

(1) 鉄筋工事

　鉄筋は，JISに定められた**鉄筋コンクリート用棒鋼**または**再生棒鋼**を用いる。いずれも丸鋼と異形鉄筋の2種類があるが，現在のRC造工事では異形鉄筋のSD295・SD345が主に使われている。材質がより高強度なSD390もあるが，**定着長さ**や曲げ加工時の規定が通常品とは異なるので注意を

用語の解説

鉄筋コンクリート用棒鋼

鋼塊から熱間圧延法により製造された鉄筋。RC造の配筋に最も多く用いられており，その品質はJIS G 3112（鉄筋コンクリート用棒鋼）に規定されている。詳細は2.4節「鉄鋼」を参照

再生棒鋼

形鋼の製造途上で生ずる端材などを再圧延して製造する鉄筋。鋼塊を熱間圧延して製造する一般の鉄筋に比べ物理的な性質が劣るため構造用にはほとんど使用されず，コンクリート二次製品などで使用される。JIS G 3117（鉄筋コンクリート用再生棒鋼）に品質が規定されている。詳細は2.4節「鉄鋼」を参照

定着長さ

RC部材の鉄筋が端部で抜け出してしまわないように，部材の端部から延長して隣接部材の内部に埋め込む鉄筋長さのこと。例えば，梁主筋の場合，梁端部から主筋を突き出して折り曲げ，柱の内部に配筋することにより必要な定着長さを確保する。

要する。また，一般的な建物で使用する鉄筋のサイズは，柱・梁の主筋でD19～29（数字は鉄筋の呼び径 mm，以下同じ），スラブ筋や壁筋で D10～16，柱の**帯筋（フープ）**や梁の**あばら筋（スターラップ）**などのせん断補強筋で D10～13 程度である。

鉄筋は工場生産品であるため材料品質は比較的安定しているが，現場組立て時の配筋位置，折曲げ加工形状，定着長さ，**かぶり厚さ**，継手の種類・位置などは注意深い施工管理が必要である。当建物で使用した鉄筋の仕様を表-4·3·4 に示す。また主要架構部分の配筋図を付図-3 に示す。

(2) 型枠工事

型枠とは打ち込んだコンクリートが硬化するまでの間，所定の形を保持する鋳型の役目を果たせき板と，その補強材や支持材（支保工）からなる仮設物の総称である。躯体の寸法精度はこの型枠の精度に左右されるだけでなく，施工中の安全性にも影響が大きいことから，型枠および支保工は精度よく強固に組み立てなければならない。柱や壁の側面などコンクリートから**側圧**を受ける部分の型枠は，せき板，セパレータ，フォームタイ，端太（ばた）材などで構成される。また，梁底やスラブ底の型枠は，せき板を根太・大引などの水平材で受け，支保工で所定の高さに支持して固定する。型枠支保工の組み方の一例を図-4·3·5 に示す。

せき板には JAS 規格の「コンクリート型枠用合板」に適合するものを用いる。近年では転用回数を増すために，コンクリート打設側の片面を樹脂塗装した合板も多用されている。また，支保工は梁下・スラブ下で鉛直荷重を直接支持するパイプサポート（支柱）を中心に，各種の水平補強材や斜材を組み合わせて構成する。規模が大きい RC 工事では，規格化された専用の金属製部材を組み合わせて型枠支保工全体を構成する**システム型枠工法**が採用されることもある。

これらの型枠等仮設資材は，（社）仮設工業会の定める品質基準や製造メーカの社内基準で品質が保証されたものを用いる。仮設資材は工事ごとの転用で次第に損耗が進むので，躯体の精度および工事中の安全を確保するため劣化状況にも常に注意を払う必要がある。

(3) コンクリート工事

コンクリートは，JIS A 5308 に規定されたレディーミクストコンクリートの中から設計仕様に適合する品質のものを選定し，発注先の生コン工場から，練り混ぜられた状態（フレッシュコンクリート）で納入する。

当建物のコンクリートの設計仕様を表-4·3·5 に示す。レディーミクス

表-4·3·4 鉄筋の仕様

施工箇所	鉄筋径（mm）	材　質	継手工法
柱・梁主筋	D22, D25	SD345	ガス圧接継手
スラブ，壁，せん断補強筋	D10, D13	SD295A	重ね継手

用語の解説

帯筋（フープ）
柱の主筋を束ねるように配置されている鉄筋。せん断補強筋のひとつ。柱の破壊時に主筋の座屈を防止して，急激に耐力が失われるのを防ぐ。

あばら筋（スターラップ）
梁の主筋を束ねるように配置されている鉄筋。せん断補強筋のひとつ。梁の破壊時に主筋の座屈を防止して，急激に耐力が失われるのを防ぐ。

かぶり厚さ
RC 部材の各部において，最外縁の鉄筋の表面からコンクリート表面までの距離。鉄筋を腐食や火害から保護する役割がある。

側圧
コンクリートを打設してまだ流動状態にあるとき，型枠に作用する水平方向の内圧のこと

システム型枠工法
型枠支保工の各部材（せき板，根太，支柱など）を標準化した金属製部材で用意しておき，効率的な組み立て，解体，転用を可能とする工法。大規模な RC 造建築物で利用されることが多い。

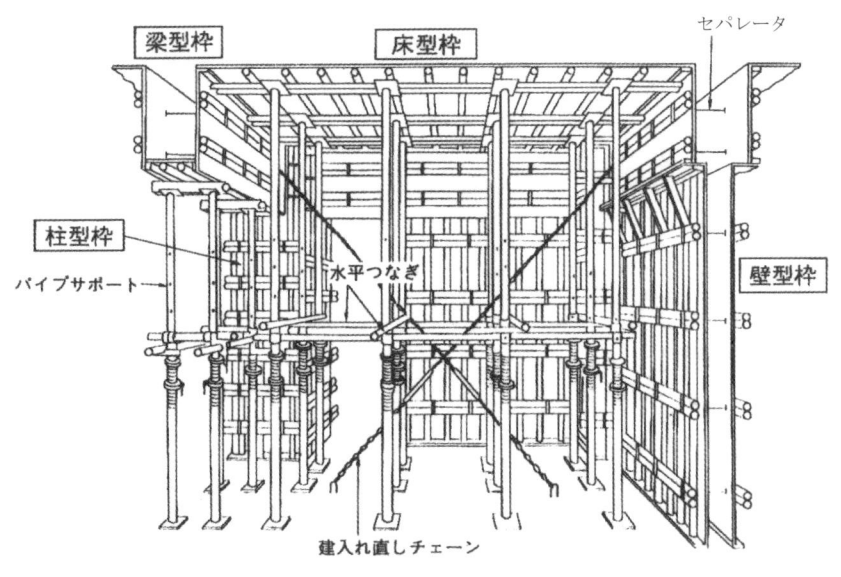

4.3 鉄筋コンクリート造事務所ビル

(a) 全体図

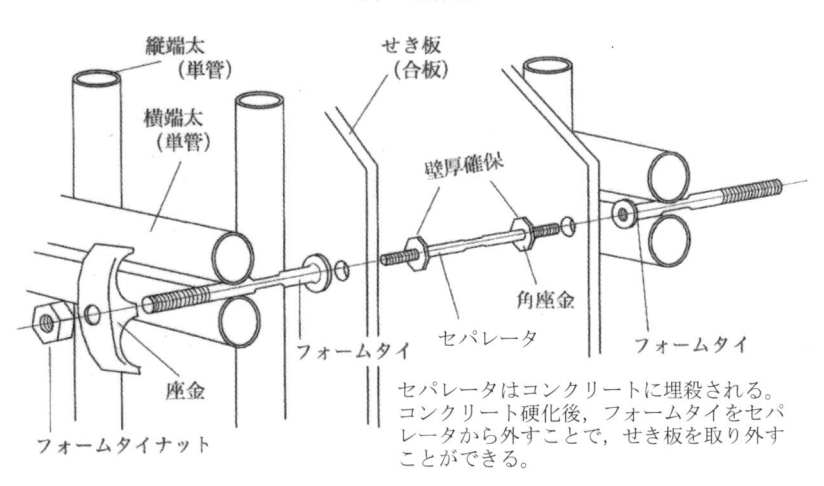

(b) 壁型枠の詳細

図-4.3.5 型枠支保工の組み方の一例

トコンクリートの発注は，**呼び強度**とその保証材齢，**スランプ**，空気量，セメントの種類，骨材の種類，軽量コンクリートの場合の単位容積質量などの品質項目を指定して行う。呼び強度は，所定の材齢および養生条件（通常は材齢28日標準養生）の下で行う品質試験によって生コン工場が保証する圧縮強度のことで，**設計基準強度**に季節的な温度条件などを考慮した**強度補正値**を加算して決める。また，JIS規格の範囲を超える性能が必要とされる場合は，それに見合った**大臣認定品**が供給可能かどうかなど，生コン工場の製造および品質管理能力のレベルを事前調査などにより確認することも必要である。

生コン車に積載され現場へ納入されたコンクリートは，通常，コンクリートポンプ車と配管で所定箇所まで圧送して打設される。使用材料・調合や

用語の解説

呼び強度，設計基準強度，強度補正値

生コンを発注する際の強度の指定方法として，
「設計基準強度＋強度補正値≦呼び強度」
となるように呼び強度を選択する。詳細は2.2節「コンクリート」を参照

大臣認定品

JIS A 5308（レディーミクストコンクリート）規格で品質性能が規定されたコンクリートでは設計仕様を満足することができない場合に，国土交通大臣への特別な申請を行い認定を受けることで，その性能が建築基準法に適合すると認められたコンクリート。JIS規格品の範囲を超える超高強度コンクリートなどの場合に大臣認定が必要となる。

施工条件によっては，圧送前後でコンクリート品質に大きな変化を生じることもあるので注意する。配管筒先から型枠内へ打ち込んだコンクリートは，**バイブレータ**などを用いて十分に振動締固めを行う。打込み後の養生期間中は，コンクリート表面をシートで覆うか散水を施すなどして急激な乾燥を避ける。その後，所定の構造体強度が得られたことを確認してせき板や型枠支保工を脱型する。

以上のように，現場打ちコンクリートの構造躯体の品質は，鉄骨など工場生産される他の躯体材料に比較して，工事現場での施工計画（工区割り，打設順序，圧送計画，人員配置，締固め方法，養生方法など）に左右されるところが大きい。したがって，良好な品質の構造躯体を実現するには，事前に十分な検討を行って施工計画を立案し，施工中の品質管理を確実に実施することが重要であるといえる。

4.3.4 外部仕上工事

建物の顔ともいうべき正面外壁の仕上材は，高級かつ高品質であるにこしたことはないが，いずれにしても限られた予算に応じて仕様を決め材料を選定しなければならない。また，このような観点に加え，外部仕上工事においては，漏水の恐れの少ない外壁仕上げおよび屋根防水の材料・工法を選定することが大切である。とくに RC 造の外壁では，コンクリートの乾燥収縮などが原因で生じるひび割れに対しても十分に配慮しなければならない。

(1) 屋根仕上げ

(a) 防水工事

勾配屋根に比べ雨水のたまりやすい陸屋根では，防水工法として**アスファルト防水**，シート防水あるいはウレタン樹脂系塗膜防水が一般的に用いられる。この設計例では，実績が豊富で信頼性も高いと考えられるアスファルト防水を採用している。ただし，屋上には設備機器（空調屋外機，**電気キュービクル**など）が設置され，これらの保守管理のために人が通行するので，アスファルト防水層の上に**押えコンクリート**（通常は Fc = 18N/mm² 程度）を打設して防水層を保護している。これにより，屋上機器設置の際の施工時作業や点検時の歩行負荷，あるいは日射や紫外線によるアスファルトの劣化防止を図る。なお，日射を直接に受ける押えコンクリー

表-4·3·5 コンクリートの設計仕様

施工箇所	セメント種類	設計基準強度	スランプ	水セメント比	単位セメント量	単位水量
柱，梁，基礎，壁，床・屋根スラブ	普通	24N/mm²	18cm	60 ％以下	270 kg/m³ 以上	185 kg/m³ 以下
土間コンクリート	普通	18N/mm²	15cm	65 ％以下	270 kg/m³ 以上	—

用語の解説

バイブレータ

コンクリートに振動締固めを行うための施工用機械。コンクリート内部へ差し込んで使用する棒状バイブレータ，型枠の外から密着させて使用する型枠バイブレータなどの種類がある。

電気キュービクル

建物へ電力を供給するための受電盤や変圧器などを収めた箱型鋼製の電気設備ボックス

押えコンクリート

防水層や断熱層を保護する目的で，その上に打設するコンクリート。屋根の場合は厚さが 8～12cm 程度のものが多い。

―― テクニカルポイント ――

建物の「2階の梁」はどこにある？

　設計者が建物を構造設計するときには「2階の床スラブを床下の梁で受けて，これをさらに柱で支えて…」という考え方をするので，2階の梁・床の構造的関係を平面図で示す場合，2階の床下の梁を破線で記した「伏図（見下げ図）」として表現する。

　その設計図書を受け取った工事現場では，部材の一つ一つについて断面寸法や配筋仕様を書き込んだ躯体施工図を作成するが，その場合には2階の床面から立ち上がる柱や壁，その上の梁までを描いた「見上げ図」で表現し，これを用いて型枠など躯体工事の作業を指示する。見上げ図の描き方は，床面に鏡を置いて，それに天井面を映し描いたような図になっている。したがって，建築工事現場で「2階の梁」といったら，2階の床に立って頭上に見える梁のことを指すのである。

トは熱伸縮によるひび割れを生じやすい。これを防ぐため，縦・横3m前後の間隔で成型品の伸縮目地材（ポリエチレンフォームに塩ビキャップを取り付けた既製品）を設置し，その伸縮目地で区切られたコンクリート板には，φ6丸鋼を150mmピッチで縦横に組んだ溶接金網を埋設することにより補強している。

　一方，ペントハウス屋上は人の歩行などを考慮する必要がないので，アスファルト露出防水とし，押えコンクリートは打設しない。

　アスファルト防水層端部の納まりは，漏水防止の上で非常に重要な部分である。通常は前掲の図-4・3・4に示したように，パラペット内側に沿ってアスファルト防水層を最低30cm程度立ち上げ，その端部をアルミ製金物で押えてコーキングを打ち，さらにアスファルト防水層の立上げ部の劣化防止のためにスレート板などの乾式保護板を被せる納まりとする。また，この例ではパラペット頂部をコンクリート金ごて押えの上に塗膜防水としているが，この部分も熱伸縮によるひび割れが非常に生じやすいので，1.5m程度の間隔で**伸縮目地**を設けてコーキングを打つか，あるいは金属製の笠木を被せて保護することもある。

　(b)　屋根断熱材

屋根スラブは夏季には外部からの熱を遮断し，冬季には屋内の熱を逃さない機能が要求されるので断熱材が必要となる。また，断熱層を設けることで結露による躯体や内装材の劣化を防止するのにも役立つ。コンクリート屋根スラブに対する各種断熱工法を図-4・3・6に示す。従来は屋根スラブコンクリートの下面に，発泡ポリスチレン板（スタイロフォーム）などを打ち込む**内断熱工法**が主流であった。しかし最近では，躯体の上に

―― 用語の解説 ――

伸縮目地
屋根・外壁のコンクリートは，日射による温度変化や乾燥収縮によって寸法変化を起こし，ひび割れが発生しやすい。このひび割れが不規則に発生するのを防ぐ目的で，予め意図した箇所にひび割れを誘発することで伸縮ひずみを吸収する効果を狙った目地のこと

内断熱工法（うちだんねつこうほう）
RC造建物の躯体の室内側に断熱層を設ける工法。従来型の断熱工法

断熱層を設ける**外断熱工法**を採用することも多い。この工法では日射による躯体コンクリートスラブの温度伸縮が少なくなるので，コンクリート躯体のひび割れの発生を抑制できる利点もある。外断熱工法では防水層を断熱層の上に設ける場合と下に設ける場合があるが，前者では日射などを直接受ける防水層の劣化に，また後者では日射や雨水吸水などによる断熱層の劣化に対する配慮が必要である。外断熱工法を採用する場合の押えコンクリートなど，保護層の要否は屋根屋上面の使い方を考慮して決定する。

断熱工法に関して，この設計例の建物では前掲の図-4·3·4に示したように，屋根面には防水層の上に断熱層と押えコンクリートを施工する外断熱工法を，またタイル張りを行う外壁面には内断熱工法を適用し，断熱層が不連続となる屋根面と外壁面の取合い部分については，屋根面の室内側に**折返し断熱**を設けている。

(2) 外壁仕上げ

外壁は多くの人の目に触れる部分であり，仕上材を選定する上で意匠性に対する配慮をとくに必要とする部位である。また，外壁仕上材には，常に変化する外部の環境条件（風，雨，温湿度差，炭酸ガス，紫外線など）から構造体の各部（RC造の場合は主に躯体コンクリート表面）の劣化を保護する機能が要求される。さらにタイル仕上げなどの場合は，剥落による第三者への事故防止に対する考慮も必要であり，汚れの除去や定期的メンテナンスの容易さなども外壁仕上げの重要な選定要素である。

外壁仕上材には多種多様な種類があるが，本建物では以下のような観点から，それぞれ各所に適した材料・工法を選定した。

まず，正面の外壁は人通りの多い外部から真っ先に目に入る部分であるため，全面を意匠性の高いタイル張り仕上げとした。タイルの材質は吸水率の小さい磁器質であり，大きさが45×95mmのモザイクタイル（45二丁タイル）を使用している。施工方法は，セメント混和用**ポリマーディスパージョン**を混入した張付けモルタルを使用し，コンクリート躯体面にタイルを直接張り付ける直張り（じかばり）工法を採用した。また，外壁ひ

用語の解説

外断熱工法（そとだんねつこうほう）
RC造建物の躯体の屋外側に断熱層を設ける工法。温度変化の激しい外部環境から躯体コンクリートを保護する上では有利であるが，建物の表面に断熱材が設置されるので，壁面の防火対策や劣化対策が難しい。

折返し断熱
屋根あるいは外壁の端部において，断熱層が不連続となる箇所ができる場合に，室内側の断熱層を端部から屋内へ折り返す方向に余分に施工して屋外側断熱層と重複させることにより，断熱層の不連続箇所からの熱の出入りを少なくする工法。図-4·3·4を参照。

ポリマーディスパージョン
セメントに混入して強度や付着性を改良するための樹脂系混和材料

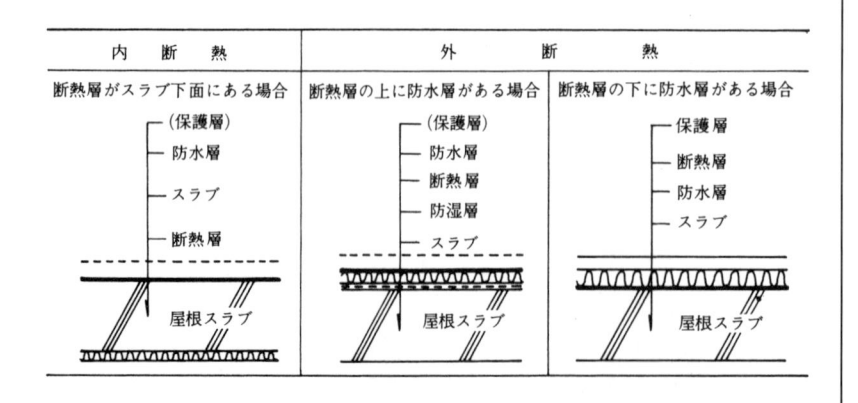

図-4·3·6 屋根スラブの各種断熱工法

び割れ制御のため下地コンクリートおよびタイル張り面に3m内外の間隔で伸縮目地を設け，そこからの漏水防止のため，タイル面の目地は変成シリコーン系シール材でコーキング処理している。

一方，比較的目立たない建物の裏面，妻面およびペントハウス外壁は，コンクリート打放し面の上に低コストのアクリルウレタン系吹付けタイル仕上げとし，ひび割れおよび漏水の防止は躯体の目地（ウレタン系シーリング施工）および**吹付けタイル**の伸張性によっている。

以下，一般的にRC造建築物を対象とする主な外壁仕上材料と工法について要約し，それぞれの長所や短所について紹介する。

(a) コンクリート打放し仕上げ

躯体コンクリートの表面をそのまま仕上げとする工法である。通常，2〜3mの間隔で**伸縮目地**を設け，目地深さに相当する15〜20mmの厚さのコンクリートを構造所要断面から外部側に**増し打ち**して，かぶり厚さを大きくすることで構造体の劣化防止対策とする。なお，伸縮目地はそこへひび割れを誘発して応力を解放することにより，他の部位へのひび割れ発生を防止することが目的なので，その目地部分からの漏水や鉄筋腐食を防止するためシール材でコーキング処理を行う。最近では，中性化や表面吸水による躯体の経年劣化を防止する目的で樹脂系の撥水剤（クリア）を打放し表面に塗布する場合も多い。

(b) モルタル塗り

以前はコンクリート打放し躯体の上に，モルタル塗りを施して仕上げとすることも多かったが，工期が必要であり，ひび割れや浮き・剥落なども生じやすいことから現在ではほとんど用いられない。なお，仕上げ下地コンクリート面の**不陸**を補修する目的でモルタル塗りを行う場合は，接着力の大きい樹脂混入モルタル塗り工法が採用される。

(c) 仕上げ塗材（吹付け材）

仕上げ塗材とは，一般にリシン吹付けもしくは**吹付けタイル**を意味しており，必要に応じて下地コンクリート面の不陸をモルタルで補修した後に吹付けを行う。リシン吹付けは薄付け仕上げ塗材の一種であるが，コンクリート面の保護層としての効果はさほど期待できない。一方，吹付けタイルと呼ばれる複層仕上げ塗材には，伸張性のある弾性系吹付けタイルなどがあり，コンクリート表面にひび割れが生じた場合にもある程度まで塗膜が切れずに追従することでひび割れが顕在化するのを防いだり，さらに高級なものでは防水材としての性能をも期待できるものもある。また，上塗り（トップコート）にフッ素樹脂などの高耐久性樹脂を使用することで耐用年数を大きくした製品もある。

(d) タイル張り

タイル張りは比較的高価な仕上げ工法であるが，耐久性が高く清掃などの保守管理がしやすく，また意匠性も豊かで高級感のある仕上材料として

用語の解説

吹付けタイル
建物の外壁に吹き付けて施工される仕上げ材料。表面の上塗り材（トップコート）がタイルに似た光沢を有することからこの名称が付けられている。

増し打ち
フカシ打ちともいう。耐久性の向上や配筋スペースの確保を目的に，躯体の構造性能の上で必要な断面よりも余分にコンクリートを打設すること

不陸（ふりく）
壁面や床面の凸凹のこと

好まれる。張付けは一般に**ポリマーセメントモルタル**を用いて行い，タイルの厚さや大きさに応じてさまざまな張付け工法が適用される。しかしながら，モルタルを用いる張付け工法による限り，経年劣化に伴う剥落事故を完全に防止するには現在でも至っていない。そのため最近では，ネット状補強材や金物を併用する張付け工法や，金物だけによる完全乾式固定工法なども開発されている。

(e) 石張り

石材は外壁仕上材料としてグレードの高い素材の一つであるが，材料自体が重いので地震や経年劣化による脱落事故の危険があり，とくに高所への取付け工法については十分な事前検討を行う必要がある。また，石材の種類によっては水分などの環境条件で劣化しやすい性質のものもあるので，外壁材としての適用実績に注意して選定する。天然石に代わる新素材として，ガラス系の**擬石**（ネオパリエ）も登場している。なお，取付け方法は，ステンレス製金物を用いた乾式工法によるのが現在は一般的である。

(f) 金属パネル

ステンレス，アルミ，ホーロー鉄板，銅板などの金属パネル（スパンドレル）を壁面に取り付ける仕上工法で，RC造の躯体の仕上げに用いられることは比較的少ないが，カーテンウォール外壁の一部や開口部の塞ぎ板として用いられる場合がある。パネルの取付け方法は躯体コンクリートに埋め込んだ金属製アンカーなどによる。ジョイント部分は**ガスケット**類や弾性シール材を使用してパネル裏面への止水を図る。

4.3.5 内部仕上工事

本建物のような貸ビルの内部仕上げは，使用状況に応じて共用部分（玄関ホール，エレベータホール，廊下，便所，階段など）と賃貸部分に分けて考える必要がある。すなわち，賃貸部分はテナント（入居者）の要請によって部屋を再区分し，各部屋の用途に応じてグレードの異なる仕上げを施すことが要求される可能性もある。これに対し共用部分では，その建物の立地条件などを考慮してごく標準的な内部仕上げとしておくのが一般的である。本建物では，全体的に事務所ビルとしてごく一般的で比較的安価な仕上材を用いることとした。

設計図書や仕上表に示されている仕上材料は，一般的名称や俗称あるいは特定商品名に「同等品」として表現される場合も多い。したがって，施工時には，特記仕様書や見本および価格表などを提示しながら設計者・監理者・施主等と施工者との間で逐次協議を行い，その都度メーカや詳細仕様を決定して施工を進めていく。

(1) 賃貸部分（事務所）
(a) 床材

事務所の床材はビニル系床タイル，ビニル系長尺床シート，あるいはタ

用語の解説

ポリマーセメントモルタル
樹脂系混和材料を使用して強度等の特性を向上させたセメントモルタルのこと

擬石
天然の岩石に似せて作られた製品。材料にはモルタルやコンクリートを用いたものが多い。

ガスケット
気密性・水密性を確保する目的で，部材接合部やガラスのはめ込み部分に用いる合成ゴム製の材料。定形シーリング材ともいう。

イルカーペット敷きなどが一般的である。本建物では，このうちもっとも安価なビニル系床タイルを使用し，下地はコンクリート**モノリシック仕上げ**によることとした。これらの床仕上工法のほか，最近の事務所では，OA機器用の電力線や通信線を床下に配線できるようにするためにOAフロアなどの**浮き床**を採用することも多い。

(b) 壁材

主要部分の壁の仕上げは，厚さ12.5mmの**石こうボード**を張って**AEP**塗りとした。コンクリート壁の仕上げは以前はモルタル塗りが多かったが，最近では石こうボードを団子状の接着剤で躯体に直接張り付けるGL工法が一般的である。ただし，ボード類は一般に単独では薄く強度が小さいため，二重張りなどの方法によって遮音性や強度不足を補うことが多い。また，貸室間の間仕切壁は軽量鉄骨下地（LGS）を組み，これに石こうボードをビス留め固定して作る。なお，石こうボードはすべて端部をテーパ加工したもの（テーパボード）を用い，継目部分はパテで平滑に仕上げるジョイント工法を採用した。さらに外壁の室内側には，断熱材として厚さ25mmのポリスチレンフォームをコンクリート打込みとする。内装の一部にはペンキ塗りでなく，**クロス張り**を採用した箇所もある。

(c) 天井材

天井の仕上げは一般に**岩綿吸音板**やけいカル板，もしくは化粧石こうボードなどが使用される。本建物では厚さ9mmの岩綿吸音板を採用した。ただし，もう少し高級な事務所建築では，石こうボードを**捨て張り**した下地に岩綿吸音板などを張り付けて二重張り天井とすることが多い。

(2) 廊下（2階・3階）

2階および3階の廊下部分は，床・壁・天井ともに貸室事務所部分と同様の仕上げとした。

(3) 便所

(a) 床材

本建物の男子便所の展開図を図-4・3・7に示す。便所の床材は，以前は水洗い清掃を前提としたモザイクタイル張りが多かったが，最近はモップで拭く程度の清掃を行うことを前提に，ビニル系長尺床シート張りなどの乾式工法を採用する場合が多い。これは従来の湿式工法に比べ，床下地に防水の必要がないので工期も短くコストを押えられるためである。本建物でも便所の床は塩化ビニル樹脂製の長尺シート張りで仕上げ，ジョイント部分は**溶接接着工法**によることとした。なお，便所は設備系の床配管が多いため，下地をモルタル塗りとすることが多い。

(b) 壁材

便所は水を頻繁に使用する場所であり，貸室部分の壁に使用した石こうボードなどのボード類は原則として好ましくない。しかし，最近では耐水性のボードを下地にタイルを接着剤で張り付けたり，耐水性の化粧板を

用語の解説

モノリシック仕上げ
コンクリートを打設して凝固する前に，金ごてで表面を押えてそのまま仕上げとする工法

浮き床
床下に配線・配管を行うなどの目的で，仕上げとなる床材と躯体床面の間に空間を取って浮かせる工法。OAフロアやフリーアクセスフロアが代表的。部屋の用途によっては防音を目的とする浮き床もある。

AEP
アクリル系エマルションペイント

捨て張り
天井や壁にボード類を二重張りする際に，1層目を下地用として張ること

溶接接着工法
ビニル系長尺床シートの施工において，床シート同士の継目を加熱して溶着する接合方法

張って仕上げることも多く見られる。本建物ではモルタル下地の上に吹付けタイルで仕上げる方法を中心に，男子小便器の周囲など部分的に 100 角サイズの半磁器タイルを張ることとした。

(c) 天井材

賃貸部分と同様に，便所の天井仕上げとしてはけいカル板や岩綿吸音板を使用することが多い。なお，本建物ではジプトーン（化粧石こうボード）張りの仕上げとした。

(4) 湯沸室

湯沸室は図-4.3.8 に示すように，一般的には便所の場合とよく似た仕上げとなる。ただし，湯沸室は水と火の両方を使用する部屋であり，とくに火に対しては，火災防止上の内装制限を受けるために注意を要する。

(5) 階段室

階段室の床は一般にモルタル塗りを下地とし，その上にビニル系床タイルやビニル系床シートを張ることが多い。

また，壁については非常階段のように常時はあまり使われない階段の場合は，モルタル塗りあるいは石こうボード下地の上に AEP や VEP を塗る程度の仕上げとすることが多い。なお，玄関ホールや廊下などに開放されている形で階段室を設ける場合は，それらの空間とのバランスも考慮して壁の仕上げを選定する。本建物では吹付けタイル仕上げとした。

(6) 玄関ホール・エレベータホール（1 階）

玄関ホールは予算の範囲内においてできるだけ高級な仕上げを採用するのが一般的であり，例えば，石材，金属板，タイル張りなど意匠性の高い仕上材料がしばしば用いられる。

(a) 床材

事務所ビルの玄関ホール用の代表的な床材には石やタイルが考えられる。石張りとする場合はみかげ石を用いて，表面仕上げは，雨天時の持込み水によるスリップ防止のためにバーナ仕上げで粗面とすることが多い。屋内の床仕上げには大理石も比較的よく使用されるが，表面が傷つきやすく，滑りやすいという欠点がある。なお，本建物では床用大型タイルを使用した。

(b) 壁材

石張り，タイル張り，金属板張りなどが考えられる。この建物では，正面外壁に使用しているタイルと同じものをホール内壁にも張ることとした。

(c) 天井材

各ホールの天井仕上材には，岩綿吸音板や金属パネルなどを使用する場合が多い。この建物では，表面にリブ状の模様をつけた岩綿吸音板を石こうボード下地の上に張付ける二重張り仕上げとした。

(7) エレベータ機械室

用語の解説

VEP
ビニル系エマルションペイント

4.3 鉄筋コンクリート造事務所ビル

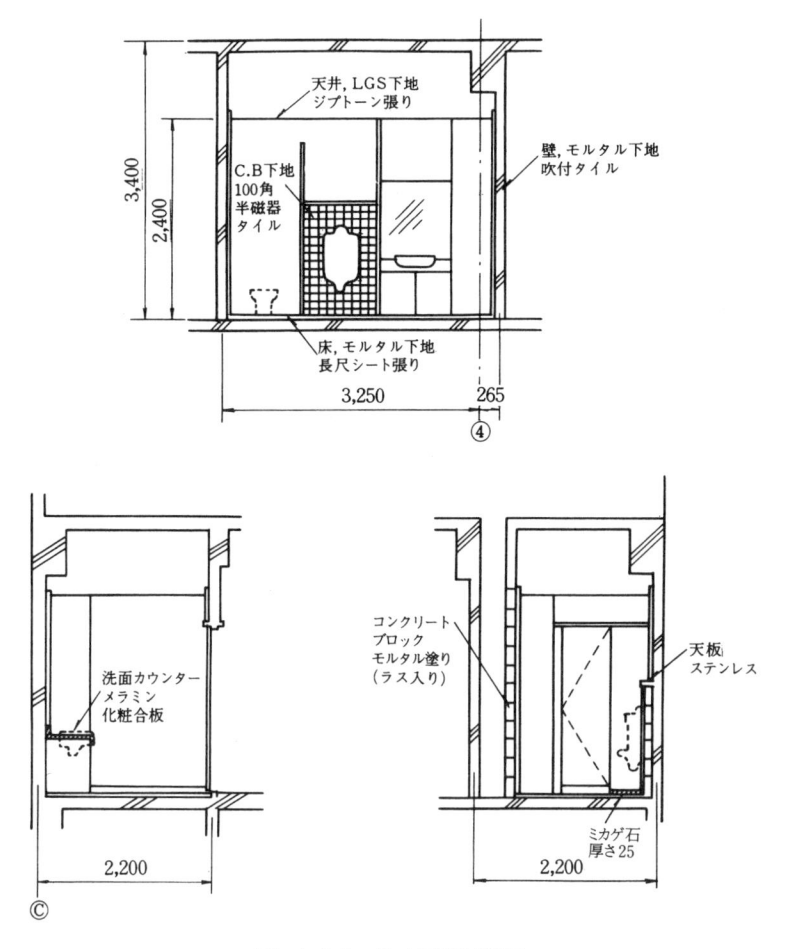

図-4·3·7 男子便所展開図

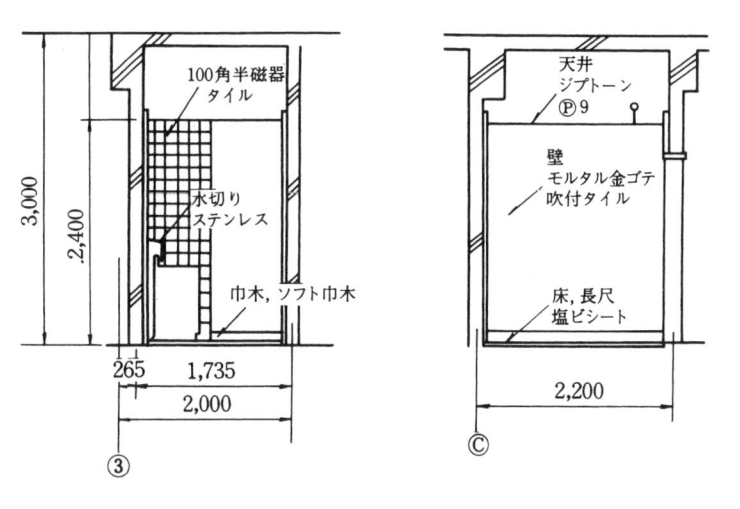

図-4·3·8 湯沸室展開図

機械室は，保守管理の目的でごく限られた人間が入るだけの部屋であるため，意匠目的ではとくに仕上げを施さないのが一般的である。

床は，押えコンクリート金ごて仕上げの上に防塵塗料を塗る。防塵塗料を塗るのは，コンクリート金ごて仕上げだけでは，保守作業などで床面から粉塵が生じて機械に悪影響を及ぼすという懸念に配慮したためである。

壁面はコンクリート打放しのままとする。

天井はある程度の断熱効果を期待して，**木毛セメント板**を屋根スラブに打ち込んでそのまま仕上げとする。なお，機械室や電気室の屋根面で断熱をまったく考慮しないと，天井から結露水が落下して設備機器に損傷を及ぼすことがある。

メモの欄

第4章 材料の選択と施工の実例

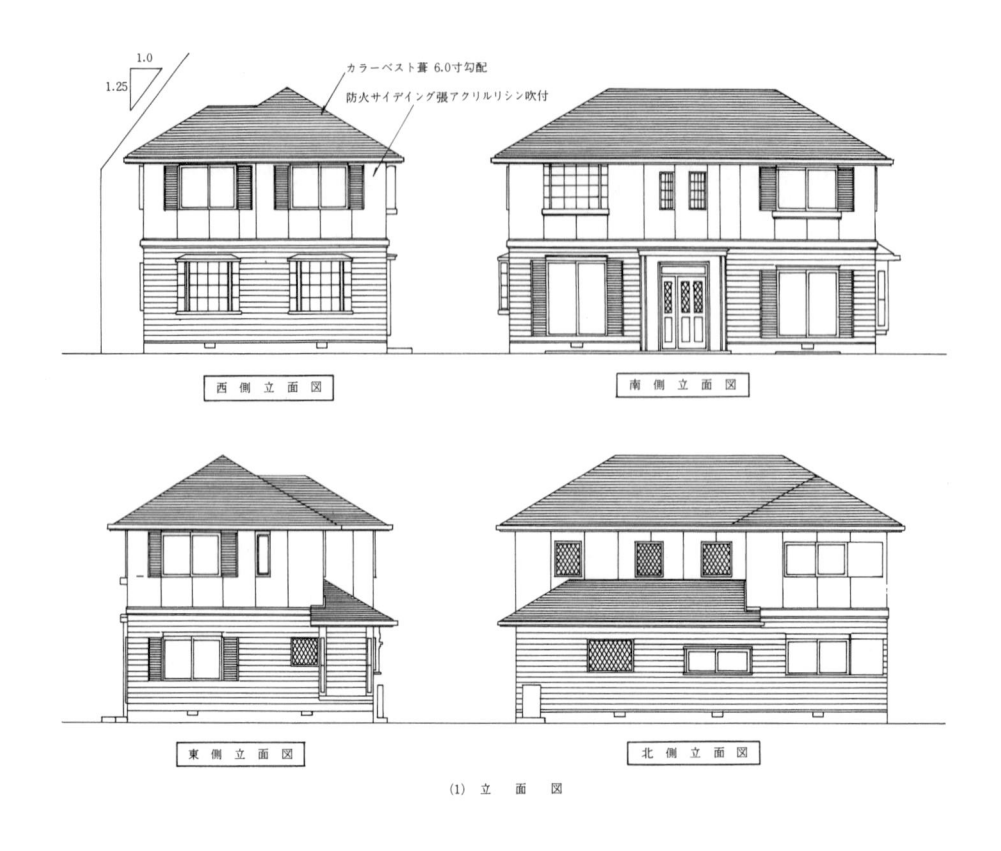

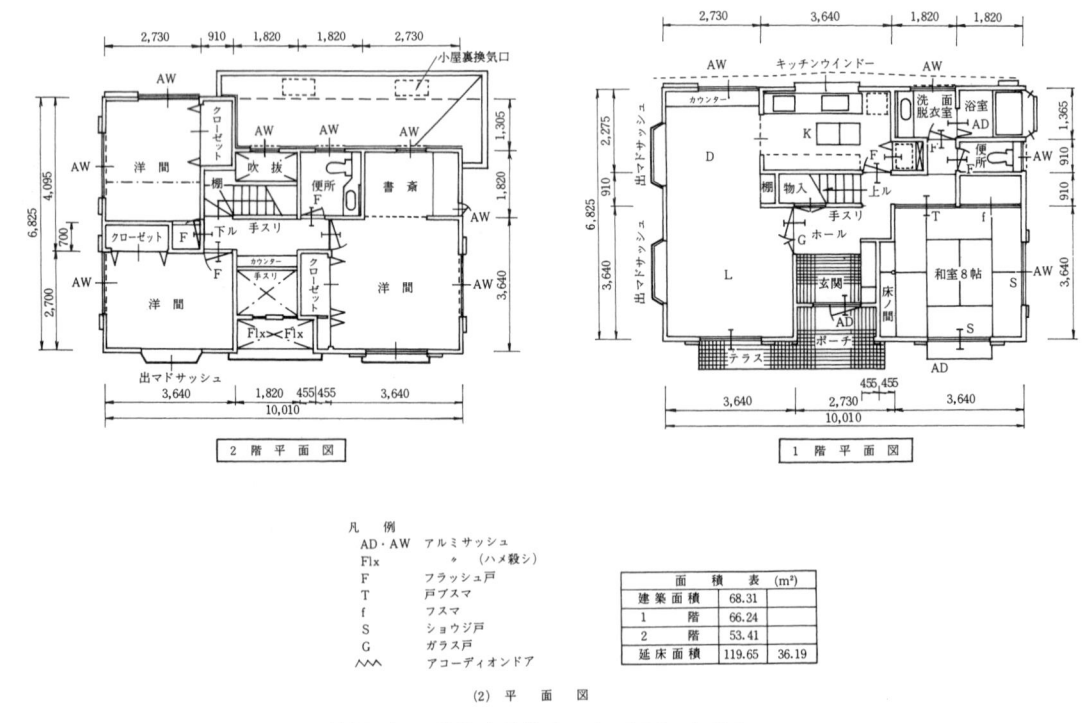

(1) 立 面 図

西 側 立 面 図　　　南 側 立 面 図

東 側 立 面 図　　　北 側 立 面 図

カラーベスト葺 6.0寸勾配
防火サイデイング張アクリルリシン吹付

(2) 平 面 図

2 階 平 面 図　　　1 階 平 面 図

凡　例
AD・AW　アルミサッシュ
Flx　　〃　（ハメ殺シ）
F　　　フラッシュ戸
T　　　戸ブスマ
f　　　フスマ
S　　　ショウジ戸
G　　　ガラス戸
∧∧∧　アコーディオンドア

面　積　表	(m²)
建築面積	68.31
1　階	66.24
2　階	53.41
延床面積	119.65　36.19

付図-1　2階建木造住宅の立面図と平面図

4.3 鉄筋コンクリート造事務所ビル

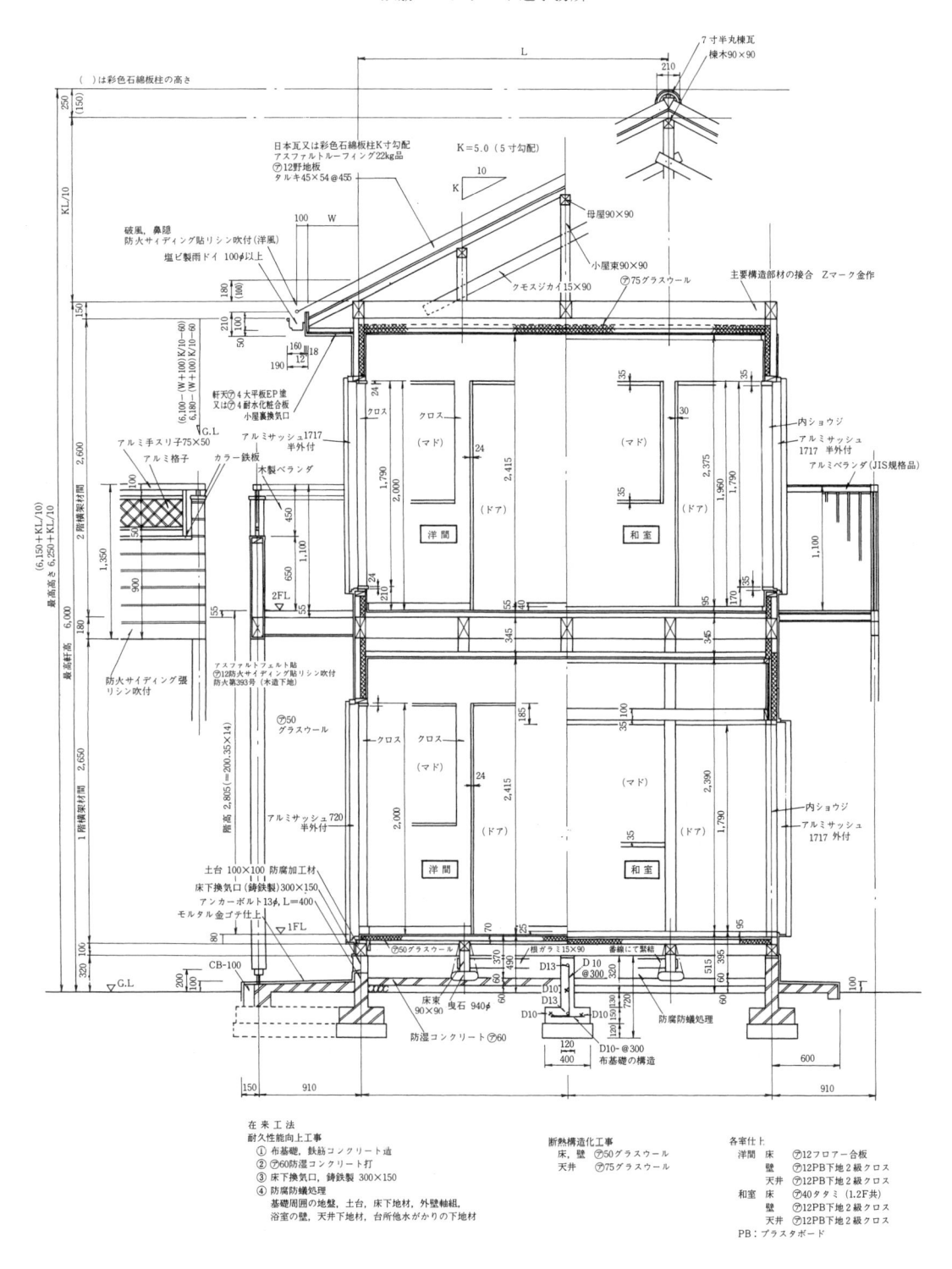

付図-2　2階建木造住宅の矩計図

第4章 材料の選択と施工の実例

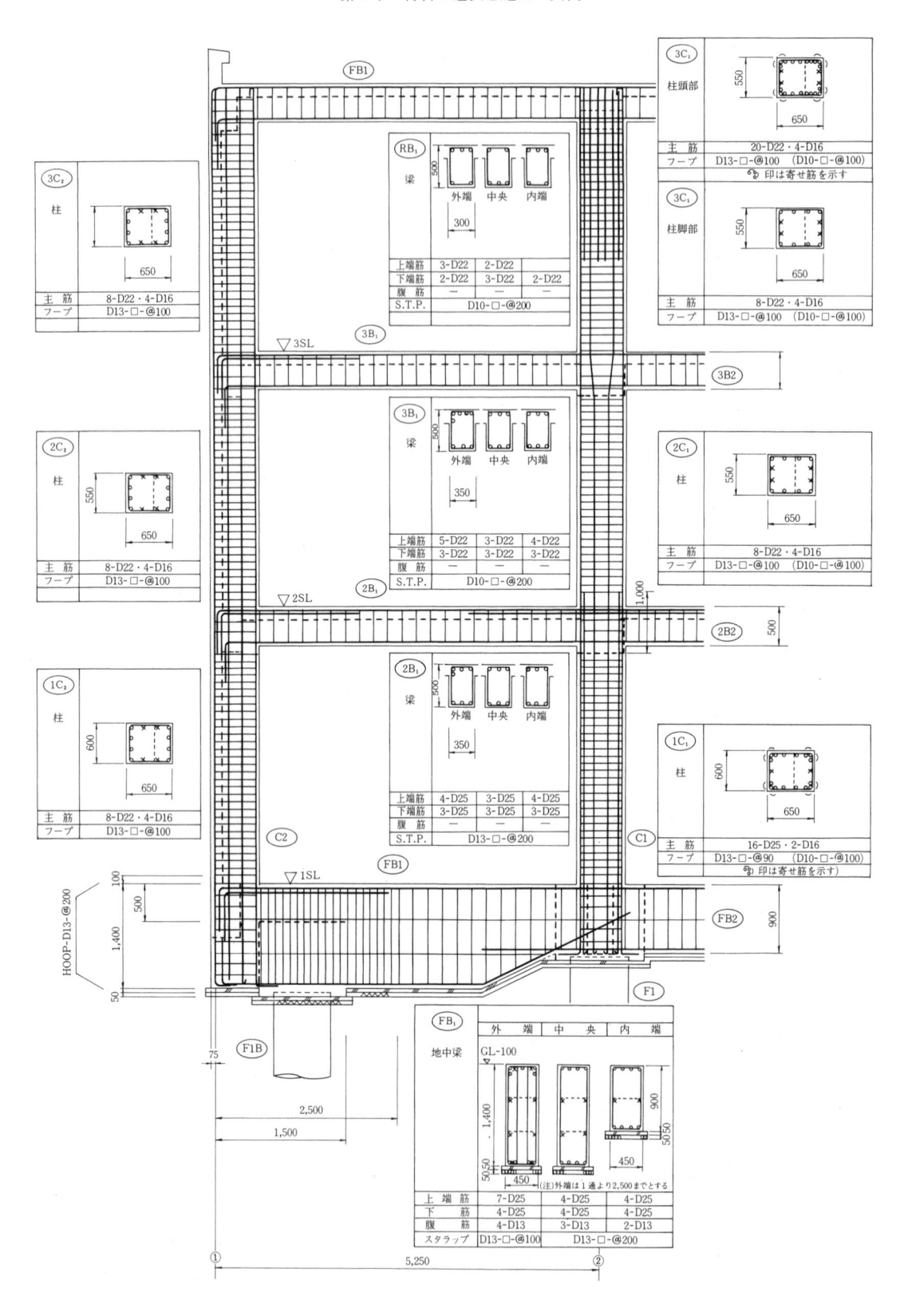

付図-3 ラーメン配筋図

4.3 鉄筋コンクリート造事務所ビル

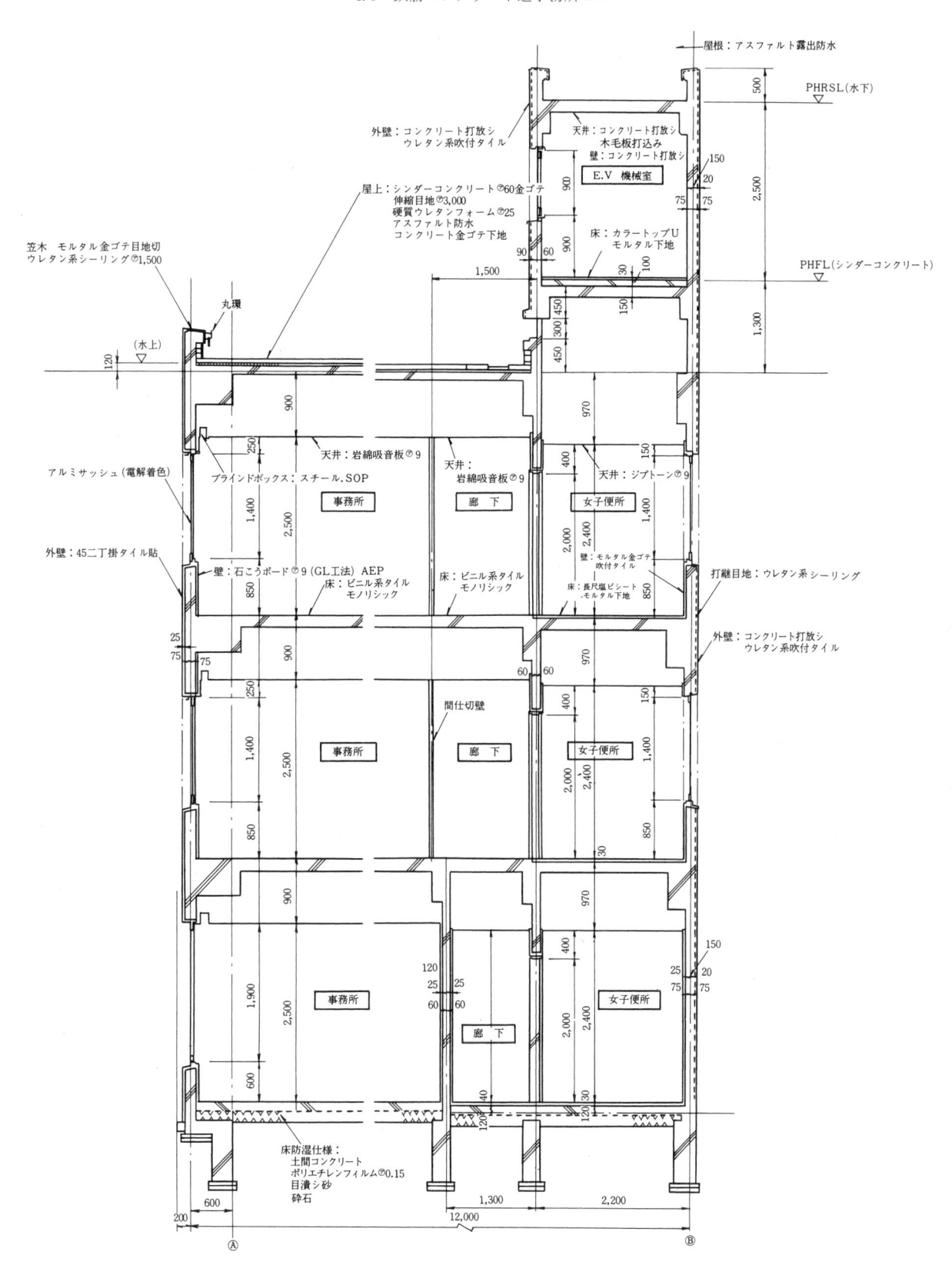

付図-4 断面詳細図

参考図書・文献資料リスト

第1章
- 谷川恭雄他：改訂版建築材料－その選択から施工まで－，理工図書，1999
- 建築材料設計研究会編著：性能からみた建築材料設計用教材，彰国社，1996

第2章
- 日本建築学会：建築工事標準仕様書・同解説，JASS 5 鉄筋コンクリート工事，2009
- 谷川恭雄他：改訂版建築材料－その選択から施工まで－，理工図書，1999
- 荒井康夫：セメントの材料化学，大日本図書，1998
- 笠井芳夫，池田尚治：コンクリートの試験方法（上），技術書院，1993
- 日本コンクリート工学協会：コンクリート技術の要点，2007
- 長瀧重義，山本泰彦：コンクリート用語事典，山海堂，2000
- セメントハンドブック（2008年度版），セメント協会，2008
- 日本材料学会：コンクリート混和材料ハンドブック，NTS，2004
- 嶋津孝之他：建築材料第3版，森北出版，2001
- 橘高義典他：新編建築材料，市ヶ谷出版，2003
- 田中亨二他：新・建築材料Ⅰ［構造材料編］，数理工学社，2004
- 日本建築学会：建築材料用教材，丸善，2007
- 日本建築学会：構造用教材，丸善，2004
- 岸谷孝一編：建築材料ハンドブック，技報堂出版，1996
- 建築材料教科書研究会編：建築材料教科書，彰国社，1994
- 森林総合研究所：木材工業ハンドブック（改訂4版），丸善，2004
- 今村祐嗣他：建築に役立つ木材・木質材料学，東洋書店、1999
- 木質科学研究所 木悠会：木材なんでも小辞典，講談社，2001
- 梶田煕他：木材・木質材料用語集，東洋書店，2002
- 坂本功：木造建築を見直す，岩波書店，2000
- 「建築材料活用辞典」編集委員会：建築材料活用辞典，産業調査会辞典出版センター，2007

第3章
- 尾崎敏範：事例で探すステンレス選び，工業調査会，2005
- 日本建築学会：建築材料用教材，丸善，2007
- 日本建築学会：建築工事標準仕様書・同解説，JASS 19 陶磁器質タイル工事，2005
- 嵩英雄他：図解湿式仕上げ工事，東洋書店，2006
- 全国タイル業協会：タイル手帖，2008
- 谷川恭雄他：改訂版建築材料－その選択から施工まで－，理工図書，1999
- 白山和久他：建築施工技術ハンドブック，朝倉書店，1979
- 日本接着剤工業会教育委員会編：接着剤技術学校テキスト（建築接着），1998

- 清水建設（株）編：建築工事標準仕様書，2007
- 国立天文台編：理科年表平成20年度，丸善，2007
- 中央労働災害防止協会：新／衛生管理（上）《第1種用》，2008
- 木村翔：建築音響と騒音防止計画，彰国社，1999
- 日本建築学会：構造用教材，丸善，2004
- 建築文化・臨時増刊：デザイナーのための内外装材チェックリスト，2004
- ディテール・別冊：マテリアルデザイン，2008
- 日本建築学会：建築工事標準仕様書・同解説，JASS 8 防水工事，2008
- 日本建築学会：建築工事標準仕様書・同解説，JASS 12 屋根工事，2004
- 日本建築学会：建築工事標準仕様書・同解説，JASS 15 左官工事，2006
- 日本建築学会：建築工事標準仕様書・同解説，JASS 23 吹付け工事，2006
- 日本建築学会：建築工事標準仕様書・同解説，JASS 26 内装工事，2007
- 田中享二他：新・建築材料Ⅱ［部位構成材料・機能材料編］，数理工学社，2005
- 廣瀬幸男他：絵とき建築材料 改訂2版，オーム社，2004
- 島津孝之他：建築材料 第2版，森北出版，1999
- コンフォルト増刊：素材・建材ハンドブック，建築資料研究社，2001
- 柳原正人他：必携建築資料，実教出版，2005
- 武者英二，吉田尚英編著：屋根のデザイン百科，彰国社，1999
- 高木恒雄：図説 建築の内装工事 改訂版，理工学社，2004

第4章

- 住宅金融支援機構監修：平成19年改訂木造住宅工事仕様書（解説付），住宅金融普及協会，2007
- 住宅金融支援機構監修：平成19年改訂枠組壁工法住宅工事仕様書（解説付），住宅金融普及協会，2007
- 日本建築学会：建築材料用教材（2006年改訂版），丸善，2006
- 日本建築学会：構造用教材（1995年改訂版），丸善，1997
- 鈴木秀三編：［図解］建築の構造と構法，井上書院，2005
- 伊丹弘雄：誰も言わなかった 長く使える木造住宅のつくりかた，エクスナレッジ，2005
- 青山正昂：図解 実践ツーバイフォーの施工，彰国社，1990
- 建築慣用語研究会編：改訂版 建築現場実用語辞典，井上書院，2006
- 日本建築学会：建築基礎構造設計指針，2001
- 青山良穂、武田雄二：建築学テキスト 建築施工，学芸出版社，2004

索　引

【ア】

ISO 基準 15
亜　鉛 138
亜鉛めっき鋼板 225
アクリル樹脂塗料 158
アクリルタイル 190
アクリルスタッコ 189
アクリルリシン 189
アスファルト 154
アスファルト防水 157, 180, 244
圧縮強度 9, 59, 219, 239, 243
圧延ロール 93
厚付け仕上塗材 189
後張工法 183, 187
孔あき板材 174
孔あき床板 88
あばら筋（スターラップ）107, 242
網入りガラス 147, 234
アルカリ骨材反応 11, 80
アルカリシリカ反応 81
アルカリ総量 61
RC くい 89
アルマイト 136, 192
アルミサッシ 233
アルミナセメント 22
アルミニウム 135
アルミニウム板 192
アルミン酸三カルシウム 27
合わせガラス 146, 234
安全ガラス 146

【イ】

EPDM 157
異形ガラス 145
異形鉄筋 219, 241
異形棒鋼（鉄筋）105
意匠塗装亜鉛めっき鋼板 190
板状材 175

板　目 118
1 軸圧縮試験 60
一般板ガラス 143
異方性 9
インシュレーションボード 129, 168, 204
引火点 11, 116

【ウ】

ウィルトンカーペット 210
ウェブ 101
薄付け仕上塗材 189
内断熱工法 168, 245
釉　薬（うわぐすり）148

【エ】

AE 減水剤 41
AE コンクリート 20
AE 剤 41
衛生陶器 152
ACI 14
ASTM 14
ANSI 14
ALC 84, 171, 176, 188
A 級インショレーションボード 204
エコセメント 22, 24
エトリンガイト 43
エナメルペイント 158
NF 14
fib 14
F11T 103
エポキシ樹脂 162
MDF 129, 209
エーライト 27
塩　害 81
塩化ビニル樹脂金属積層板 170
塩化物イオンの総量 83
塩化物総量 39
延性材料 8
エントラップトエア 41

索　引

エントレインドエア 41, 49
塩ビ鋼板 191

【オ】

OSB 129
追　柱 118
オイルペイント 158
黄　銅 137
応　力 7
応力度 7
応力ーひずみ曲線 70
帯　筋（フープ）107
オムニア板 86
音の周波数 175

【カ】

カイザー板 86
回収水 39
海水の作用を受けるコンクリート 20
外装材料 12, 183
外長樹 111
回転窯 24
化学床 231
重ね継手 107
瑕疵担保責任 7
ガス圧接継手 107
ガスケット 165
苛性ソーダ 143
可塑剤 159
可塑性 97
型板ガラス 145
型枠状ブロック 96
型枠工事 242
割線弾性係数 70
割裂試験 66
割裂引張強度 66
カーテンウォール 135, 193
可燃性ガス 169
かぶり厚さ 69, 96
壁式プレキャスト板組立方式 13
壁式プレキャスト鉄筋コンクリート板 84
壁装材 207

カーペット 210
ガラス 140
ガラス繊維 148
ガラス繊維強化ポリエステル板（FRP板）170
ガラス繊維補強コンクリート 86
ガラスパテ 164
ガラスブロック 147, 194
ガラスブリック 147
カラートタン 179
カルシウムシリケートゲル 27
ガルバリウム鋼板 179, 191
ガルファン鋼板 179
瓦 148, 178, 222
還元焼成 151
環境負荷 1, 12
乾式工法 187
乾式作用 11
含水率 37
完全弾性材料 69
乾燥剤
乾燥収縮 75, 159, 245
寒中コンクリート 20
岩　綿（ロックウール）168, 207
岩綿吸音板 206, 249

【キ】

凝灰岩 186
機械式継手 107
気乾材 115
気乾状態（骨材）36
基礎地業工事 238
木取り 117
揮発性有機化合物（VOC）227, 229, 233
機能別分類 4
吸音材料 173, 174
吸水率（骨材）36, 37
強化ガラス 147
強化石こうボード 205, 228
凝　結（セメント）29
凝結促進剤 42, 82
凝結遅延剤 42
供試体形状 64

索　引

擬　石 187, 248
強　軸 101
キルン（回転窯）24
金属系カーテンウォール 193
金属板 190

【ク】

空気量（コンクリート）49
空隙比説 60
空洞ブロック 89
くい基礎 239
繰返し応力 73
躯体工事 219, 240
グラスウール 168, 226
クリープ 74, 110
クリープ係数 74
クリープ限度 75
クリープ破壊 75
クリンカ 13, 24
クロス張り仕上げ 208, 233, 249

【ケ】

けい酸カルシウム板 206
けい酸カルシウム 168
けい酸三カルシウム 27
けい酸二カルシウム 27
計画調合 49
軽量気泡コンクリート 188
軽量骨材 32
軽量コンクリート 20, 32, 243
軽量鉄骨系プレハブ住宅 13
化粧石こうボード 206, 228
化粧スレート 179
結合水 115
結晶化ガラス 187
ケミカルプレストレス 21, 43
ゲルスペース比説 60
減水剤 41
現場テラゾー 202
現場練りコンクリート
建築工事標準仕様書 14
建築用セラミックメーソンリーユニット 152

【コ】

コア試験 64
高強度コンクリート 243
硬化コンクリート 58
抗菌タイル 150
工場生産化 13
硬質繊維板 204
合成ゴム 155
合成樹脂 158, 161, 233
合成樹脂エマルションペイント 158
合成樹脂塗り床材 209
合成樹脂ペイント 158
高性能減水剤 41
高性能 AE 減水剤 41
構造躯体 2, 222
構造材料 12
構造用鋼材 98
合　板 220, 222, 227, 228
降伏点 95, 109
高分子系材料 153
高力ボルト接合 102
高炉スラグ 92
高炉スラグ細骨材 33
高炉スラグ微粉末 43
高炉セメント 22, 23, 80
高流動コンクリート 20, 43
国際標準化機構 15
コーキング材 164
骨　材 32
ゴ　ム 155
ゴムアスファルト 155
ゴム床タイル 209
コールドジョイント 42
コンクリート 17
コンクリートくい 88, 239
コンクリート工事 242
コンクリート系カーテンウォール 193
コンクリート製型枠 86
コンクリートブロック 89
コンクリートブロック帳壁 90
コンクリートブロック塀 90

索　引

混合セメント 23
コンシステンシー 51
コンシステンシー試験 52
混入空気 41
コンパクタビリティー 51
混和剤 40
混和材 40, 43
混和材料 40

【サ】

載荷速度 65
砂　岩 186
細骨材 32
細骨材率 49
細胞壁 111
砕砂・砕石 35
砕石コンクリート 20
砕石地業 239
再生骨材 33, 35
材料分離 19
材　齢 62
酢酸ビニル樹脂 162
左官材料 229
先付工法 183, 185, 187
座屈長さ 102
酸　化 11
酸化カルシウム 25
酸化けい素 25
酸化焼成 151
酸化鉄 25
サンドブラスト 161

【シ】

シアコネクタ 188
仕上塗材 189
GRC 化粧型枠 86
GRC 板 193
GL 工法 241
磁　器 148, 230
磁器質タイル 149, 183
自己収縮 76
軸組在来工法 215

刺激性ガス 169
シージング石こうボード 205, 228
シージングボード 204
CFT 24
JIS 216, 241
沈みひび割れ 57
自然石 186
下地ごしらえ 161
しっくい 202, 229
湿式工法 187
実積率（骨材）37
湿潤状態（骨材）36
シート防水 181
ジプサムボード 205
しぼり 95
シームレスフロア 209
遮音材料 173, 175
JAS 14, 98, 216
JASS 14
遮蔽用コンクリート 20
砂　利 35
ジャンカ 56
主　筋 107
収縮ひずみ 76
収縮目地 76
重量骨材 34
重量コンクリート 20, 34
縮合重合 153
樹脂リシン 189
自由水 115
準耐火構造 171
準不燃材料 169
ジョイント工法 205
衝撃音 174
衝撃強度 9
初期凍害 42
暑中コンクリート 20
使用部位別分類法 3
シーラント 145
シリカセメント 22
シリカフューム 44
シーリング材 163

264

シロアリ 119
人工軽量骨材 32
心　材 113, 220
じん性 8, 92
伸縮目地 247
人研ぎ（じんとぎ）201
人造石 187, 201

【ス】

巣（ジャンカ）56
髄 113
水酸化カルシウム 27
水性ペイント 158
水中コンクリート 20
水中不分離性コンクリート 43
垂直応力 8
垂直ひずみ 8
水密コンクリート 20
水和熱 23
水和反応 11, 27
す　ず 138
捨てコンクリート 239
ステイン 158
ステンレス鋼 134
ステンレス鋼板 192, 224
ステンレスシート防水 182
ストランド 109
ストレートアスファルト 155
砂・砂利 35
スパン 108
スパンドレル板 190
隅肉溶接 104
スラグ骨材 35
スラブ 93
スランプ 48, 243
スランプ試験 52
スランプフロー試験 52
スレート 178, 206, 225
スレート波板 179
スレートボード 206

【セ】

成形シーリング材 165
成形品ガラス 147
生産分野別分類 4
青　銅 137
脆度係数 65
脆　性 92
脆性材料 8
性能および機能別分類 4
性能設計 12
性能表示 7
性能別分類 4
セカントモデュラス 70
石　材 186, 193, 248
積算温度 63
積層ゴム 156
絶乾状態（骨材）36
絶乾密度 37
せっ器 148, 149, 230
せっ器質タイル 149
設計基準強度 46, 239, 244
石こうプラスター 202
石こうボード 204, 228, 249
石こうラスボード 206, 228
接着剤 162
セメント 19, 244
セメント強さ 30, 48
セメントゲル 28, 29, 74
セメント水比説 60
セメントスタッコ 189
セメントの化学成分 25
セメントの強さ試験 30
セメントの製造工程 24
セメントの品質 30
セメントペースト 17
セラミックス 140
セラミックブロック 152
セラミックれんが 152
セルロース 111
繊維板 203
繊維壁 202

索　引

繊維強化セメント板 206
繊維質材 175
繊維質断熱材 168
繊維飽和点 115
繊維補強コンクリート 20
繊維補強セメント板 13
線入りガラス 147
潜在水硬性 44
せん断応力 8
せん断強度 9, 66
せん断弾性係数 70
せん断ひずみ 8
センチュリーボード 204
線膨張係数 94
線膨張率 11

【ソ】

騒　音 173
早期劣化 79
早強ポルトランドセメント 22
早　材 113
造作用集成材 220
粗骨材 32, 70
粗骨材かさ容積 38, 49
粗骨材の最大寸法 32, 62
素材別分類法 2, 3
塑　性 8, 60, 142
塑性域 95
塑性ひずみ 73
塑性変形 66
ソーダガラス 140
ソーダ石灰ガラス 142
外断熱工法 168, 246
粗粒率 38

【タ】

第1種型枠ブロック造 91
耐火構造 171
耐火被覆 96
耐久性 12, 78, 215
耐久設計基準強度 46
耐候性鋼 134

耐候性鋼板 135, 191
体心立方格子 94
耐食性積層被覆鋼板 191
体積変化 75
体積膨張率 11
第2種型枠ブロック造 91
タイル 149, 183, 193, 229, 235, 250
タイル打込工法
タイルカーペット 210
高さ－直径比 64, 72
多孔質材料 59, 174
多孔質断熱材 168
たたみ 211
たたみボード 204, 211
タフテッドカーペット 210
試し練り 48
単　板 123, 126
単位細骨材量 49
単位水量 48
単位セメント量 49
単位粗骨材量 49
単位容積質量（骨材）10, 37
弾　性 8, 60
弾性域 95
弾性係数 8, 69, 94
弾性シーラント 164
弾性座屈荷重 102
弾性シール材 187
弾性諸定数 69
弾性ひずみ 74
単層フローリング 128, 129
炭素鋼 93
炭素量 94
緞　通（だんつう）210
断熱亜鉛めっき鋼板 179, 191
断熱構造 226
断熱材料 165
端面摩擦 64, 72
単量体 153

【チ】

地球環境問題 1

索　引

地　業 238
チタン 137
窒息性ガス 169
着色亜鉛めっき鋼板 190
中性化 79
中性化速度 80
中庸熱ポルトランドセメント 22
調　合 44
調合強度 46
調合管理強度 46
調合ペイント 158
調湿タイル 150
超高強度コンクリート 58
超早強ポルトランドセメント 22
超速硬セメント 22
直接せん断試験 66
直接基礎 238
沈　下 55

【ツ】

突合せ溶接 104
ツーバイフォー工法 215
継　手 242

【テ】

低炭素型社会 14
T形継手 104
DIN 14
定着長さ 242
低熱ポルトランドセメント 22
デービス・グランビルの法則 74
鉄筋工事 241
鉄　鋼 92
鉄骨構造用鋼材 99
デッキプレート 102
テラコッタ 151, 230
テラゾー 187
テラゾーブロック 202
展色剤 159
電　食 11
転　造 109

伝熱作用 165
天然樹脂 161
天然軽量骨材 33

【ト】

銅 5, 224
銅打ち 115
陶　器 148, 222
陶器質タイル 149, 230
凍結融解 11
凍結融解作用 80
陶磁器 148, 230
陶磁器質タイル 183, 230
土　器 148, 230
特殊合板 124
塗膜防水 182
トラックアジデータ 51
塗　料 157
特殊コンクリート 20
トタン 190
ドロマイトプラスター 201
トロモルタル 187

【ナ】

内　装 12
内装材料 196
内長樹 111
ナノ親水タイル 150
鉛 138
波板 206
軟質コンポジションビニル床タイル 208
軟質繊維板 204
難燃合板 170
難燃材料 169, 170

【ニ，ヌ】

日本工業規格（JIS） 14, 216
日本農林規格（JAS） 14
ニードルパンチカーペット 210
布基礎 219

267

【ネ】

熱応力 11
熱可塑性樹脂 153
熱間圧延 93
熱貫流抵抗 167
熱貫流率 167
熱硬化性樹脂 153, 154
熱線吸収ガラス 145
熱線反射ガラス 145
熱伝達 167
熱伝導抵抗 167
熱伝導率 10, 167
熱膨張係数 78
熱膨張率 11
熱容量 10
粘塑性体 53
粘性体 53
粘土瓦 178
年　輪 113
年輪密度 113

【ノ】

伸　び 95
伸び能力 75

【ハ】

倍強度ガラス 147
配　合（調合）44
ハイテンションボルト 102
バウシンガー効果 96
破　壊 60
破壊過程 59
場所打ちぐい 239
発火点 11, 116
発泡剤 43
パーティクルボード 128, 204, 228
ハードボード 129, 204, 228
パーライトモルタル 171
半硬質コンポジションビニル床タイル 208
反射・吸熱ガラス 145
晩　材 113

【ヒ】

BS 14
比強度 9
光触媒タイル 150
ビカー針装置 30
PC くい 89
PC 鋼材 107
PC 合成型枠 86
PC 鋼線 108
PC 鋼棒 109
ひずみ 7
ひずみ硬化域 95
ひずみ度 7
ひずみ硬化域 95
P タイル 208, 233
引張強度（コンクリート）9, 65, 95
引張縁応力 66
ビニル床タイル 208
ビニル床シート 209
ビニルペイント 158
比強度 111
比　熱 10
ビヒクル 159, 164
比表面積 30
ひび割れ 76, 78, 245
ひも状シール材 165
標準砂 30
標準供試体 64
標準粒度範囲 38
表乾状態 36
表乾密度 37
表面乾燥飽水状態 36
表面水率 37
表面処理鋼板 190
ビーライト 27
ひる石モルタル 171
ビレット 93
疲　労 11
疲労強度 9
ビンガムモデル 53
品質試験（セメント）30

品質基準強度 46
ピンテール 103

【フ】

ファイバーボード 129, 203
フィニッシャビリティー 51
フィンガージョイント 125
風　化 29
吹付タイル 190, 232, 247
腐　朽 219
複層仕上塗材 190, 232
複合則 73
複合フローリング 128
複層ガラス 145
腐　食 6, 11, 97
付着応力 69
付着強度 9, 69
普通板ガラス 142, 143
普通鋼 93
普通骨材 33
普通コンクリート 20
普通ポルトランドセメント 43
普通れんが 151
フック 105
フックの法則 95
不定形シーリング材 164
不動態皮膜 43, 97
不燃材料 169
フライアッシュ 44
フライアッシュセメント 22, 24, 80
フラッシュオーバー 169
プラスターボード 205
プラスチック 153
プラスチック収縮ひび割れ 57
フランジ 101
ブリーディング 49, 56, 62
プリズムガラス 147
不良率 48
ブルーム 93
フレキシブル板（ボード）176, 206
プレキャストパネル 13
プレキャストコンクリート製品 84

プレキャストコンクリート埋込み型枠 86
プレキャスト鉄骨鉄筋コンクリート板 84
プレストレストコンクリート 74, 86, 108
プレストレストコンクリートくい 89
プレストレストコンクリート製品 86
プレソーキング 34
プレスセメント瓦 178
フレッシュコンクリート 18
プレテンション 74, 87, 108
プレテンション法 87
プレハブ板 84
プレハブ部材 84
ブレーン空気透過装置 30
プレーンコンクリート 20
フロート板ガラス 143
フローリングブロック 128
フローリングボード 128
ブロック塀 90
フロート法 141
ブローンアスファルト 155
分解 11
分離 56
分離低減剤 43

【ヘ】

ペアガラス（複層）145, 234
壁装材 207
べた基礎 219
ベニヤ 123, 126
ベニヤ板 123
ベノト杭 239
辺　材 113

【ホ】

ポアソン比 8, 70, 94, 142
ホイットニーの法則 74
防火構造 171
防火材料 169
防錆剤 43
防虫処理 119
膨張コンクリート 20, 43
膨張剤 43

269

防腐処理 220
補強コンクリートブロック造 89
保温材料 165
ポストテンション 74, 87, 108
ポストテンション法 87
ポゾラン活性 44
ポゾラン反応 24, 44
ポップアウト 39
ホモゲンホルツ 204
ホモジニアスビニル床タイル 208
ポリエチレン（PE）153
ポリプロピレン（PP）153
ボルト接合 102
ポルトランドセメント 19
ホルムアルデヒド 196, 227
ボンドクラック 60
ポーラスコンクリート 20

【マ】

膜状材 175
曲げ強度 9, 66
摩擦接合 102
柾目 118
柾目取り
マスコンクリート 20, 24, 29, 76
まだ固まらないコンクリート 51
マチュリティ（積算温度）13
豆板（ジャンカ）56
丸　鋼 219

【ミ】

磨き板ガラス 143
みかげ石 186
水セメント比 48, 60, 71
水ガラス 141
密　度（骨材）10, 36

【ム】

無機系高分子 153
無筋コンクリート 20

【メ】

面心立方格子 94
メンブレン構法 172
メンブレン防水 179, 180

【モ】

木材腐朽菌 119
木片セメント板 130, 204
木毛セメント板 130, 204, 252
モザイクパーケット 128
モルタル 17
モールの応力円 66
モールの定理 101

【ヤ】

屋根材料 12
屋根葺材料 177, 224
ヤング係数 8, 60, 69, 142, 173

【ユ】

有機系高分子 153
有機不純物 39
釉　薬 148
床衝撃音 174, 176
油性ペイント 158

【ヨ】

溶接接合 102, 103
溶接接継手 107
合溶解性 11
溶解ペイント 158
窯　業 140
溶　剤 159
溶　出 11
溶　脱 11
洋　白 137
溶融亜鉛めっき鋼板 190
養生温度 63
養生湿度 63
養生方法 63, 73
横補強筋 69

呼び強度 50, 51, 243

【ラ】

RILEM 15
ラッカー 158
ラテックスペイント 158
ラミナ 125
ラーメンプレハブ用鉄筋コンクリート部材 85

【リ】

力学的特性 7
リグニン 111
リノリウム床タイル 209
リサイクル材 14
粒　形 39
粒形判定実積率 39
粒　度（骨材）38
流動化コンクリート 20
流動化剤 42
リラクセーション 109
臨界応力度 60

【レ】

冷間圧延 93
冷間加工 96
レイタンス 56, 57
レオロジー 53, 55
レオロジー試験 53
レディーミクストコンクリート 18
れんが 151, 169
連行空気 41

【ロ】

Low-E ガラス 147
ロックウール 168
ロックウール化粧吸音板 206

【ワ】

枠組壁工法 215
ワーカビリティー 51
ワニス 158

◆著者紹介◆

谷川　恭雄	名古屋大学名誉教授　工学博士	
青木　孝義	名古屋市立大学大学院芸術工学研究科・准教授　工学博士	
河辺　伸二	名古屋工業大学大学院工学研究科社会工学専攻・教授　工学博士	
黒川　善幸	鹿児島大学大学院理工学研究科建築学専攻・准教授　博士（工学）	
鈴木　清孝	鹿島建設（株）中部支店建築部　建築工事管理Gr.　工学修士	
寺西　浩司	名城大学理工学部建築学科・教授　博士（工学）	
畑中　重光	三重大学大学院工学研究科建築学専攻・教授　工学博士	
平岩　　陸	名城大学理工学部建築学科・准教授　博士（工学）	
丸山　一平	名古屋大学大学院環境学研究科都市環境学専攻・准教授　博士（工学）	
三島　直生	三重大学大学院工学研究科建築学専攻・准教授　博士（工学）	
山田　和夫	愛知工業大学工学部都市環境学科建築学専攻・教授　工学博士	
山本　貴正	豊田工業高等専門学校建築学科・講師　博士（工学）	
渡辺　健治	中部大学工学部建築学科・教授　博士（工学）

建築材料を学ぶ
―その選択から施工まで―

2009年4月22日　初版発行
2011年3月26日　初版第2刷発行

検印省略

著作者　谷川恭雄　青木孝義
　　　　河辺伸二　黒川善幸
　　　　鈴木清孝　寺西浩司
　　　　畑中重光　平岩　陸
　　　　丸山一平　三島直生
　　　　山田和夫　山本貴正
　　　　渡辺健治

発行者　柴　山　斐　呂　子

発行所　理工図書株式会社

〒102-0082　東京都千代田区一番町27-2
電話03（3230）0221（代表）
FAX03（3262）8247
振替口座　00180-3-36087番
http://www.rikohtosyo.co.jp

Ⓒ 2009　印刷・製本：丸井工文社　ISBN978-4-8446-0740-3

＊本書の内容の一部あるいは全部を無断で複写複製（コピー）することは、法律で認められた場合を除き著作者および出版社の権利の侵害となりますのでその場合には予め小社あて許諾を求めて下さい。

★自然科学書協会会員★工学書協会会員★土木・建築書協会会員
Printed in Japan